10000 ARABIC VERBS

M Shaffique

Laurel Oak Books

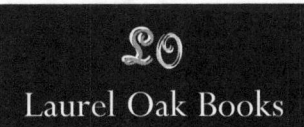

All Rights Reserved
Copyright © Mohammed Shaffique 2012
Laurel Oak Books

Published by
Laurel Oak Books
21 Park View Road
Bolton
Greater Manchester
BL3 4BE

Printed and bound in Great Britain by
Lightning Source
Chapter House,
Pitfield, Kiln Farm,
Milton Keynes
MK11 3LW

British Library Cataloguing in Publication Data
A catalogue record for this book is available from the British Library

ISBN 978 0 9560357 1 4

This book is sold subject to the condition that no part of this publication may be reproduced or transmitted in any form or by any means, electronic, mechanical, photocopy, recording or any information storage and retrieval system without the publisher's prior consent nor in any other binding or cover other than that in which it is published.

CONTENTS

Introduction
Purpose of this book   5
How to use this book   5
List of conjugated verbs   6
Verb tables   13
Verb list   227

Introduction

The Purpose of this book

The main purpose of this book is to simplify the complexities of Arabic verb conjugation, a discipline over which mastery is a prerequisite if one wants to gain proficiency over the language. This book I hope will go a long way in helping to facilitate the aspirations of all those learning Arabic.

How to use this book

The verb tables 1-213, acting as paradigms, show all verb patterns in alphabetical order arranged according to their roots. All conjugated verbs in the tables as well as the verb list are in the 3rd person masculine singular perfect tense. Each verb table has a number and all verbs with the corresponding number in the verb list conjugate in exactly the same way.

Some rare patterns of verbs, which are often ignored, have been dealt with comprehensively as they maybe encountered in the study of poetry or classical Arabic.

The verb list (pp. 227-394) contains 10000 verbs arranged conveniently by conjugation, making it by far the largest and most comprehensive book of its kind in the world.

List of Conjugated Verbs

No	Verb	Root	Form	Meaning
1	أَبَى	أبي	I	to refuse
2	أَتَى	أتي	I	to come
3	آتَى	أتي	III	to offer
4	آتَى	أتي	IV	to bring
5	آثَرَ	أثر	IV	to prefer
6	تَأَجَّلَ	أجل	V	to be postponed
7	إِتَّخَذَ	أخذ	VIII	to take
8	تَأَدَّى	أدى	V	to be performed
9	إِسْتَأْذَنَ	أذن	X	to ask permission
10	أَذِيَ	أذي	I	to suffer damage
11	أَزَرَ	أزر	I	to surround
12	آزَرَ	أزر	III	to support
13	تآزَرَ	أزر	VI	to collaborate
14	أَزِفَ	أزف	I	to draw near (a time)
15	أَسَّسَ	أسس	II	to establish
16	إِئْتَسَى	أسو/أسى	VIII	to follow someone's example
17	أَصُلَ	أصل	I	to be firmly rooted
18	أَكَّدَ	أكد	II	to confirm
19	أَكَلَ	أكل	I	to eat
20	أَلَهَ	أله	I	to worship
21	إِئْتَمَرَ	أمر	VIII	to deliberate
22	أَمَلَ	أمل	I	to hope
23	أَمَّ	أمم	I	to go to
24	إِسْتَأْنَى	أنى	X	to take one's time
25	آلَ	أول	I	to return to
26	أَوَى	أوى	I	to seek shelter
27	آوى	أوى	IV	to accommodate

28	آضَ	أيض	I	to revert to
29	أَبْأَسَ	بأس	IV	to be in hardship
30	تَبَاءَسَ	بأس	VI	to feign misery
31	إِبْتَأَسَ	بأس	VIII	to be sad
32	بَاحَثَ	بحث	III	to discuss with
33	تَبَاحَثَ	بحث	VI	to confer
34	بَدَأَ	بدأ	I	to begin
35	إِبْتَدَأَ	بدأ	VIII	to begin
36	تَبَرَّأَ	برأ	V	to be acquitted
37	إِنْبَرَى	برى	VII	to confront
38	تَبَسَّمَ	بسم	V	to smile
39	أَبْطَأَ	بطؤ	IV	to be slow
40	إِبْيَضَّ	بيض	IX	to be white
41	بَاعَ	بيع	I	to sell
42	بَايَعَ	بيع	III	to make a contract with
43	إِنْبَاعَ	بيع	VII	to be sold
44	إِتَّبَعَ	تبع	VIII	to follow
45	تَرْجَمَ	ترجم	QI	to translate
46	أَتَمَّ	تمم	IV	to complete
47	إِثَّأَرَ	ثأر	VIII	to get one's revenge
48	إِثْبَارَّ	ثبر	XI	to be sluggish
49	جَرُؤَ	جرؤ	I	to dare
50	جَزَّأَ	جزأ	II	to divide
51	تَجَلَّى	جلو/جلى	V	to make clear
52	إِجْتَنَبَ	جنب	VIII	to avoid
53	إِسْتَجْوَبَ	جوب	X	to interrogate
54	جَاءَ	جيء	I	to come
55	إِحْرَنْطَمَ	حرطم	QIII	to be proud
56	أَحْضَرَ	حضر	IV	to bring
57	إِحْتَلَّ	حلل	VIII	to occupy
58	إِحْتَاجَ	حوج	VIII	to need

59	حَاوَلَ	حول/حيل	III	to try
60	إِحْوَالَّ	حول	XI	to become green
61	حَارَ	حير	I	to become confused
62	حَيَّ	حيي	I	to live
63	حَيَّا	حيي	II	to keep alive
64	إِخْرَوَّطَ	خرط	XIII	to last long
65	تَخَصَّصَ	خصص	V	to specialise in
66	إِخْضَوْضَلَ	خضل	XII	to be moist
67	خَطِئَ	خطئ	I	to err
68	خَافَ	خوف	I	to fear
69	إِدَّثَرَ	دثر	VIII	to cover o.s.
70	دَعَا	دعو/دعى	I	to invite
71	إِدَّعَى	دعو/دعى	VIII	to allege
72	إِسْتَدْعَى	دعو/دعى	X	to summon
73	إِدَّفَأَ	دفأ	VIII	to warm o.s.
74	دَاءَ	دوء	I	to be ill
75	تَدَاوَى	دوي	VI	to be treated
76	ذَهَبَ	ذهب	I	to go
77	أَذَاعَ	ذيع	IV	to broadcast
78	رَأَّسَ	رأس	II	to appoint as head
79	تَرَأَّفَ	رأف	V	to have mercy upon
80	رَأَى	رأي	I	to see
81	أَرَى	رأي	IV	to show
82	إِرْتَأَى	رأي	VIII	to consider
83	تَرَعْرَعَ	رعرع	QII	to grow up
84	إِرْعَوَى	رعو	IX	to desist from
85	إِرْفَضَّ	رفض	IX	to adjourn
86	رَمَى	رمي	I	to throw
87	رَوَّجَ	روج	II	to circulate (rumors)
88	أَرَادَ	رود	IV	to want
89	إِسْتَرَاحَ	روح/ريح	X	to rest

90	تَرَوَّى	روي	V	to contemplate
91	إِزْدَحَمَ	زحم	VIII	to throng with
92	إِزْدَرَى	زرى	VIII	to disparage
93	إِزْدَوَجَ	زوج	VIII	to pair
94	تَزَايَدَ	زيد	VI	to intensify
95	إِزْدَانَ	زين	VIII	to be decorated
96	سَأَلَ	سأل	I	to ask
97	سَاءَلَ	سأل	III	to question
98	سَئِمَ	سئم	I	to be bored
99	سَابَّ	سبب	III	to exchange insults
100	سَعَى	سعى	I	to strive for
101	سَمَّى	سمى	II	to name
102	سَهُوَ	سهو	I	to be soft
103	إِسْتَاءَ	سوء	VIII	to be offended
104	تَسَاوَمَ	سوم	VI	to bargain
105	سَاوَى	سوي	III	to equal
106	سَيْطَرَ	سيطر	QI	to dominate
107	إِسْتَشْأَمَ	شأم	X	to be pessimistic
108	شَأَى	شأو	I	to overtake in running
109	إِشْتَرَى	شري	VIII	to buy
110	شَاءَ	شيأ	I	to want
111	صَرَّحَ	صرح	II	to announce
112	إِصْطَفَى	صفو	VIII	to choose
113	إِصْطَنَعَ	صنع	VIII	to order (to be made)
114	أَضْحَى	ضحو/ضحي	IV	to turn (into)
115	تَضَادَّ	ضدد	VI	to be contradictory
116	ضَرَبَ	ضرب	I	to hit
117	إِضْطَرَبَ	ضرب	VIII	to clash
118	إِضْطَرَّ	ضرر	VIII	to compel to
119	إِنْضَمَّ	ضمم	VII	to unite
120	إِضْمَحَلَّ	ضمحل	QIV	to vanish away

121	أَضَاءَ	ضوء	IV	to illuminate
122	إِطَّلَعَ	طلع	VIII	to become aware of
123	إِطْمَأَنَّ	طمأن	QIV	to be tranquil
124	أَطْوَى	طوى	IV	to be hungry
125	ظَلَّ	ظلل	I	to become
126	إِظَّلَمَ	ظلم	VIII	to be wronged
127	تَعَجْرَفَ	عجرف	QII	to be arrogant
128	إِعْرَوْرَى	عرى	XII	to travel alone
129	تَعَالَى	علو/على	VI	to rise
130	إِسْتَعْمَلَ	عمل	X	to use
131	إِعْوَجَّ	عوج	IX	to be curved
132	إِعْتَوَرَ	عور	VIII	to do by turns
133	أَعْوَلَ	عول	IV	to lament
134	عَايَا	عيي	III	to speak enigmatically
135	أَعْيَا	عيي	IV	to fatigue
136	غَضِبَ	غضب	I	to be angry
137	إِنْغَوَى	غوي	VII	to be tempted
138	غَيَّرَ	غير	II	to change
139	فَاجَأَ	فجأ	III	to take by surprise
140	فَرَّ	فرر	I	to flee
141	قَرَّرَ	قرر	II	to decide
142	إِنْقَلَبَ	قلب	VII	to be overturned
143	إِنْقَادَ	قود	VII	to be led (by)
144	قَوْقَعَ	قوقع	QI	to limit
145	قَالَ	قول	I	to say
146	قَوِيَ	قوي	I	to be strong
147	إِسْتَقْوَى	قوي	X	to pluck up courage
148	كَتَبَ	كتب	I	to write
149	كَثُرَ	كثر	I	to be numerous
150	تَكَافَأَ	كفأ	VI	to equal each other
151	إِنْكَفَأَ	كفأ	VII	to retreat

152	كَادَ	كود	I	to be about to
153	كَانَ	كون	I	to be
154	تَكَوَّنَ	كون	V	to be formed
155	كَوَى	كوى	I	to iron
156	لَؤُمَ	لأم	I	to be mean
157	لَوَّى	لوى	II	to complicate
158	لَيْسَ	ليس	I	to not to be
159	مَدَّ	مدد	I	to extend
160	إِسْتَمَرَّ	مرر	X	to persevere
161	تَمَيَّزَ	ميز	V	to be distinguished
162	إِمْتَازَ	ميز	VIII	to be distinguished
163	تَنَاءَى	نأى	VI	to stay aloof from
164	نَادَى	ندو	III	to call out to
165	نَسِيَ	نسي	I	to forget
166	نَمْنَمَ	نمنم	QI	to embellish
167	إِنْتَوَى	نوى	VIII	to intend
168	هَرْوَلَ	هرول	QI	to walk fast
169	إِسْتَهْزَأَ	هزأ	X	to mock
170	هَمَّ	همم	I	to disquiet
171	هَنَأَ	هنأ	I	to be salutary
172	هَيُؤَ	هيء	I	to be handsome
173	تَهَيَّأَ	هيء	V	to be prepared
174	تَهَايَأَ	هيء	VI	to adapt (o.s.)
175	وَاءَمَ	وأم	III	to agree with
176	وَأَى	وأى	I	to make a promise
177	وَثِقَ	وثق	I	to trust
178	وَجِلَ	وجل	I	to be afraid
179	تَوَخَّى	وخى	V	to aspire to
180	وَدَّ	ودد	I	to like
181	وَارَبَ	ورب	III	to deceive
182	إِسْتَوْرَدَ	ورد	X	to import

183	وَزَّعَ	وزع	II	to distribute
184	وَسُمَ	وسم	I	to be handsome
185	وَصَلَ	وصل	I	to arrive
186	تَوَضَّأَ	وضؤ	V	to perform ablution
187	وَضَعَ	وضع	I	to put
188	وَطِئَ	وطئ	I	to tread on
189	تَوَاطَأَ	وطئ	VI	to collude
190	أَوْعَبَ	وعب	IV	to take the whole (of)
191	وَعَّى	وعى	II	to warn
192	إِتَّفَقَ	وفق	VIII	to agree
193	وَفَى	وفى	I	to fulfil
194	إِسْتَوْفَى	وفى	X	to receive in full
195	إِتَّقَى	وقى	VIII	to beware of
196	تَوَكَّلَ	وكل	V	to act as agent
197	تَوَاكَلَ	وكل	VI	to rely on each other
198	وَلْوَلَ	ولول	QI	to wail
199	وَلِيَ	ولي	I	to be near to
200	وَالَى	ولي	III	to sponsor
201	أَوْلَى	ولي	IV	to entrust
202	تَوَالَى	ولي	VI	to follow in succession
203	أَوْمَأَ	ومأ	IV	to gesticulate
204	وَنِيَ	وني	I	to be weary
205	يَئِسَ	يئس	I	to despair (of)
206	أَيْأَسَ	يئس	IV	to drive to despair
207	يَتَمَ	يتم	I	to be an orphan
208	يَاسَرَ	يسر	III	to be lenient with
209	تَيَقَّظَ	يقظ	V	to be alert
210	إِسْتَيْقَظَ	يقظ	X	to wake up
211	يَقِنَ	يقن	I	to be certain
212	أَيْقَنَ	يقن	IV	to ascertain
213	يَمُنَ	يمن	I	to be fortunate

Verb Tables

1	أَبَى abā to refuse								Form I
AP: آبٍ			PP: مَأْبِيٌّ		VN: إِبَاءٌ		Rt: أبي		
Passive				Active					
Imperfect Jussive	Imperfect Subjunctive	Imperfect Indicative	Perfect	Imperative	Imperfect Jussive	Imperfect Subjunctive	Imperfect Indicative	Perfect	
أُوبَ	أُوبَى	أُوبَى	أُبِيْتُ		آبَ	آبَى	آبَى	أَبَيْتُ	أَنا
تُؤْبَ	تُؤْبَى	تُؤْبَى	أُبِيْتَ	اِيبَ	تَأْبَ	تَأْبَى	تَأْبَى	أَبَيْتَ	أَنْتَ
تُؤْبَيْ	تُؤْبَيْ	تُؤْبَيْنَ	أُبِيْتِ	اِيبَيْ	تَأْبَيْ	تَأْبَيْ	تَأْبَيْنَ	أَبَيْتِ	أَنْتِ
يُؤْبَ	يُؤْبَى	يُؤْبَى	أُبِيَ		يَأْبَ	يَأْبَى	يَأْبَى	أَبَى	هُوَ
تُؤْبَ	تُؤْبَى	تُؤْبَى	أُبِيَتْ		تَأْبَ	تَأْبَى	تَأْبَى	أَبَتْ	هِيَ
تُؤْبَيَا	تُؤْبَيَا	تُؤْبَيَانِ	أُبِيتُماَ	اِيبَيَا	تَأْبَيَا	تَأْبَيَا	تَأْبَيَانِ	أَبَيْتُمَا	أَنْتُمَا
يُؤْبَيَا	يُؤْبَيَا	يُؤْبَيَانِ	أُبِيَا		يَأْبَيَا	يَأْبَيَا	يَأْبَيَانِ	أَبَيَا	هُمَا
تُؤْبَيَا	تُؤْبَيَا	تُؤْبَيَانِ	أُبِيَتَا		تَأْبَيَا	تَأْبَيَا	تَأْبَيَانِ	أَبَتَا	هُمَا
نُؤْبَ	نُؤْبَى	نُؤْبَى	أُبِينَا		نَأْبَ	نَأْبَى	نَأْبَى	أَبَيْنَا	نَحْنُ
تُؤْبَوْا	تُؤْبَوْا	تُؤْبَوْنَ	أُبِيتُمْ	اِيبَوْا	تَأْبَوْا	تَأْبَوْا	تَأْبَوْنَ	أَبَيْتُمْ	أَنْتُمْ
تُؤْبَيْنَ	تُؤْبَيْنَ	تُؤْبَيْنَ	أُبِيتُنَّ	اِيبَيْنَ	تَأْبَيْنَ	تَأْبَيْنَ	تَأْبَيْنَ	أَبَيْتُنَّ	أَنْتُنَّ
يُؤْبَوْا	يُؤْبَوْا	يُؤْبَوْنَ	أُبُوا		يَأْبَوْا	يَأْبَوْا	يَأْبَوْنَ	أَبَوْا	هُمْ
يُؤْبَيْنَ	يُؤْبَيْنَ	يُؤْبَيْنَ	أُبِينَ		يَأْبَيْنَ	يَأْبَيْنَ	يَأْبَيْنَ	أَبَيْنَ	هُنَّ

2	أَتَى atã to come								Form I
AP: آتٍ		PP: مَأْتِيٌّ			VN: إِتْيَانٌ		Rt: أتي		
Passive				Active					
Imperfect Jussive	Imperfect Subjunctive	Imperfect Indicative	Perfect	Imperative	Imperfect Jussive	Imperfect Subjunctive	Imperfect Indicative	Perfect	
أُوتَ	أُوتَى	أُوتَى	أُتِيتُ		آتِ	آتِيَ	آتِي	أَتَيْتُ	أنا
تُؤْتَ	تُؤْتَى	تُؤْتَى	أُتِيتَ	اِيتِ	تَأْتِ	تَأْتِيَ	تَأْتِي	أَتَيْتَ	أَنْتَ
تُؤْتَيْ	تُؤْتَيْ	تُؤْتَيْنَ	أُتِيتِ	اِيتِي	تَأْتِي	تَأْتِي	تَأْتِينَ	أَتَيْتِ	أَنْتِ
يُؤْتَ	يُؤْتَى	يُؤْتَى	أُتِيَ		يَأْتِ	يَأْتِيَ	يَأْتِي	أَتَى	هُوَ
تُؤْتَ	تُؤْتَى	تُؤْتَى	أُتِيَتْ		تَأْتِ	تَأْتِيَ	تَأْتِي	أَتَتْ	هِيَ
تُؤْتَيَا	تُؤْتَيَا	تُؤْتَيَانِ	أُتِيتُمَا	اِيتِيَا	تَأْتِيَا	تَأْتِيَا	تَأْتِيَانِ	أَتَيْتُمَا	أَنْتُمَا
يُؤْتَيَا	يُؤْتَيَا	يُؤْتَيَانِ	أُتِيَا		يَأْتِيَا	يَأْتِيَا	يَأْتِيَانِ	أَتَيَا	هُمَا
تُؤْتَيَا	تُؤْتَيَا	تُؤْتَيَانِ	أُتِيَتَا		تَأْتِيَا	تَأْتِيَا	تَأْتِيَانِ	أَتَتَا	هُمَا
نُؤْتَ	نُؤْتَى	نُؤْتَى	أُتِينَا		نَأْتِ	نَأْتِيَ	نَأْتِي	أَتَيْنَا	نَحْنُ
تُؤْتَوْا	تُؤْتَوْا	تُؤْتَوْنَ	أُتِيتُمْ	اِيتُوا	تَأْتُوا	تَأْتُوا	تَأْتُونَ	أَتَيْتُمْ	أَنْتُمْ
تُؤْتَيْنَ	تُؤْتَيْنَ	تُؤْتَيْنَ	أُتِيتُنَّ	اِيتِينَ	تَأْتِينَ	تَأْتِينَ	تَأْتِينَ	أَتَيْتُنَّ	أَنْتُنَّ
يُؤْتَوْا	يُؤْتَوْا	يُؤْتَوْنَ	أُتُوا		يَأْتُوا	يَأْتُوا	يَأْتُونَ	أَتَوْا	هُمْ
يُؤْتَيْنَ	يُؤْتَيْنَ	يُؤْتَيْنَ	أُتِينَ		يَأْتِينَ	يَأْتِينَ	يَأْتِينَ	أَتَيْنَ	هُنَّ

3	آتى ãtã to offer	Form III

AP: الْمُؤَاتِي / مُؤَاتٍ	PP: الْمُؤَاتَي / مُؤَاتًى	VN: مُؤَاتَاةٌ	Rt: أتي

Passive				Active					
Imperfect Jussive	Imperfect Subjunctive	Imperfect Indicative	Perfect	Imperative	Imperfect Jussive	Imperfect Subjunctive	Imperfect Indicative	Perfect	
أُؤَاتَ	أُؤَاتَى	أُؤَاتَى	أُوتِيتُ		أُؤَاتِ	أُؤَاتِيَ	أُؤَاتِي	آتَيْتُ	أَنا
تُؤَاتَ	تُؤَاتَى	تُؤَاتَى	أُوتِيتَ	آتِ	تُؤَاتِ	تُؤَاتِيَ	تُؤَاتِي	آتَيْتَ	أَنْتَ
أُؤَاتَيْ	أُؤَاتَيْ	أُؤَاتَيْنَ	أُوتِيتِ	آتِي	تُؤَاتِي	تُؤَاتِي	تُؤَاتِينَ	آتَيْتِ	أَنْتِ
يُؤَاتَ	يُؤَاتَى	يُؤَاتَى	أُوتِيَ		يُؤَاتِ	يُؤَاتِيَ	يُؤَاتِي	آتَى	هُوَ
تُؤَاتَ	تُؤَاتَى	تُؤَاتَى	أُوتِيَتْ		تُؤَاتِ	تُؤَاتِيَ	تُؤَاتِي	آتَتْ	هِيَ
تُؤَاتَيَا	تُؤَاتَيَا	تُؤَاتَيَانِ	أُوتِيتُمَا	آتِيَا	تُؤَاتِيَا	تُؤَاتِيَا	تُؤَاتِيَانِ	آتَيْتُمَا	أَنْتُمَا
يُؤَاتَيَا	يُؤَاتَيَا	يُؤَاتَيَانِ	أُوتِيَا		يُؤَاتِيَا	يُؤَاتِيَا	يُؤَاتِيَانِ	آتَيَا	هُمَا
تُؤَاتَيَا	تُؤَاتَيَا	تُؤَاتَيَانِ	أُوتِيَتَا		تُؤَاتِيَا	تُؤَاتِيَا	تُؤَاتِيَانِ	آتَتَا	هُمَا
نُؤَاتَ	نُؤَاتَى	نُؤَاتَى	أُوتِينَا		نُؤَاتِ	نُؤَاتِيَ	نُؤَاتِي	آتَيْنَا	نَحْنُ
تُؤَاتَوْا	تُؤَاتَوْا	تُؤَاتَوْنَ	أُوتِيتُمْ	آتُوا	تُؤَاتُوا	تُؤَاتُوا	تُؤَاتُونَ	آتَيْتُمْ	أَنْتُمْ
تُؤَاتَيْنَ	تُؤَاتَيْنَ	تُؤَاتَيْنَ	أُوتِيتُنَّ	آتِينَ	تُؤَاتِينَ	تُؤَاتِينَ	تُؤَاتِينَ	آتَيْتُنَّ	أَنْتُنَّ
يُؤَاتَوْا	يُؤَاتَوْا	يُؤَاتَوْنَ	أُوتُوا		يُؤَاتُوا	يُؤَاتُوا	يُؤَاتُونَ	آتَوْا	هُمْ
يُؤَاتَيْنَ	يُؤَاتَيْنَ	يُؤَاتَيْنَ	أُوتِينَ		يُؤَاتِينَ	يُؤَاتِينَ	يُؤَاتِينَ	آتَيْنَ	هُنَّ

4	آتى ãtã to bring							Form IV	
AP: الْمُؤْتِي / مُؤْتٍ			PP: الْمُؤْتَى/مُؤْتًى			VN: إِيتَاءٌ		Rt: أتي	
Passive				Active					
Imperfect Jussive	Imperfect Subjunctive	Imperfect Indicative	Perfect	Imperative	Imperfect Jussive	Imperfect Subjunctive	Imperfect Indicative	Perfect	
أُوتَ	أُوتَى	أُوتَى	أُوتِيتُ		أُوتِ	أُوتِيَ	أُوتِي	آتَيْتُ	أنا
تُؤْتَ	تُؤْتَى	تُؤْتَى	أُوتِيتَ	آتِ	تُؤْتِ	تُؤْتِيَ	تُؤْتِي	آتَيْتَ	أَنْتَ
تُؤْتَيْ	تُؤْتَيْ	تُؤْتَيْنَ	أُوتِيتِ	آتِي	تُؤْتِي	تُؤْتِي	تُؤْتِينَ	آتَيْتِ	أَنْتِ
يُؤْتَ	يُؤْتَى	يُؤْتَى	أُوتِيَ		يُؤْتِ	يُؤْتِيَ	يُؤْتِي	آتَى	هُوَ
تُؤْتَ	تُؤْتَى	تُؤْتَى	أُوتِيَتْ		تُؤْتِ	تُؤْتِيَ	تُؤْتِي	آتَتْ	هِيَ
تُؤْتَيَا	تُؤْتَيَا	تُؤْتَيَانِ	أُوتِيتُمَا	آتِيَا	تُؤْتِيَا	تُؤْتِيَا	تُؤْتِيَانِ	آتَيْتُمَا	أَنْتُمَا
يُؤْتَيَا	يُؤْتَيَا	يُؤْتَيَانِ	أُوتِيَا		يُؤْتِيَا	يُؤْتِيَا	يُؤْتِيَانِ	آتَيَا	هُمَا
تُؤْتَيَا	تُؤْتَيَا	تُؤْتَيَانِ	أُوتِيَتَا		تُؤْتِيَا	تُؤْتِيَا	تُؤْتِيَانِ	آتَتَا	هُمَا
نُؤْتَ	نُؤْتَى	نُؤْتَى	أُوتِينَا		نُؤْتِ	نُؤْتِيَ	نُؤْتِي	آتَيْنَا	نَحْنُ
تُؤْتَوْا	تُؤْتَوْا	تُؤْتَوْنَ	أُوتِيتُمْ	آتُوا	تُؤْتُوا	تُؤْتُوا	تُؤْتُونَ	آتَيْتُمْ	أَنْتُمْ
تُؤْتَيْنَ	تُؤْتَيْنَ	تُؤْتَيْنَ	أُوتِيتُنَّ	آتِينَ	تُؤْتِينَ	تُؤْتِينَ	تُؤْتِينَ	آتَيْتُنَّ	أَنْتُنَّ
يُؤْتَوْا	يُؤْتَوْا	يُؤْتَوْنَ	أُوتُوا		يُؤْتُوا	يُؤْتُوا	يُؤْتُونَ	آتَوْا	هُمْ
يُؤْتَيْنَ	يُؤْتَيْنَ	يُؤْتَيْنَ	أُوتِينَ		يُؤْتِينَ	يُؤْتِينَ	يُؤْتِينَ	آتَيْنَ	هُنَّ

5	آثَرَ ãsara to prefer								Form IV
AP: مُؤْثِرٌ		PP: مُؤْثَرٌ		VN: إِيثَارٌ			Rt: أثر		
Passive				Active					
Imperfect Jussive	Imperfect Subjunctive	Imperfect Indicative	Perfect	Imperative	Imperfect Jussive	Imperfect Subjunctive	Imperfect Indicative	Perfect	
أُوثَرْ	أُوثَرَ	أُوثَرُ	أُوثِرْتُ		أُوثِرْ	أُوثِرَ	أُوثِرُ	آثَرْتُ	أنا
تُؤْثَرْ	تُؤْثَرَ	تُؤْثَرُ	أُوثِرْتَ	آثِرْ	تُؤْثِرْ	تُؤْثِرَ	تُؤْثِرُ	آثَرْتَ	أَنْتَ
تُؤْثَرِي	تُؤْثَرِي	تُؤْثَرِينَ	أُوثِرْتِ	آثِرِي	تُؤْثِرِي	تُؤْثِرِي	تُؤْثِرِينَ	آثَرْتِ	أَنْتِ
يُؤْثَرْ	يُؤْثَرَ	يُؤْثَرُ	أُوثِرَ		يُؤْثِرْ	يُؤْثِرَ	يُؤْثِرُ	آثَرَ	هُوَ
تُؤْثَرْ	تُؤْثَرَ	تُؤْثَرُ	أُوثِرَتْ		تُؤْثِرْ	تُؤْثِرَ	تُؤْثِرُ	آثَرَتْ	هِيَ
تُؤْثَرَا	تُؤْثَرَا	تُؤْثَرَانِ	أُوثِرْتُمَا	آثِرَا	تُؤْثِرَا	تُؤْثِرَا	تُؤْثِرَانِ	آثَرْتُمَا	أَنْتُمَا
يُؤْثَرَا	يُؤْثَرَا	يُؤْثَرَانِ	أُوثِرَا		يُؤْثِرَا	يُؤْثِرَا	يُؤْثِرَانِ	آثَرَا	هُمَا
تُؤْثَرَا	تُؤْثَرَا	تُؤْثَرَانِ	أُوثِرَتَا		تُؤْثِرَا	تُؤْثِرَا	تُؤْثِرَانِ	آثَرَتَا	هُمَا
نُؤْثَرْ	نُؤْثَرَ	نُؤْثَرُ	أُوثِرْنَا		نُؤْثِرْ	نُؤْثِرَ	نُؤْثِرُ	آثَرْنَا	نَحْنُ
تُؤْثَرُوا	تُؤْثَرُوا	تُؤْثَرُونَ	أُوثِرْتُمْ	آثِرُوا	تُؤْثِرُوا	تُؤْثِرُوا	تُؤْثِرُونَ	آثَرْتُمْ	أَنْتُمْ
تُؤْثَرْنَ	تُؤْثَرْنَ	تُؤْثَرْنَ	أُوثِرْتُنَّ	آثِرْنَ	تُؤْثِرْنَ	تُؤْثِرْنَ	تُؤْثِرْنَ	آثَرْتُنَّ	أَنْتُنَّ
يُؤْثَرُوا	يُؤْثَرُوا	يُؤْثَرُونَ	أُوثِرُوا		يُؤْثِرُوا	يُؤْثِرُوا	يُؤْثِرُونَ	آثَرُوا	هُمْ
يُؤْثَرْنَ	يُؤْثَرْنَ	يُؤْثَرْنَ	أُوثِرْنَ		يُؤْثِرْنَ	يُؤْثِرْنَ	يُؤْثِرْنَ	آثَرْنَ	هُنَّ

6	تَأَجَّلَ ta'ajjala to be postponed								Form V
AP: مُتَأَجِّلٌ		PP: مُتَأَجَّلٌ			VN: تَأَجُّلٌ		Rt: أجل		
Passive				Active					
Imperfect Jussive	Imperfect Subjunctive	Imperfect Indicative	Perfect	Imperative	Imperfect Jussive	Imperfect Subjunctive	Imperfect Indicative	Perfect	
أُتَأَجَّلْ	أُتَأَجَّلَ	أُتَأَجَّلُ	تُؤُجِّلْتُ		أَتَأَجَّلْ	أَتَأَجَّلَ	أَتَأَجَّلُ	تَأَجَّلْتُ	أنا
تُتَأَجَّلْ	تُتَأَجَّلَ	تُتَأَجَّلُ	تُؤُجِّلْتَ	تَأَجَّلْ	تَتَأَجَّلْ	تَتَأَجَّلَ	تَتَأَجَّلُ	تَأَجَّلْتَ	أَنْتَ
تُتَأَجَّلِي	تُتَأَجَّلِي	تُتَأَجَّلِينَ	تُؤُجِّلْتِ	تَأَجَّلِي	تَتَأَجَّلِي	تَتَأَجَّلِي	تَتَأَجَّلِينَ	تَأَجَّلْتِ	أَنْتِ
يُتَأَجَّلْ	يُتَأَجَّلَ	يُتَأَجَّلُ	تُؤُجِّلَ		يَتَأَجَّلْ	يَتَأَجَّلَ	يَتَأَجَّلُ	تَأَجَّلَ	هُوَ
تُتَأَجَّلْ	تُتَأَجَّلَ	تُتَأَجَّلُ	تُؤُجِّلَتْ		تَتَأَجَّلْ	تَتَأَجَّلَ	تَتَأَجَّلُ	تَأَجَّلَتْ	هِيَ
تُتَأَجَّلَا	تُتَأَجَّلَا	تُتَأَجَّلَانِ	تُؤُجِّلْتُمَا	تَأَجَّلَا	تَتَأَجَّلَا	تَتَأَجَّلَا	تَتَأَجَّلَانِ	تَأَجَّلْتُمَا	أَنْتُمَا
يُتَأَجَّلَا	يُتَأَجَّلَا	يُتَأَجَّلَانِ	تُؤُجِّلَا		يَتَأَجَّلَا	يَتَأَجَّلَا	يَتَأَجَّلَانِ	تَأَجَّلَا	هُمَا
تُتَأَجَّلَا	تُتَأَجَّلَا	تُتَأَجَّلَانِ	تُؤُجِّلَتَا		تَتَأَجَّلَا	تَتَأَجَّلَا	تَتَأَجَّلَانِ	تَأَجَّلَتَا	هُمَا
نُتَأَجَّلْ	نُتَأَجَّلَ	نُتَأَجَّلُ	تُؤُجِّلْنَا		نَتَأَجَّلْ	نَتَأَجَّلَ	نَتَأَجَّلُ	تَأَجَّلْنَا	نَحْنُ
تُتَأَجَّلُوا	تُتَأَجَّلُوا	تُتَأَجَّلُونَ	تُؤُجِّلْتُمْ	تَأَجَّلُوا	تَتَأَجَّلُوا	تَتَأَجَّلُوا	تَتَأَجَّلُونَ	تَأَجَّلْتُمْ	أَنْتُمْ
تُتَأَجَّلْنَ	تُتَأَجَّلْنَ	تُتَأَجَّلْنَ	تُؤُجِّلْتُنَّ	تَأَجَّلْنَ	تَتَأَجَّلْنَ	تَتَأَجَّلْنَ	تَتَأَجَّلْنَ	تَأَجَّلْتُنَّ	أَنْتُنَّ
يُتَأَجَّلُوا	يُتَأَجَّلُوا	يُتَأَجَّلُونَ	تُؤُجِّلُوا		يَتَأَجَّلُوا	يَتَأَجَّلُوا	يَتَأَجَّلُونَ	تَأَجَّلُوا	هُمْ
يُتَأَجَّلْنَ	يُتَأَجَّلْنَ	يُتَأَجَّلْنَ	تُؤُجِّلْنَ		يَتَأَجَّلْنَ	يَتَأَجَّلْنَ	يَتَأَجَّلْنَ	تَأَجَّلْنَ	هُنَّ

7 إِتَّخَذَ ittakhaza to take — Form VIII

AP: مُتَّخِذٌ **PP:** مُتَّخَذٌ **VN:** إِتِّخَاذٌ **Rt:** أخذ

	Passive				Active				
Imperfect Jussive	Imperfect Subjunctive	Imperfect Indicative	Perfect	Imperative	Imperfect Jussive	Imperfect Subjunctive	Imperfect Indicative	Perfect	
أُتَّخَذْ	أُتَّخَذَ	أُتَّخَذُ	أُتُّخِذْتُ		أَتَّخِذْ	أَتَّخِذَ	أَتَّخِذُ	إِتَّخَذْتُ	أَنَا
تُتَّخَذْ	تُتَّخَذَ	تُتَّخَذُ	أُتُّخِذْتَ	إِتَّخِذْ	تَتَّخِذْ	تَتَّخِذَ	تَتَّخِذُ	إِتَّخَذْتَ	أَنْتَ
تُتَّخَذِي	تُتَّخَذِي	تُتَّخَذِينَ	أُتُّخِذْتِ	إِتَّخِذِي	تَتَّخِذِي	تَتَّخِذِي	تَتَّخِذِينَ	إِتَّخَذْتِ	أَنْتِ
يُتَّخَذْ	يُتَّخَذَ	يُتَّخَذُ	أُتُّخِذَ		يَتَّخِذْ	يَتَّخِذَ	يَتَّخِذُ	إِتَّخَذَ	هُوَ
تُتَّخَذْ	تُتَّخَذَ	تُتَّخَذُ	أُتُّخِذَتْ		تَتَّخِذْ	تَتَّخِذَ	تَتَّخِذُ	إِتَّخَذَتْ	هِيَ
تُتَّخَذَا	تُتَّخَذَا	تُتَّخَذَانِ	أُتُّخِذْتُمَا	إِتَّخِذَا	تَتَّخِذَا	تَتَّخِذَا	تَتَّخِذَانِ	إِتَّخَذْتُمَا	أَنْتُمَا
يُتَّخَذَا	يُتَّخَذَا	يُتَّخَذَانِ	أُتُّخِذَا		يَتَّخِذَا	يَتَّخِذَا	يَتَّخِذَانِ	إِتَّخَذَا	هُمَا
تُتَّخَذَا	تُتَّخَذَا	تُتَّخَذَانِ	أُتُّخِذَتَا		تَتَّخِذَا	تَتَّخِذَا	تَتَّخِذَانِ	إِتَّخَذَتَا	هُمَا
نُتَّخَذْ	نُتَّخَذَ	نُتَّخَذُ	أُتُّخِذْنَا		نَتَّخِذْ	نَتَّخِذَ	نَتَّخِذُ	إِتَّخَذْنَا	نَحْنُ
تُتَّخَذُوا	تُتَّخَذُوا	تُتَّخَذُونَ	أُتُّخِذْتُمْ	إِتَّخِذُوا	تَتَّخِذُوا	تَتَّخِذُوا	تَتَّخِذُونَ	إِتَّخَذْتُمْ	أَنْتُمْ
تُتَّخَذْنَ	تُتَّخَذْنَ	تُتَّخَذْنَ	أُتُّخِذْتُنَّ	إِتَّخِذْنَ	تَتَّخِذْنَ	تَتَّخِذْنَ	تَتَّخِذْنَ	إِتَّخَذْتُنَّ	أَنْتُنَّ
يُتَّخَذُوا	يُتَّخَذُوا	يُتَّخَذُونَ	أُتُّخِذُوا		يَتَّخِذُوا	يَتَّخِذُوا	يَتَّخِذُونَ	إِتَّخَذُوا	هُمْ
يُتَّخَذْنَ	يُتَّخَذْنَ	يُتَّخَذْنَ	أُتُّخِذْنَ		يَتَّخِذْنَ	يَتَّخِذْنَ	يَتَّخِذْنَ	إِتَّخَذْنَ	هُنَّ

	8	تَأَدَّى ta'adda to be performed							Form V
AP: مُؤَدٍّ/الْمُؤَدِّي			PP: مُؤَدًّى/الْمُؤَدَّى		VN: تَأْدِيَةٌ			Rt: أدى	
	Passive				Active				
Imperfect Jussive	Imperfect Subjunctive	Imperfect Indicative	Perfect	Imperative	Imperfect Jussive	Imperfect Subjunctive	Imperfect Indicative	Perfect	
أُتَأَدَّ	أُتَأَدَّى	أُتَأَدَّى	تُأُدِّيتُ		أَتَأَدَّ	أَتَأَدَّى	أَتَأَدَّى	تَأَدَّيْتُ	أَنَا
تُتَأَدَّ	تُتَأَدَّى	تُتَأَدَّى	تُأُدِّيتَ	تَأَدَّ	تَتَأَدَّ	تَتَأَدَّى	تَتَأَدَّى	تَأَدَّيْتَ	أَنْتَ
تُتَأَدَّيْ	تُتَأَدَّيْ	تُتَأَدَّيْنَ	تُأُدِّيتِ	تَأَدَّيْ	تَتَأَدَّيْ	تَتَأَدَّيْ	تَتَأَدَّيْنَ	تَأَدَّيْتِ	أَنْتِ
يُتَأَدَّ	يُتَأَدَّى	يُتَأَدَّى	تُأُدِّيَ		يَتَأَدَّ	يَتَأَدَّى	يَتَأَدَّى	تَأَدَّى	هُوَ
تُتَأَدَّ	تُتَأَدَّى	تُتَأَدَّى	تُأُدِّيَتْ		تَتَأَدَّ	تَتَأَدَّى	تَتَأَدَّى	تَأَدَّتْ	هِيَ
تُتَأَدَّيَا	تُتَأَدَّيَا	تُتَأَدَّيَانِ	تُأُدِّيتُمَا	تَأَدَّيَا	تَتَأَدَّيَا	تَتَأَدَّيَا	تَتَأَدَّيَانِ	تَأَدَّيْتُمَا	أَنْتُمَا
يُتَأَدَّيَا	يُتَأَدَّيَا	يُتَأَدَّيَانِ	تُأُدِّيَا		يَتَأَدَّيَا	يَتَأَدَّيَا	يَتَأَدَّيَانِ	تَأَدَّيَا	هُمَا
تُتَأَدَّيَا	تُتَأَدَّيَا	تُتَأَدَّيَانِ	تُأُدِّيَتَا		تَتَأَدَّيَا	تَتَأَدَّيَا	تَتَأَدَّيَانِ	تَأَدَّتَا	هُمَا
نُتَأَدَّ	نُتَأَدَّى	نُتَأَدَّى	تُأُدِّينَا		نَتَأَدَّ	نَتَأَدَّى	نَتَأَدَّى	تَأَدَّيْنَا	نَحْنُ
تُتَأَدَّوْا	تُتَأَدَّوْا	تُتَأَدَّوْنَ	تُأُدِّيتُمْ	تَأَدَّوْا	تَتَأَدَّوْا	تَتَأَدَّوْا	تَتَأَدَّوْنَ	تَأَدَّيْتُمْ	أَنْتُمْ
تُتَأَدَّيْنَ	تُتَأَدَّيْنَ	تُتَأَدَّيْنَ	تُأُدِّيتُنَّ	تَأَدَّيْنَ	تَتَأَدَّيْنَ	تَتَأَدَّيْنَ	تَتَأَدَّيْنَ	تَأَدَّيْتُنَّ	أَنْتُنَّ
يُتَأَدَّوْا	يُتَأَدَّوْا	يُتَأَدَّوْنَ	تُأُدُّوا		يَتَأَدَّوْا	يَتَأَدَّوْا	يَتَأَدَّوْنَ	تَأَدَّوْا	هُمْ
يُتَأَدَّيْنَ	يُتَأَدَّيْنَ	يُتَأَدَّيْنَ	تُأُدِّينَ		يَتَأَدَّيْنَ	يَتَأَدَّيْنَ	يَتَأَدَّيْنَ	تَأَدَّيْنَ	هُنَّ

9	إِسْتَأْذَنَ ista'zana to ask permission			Form X
AP: مُسْتَأْذِنٌ	PP: مُسْتَأْذَنٌ	VN: إِسْتِئْذَانٌ	Rt: أذن	

Passive				Active					
Imperfect Jussive	Imperfect Subjunctive	Imperfect Indicative	Perfect	Imperative	Imperfect Jussive	Imperfect Subjunctive	Imperfect Indicative	Perfect	
أُسْتَأْذَنْ	أُسْتَأْذَنَ	أُسْتَأْذَنُ	أُسْتُؤْذِنْتُ		أَسْتَأْذِنْ	أَسْتَأْذِنَ	أَسْتَأْذِنُ	إِسْتَأْذَنْتُ	أَنَا
تُسْتَأْذَنْ	تُسْتَأْذَنَ	تُسْتَأْذَنُ	أُسْتُؤْذِنْتَ	اِسْتَأْذِنْ	تَسْتَأْذِنْ	تَسْتَأْذِنَ	تَسْتَأْذِنُ	إِسْتَأْذَنْتَ	أَنْتَ
تُسْتَأْذَنِي	تُسْتَأْذَنِي	تُسْتَأْذَنِينَ	أُسْتُؤْذِنْتِ	اِسْتَأْذِنِي	تَسْتَأْذِنِي	تَسْتَأْذِنِي	تَسْتَأْذِنِينَ	إِسْتَأْذَنْتِ	أَنْتِ
يُسْتَأْذَنْ	يُسْتَأْذَنَ	يُسْتَأْذَنُ	أُسْتُؤْذِنَ		يَسْتَأْذِنْ	يَسْتَأْذِنَ	يَسْتَأْذِنُ	إِسْتَأْذَنَ	هُوَ
تُسْتَأْذَنْ	تُسْتَأْذَنَ	تُسْتَأْذَنُ	أُسْتُؤْذِنَتْ		تَسْتَأْذِنْ	تَسْتَأْذِنَ	تَسْتَأْذِنُ	إِسْتَأْذَنَتْ	هِيَ
تُسْتَأْذَنَا	تُسْتَأْذَنَا	تُسْتَأْذَنَانِ	أُسْتُؤْذِنْتُمَا	اِسْتَأْذِنَا	تَسْتَأْذِنَا	تَسْتَأْذِنَا	تَسْتَأْذِنَانِ	إِسْتَأْذَنْتُمَا	أَنْتُمَا
يُسْتَأْذَنَا	يُسْتَأْذَنَا	يُسْتَأْذَنَانِ	أُسْتُؤْذِنَا		يَسْتَأْذِنَا	يَسْتَأْذِنَا	يَسْتَأْذِنَانِ	إِسْتَأْذَنَا	هُمَا
تُسْتَأْذَنَا	تُسْتَأْذَنَا	تُسْتَأْذَنَانِ	أُسْتُؤْذِنَتَا		تَسْتَأْذِنَا	تَسْتَأْذِنَا	تَسْتَأْذِنَانِ	إِسْتَأْذَنَتَا	هُمَا
نُسْتَأْذَنْ	نُسْتَأْذَنَ	نُسْتَأْذَنُ	أُسْتُؤْذِنَّا		نَسْتَأْذِنْ	نَسْتَأْذِنَ	نَسْتَأْذِنُ	إِسْتَأْذَنَّا	نَحْنُ
تُسْتَأْذَنُوا	تُسْتَأْذَنُوا	تُسْتَأْذَنُونَ	أُسْتُؤْذِنْتُمْ	اِسْتَأْذِنُوا	تَسْتَأْذِنُوا	تَسْتَأْذِنُوا	تَسْتَأْذِنُونَ	إِسْتَأْذَنْتُمْ	أَنْتُمْ
تُسْتَأْذَنَّ	تُسْتَأْذَنَّ	تُسْتَأْذَنَّ	أُسْتُؤْذِنْتُنَّ	اِسْتَأْذِنَّ	تَسْتَأْذِنَّ	تَسْتَأْذِنَّ	تَسْتَأْذِنَّ	إِسْتَأْذَنْتُنَّ	أَنْتُنَّ
يُسْتَأْذَنُوا	يُسْتَأْذَنُوا	يُسْتَأْذَنُونَ	أُسْتُؤْذِنُوا		يَسْتَأْذِنُوا	يَسْتَأْذِنُوا	يَسْتَأْذِنُونَ	إِسْتَأْذَنُوا	هُمْ
يُسْتَأْذَنَّ	يُسْتَأْذَنَّ	يُسْتَأْذَنَّ	أُسْتُؤْذِنَّ		يَسْتَأْذِنَّ	يَسْتَأْذِنَّ	يَسْتَأْذِنَّ	إِسْتَأْذَنَّ	هُنَّ

10	أَذِيَ adhya to suffer damage			Form I
AP: آذٍ	PP: مَأْذِيٌّ	VN: أَذًى	Rt: أذي	

Passive				Active					
Imperfect Jussive	Imperfect Subjunctive	Imperfect Indicative	Perfect	Imperative	Imperfect Jussive	Imperfect Subjunctive	Imperfect Indicative	Perfect	
أُوْذَ	أُوْذَى	أُوْذَى	أُذِيتُ		آذَ	آذَى	آذَى	أَذِيتُ	أَنَا
تُؤْذَ	تُؤْذَى	تُؤْذَى	أُذِيتَ	اِئْذَ	تَأْذَ	تَأْذَى	تَأْذَى	أَذِيتَ	أَنْتَ
تُؤْذَيْ	تُؤْذَيْ	تُؤْذَيْنَ	أُذِيتِ	اِئْذَيْ	تَأْذَيْ	تَأْذَيْ	تَأْذَيْنَ	أَذِيتِ	أَنْتِ
يُؤْذَ	يُؤْذَى	يُؤْذَى	أُذِيَ		يَأْذَ	يَأْذَى	يَأْذَى	أَذِيَ	هُوَ
تُؤْذَ	تُؤْذَى	تُؤْذَى	أُذِيَتْ		تَأْذَ	تَأْذَى	تَأْذَى	أَذِيَتْ	هِيَ
تُؤْذَيَا	تُؤْذَيَا	تُؤْذَيَانِ	أُذِيتُمَا	اِئْذَيَا	تَأْذَيَا	تَأْذَيَا	تَأْذَيَانِ	أَذِيتُمَا	أَنْتُمَا
يُؤْذَيَا	يُؤْذَيَا	يُؤْذَيَانِ	أُذِيَا		يَأْذَيَا	يَأْذَيَا	يَأْذَيَانِ	أَذِيَا	هُمَا
تُؤْذَيَا	تُؤْذَيَا	تُؤْذَيَانِ	أُذِيَتَا		تَأْذَيَا	تَأْذَيَا	تَأْذَيَانِ	أَذِيَتَا	هُمَا
نُؤْذَ	نُؤْذَى	نُؤْذَى	أُذِينَا		نَأْذَ	نَأْذَى	نَأْذَى	أَذِينَا	نَحْنُ
تُؤْذَوْا	تُؤْذَوْا	تُؤْذَوْنَ	أُذِيتُمْ	اِئْذَوْا	تَأْذَوْا	تَأْذَوْا	تَأْذَوْنَ	أَذِيتُمْ	أَنْتُمْ
تُؤْذَيْنَ	تُؤْذَيْنَ	تُؤْذَيْنَ	أُذِيتُنَّ	اِئْذَيْنَ	تَأْذَيْنَ	تَأْذَيْنَ	تَأْذَيْنَ	أَذِيتُنَّ	أَنْتُنَّ
يُؤْذَوْا	يُؤْذَوْا	يُؤْذَوْنَ	أُذُوا		يَأْذَوْا	يَأْذَوْا	يَأْذَوْنَ	أَذُوا	هُمْ
يُؤْذَيْنَ	يُؤْذَيْنَ	يُؤْذَيْنَ	أُذِينَ		يَأْذَيْنَ	يَأْذَيْنَ	يَأْذَيْنَ	أَذِينَ	هُنَّ

11	أَزَرَ azara to surround								Form I
AP: آزِرٌ			PP: مَأْزُورٌ		VN: أَزْرٌ		Rt: أزر		
Passive				Active					
Imperfect Jussive	Imperfect Subjunctive	Imperfect Indicative	Perfect	Imperative	Imperfect Jussive	Imperfect Subjunctive	Imperfect Indicative	Perfect	
أُوْزَرْ	أُوْزَرَ	أُوْزَرُ	أُزِرْتُ		آزِرْ	آزِرَ	آزِرُ	أَزَرْتُ	أَنا
تُؤْزَرْ	تُؤْزَرَ	تُؤْزَرُ	أُزِرْتَ	اِيْزِرْ	تَأْزِرْ	تَأْزِرَ	تَأْزِرُ	أَزَرْتَ	أَنْتَ
تُؤْزَرِي	تُؤْزَرِي	تُؤْزَرِينَ	أُزِرْتِ	اِيْزِرِي	تَأْزِرِي	تَأْزِرِي	تَأْزِرِينَ	أَزَرْتِ	أَنْتِ
يُؤْزَرْ	يُؤْزَرَ	يُؤْزَرُ	أُزِرَ		يَأْزِرْ	يَأْزِرَ	يَأْزِرُ	أَزَرَ	هُوَ
تُؤْزَرْ	تُؤْزَرَ	تُؤْزَرُ	أُزِرَتْ		تَأْزِرْ	تَأْزِرَ	تَأْزِرُ	أَزَرَتْ	هِيَ
تُؤْزَرَا	تُؤْزَرَا	تُؤْزَرَانِ	أُزِرْتُمَا	اِيْزِرَا	تَأْزِرَا	تَأْزِرَا	تَأْزِرَانِ	أَزَرْتُمَا	أَنْتُمَا
يُؤْزَرَا	يُؤْزَرَا	يُؤْزَرَانِ	أُزِرَا		يَأْزِرَا	يَأْزِرَا	يَأْزِرَانِ	أَزَرَا	هُمَا
تُؤْزَرَا	تُؤْزَرَا	تُؤْزَرَانِ	أُزِرَتَا		تَأْزِرَا	تَأْزِرَا	تَأْزِرَانِ	أَزَرَتَا	هُمَا
نُؤْزَرْ	نُؤْزَرَ	نُؤْزَرُ	أُزِرْنَا		نَأْزِرْ	نَأْزِرَ	نَأْزِرُ	أَزَرْنَا	نَحْنُ
تُؤْزَرُوا	تُؤْزَرُوا	تُؤْزَرُونَ	أُزِرْتُمْ	اِيْزِرُوا	تَأْزِرُوا	تَأْزِرُوا	تَأْزِرُونَ	أَزَرْتُمْ	أَنْتُمْ
تُؤْزَرْنَ	تُؤْزَرْنَ	تُؤْزَرْنَ	أُزِرْتُنَّ	اِيْزِرْنَ	تَأْزِرْنَ	تَأْزِرْنَ	تَأْزِرْنَ	أَزَرْتُنَّ	أَنْتُنَّ
يُؤْزَرُوا	يُؤْزَرُوا	يُؤْزَرُونَ	أُزِرُوا		يَأْزِرُوا	يَأْزِرُوا	يَأْزِرُونَ	أَزَرُوا	هُمْ
يُؤْزَرْنَ	يُؤْزَرْنَ	يُؤْزَرْنَ	أُزِرْنَ		يَأْزِرْنَ	يَأْزِرْنَ	يَأْزِرْنَ	أَزَرْنَ	هُنَّ

12	آزَرَ ãzara to support								Form III
AP: مُؤَازِرٌ		PP: مُؤَازَرٌ			VN: مُؤَازَرَةٌ		Rt: أزر		
Passive				Active					
Imperfect Jussive	Imperfect Subjunctive	Imperfect Indicative	Perfect	Imperative	Imperfect Jussive	Imperfect Subjunctive	Imperfect Indicative	Perfect	
أُؤَازَرْ	أُؤَازَرَ	أُؤَازَرُ	أُوزِرْتُ		أُؤَازِرْ	أُؤَازِرَ	أُؤَازِرُ	آزَرْتُ	أَنا
تُؤَازَرْ	تُؤَازَرَ	تُؤَازَرُ	أُوزِرْتَ	آزِرْ	تُؤَازِرْ	تُؤَازِرَ	تُؤَازِرُ	آزَرْتَ	أَنْتَ
تُؤَازَرِي	تُؤَازَرِي	تُؤَازَرِينَ	أُوزِرْتِ	آزِرِي	تُؤَازِرِي	تُؤَازِرِي	تُؤَازِرِينَ	آزَرْتِ	أَنْتِ
يُؤَازَرْ	يُؤَازَرَ	يُؤَازَرُ	أُوزِرَ		يُؤَازِرْ	يُؤَازِرَ	يُؤَازِرُ	آزَرَ	هُوَ
تُؤَازَرْ	تُؤَازَرَ	تُؤَازَرُ	أُوزِرَتْ		تُؤَازِرْ	تُؤَازِرَ	تُؤَازِرُ	آزَرَتْ	هِيَ
تُؤَازَرَا	تُؤَازَرَا	تُؤَازَرَانِ	أُوزِرْتُمَا	آزِرَا	تُؤَازِرَا	تُؤَازِرَا	تُؤَازِرَانِ	آزَرْتُمَا	أَنْتُمَا
يُؤَازَرَا	يُؤَازَرَا	يُؤَازَرَانِ	أُوزِرَا		يُؤَازِرَا	يُؤَازِرَا	يُؤَازِرَانِ	آزَرَا	هُمَا
تُؤَازَرَا	تُؤَازَرَا	تُؤَازَرَانِ	أُوزِرَتَا		تُؤَازِرَا	تُؤَازِرَا	تُؤَازِرَانِ	آزَرَتَا	هُمَا
نُؤَازَرْ	نُؤَازَرَ	نُؤَازَرُ	أُوزِرْنَا		نُؤَازِرْ	نُؤَازِرَ	نُؤَازِرُ	آزَرْنَا	نَحْنُ
تُؤَازَرُوا	تُؤَازَرُوا	تُؤَازَرُونَ	أُوزِرْتُمْ	آزِرُوا	تُؤَازِرُوا	تُؤَازِرُوا	تُؤَازِرُونَ	آزَرْتُمْ	أَنْتُمْ
تُؤَازَرْنَ	تُؤَازَرْنَ	تُؤَازَرْنَ	أُوزِرْتُنَّ	آزِرْنَ	تُؤَازِرْنَ	تُؤَازِرْنَ	تُؤَازِرْنَ	آزَرْتُنَّ	أَنْتُنَّ
يُؤَازَرُوا	يُؤَازَرُوا	يُؤَازَرُونَ	أُوزِرُوا		يُؤَازِرُوا	يُؤَازِرُوا	يُؤَازِرُونَ	آزَرُوا	هُمْ
يُؤَازَرْنَ	يُؤَازَرْنَ	يُؤَازَرْنَ	أُوزِرْنَ		يُؤَازِرْنَ	يُؤَازِرْنَ	يُؤَازِرْنَ	آزَرْنَ	هُنَّ

13	تآزَرَ ta'ãzara to collaborate							Form VI	
AP: مُتَآزِرٌ		PP: مُتَآزَرٌ		VN: تَآزُرٌ			Rt: أزر		
Passive				Active					
Imperfect Jussive	Imperfect Subjunctive	Imperfect Indicative	Perfect	Imperative	Imperfect Jussive	Imperfect Subjunctive	Imperfect Indicative	Perfect	
أُتَآزَرْ	أُتَآزَرَ	أُتَآزَرُ	تُوُوزِرْتُ		أَتَآزَرْ	أَتَآزَرَ	أَتَآزَرُ	تَآزَرْتُ	أَنا
تُتَآزَرْ	تُتَآزَرَ	تُتَآزَرُ	تُوُوزِرْتَ	تَآزَرْ	تَتَآزَرْ	تَتَآزَرَ	تَتَآزَرُ	تَآزَرْتَ	أَنْتَ
تُتَآزَرِي	تُتَآزَرِي	تُتَآزَرِينَ	تُوُوزِرْتِ	تَآزَرِي	تَتَآزَرِي	تَتَآزَرِي	تَتَآزَرِينَ	تَآزَرْتِ	أَنْتِ
يُتَآزَرْ	يُتَآزَرَ	يُتَآزَرُ	تُوُوزِرَ		يَتَآزَرْ	يَتَآزَرَ	يَتَآزَرُ	تَآزَرَ	هُوَ
تُتَآزَرْ	تُتَآزَرَ	تُتَآزَرُ	تُوُوزِرَتْ		تَتَآزَرْ	تَتَآزَرَ	تَتَآزَرُ	تَآزَرَتْ	هِيَ
تُتَآزَرَا	تُتَآزَرَا	تُتَآزَرَانِ	تُوُوزِرْتُمَا	تَآزَرَا	تَتَآزَرَا	تَتَآزَرَا	تَتَآزَرَانِ	تَآزَرْتُمَا	أَنْتُمَا
يُتَآزَرَا	يُتَآزَرَا	يُتَآزَرَانِ	تُوُوزِرَا		يَتَآزَرَا	يَتَآزَرَا	يَتَآزَرَانِ	تَآزَرَا	هُمَا
تُتَآزَرَا	تُتَآزَرَا	تُتَآزَرَانِ	تُوُوزِرَتَا		تَتَآزَرَا	تَتَآزَرَا	تَتَآزَرَانِ	تَآزَرَتَا	هُمَا
نُتَآزَرْ	نُتَآزَرَ	نُتَآزَرُ	تُوُوزِرْنَا		نَتَآزَرْ	نَتَآزَرَ	نَتَآزَرُ	تَآزَرْنَا	نَحْنُ
تُتَآزَرُوا	تُتَآزَرُوا	تُتَآزَرُونَ	تُوُوزِرْتُمْ	تَآزَرُوا	تَتَآزَرُوا	تَتَآزَرُوا	تَتَآزَرُونَ	تَآزَرْتُمْ	أَنْتُمْ
تُتَآزَرْنَ	تُتَآزَرْنَ	تُتَآزَرْنَ	تُوُوزِرْتُنَّ	تَآزَرْنَ	تَتَآزَرْنَ	تَتَآزَرْنَ	تَتَآزَرْنَ	تَآزَرْتُنَّ	أَنْتُنَّ
يُتَآزَرُوا	يُتَآزَرُوا	يُتَآزَرُونَ	تُوُوزِرُوا		يَتَآزَرُوا	يَتَآزَرُوا	يَتَآزَرُونَ	تَآزَرُوا	هُمْ
يُتَآزَرْنَ	يُتَآزَرْنَ	يُتَآزَرْنَ	تُوُوزِرْنَ		يَتَآزَرْنَ	يَتَآزَرْنَ	يَتَآزَرْنَ	تَآزَرْنَ	هُنَّ

14	أَزِفَ azifa to draw near (a time)								Form I
AP: آزِفٌ		PP: مَأْزُوفٌ			VN: أَزْفٌ / أَزَافٌ		Rt: أزف		
Passive				Active					
Imperfect Jussive	Imperfect Subjunctive	Imperfect Indicative	Perfect	Imperative	Imperfect Jussive	Imperfect Subjunctive	Imperfect Indicative	Perfect	
أُوْزَفْ	أُوْزَفَ	أُوْزَفُ	أُزِفْتُ		آزَفْ	آزَفَ	آزَفُ	أَزِفْتُ	أنا
تُوْزَفْ	تُوْزَفَ	تُوْزَفُ	أُزِفْتَ	اِيزَفْ	تَأْزَفْ	تَأْزَفَ	تَأْزَفُ	أَزِفْتَ	أَنْتَ
تُوْزَفِي	تُوْزَفِي	تُوْزَفِينَ	أُزِفْتِ	اِيزَفِي	تَأْزَفِي	تَأْزَفِي	تَأْزَفِينَ	أَزِفْتِ	أَنْتِ
يُوْزَفْ	يُوْزَفَ	يُوْزَفُ	أُزِفَ		يَأْزَفْ	يَأْزَفَ	يَأْزَفُ	أَزِفَ	هُوَ
تُوْزَفْ	تُوْزَفَ	تُوْزَفُ	أُزِفَتْ		تَأْزَفْ	تَأْزَفَ	تَأْزَفُ	أَزِفَتْ	هِيَ
تُوْزَفَا	تُوْزَفَا	تُوْزَفَانِ	أُزِفْتُمَا	اِيزَفَا	تَأْزَفَا	تَأْزَفَا	تَأْزَفَانِ	أَزِفْتُمَا	أَنْتُمَا
يُوْزَفَا	يُوْزَفَا	يُوْزَفَانِ	أُزِفَا		يَأْزَفَا	يَأْزَفَا	يَأْزَفَانِ	أَزِفَا	هُمَا
تُوْزَفَا	تُوْزَفَا	تُوْزَفَانِ	أُزِفَتَا		تَأْزَفَا	تَأْزَفَا	تَأْزَفَانِ	أَزِفَتَا	هُمَا
نُوْزَفْ	نُوْزَفَ	نُوْزَفُ	أُزِفْنَا		نَأْزَفْ	نَأْزَفَ	نَأْزَفُ	أَزِفْنَا	نَحْنُ
تُوْزَفُوا	تُوْزَفُوا	تُوْزَفُونَ	أُزِفْتُمْ	اِيزَفُوا	تَأْزَفُوا	تَأْزَفُوا	تَأْزَفُونَ	أَزِفْتُمْ	أَنْتُمْ
تُوْزَفْنَ	تُوْزَفْنَ	تُوْزَفْنَ	أُزِفْتُنَّ	اِيزَفْنَ	تَأْزَفْنَ	تَأْزَفْنَ	تَأْزَفْنَ	أَزِفْتُنَّ	أَنْتُنَّ
يُوْزَفُوا	يُوْزَفُوا	يُوْزَفُونَ	أُزِفُوا		يَأْزَفُوا	يَأْزَفُوا	يَأْزَفُونَ	أَزِفُوا	هُمْ
يُوْزَفْنَ	يُوْزَفْنَ	يُوْزَفْنَ	أُزِفْنَ		يَأْزَفْنَ	يَأْزَفْنَ	يَأْزَفْنَ	أَزِفْنَ	هُنَّ

15	أَسَّسَ assasa to establish			Form II
AP: مُؤَسِّسٌ	PP: مُؤَسَّسٌ	VN: تَأْسِيسٌ	Rt: أسس	

Passive				Active					
Imperfect Jussive	Imperfect Subjunctive	Imperfect Indicative	Perfect	Imperative	Imperfect Jussiv	Imperfect Subjunctive	Imperfect Indicative	Perfect	
أُؤَسَّسْ	أُؤَسَّسَ	أُؤَسَّسُ	أُسِّسْتُ		أُؤَسِّسْ	أُؤَسِّسَ	أُؤَسِّسُ	أَسَّسْتُ	أَنَا
تُؤَسَّسْ	تُؤَسَّسَ	تُؤَسَّسُ	أُسِّسْتَ	أَسِّسْ	تُؤَسِّسْ	تُؤَسِّسَ	تُؤَسِّسُ	أَسَّسْتَ	أَنْتَ
تُؤَسَّسِي	تُؤَسَّسِي	تُؤَسَّسِينَ	أُسِّسْتِ	أَسِّسِي	تُؤَسِّسِي	تُؤَسِّسِي	تُؤَسِّسِينَ	أَسَّسْتِ	أَنْتِ
يُؤَسَّسْ	يُؤَسَّسَ	يُؤَسَّسُ	أُسِّسَ		يُؤَسِّسْ	يُؤَسِّسَ	يُؤَسِّسُ	أَسَّسَ	هُوَ
تُؤَسَّسْ	تُؤَسَّسَ	تُؤَسَّسُ	أُسِّسَتْ		تُؤَسِّسْ	تُؤَسِّسَ	تُؤَسِّسُ	أَسَّسَتْ	هِيَ
تُؤَسَّسَا	تُؤَسَّسَا	تُؤَسَّسَانِ	أُسِّسْتُمَا	أَسِّسَا	تُؤَسِّسَا	تُؤَسِّسَا	تُؤَسِّسَانِ	أَسَّسْتُمَا	أَنْتُمَا
يُؤَسَّسَا	يُؤَسَّسَا	يُؤَسَّسَانِ	أُسِّسَا		يُؤَسِّسَا	يُؤَسِّسَا	يُؤَسِّسَانِ	أَسَّسَا	هُمَا
تُؤَسَّسَا	تُؤَسَّسَا	تُؤَسَّسَانِ	أُسِّسَتَا		تُؤَسِّسَا	تُؤَسِّسَا	تُؤَسِّسَانِ	أَسَّسَتَا	هُمَا
نُؤَسَّسْ	نُؤَسَّسَ	نُؤَسَّسُ	أُسِّسْنَا		نُؤَسِّسْ	نُؤَسِّسَ	نُؤَسِّسُ	أَسَّسْنَا	نَحْنُ
تُؤَسَّسُوا	تُؤَسَّسُوا	تُؤَسَّسُونَ	أُسِّسْتُمْ	أَسِّسُوا	تُؤَسِّسُوا	تُؤَسِّسُوا	تُؤَسِّسُونَ	أَسَّسْتُمْ	أَنْتُمْ
تُؤَسَّسْنَ	تُؤَسَّسْنَ	تُؤَسَّسْنَ	أُسِّسْتُنَّ	أَسِّسْنَ	تُؤَسِّسْنَ	تُؤَسِّسْنَ	تُؤَسِّسْنَ	أَسَّسْتُنَّ	أَنْتُنَّ
يُؤَسَّسُوا	يُؤَسَّسُوا	يُؤَسَّسُونَ	أُسِّسُوا		يُؤَسِّسُوا	يُؤَسِّسُوا	يُؤَسِّسُونَ	أَسَّسُوا	هُمْ
يُؤَسَّسْنَ	يُؤَسَّسْنَ	يُؤَسَّسْنَ	أُسِّسْنَ		يُؤَسِّسْنَ	يُؤَسِّسْنَ	يُؤَسِّسْنَ	أَسَّسْنَ	هُنَّ

16	إِئْتَسَى i'tasa to follow someone's example								Form VIII
AP: مُئْتَسٍ			PP: مُئْتَسًى		VN: إِئْتِسَاءٌ			Rt: أسو / أسى	

Passive				Active					
Imperfect Jussive	Imperfect Subjunctive	Imperfect Indicative	Perfect	Imperative	Imperfect Jussive	Imperfect Subjunctive	Imperfect Indicative	Perfect	
أُوْتَسَ	أُوْتَسَى	أُوْتَسَى	أُتُسِيتُ		آتَسِ	آتَسِيَ	آتَسِي	إِئْتَسَيْتُ	أَنَا
تُؤْتَسَ	تُؤْتَسَى	تُؤْتَسَى	أُتْسِيتَ	اِئْتَسِ	تَئْتَسِ	تَئْتَسِيَ	تَئْتَسِي	إِئْتَسَيْتَ	أَنْتَ
تُؤْتَسَيْ	تُؤْتَسَيْ	تُؤْتَسَيْنَ	أُتْسِيتِ	اِئْتَسِي	تَئْتَسِي	تَئْتَسِي	تَئْتَسِينَ	إِئْتَسَيْتِ	أَنْتِ
يُؤْتَسَ	يُؤْتَسَى	يُؤْتَسَى	أُتْتُسِيَ		يَئْتَسِ	يَئْتَسِيَ	يَئْتَسِي	إِئْتَسَى	هُوَ
تُؤْتَسَ	تُؤْتَسَى	تُؤْتَسَى	أُتْسِيَتْ		تَئْتَسِ	تَئْتَسِيَ	تَئْتَسِي	إِئْتَسَيَتْ	هِيَ
تُؤْتَسَيَا	تُؤْتَسَيَا	تُؤْتَسَيَانِ	أُتْسِيتُمَا	اِئْتَسِيَا	تَئْتَسِيَا	تَئْتَسِيَا	تَئْتَسِيَانِ	إِئْتَسَيْتُمَا	أَنْتُمَا
يُؤْتَسَيَا	يُؤْتَسَيَا	يُؤْتَسَيَانِ	أُتْسِيَا		يَئْتَسِيَا	يَئْتَسِيَا	يَئْتَسِيَانِ	إِئْتَسَيَا	هُمَا
تُؤْتَسَيَا	تُؤْتَسَيَا	تُؤْتَسَيَانِ	أُتْسِيَتَا		تَئْتَسِيَا	تَئْتَسِيَا	تَئْتَسِيَانِ	إِئْتَسَتَا	هُمَا
نُؤْتَسَ	نُؤْتَسَى	نُؤْتَسَى	أُتْسِينَا		نَئْتَسِ	نَئْتَسِيَ	نَئْتَسِي	إِئْتَسَيْنَا	نَحْنُ
تُؤْتَسَوْا	تُؤْتَسَوْا	تُؤْتَسَوْنَ	أُتْسِيتُمْ	اِئْتَسُوا	تَئْتَسُوا	تَئْتَسُوا	تَئْتَسُونَ	إِئْتَسَيْتُمْ	أَنْتُمْ
تُؤْتَسَيْنَ	تُؤْتَسَيْنَ	تُؤْتَسَيْنَ	أُتْسِيتُنَّ	اِئْتَسِينَ	تَئْتَسِينَ	تَئْتَسِينَ	تَئْتَسِينَ	إِئْتَسَيْتُنَّ	أَنْتُنَّ
يُؤْتَسَوْا	يُؤْتَسَوْا	يُؤْتَسَوْنَ	أُتْسُوا		يَئْتَسُوا	يَئْتَسُوا	يَئْتَسُونَ	إِئْتَسَوا	هُمْ
يُؤْتَسَيْنَ	يُؤْتَسَيْنَ	يُؤْتَسَيْنَ	أُتْسِينَ		يَئْتَسِينَ	يَئْتَسِينَ	يَئْتَسِينَ	إِئْتَسَيْنَ	هُنَّ

17	أَصُلَ asula to be firmly rooted							Form I	
AP: آصِلٌ			PP:		VN: أَصَالَةٌ			Rt: أصل	
Passive				Active					
Imperfect Jussive	Imperfect Subjunctive	Imperfect Indicative	Perfect	Imperative	Imperfect Jussive	Imperfect Subjunctive	Imperfect Indicative	Perfect	
					آصُلْ	آصُلَ	آصُلُ	أَصُلْتُ	أَنا
				أُؤْصُلْ	تَأْصُلْ	تَأْصُلَ	تَأْصُلُ	أَصُلْتَ	أَنْتَ
				أُؤْصُلِي	تَأْصُلِي	تَأْصُلِي	تَأْصُلِينَ	أَصُلْتِ	أَنْتِ
					يَأْصُلْ	يَأْصُلَ	يَأْصُلُ	أَصُلَ	هُوَ
					تَأْصُلْ	تَأْصُلَ	تَأْصُلُ	أَصُلَتْ	هِيَ
				أُؤْصُلاَ	تَأْصُلاَ	تَأْصُلاَ	تَأْصُلاَنِ	أَصُلْتُمَا	أَنْتُمَا
					يَأْصُلاَ	يَأْصُلاَ	يَأْصُلاَنِ	أَصُلاَ	هُمَا
					تَأْصُلاَ	تَأْصُلاَ	تَأْصُلاَنِ	أَصُلَتَا	هُمَا
					نَأْصُلْ	نَأْصُلَ	نَأْصُلُ	أَصُلْنَا	نَحْنُ
				أُؤْصُلُوا	تَأْصُلُوا	تَأْصُلُوا	تَأْصُلُونَ	أَصُلْتُمْ	أَنْتُمْ
				أُؤْصُلْنَ	تَأْصُلْنَ	تَأْصُلْنَ	تَأْصُلْنَ	أَصُلْتُنَّ	أَنْتُنَّ
					يَأْصُلُوا	يَأْصُلُوا	يَأْصُلُونَ	أَصُلُوا	هُمْ
					يَأْصُلْنَ	يَأْصُلْنَ	يَأْصُلْنَ	أَصُلْنَ	هُنَّ

18	أَكَّدَ akada to confirm	Form II

AP: مُؤَكِّدٌ	PP: مُؤَكَّدٌ	VN: تَأْكِيدٌ	Rt: أكد

Passive				Active					
Imperfect Jussive	Imperfect Subjunctive	Imperfect Indicative	Perfect	Imperative	Imperfect Jussive	Imperfect Subjunctive	Imperfect Indicative	Perfect	
أُؤَكَّدْ	أُؤَكَّدَ	أُؤَكَّدُ	أُكِّدْتُ		أُؤَكِّدْ	أُؤَكِّدَ	أُؤَكِّدُ	أَكَّدْتُ	أنا
تُؤَكَّدْ	تُؤَكَّدَ	تُؤَكَّدُ	أُكِّدْتَ	أَكِّدْ	تُؤَكِّدْ	تُؤَكِّدَ	تُؤَكِّدُ	أَكَّدْتَ	أَنْتَ
تُؤَكَّدِي	تُؤَكَّدِي	تُؤَكَّدِينَ	أُكِّدْتِ	أَكِّدِي	تُؤَكِّدِي	تُؤَكِّدِي	تُؤَكِّدِينَ	أَكَّدْتِ	أَنْتِ
يُؤَكَّدْ	يُؤَكَّدَ	يُؤَكَّدُ	أُكِّدَ		يُؤَكِّدْ	يُؤَكِّدَ	يُؤَكِّدُ	أَكَّدَ	هُوَ
تُؤَكَّدْ	تُؤَكَّدَ	تُؤَكَّدُ	أُكِّدَتْ		تُؤَكِّدْ	تُؤَكِّدَ	تُؤَكِّدُ	أَكَّدَتْ	هِيَ
تُؤَكَّدَا	تُؤَكَّدَا	تُؤَكَّدَانِ	أُكِّدْتُمَا	أَكِّدَا	تُؤَكِّدَا	تُؤَكِّدَا	تُؤَكِّدَانِ	أَكَّدْتُمَا	أَنْتُمَا
يُؤَكَّدَا	يُؤَكَّدَا	يُؤَكَّدَانِ	أُكِّدَا		يُؤَكِّدَا	يُؤَكِّدَا	يُؤَكِّدَانِ	أَكَّدَا	هُمَا
تُؤَكَّدَا	تُؤَكَّدَا	تُؤَكَّدَانِ	أُكِّدَتَا		تُؤَكِّدَا	تُؤَكِّدَا	تُؤَكِّدَانِ	أَكَّدَتَا	هُمَا
نُؤَكَّدْ	نُؤَكَّدَ	نُؤَكَّدُ	أُكِّدْنَا		نُؤَكِّدْ	نُؤَكِّدَ	نُؤَكِّدُ	أَكَّدْنَ	نَحْنُ
تُؤَكَّدُوا	تُؤَكَّدُوا	تُؤَكَّدُونَ	أُكِّدْتُمْ	أَكِّدُوا	تُؤَكِّدُوا	تُؤَكِّدُوا	تُؤَكِّدُونَ	أَكَّدْتُمْ	أَنْتُمْ
تُؤَكَّدْنَ	تُؤَكَّدْنَ	تُؤَكَّدْنَ	أُكِّدْتُنَّ	أَكِّدْنَ	تُؤَكِّدْنَ	تُؤَكِّدْنَ	تُؤَكِّدْنَ	أَكَّدْتُنَّ	أَنْتُنَّ
يُؤَكَّدُوا	يُؤَكَّدُوا	يُؤَكَّدُونَ	أُكِّدُوا		يُؤَكِّدُوا	يُؤَكِّدُوا	يُؤَكِّدُونَ	أَكَّدُوا	هُمْ
يُؤَكَّدْنَ	يُؤَكَّدْنَ	يُؤَكَّدْنَ	أُكِّدْنَ		يُؤَكِّدْنَ	يُؤَكِّدْنَ	يُؤَكِّدْنَ	أَكَّدْنَ	هُنَّ

19	أَكَلَ akala to eat								Form I
AP: آكِلٌ		PP: مَأْكُولٌ			VN: مَأْكَلٌ / أَكْلٌ			Rt: أكل	
Passive				Active					
Imperfect Jussive	Imperfect Subjunctive	Imperfect Indicative	Perfect	Imperative	Imperfect Jussive	Imperfect Subjunctive	Imperfect Indicative	Perfect	
أُوكَلْ	أُوكَلَ	أُوكَلُ	أُكِلْتُ		آكُلْ	آكُلَ	آكُلُ	أَكَلْتُ	أنا
تُؤْكَلْ	تُؤْكَلَ	تُؤْكَلُ	أُكِلْتَ	كُلْ	تَأْكُلْ	تَأْكُلَ	تَأْكُلُ	أَكَلْتَ	أَنْتَ
تُؤْكَلِي	تُؤْكَلِي	تُؤْكَلِينَ	أُكِلْتِ	كُلِي	تَأْكُلِي	تَأْكُلِي	تَأْكُلِينَ	أَكَلْتِ	أَنْتِ
يُؤْكَلْ	يُؤْكَلَ	يُؤْكَلُ	أُكِلَ		يَأْكُلْ	يَأْكُلَ	يَأْكُلُ	أَكَلَ	هُوَ
تُؤْكَلْ	تُؤْكَلَ	تُؤْكَلُ	أُكِلَتْ		تَأْكُلْ	تَأْكُلَ	تَأْكُلُ	أَكَلَتْ	هِيَ
تُؤْكَلَا	تُؤْكَلَا	تُؤْكَلَانِ	أُكِلْتُمَا	كُلَا	تَأْكُلَا	تَأْكُلَا	تَأْكُلَانِ	أَكَلْتُمَا	أَنْتُمَا
يُؤْكَلَا	يُؤْكَلَا	يُؤْكَلَانِ	أُكِلَا		يَأْكُلَا	يَأْكُلَا	يَأْكُلَانِ	أَكَلَا	هُمَا
تُؤْكَلَا	تُؤْكَلَا	تُؤْكَلَانِ	أُكِلَتَا		تَأْكُلَا	تَأْكُلَا	تَأْكُلَانِ	أَكَلَتَا	هُمَا
نُؤْكَلْ	نُؤْكَلَ	نُؤْكَلُ	أُكِلْنَا		نَأْكُلْ	نَأْكُلَ	نَأْكُلُ	أَكَلْنَا	نَحْنُ
تُؤْكَلُوا	تُؤْكَلُوا	تُؤْكَلُونَ	أُكِلْتُمْ	كُلُوا	تَأْكُلُوا	تَأْكُلُوا	تَأْكُلُونَ	أَكَلْتُمْ	أَنْتُمْ
تُؤْكَلْنَ	تُؤْكَلْنَ	تُؤْكَلْنَ	أُكِلْتُنَّ	كُلْنَ	تَأْكُلْنَ	تَأْكُلْنَ	تَأْكُلْنَ	أَكَلْتُنَّ	أَنْتُنَّ
يُؤْكَلُوا	يُؤْكَلُوا	يُؤْكَلُونَ	أُكِلُوا		يَأْكُلُوا	يَأْكُلُوا	يَأْكُلُونَ	أَكَلُوا	هُمْ
يُؤْكَلْنَ	يُؤْكَلْنَ	يُؤْكَلْنَ	أُكِلْنَ		يَأْكُلْنَ	يَأْكُلْنَ	يَأْكُلْنَ	أَكَلْنَ	هُنَّ

20	أَلَهَ alaha to worship	Form I

AP: آلِهٌ	PP: مَألُوهٌ	VN: إِلاهٌ	Rt: أله

Passive				Active					
Imperfect Jussive	Imperfect Subjunctive	Imperfect Indicative	Perfect	Imperative	Imperfect Jussive	Imperfect Subjunctive	Imperfect Indicative	Perfect	
أُؤْلَهْ	أُؤْلَهَ	أُؤْلَهُ	أُلِهْتُ		آلَهْ	آلَهَ	آلَهُ	أَلَهْتُ	أَنا
تُؤْلَهْ	تُؤْلَهَ	تُؤْلَهُ	أُلِهْتَ	اِئْلَهْ	تَألَهْ	تَألَهَ	تَألَهُ	أَلَهْتَ	أَنْتَ
تُؤْلَهِي	تُؤْلَهِي	تُؤْلَهِينَ	أُلِهْتِ	اِئْلَهِي	تَألَهِي	تَألَهِي	تَألَهِينَ	أَلَهْتِ	أَنْتِ
يُؤْلَهْ	يُؤْلَهَ	يُؤْلَهُ	أُلِهَ		يَألَهْ	يَألَهَ	يَألَهُ	أَلَهَ	هُوَ
تُؤْلَهْ	تُؤْلَهَ	تُؤْلَهُ	أُلِهَتْ		تَألَهْ	تَألَهَ	تَألَهُ	أَلَهَتْ	هِيَ
تُؤْلَهَا	تُؤْلَهَا	تُؤْلَهَانِ	أُلِهْتُمَا	اِئْلَهَا	تَألَهَا	تَألَهَا	تَألَهَانِ	أَلَهْتُمَا	أَنْتُمَا
يُؤْلَهَا	يُؤْلَهَا	يُؤْلَهَانِ	أُلِهَا		يَألَهَا	يَألَهَا	يَألَهَانِ	أَلَهَا	هُمَا
تُؤْلَهَا	تُؤْلَهَا	تُؤْلَهَانِ	أُلِهَتَا		تَألَهَا	تَألَهَا	تَألَهَانِ	أَلَهَتَا	هُمَا
نُؤْلَهْ	نُؤْلَهَ	نُؤْلَهُ	أُلِهْنَا		نَألَهْ	نَألَهَ	نَألَهُ	أَلَهْنَا	نَحْنُ
تُؤْلَهُوا	تُؤْلَهُوا	تُؤْلَهُونَ	أُلِهْتُمْ	اِئْلَهُوا	تَألَهُوا	تَألَهُوا	تَألَهُونَ	أَلَهْتُمْ	أَنْتُمْ
تُؤْلَهْنَ	تُؤْلَهْنَ	تُؤْلَهْنَ	أُلِهْتُنَّ	اِئْلَهْنَ	تَألَهْنَ	تَألَهْنَ	تَألَهْنَ	أَلَهْتُنَّ	أَنْتُنَّ
يُؤْلَهُوا	يُؤْلَهُوا	يُؤْلَهُونَ	أُلِهُوا		يَألَهُوا	يَألَهُوا	يَألَهُونَ	أَلَهُوا	هُمْ
يُؤْلَهْنَ	يُؤْلَهْنَ	يُؤْلَهْنَ	أُلِهْنَ		يَألَهْنَ	يَألَهْنَ	يَألَهْنَ	أَلَهْنَ	هُنَّ

21	إِئْتَمَرَ* i'tamara to deliberate	Form VIII
AP: مُؤْتَمِرٌ	PP: مُؤْتَمَرٌ	VN: إِئْتِمَارٌ
Rt: أمر		

Passive				Active					
Imperfect Jussive	Imperfect Subjunctive	Imperfect Indicative	Perfect	Imperative	Imperfect Jussive	Imperfect Subjunctive	Imperfect Indicative	Perfect	
أُوْتَمَرْ	أُوْتَمَرَ	أُوْتَمَرُ	أُوْتُمِرْتُ		آتَمِرْ	آتَمِرَ	آتَمِرُ	إِئْتَمَرْتُ	أَنَا
تُؤْتَمَرْ	تُؤْتَمَرَ	تُؤْتَمَرُ	أُوْتُمِرْتَ	اِئْتَمِرْ	تَأْتَمِرْ	تَأْتَمِرَ	تَأْتَمِرُ	إِئْتَمَرْتَ	أَنْتَ
تُؤْتَمَرِي	تُؤْتَمَرِي	تُؤْتَمَرِينَ	أُوْتُمِرْتِ	اِئْتَمِرِي	تَأْتَمِرِي	تَأْتَمِرِي	تَأْتَمِرِينَ	إِئْتَمَرْتِ	أَنْتِ
يُؤْتَمَرْ	يُؤْتَمَرَ	يُؤْتَمَرُ	أُوْتُمِرَ		يَأْتَمِرْ	يَأْتَمِرَ	يَأْتَمِرُ	إِئْتَمَرَ	هُوَ
تُؤْتَمَرْ	تُؤْتَمَرَ	تُؤْتَمَرُ	أُوْتُمِرَتْ		تَأْتَمِرْ	تَأْتَمِرَ	تَأْتَمِرُ	إِئْتَمَرَتْ	هِيَ
تُؤْتَمَرَا	تُؤْتَمَرَا	تُؤْتَمَرَانِ	أُوْتُمِرْتُمَا	اِئْتَمِرَا	تَأْتَمِرَا	تَأْتَمِرَا	تَأْتَمِرَانِ	إِئْتَمَرْتُمَا	أَنْتُمَا
يُؤْتَمَرَا	يُؤْتَمَرَا	يُؤْتَمَرَانِ	أُوْتُمِرَا		يَأْتَمِرَا	يَأْتَمِرَا	يَأْتَمِرَانِ	إِئْتَمَرَا	هُمَا
تُؤْتَمَرَا	تُؤْتَمَرَا	تُؤْتَمَرَانِ	أُوْتُمِرَتَا		تَأْتَمِرَا	تَأْتَمِرَا	تَأْتَمِرَانِ	إِئْتَمَرَتَا	هُمَا
نُؤْتَمَرْ	نُؤْتَمَرَ	نُؤْتَمَرُ	أُوْتُمِرْنَا		نَأْتَمِرْ	نَأْتَمِرَ	نَأْتَمِرُ	إِئْتَمَرْنَا	نَحْنُ
تُؤْتَمَرُوا	تُؤْتَمَرُوا	تُؤْتَمَرُونَ	أُوْتُمِرْتُمْ	اِئْتَمِرُوا	تَأْتَمِرُوا	تَأْتَمِرُوا	تَأْتَمِرُونَ	إِئْتَمَرْتُمْ	أَنْتُمْ
تُؤْتَمَرْنَ	تُؤْتَمَرْنَ	تُؤْتَمَرْنَ	أُوْتُمِرْتُنَّ	اِئْتَمِرْنَ	تَأْتَمِرْنَ	تَأْتَمِرْنَ	تَأْتَمِرْنَ	إِئْتَمَرْتُنَّ	أَنْتُنَّ
يُؤْتَمَرُوا	يُؤْتَمَرُوا	يُؤْتَمَرُونَ	أُوْتُمِرُوا		يَأْتَمِرُوا	يَأْتَمِرُوا	يَأْتَمِرُونَ	إِئْتَمَرُوا	هُمْ
يُؤْتَمَرْنَ	يُؤْتَمَرْنَ	يُؤْتَمَرْنَ	أُوْتُمِرْنَ		يَأْتَمِرْنَ	يَأْتَمِرْنَ	يَأْتَمِرْنَ	إِئْتَمَرْنَ	هُنَّ

* Also إِيتَمَرَ with ي retained throughout the conjugation

22	أَمَلَ ’amala to hope	Form I

AP: آمِلٌ	PP: مَأْمُولٌ	VN: أَمَلٌ	Rt: أمل

Passive				Active					
Imperfect Jussive	Imperfect Subjunctive	Imperfect Indicative	Perfect	Imperative	Imperfect Jussive	Imperfect Subjunctive	Imperfect Indicative	Perfect	
أُؤْمَلْ	أُؤْمَلَ	أُؤْمَلُ	أُمِلْتُ		آمَلْ	آمَلَ	آمَلُ	أَمَلْتُ	أنا
تُؤْمَلْ	تُؤْمَلَ	تُؤْمَلُ	أُمِلْتَ	أُومُلْ	تَأْمُلْ	تَأْمُلَ	تَأْمُلُ	أَمَلْتَ	أَنْتَ
تُؤْمَلِي	تُؤْمَلِي	تُؤْمَلِينَ	أُمِلْتِ	أُومُلِي	تَأْمُلِي	تَأْمُلِي	تَأْمُلِينَ	أَمَلْتِ	أَنْتِ
يُؤْمَلْ	يُؤْمَلَ	يُؤْمَلُ	أُمِلَ		يَأْمُلْ	يَأْمُلَ	يَأْمُلُ	أَمَلَ	هُوَ
تُؤْمَلْ	تُؤْمَلَ	تُؤْمَلُ	أُمِلَتْ		تَأْمُلْ	تَأْمُلَ	تَأْمُلُ	أَمَلَتْ	هِيَ
تُؤْمَلاَ	تُؤْمَلاَ	تُؤْمَلاَنِ	أُمِلْتُمَا	أُومُلاَ	تَأْمُلاَ	تَأْمُلاَ	تَأْمُلاَنِ	أَمَلْتُمَا	أَنْتُمَا
يُؤْمَلاَ	يُؤْمَلاَ	يُؤْمَلاَنِ	أُمِلاَ		يَأْمُلاَ	يَأْمُلاَ	يَأْمُلاَنِ	أَمَلاَ	هُمَا
تُؤْمَلاَ	تُؤْمَلاَ	تُؤْمَلاَنِ	أُمِلَتَا		تَأْمُلاَ	تَأْمُلاَ	تَأْمُلاَنِ	أَمَلَتَا	هُمَا
نُؤْمَلْ	نُؤْمَلَ	نُؤْمَلُ	أُمِلْنَا		نَأْمُلْ	نَأْمُلَ	نَأْمُلُ	أَمَلْنَا	نَحْنُ
تُؤْمَلُوا	تُؤْمَلُوا	تُؤْمَلُونَ	أُمِلْتُمْ	أُومُلُوا	تَأْمُلُوا	تَأْمُلُوا	تَأْمُلُونَ	أَمَلْتُمْ	أَنْتُمْ
تُؤْمَلْنَ	تُؤْمَلْنَ	تُؤْمَلْنَ	أُمِلْتُنَّ	أُومُلْنَ	تَأْمُلْنَ	تَأْمُلْنَ	تَأْمُلْنَ	أَمَلْتُنَّ	أَنْتُنَّ
يُؤْمَلُوا	يُؤْمَلُوا	يُؤْمَلُونَ	أُمِلُوا		يَأْمُلُوا	يَأْمُلُوا	يَأْمُلُونَ	أَمَلُوا	هُمْ
يُؤْمَلْنَ	يُؤْمَلْنَ	يُؤْمَلْنَ	أُمِلْنَ		يَأْمُلْنَ	يَأْمُلْنَ	يَأْمُلْنَ	أَمَلْنَ	هُنَّ

23	أَمَّ amma to go to							Form I	
AP: آمٌّ		PP: مَأْمُومٌ			VN: أَمٌّ		Rt: أمم		
Passive				Active					
Imperfect Jussive	Imperfect Subjunctive	Imperfect Indicative	Perfect	Imperative	Imperfect Jussive	Imperfect Subjunctive	Imperfect Indicative	Perfect	
أُؤْمَمْ	أُؤَمَّ	أُؤَمُّ	أُمِمْتُ		أَؤْمُمْ	أَؤُمَّ	أَؤُمُّ	أَمَمْتُ	أنا
تُؤْمَمْ	تُؤَمَّ	تُؤَمُّ	أُمِمْتَ	أُمَّ	تَؤْمُمْ	تَؤُمَّ	تَؤُمُّ	أَمَمْتَ	أَنْتَ
تُؤَمِّي	تُؤَمِّي	تُؤَمِّينَ	أُمِمْتِ	أُمِّي	تَؤُمِّي	تَؤُمِّي	تَؤُمِّينَ	أَمَمْتِ	أَنْتِ
يُؤْمَمْ	يُؤَمَّ	يُؤَمُّ	أُمَّ		يَؤْمُمْ	يَؤُمَّ	يَؤُمُّ	أَمَّ	هُوَ
تُؤْمَمْ	تُؤَمَّ	تُؤَمُّ	أُمَّتْ		تَؤْمُمْ	تَؤُمَّ	تَؤُمُّ	أَمَّتْ	هِيَ
تُؤَمَّا	تُؤَمَّا	تُؤَمَّانِ	أُمِمْتُمَا	أُمَّا	تَؤُمَّا	تَؤُمَّا	تَؤُمَّانِ	أَمَمْتُمَا	أَنْتُمَا
يُؤَمَّا	يُؤَمَّا	يُؤَمَّانِ	أُمَّا		يَؤُمَّا	يَؤُمَّا	يَؤُمَّانِ	أَمَّا	هُمَا
تُؤَمَّا	تُؤَمَّا	تُؤَمَّانِ	أُمَّتَا		تَؤُمَّا	تَؤُمَّا	تَؤُمَّانِ	أَمَّتَا	هُمَا
نُؤْمَمْ	نُؤَمَّ	نُؤَمُّ	أُمِمْنَا		نَؤْمُمْ	نَؤُمَّ	نَؤُمُّ	أَمَمْنَا	نَحْنُ
تُؤَمُّوا	تُؤَمُّوا	تُؤَمُّونَ	أُمِمْتُمْ	أُمُّوا	تَؤُمُّوا	تَؤُمُّوا	تَؤُمُّونَ	أَمَمْتُمْ	أَنْتُمْ
تُؤْمَمْنَ	تُؤْمَمْنَ	تُؤْمَمْنَ	أُمِمْتُنَّ	أُؤْمُمْنَ	تَؤْمُمْنَ	تَؤْمُمْنَ	تَؤْمُمْنَ	أَمَمْتُنَّ	أَنْتُنَّ
يُؤَمُّوا	يُؤَمُّوا	يُؤَمُّونَ	أُمُّوا		يَؤُمُّوا	يَؤُمُّوا	يَؤُمُّونَ	أَمُّوا	هُمْ
يُؤْمَمْنَ	يُؤْمَمْنَ	يُؤْمَمْنَ	أُمِمْنَ		يَؤْمُمْنَ	يَؤْمُمْنَ	يَؤْمُمْنَ	أَمَمْنَ	هُنَّ

24	إِسْتَأْنَى ista'na to take one's time	Form X	
AP: مُسْتَأْنٍ / الْمُسْتَأْنِي	PP: مُسْتَأْنًى / الْمُسْتَأْنَى	VN: إِسْتِئْنَاءٌ	Rt: انى

Passive				Active					
Imperfect Jussive	Imperfect Subjunctive	Imperfect Indicative	Perfect	Imperative	Imperfect Jussive	Imperfect Subjunctive	Imperfect Indicative	Perfect	
أُسْتَأْنَ	أُسْتَأْنَى	أُسْتَأْنَى	أُسْتُؤْنِيتُ		أَسْتَأْنِ	أَسْتَأْنِيَ	أَسْتَأْنِي	إِسْتَأْنَيْتُ	أَنَا
تُسْتَأْنَ	تُسْتَأْنَى	تُسْتَأْنَى	أُسْتُؤْنِيتَ	اِسْتَأْنِ	تَسْتَأْنِ	تَسْتَأْنِيَ	تَسْتَأْنِي	إِسْتَأْنَيْتَ	أَنْتَ
تُسْتَأْنَيْ	تُسْتَأْنَيْ	تُسْتَأْنَيْنَ	أُسْتُؤْنِيتِ	اِسْتَأْنِي	تَسْتَأْنِي	تَسْتَأْنِي	تَسْتَأْنِينَ	إِسْتَأْنَيْتِ	أَنْتِ
يُسْتَأْنَ	يُسْتَأْنَى	يُسْتَأْنَى	أُسْتُؤْنِيَ		يَسْتَأْنِ	يَسْتَأْنِيَ	يَسْتَأْنِي	إِسْتَأْنَى	هُوَ
تُسْتَأْنَ	تُسْتَأْنَى	تُسْتَأْنَى	أُسْتُؤْنِيَتْ		تَسْتَأْنِ	تَسْتَأْنِيَ	تَسْتَأْنِي	إِسْتَأْنَتْ	هِيَ
تُسْتَأْنَيَا	تُسْتَأْنَيَا	تُسْتَأْنَيَانِ	أُسْتُؤْنِيتُمَا	اِسْتَأْنِيَا	تَسْتَأْنِيَا	تَسْتَأْنِيَا	تَسْتَأْنِيَانِ	إِسْتَأْنَيْتُمَا	أَنْتُمَا
يُسْتَأْنَيَا	يُسْتَأْنَيَا	يُسْتَأْنَيَانِ	أُسْتُؤْنِيَا		يَسْتَأْنِيَا	يَسْتَأْنِيَا	يَسْتَأْنِيَانِ	إِسْتَأْنَيَا	هُمَا
تُسْتَأْنَيَا	تُسْتَأْنَيَا	تُسْتَأْنَيَانِ	أُسْتُؤْنِيَتَا		تَسْتَأْنِيَا	تَسْتَأْنِيَا	تَسْتَأْنِيَانِ	إِسْتَأْنَتَا	هُمَا
نُسْتَأْنَ	نُسْتَأْنَى	نُسْتَأْنَى	أُسْتُؤْنِينَا		نَسْتَأْنِ	نَسْتَأْنِيَ	نَسْتَأْنِي	إِسْتَأْنَيْنَا	نَحْنُ
تُسْتَأْنَوْا	تُسْتَأْنَوْا	تُسْتَأْنَوْنَ	أُسْتُؤْنِيتُمْ	اِسْتَأْنُوا	تَسْتَأْنُوا	تَسْتَأْنُوا	تَسْتَأْنُونَ	إِسْتَأْنَيْتُمْ	أَنْتُمْ
تُسْتَأْنَيْنَ	تُسْتَأْنَيْنَ	تُسْتَأْنَيْنَ	أُسْتُؤْنِيتُنَّ	اِسْتَأْنِينَ	تَسْتَأْنِينَ	تَسْتَأْنِينَ	تَسْتَأْنِينَ	إِسْتَأْنَيْتُنَّ	أَنْتُنَّ
يُسْتَأْنَوْا	يُسْتَأْنَوْا	يُسْتَأْنَوْنَ	أُسْتُؤْنُوا		يَسْتَأْنُوا	يَسْتَأْنُوا	يَسْتَأْنُونَ	إِسْتَأْنَوْا	هُمْ
يُسْتَأْنَيْنَ	يُسْتَأْنَيْنَ	يُسْتَأْنَيْنَ	أُسْتُؤْنِينَ		يَسْتَأْنِينَ	يَسْتَأْنِينَ	يَسْتَأْنِينَ	إِسْتَأْنَيْنَ	هُنَّ

25	آلَ ãla to return to							Form I	
AP: آوِلٌ		PP: مَأْوُولٌ			VN: أَوْلٌ / إِيالٌ / مآلٌ		Rt: أول		
Passive				Active					
Imperfect Jussive	Imperfect Subjunctive	Imperfect Indicative	Perfect	Imperative	Imperfect Jussive	Imperfect Subjunctive	Imperfect Indicative	Perfect	
أُوَلْ	أُوَالَ	أُوَالُ	إِلْتُ		أَؤُلْ	أَؤُولَ	أَؤُولُ	أُلْتُ	أنا
تُوَلْ	تُوَالَ	تُوَالُ	إِلْتَ	أُلْ	تَؤُلْ	تَؤُولَ	تَؤُولُ	أُلْتَ	أَنْتَ
تُوَالِي	تُوَالِي	تُوَالِينَ	إِلْتِ	أُولِي	تَؤُولِي	تَؤُولِي	تَؤُولِينَ	أُلْتِ	أَنْتِ
يُوَلْ	يُوَالَ	يُوَالُ	إِيلَ		يَؤُلْ	يَؤُولَ	يَؤُولُ	آلَ	هُوَ
تُوَلْ	تُوَالَ	تُوَالُ	إِيلَتْ		تَؤُلْ	تَؤُولَ	تَؤُولُ	آلَتْ	هِيَ
تُوَالاَ	تُوَالاَ	تُوَالاَنِ	إِلْتُمَا	أُولاَ	تَؤُولاَ	تَؤُولاَ	تَؤُولاَنِ	أُلْتُمَا	أَنْتُمَا
يُوَالاَ	يُوَالاَ	يُوَالاَنِ	إِيلاَ		يَؤُولاَ	يَؤُولاَ	يَؤُولاَنِ	آلاَ	هُمَا
تُوَالاَ	تُوَالاَ	تُوَالاَنِ	إِيلَتَا		تَؤُولاَ	تَؤُولاَ	تَؤُولاَنِ	آلَتَا	هُمَا
نُوَلْ	نُوَالَ	نُوَالُ	إِلْنَا		نَؤُلْ	نَؤُولَ	نَؤُولُ	أُلْنَا	نَحْنُ
تُوَالُوا	تُوَالُوا	تُوَالُونَ	إِلْتُمْ	أُولُوا	تَؤُولُوا	تَؤُولُوا	تَؤُولُونَ	أُلْتُمْ	أَنْتُمْ
تُوَلْنَ	تُوَلْنَ	تُوَلْنَ	إِلْتُنَّ	أُلْنَ	تَؤُلْنَ	تَؤُلْنَ	تَؤُلْنَ	أُلْتُنَّ	أَنْتُنَّ
يُوَالُوا	يُوَالُوا	يُوَالُونَ	إِيلُوا		يَؤُولُوا	يَؤُولُوا	يَؤُولُونَ	آلُوا	هُمْ
يُوَلْنَ	يُوَلْنَ	يُوَلْنَ	إِلْنَ		يَؤُلْنَ	يَؤُلْنَ	يَؤُلْنَ	أُلْنَ	هُنَّ

26	أَوَى awa to seek shelter			Form I
AP: آوٍ	PP: مَأْوِيٌّ	VN: أَوْيٌ / أُوِيٌّ / إِواءٌ	Rt: أوى	

Passive				Active					
Imperfect Jussive	Imperfect Subjunctive	Imperfect Indicative	Perfect	Imperative	Imperfect Jussive	Imperfect Subjunctive	Imperfect Indicative	Perfect	
أُؤْوَ	أُؤْوَى	أُؤْوَى	أُوِيتُ		آوِ	آوِيَ	آوِي	أَوَيْتُ	أَنا
تُؤْوَ	تُؤْوَى	تُؤْوَى	أُوِيتَ	اِئْوِ	تَأْوِ	تَأْوِيَ	تَأْوِي	أَوَيْتَ	أَنْتَ
تُؤْوَيْ	تُؤْوَيْ	تُؤْوَيْنَ	أُوِيتِ	اِئْوِي	تَأْوِي	تَأْوِي	تَأْوِينَ	أَوَيْتِ	أَنْتِ
يُؤْوَ	يُؤْوَى	يُؤْوَى	أُوِيَ		يَأْوِ	يَأْوِيَ	يَأْوِي	أَوَى	هُوَ
تُؤْوَ	تُؤْوَى	تُؤْوَى	أُوِيَتْ		تَأْوِ	تَأْوِيَ	تَأْوِي	أَوَتْ	هِيَ
تُؤْوَيَا	تُؤْوَيَا	تُؤْوَيَانِ	أُوِيتُمَا	اِئْوِيَا	تَأْوِيَا	تَأْوِيَا	تَأْوِيَانِ	أَوَيْتُمَا	أَنْتُمَا
يُؤْوَيَا	يُؤْوَيَا	يُؤْوَيَانِ	أُوِيَا		يَأْوِيَا	يَأْوِيَا	يَأْوِيَانِ	أَوَيَا	هُمَا
تُؤْوَيَا	تُؤْوَيَا	تُؤْوَيَانِ	أُوِيَتَا		تَأْوِيَا	تَأْوِيَا	تَأْوِيَانِ	أَوَتَا	هُمَا
نُؤْوَ	نُؤْوَى	نُؤْوَى	أُوِينَا		نَأْوِ	نَأْوِيَ	نَأْوِي	أَوَيْنَا	نَحْنُ
تُؤْوَوْا	تُؤْوَوْا	تُؤْوَوْنَ	أُوِيتُمْ	اِئْوُوا	تَأْوُوا	تَأْوُوا	تَأْوُونَ	أَوَيْتُمْ	أَنْتُمْ
تُؤْوَيْنَ	تُؤْوَيْنَ	تُؤْوَيْنَ	أُوِيتُنَّ	اِئْوِينَ	تَأْوِينَ	تَأْوِينَ	تَأْوِينَ	أَوَيْتُنَّ	أَنْتُنَّ
يُؤْوَوْا	يُؤْوَوْا	يُؤْوَوْنَ	أُوُوا		يَأْوُوا	يَأْوُوا	يَأْوُونَ	أَوَوْا	هُمْ
يُؤْوَيْنَ	يُؤْوَيْنَ	يُؤْوَيْنَ	أُوِينَ		يَأْوِينَ	يَأْوِينَ	يَأْوِينَ	أَوَيْنَ	هُنَّ

27	آوى ãwa to accommodate								Form IV
AP: مُؤْوٍ		PP: مُؤْوًى			VN: إِيوَاءٌ		Rt: أوى		
Passive				Active					
Imperfect Jussive	Imperfect Subjunctive	Imperfect Indicative	Perfect	Imperative	Imperfect Jussive	Imperfect Subjunctive	Imperfect Indicative	Perfect	
أُووَ	أُووَى	أُووَى	أُووِيتُ		أُووِ	أُووِيَ	أُووِي	آوَيْتُ	أَنا
تُؤْوَ	تُؤْوَى	تُؤْوَى	أُووِيتَ	أَوْوِ	تُؤْوِ	تُؤْوِيَ	تُؤْوِي	آوَيْتَ	أَنْتَ
تُؤْوَيْ	تُؤْوَيْ	تُؤْوَيْنَ	أُووِيتِ	أَوْوِي	تُؤْوِي	تُؤْوِي	تُؤْوِينَ	آوَيْتِ	أَنْتِ
يُؤْوَ	يُؤْوَى	يُؤْوَى	أُووِيَ		يُؤْوِ	يُؤْوِيَ	يُؤْوِي	آوَى	هُوَ
تُؤْوَ	تُؤْوَى	تُؤْوَى	أُووِيَتْ		تُؤْوِ	تُؤْوِيَ	تُؤْوِي	آوَتْ	هِيَ
تُؤْوَيَا	تُؤْوَيَا	تُؤْوَيَانِ	أُووِيتُمَا	أَوْوِيَا	تُؤْوِيَا	تُؤْوِيَا	تُؤْوِيَانِ	آوَيْتُمَا	أَنْتُمَا
يُؤْوَيَا	يُؤْوَيَا	يُؤْوَيَانِ	أُووِيَا		يُؤْوِيَا	يُؤْوِيَا	يُؤْوِيَانِ	آوَيَا	هُمَا
تُؤْوَيَا	تُؤْوَيَا	تُؤْوَيَانِ	أُووِيَتَا		تُؤْوِيَا	تُؤْوِيَا	تُؤْوِيَانِ	آوَتَا	هُمَا
نُؤْوَ	نُؤْوَى	نُؤْوَى	أُووِينَا		نُؤْوِ	نُؤْوِيَ	نُؤْوِي	آوَيْنَا	نَحْنُ
تُؤْوَوْا	تُؤْوَوْا	تُؤْوَوْنَ	أُووِيتُمْ	أَوْوُوا	تُؤْوُوا	تُؤْوُوا	تُؤْوُونَ	آوَيْتُمْ	أَنْتُمْ
تُؤْوَيْنَ	تُؤْوَيْنَ	تُؤْوَيْنَ	أُووِيتُنَّ	أَوْوِينَ	تُؤْوِينَ	تُؤْوِينَ	تُؤْوِينَ	آوَيْتُنَّ	أَنْتُنَّ
يُؤْوَوْا	يُؤْوَوْا	يُؤْوَوْنَ	أُووُوا		يُؤْوُوا	يُؤْوُوا	يُؤْوُونَ	آوَوْا	هُمْ
يُؤْوَيْنَ	يُؤْوَيْنَ	يُؤْوَيْنَ	أُووِينَ		يُؤْوِينَ	يُؤْوِينَ	يُؤْوِينَ	آوَيْنَ	هُنَّ

28	آضَ ãda to revert to	Form I

AP: آضٍ	PP: مَئِيضٌ	VN: أَيْضٌ	Rt: أيض

Passive				Active					
Imperfect Jussive	Imperfect Subjunctive	Imperfect Indicative	Perfect	Imperative	Imperfect Jussive	Imperfect Subjunctive	Imperfect Indicative	Perfect	
أُؤَضْ	أُؤَاضَ	أُؤَاضُ	أُضْتُ		أَئِضْ	أَئِيضَ	أَئِيضُ	إِضْتُ	أنا
تُؤَضْ	تُؤَاضَ	تُؤَاضُ	أُضْتَ	إِضْ	تَئِضْ	تَئِيضَ	تَئِيضُ	إِضْتَ	أَنْتَ
تُؤَاضِي	تُؤَاضِي	تُؤَاضِينَ	أُضْتِ	إِيضِي	تَئِيضِي	تَئِيضِي	تَئِيضِينَ	إِضْتِ	أَنْتِ
يُؤَضْ	يُؤَاضَ	يُؤَاضُ	إِيضَ		يَئِضْ	يَئِيضَ	يَئِيضُ	آضَ	هُوَ
تُؤَضْ	تُؤَاضَ	تُؤَاضُ	إِيضَتْ		تَئِضْ	تَئِيضَ	تَئِيضُ	آضَتْ	هِيَ
تُؤَاضَا	تُؤَاضَا	تُؤَاضَانِ	أُضْتُمَا	إِيضَا	تَئِيضَا	تَئِيضَا	تَئِيضَانِ	إِضْتُمَا	أَنْتُمَا
يُؤَاضَا	يُؤَاضَا	يُؤَاضَانِ	إِيضَا		يَئِيضَا	يَئِيضَا	يَئِيضَانِ	آضَا	هُمَا
تُؤَاضَا	تُؤَاضَا	تُؤَاضَانِ	إِيضَتَا		تَئِيضَا	تَئِيضَا	تَئِيضَانِ	آضَتَا	هُمَا
نُؤَضْ	نُؤَاضَ	نُؤَاضُ	أُضْنَا		نَئِضْ	نَئِيضَ	نَئِيضُ	إِضْنَا	نَحْنُ
تُؤَاضُوا	تُؤَاضُوا	تُؤَاضُونَ	أُضْتُمْ	إِيضُوا	تَئِيضُوا	تَئِيضُوا	تَئِيضُونَ	إِضْتُمْ	أَنْتُمْ
تُؤَضْنَ	تُؤَضْنَ	تُؤَضْنَ	أُضْتُنَّ	إِضْنَ	تَئِضْنَ	تَئِضْنَ	تَئِضْنَ	إِضْتُنَّ	أَنْتُنَّ
يُؤَاضُوا	يُؤَاضُوا	يُؤَاضُونَ	إِيضُوا		يَئِيضُوا	يَئِيضُوا	يَئِيضُونَ	آضُوا	هُمْ
يُؤَضْنَ	يُؤَضْنَ	يُؤَضْنَ	أُضْنَ		يَئِضْنَ	يَئِضْنَ	يَئِضْنَ	إِضْنَ	هُنَّ

29	أَبْأَسَ abasa to be in hardship			Form IV
AP: مُبْئِسٌ	PP: مُبْأَسٌ	VN: إِبْئَاسٌ	Rt: بأس	

Passive				Active					
Imperfect Jussive	Imperfect Subjunctive	Imperfect Indicative	Perfect	Imperative	Imperfect Jussive	Imperfect Subjunctive	Imperfect Indicative	Perfect	
أُبْأَسْ	أُبْأَسَ	أُبْأَسُ	أُبْئِسْتُ		أُبْئِسْ	أُبْئِسَ	أُبْئِسُ	أَبْأَسْتُ	أَنا
تُبْأَسْ	تُبْأَسَ	تُبْأَسُ	أُبْئِسْتَ	أَبْئِسْ	تُبْئِسْ	تُبْئِسَ	تُبْئِسُ	أَبْأَسْتَ	أَنْتَ
تُبْأَسِي	تُبْأَسِي	تُبْأَسِينَ	أُبْئِسْتِ	أَبْئِسِي	تُبْئِسِي	تُبْئِسِي	تُبْئِسِينَ	أَبْأَسْتِ	أَنْتِ
يُبْأَسْ	يُبْأَسَ	يُبْأَسُ	أُبْئِسَ		يُبْئِسْ	يُبْئِسَ	يُبْئِسُ	أَبْأَسَ	هُوَ
تُبْأَسْ	تُبْأَسَ	تُبْأَسُ	أُبْئِسَتْ		تُبْئِسْ	تُبْئِسَ	تُبْئِسُ	أَبْأَسَتْ	هِيَ
تُبْأَسَا	تُبْأَسَا	تُبْأَسَانِ	أُبْئِسْتُمَا	أَبْئِسَا	تُبْئِسَا	تُبْئِسَا	تُبْئِسَانِ	أَبْأَسْتُمَا	أَنْتُمَا
يُبْأَسَا	يُبْأَسَا	يُبْأَسَانِ	أُبْئِسَا		يُبْئِسَا	يُبْئِسَا	يُبْئِسَانِ	أَبْأَسَا	هُمَا
تُبْأَسَا	تُبْأَسَا	تُبْأَسَانِ	أُبْئِسَتَا		تُبْئِسَا	تُبْئِسَا	تُبْئِسَانِ	أَبْأَسَتَا	هُمَا
نُبْأَسْ	نُبْأَسَ	نُبْأَسُ	أُبْئِسْنَا		نُبْئِسْ	نُبْئِسَ	نُبْئِسُ	أَبْأَسْنَا	نَحْنُ
تُبْأَسُوا	تُبْأَسُوا	تُبْأَسُونَ	أُبْئِسْتُمْ	أَبْئِسُوا	تُبْئِسُوا	تُبْئِسُوا	تُبْئِسُونَ	أَبْأَسْتُمْ	أَنْتُمْ
تُبْأَسْنَ	تُبْأَسْنَ	تُبْأَسْنَ	أُبْئِسْتُنَّ	أَبْئِسْنَ	تُبْئِسْنَ	تُبْئِسْنَ	تُبْئِسْنَ	أَبْأَسْتُنَّ	أَنْتُنَّ
يُبْأَسُوا	يُبْأَسُوا	يُبْأَسُونَ	أُبْئِسُوا		يُبْئِسُوا	يُبْئِسُوا	يُبْئِسُونَ	أَبْأَسُوا	هُمْ
يُبْأَسْنَ	يُبْأَسْنَ	يُبْأَسْنَ	أُبْئِسْنَ		يُبْئِسْنَ	يُبْئِسْنَ	يُبْئِسْنَ	أَبْأَسْنَ	هُنَّ

30	تَبَاءَسَ tabā'asa to feign misery								Form VI
AP: مُتَبَائِسٌ		PP: مُتَبَاءَسٌ			VN: تَبَاؤُسٌ			Rt: بأس	
Passive				Active					
Imperfect Jussive	Imperfect Subjunctive	Imperfect Indicative	Perfect	Imperative	Imperfect Jussive	Imperfect Subjunctive	Imperfect Indicative	Perfect	
أُتَبَاءَسْ	أُتَبَاءَسَ	أُتَبَاءَسُ	تُبُوءِسْتُ		أَتَبَاءَسْ	أَتَبَاءَسَ	أَتَبَاءَسُ	تَبَاءَسْتُ	أنا
تُتَبَاءَسْ	تُتَبَاءَسَ	تُتَبَاءَسُ	تُبُوءِسْتَ	تَبَاءَسْ	تَتَبَاءَسْ	تَتَبَاءَسَ	تَتَبَاءَسُ	تَبَاءَسْتَ	أَنْتَ
تُتَبَاءَسِي	تُتَبَاءَسِي	تُتَبَاءَسِينَ	تُبُوءِسْتِ	تَبَاءَسِي	تَتَبَاءَسِي	تَتَبَاءَسِي	تَتَبَاءَسِينَ	تَبَاءَسْتِ	أَنْتِ
يُتَبَاءَسْ	يُتَبَاءَسَ	يُتَبَاءَسُ	تُبُوءِسَ		يَتَبَاءَسْ	يَتَبَاءَسَ	يَتَبَاءَسُ	تَبَاءَسَ	هُوَ
تُتَبَاءَسْ	تُتَبَاءَسَ	تُتَبَاءَسُ	تُبُوءِسَتْ		تَتَبَاءَسْ	تَتَبَاءَسَ	تَتَبَاءَسُ	تَبَاءَسَتْ	هِيَ
تُتَبَاءَسَا	تُتَبَاءَسَا	تُتَبَاءَسَانِ	تُبُوءِسْتُمَا	تَبَاءَسَا	تَتَبَاءَسَا	تَتَبَاءَسَا	تَتَبَاءَسَانِ	تَبَاءَسْتُمَا	أَنْتُمَا
يُتَبَاءَسَا	يُتَبَاءَسَا	يُتَبَاءَسَانِ	تُبُوءِسَا		يَتَبَاءَسَا	يَتَبَاءَسَا	يَتَبَاءَسَانِ	تَبَاءَسَا	هُمَا
تُتَبَاءَسَا	تُتَبَاءَسَا	تُتَبَاءَسَانِ	تُبُوءِسَتَا		تَتَبَاءَسَا	تَتَبَاءَسَا	تَتَبَاءَسَانِ	تَبَاءَسَتَا	هُمَا
نُتَبَاءَسْ	نُتَبَاءَسَ	نُتَبَاءَسُ	تُبُوءِسْنَا		نَتَبَاءَسْ	نَتَبَاءَسَ	نَتَبَاءَسُ	تَبَاءَسْنَا	نَحْنُ
تُتَبَاءَسُوا	تُتَبَاءَسُوا	تُتَبَاءَسُونَ	تُبُوءِسْتُمْ		تَتَبَاءَسُوا	تَتَبَاءَسُوا	تَتَبَاءَسُونَ	تَبَاءَسْتُمْ	أَنْتُمْ
تُتَبَاءَسْنَ	تُتَبَاءَسْنَ	تُتَبَاءَسْنَ	تُبُوءِسْتُنَّ	تَبَاءَسْنَ	تَتَبَاءَسْنَ	تَتَبَاءَسْنَ	تَتَبَاءَسْنَ	تَبَاءَسْتُنَّ	أَنْتُنَّ
يُتَبَاءَسُوا	يُتَبَاءَسُوا	يُتَبَاءَسُونَ	تُبُوءِسُوا	تَبَاءَسُوا	يَتَبَاءَسُوا	يَتَبَاءَسُوا	يَتَبَاءَسُونَ	تَبَاءَسُوا	هُمْ
يُتَبَاءَسْنَ	يُتَبَاءَسْنَ	يُتَبَاءَسْنَ	تُبُوءِسْنَ		يَتَبَاءَسْنَ	يَتَبَاءَسْنَ	يَتَبَاءَسْنَ	تَبَاءَسْنَ	هُنَّ

31	إِبْتَأَسَ ibta'asa to be sad								Form VIII
AP: مُبْتَئِسٌ		PP: مُبْتَأَسٌ			VN: إِبْتِئَاسٌ		Rt: بأس		
Passive				Active					
Imperfect Jussive	Imperfect Subjunctive	Imperfect Indicative	Perfect	Imperative	Imperfect Jussive	Imperfect Subjunctive	Imperfect Indicative	Perfect	
أُبْتَأَسْ	أُبْتَأَسَ	أُبْتَأَسُ	أُبْتُئِسْتُ		أَبْتَئِسْ	أَبْتَئِسَ	أَبْتَئِسُ	إِبْتَأَسْتُ	أنا
تُبْتَأَسْ	تُبْتَأَسَ	تُبْتَأَسُ	أُبْتُئِسْتَ	اِبْتَئِسْ	تَبْتَئِسْ	تَبْتَئِسَ	تَبْتَئِسُ	إِبْتَأَسْتَ	أَنْتَ
تُبْتَأَسِي	تُبْتَأَسِي	تُبْتَأَسِينَ	أُبْتُئِسْتِ	اِبْتَئِسِي	تَبْتَئِسِي	تَبْتَئِسِي	تَبْتَئِسِينَ	إِبْتَأَسْتِ	أَنْتِ
يُبْتَأَسْ	يُبْتَأَسَ	يُبْتَأَسُ	أُبْتُئِسَ		يَبْتَئِسْ	يَبْتَئِسَ	يَبْتَئِسُ	إِبْتَأَسَ	هُوَ
تُبْتَأَسْ	تُبْتَأَسَ	تُبْتَأَسُ	أُبْتُئِسَتْ		تَبْتَئِسْ	تَبْتَئِسَ	تَبْتَئِسُ	إِبْتَأَسَتْ	هِيَ
تُبْتَأَسَا	تُبْتَأَسَا	تُبْتَأَسَانِ	أُبْتُئِسْتُمَا	اِبْتَئِسَا	تَبْتَئِسَا	تَبْتَئِسَا	تَبْتَئِسَانِ	إِبْتَأَسْتُمَا	أَنْتُمَا
يُبْتَأَسَا	يُبْتَأَسَا	يُبْتَأَسَانِ	أُبْتُئِسَا		يَبْتَئِسَا	يَبْتَئِسَا	يَبْتَئِسَانِ	إِبْتَأَسَا	هُمَا
تُبْتَأَسَا	تُبْتَأَسَا	تُبْتَأَسَانِ	أُبْتُئِسَتَا		تَبْتَئِسَا	تَبْتَئِسَا	تَبْتَئِسَانِ	إِبْتَأَسَتَا	هُمَا
نُبْتَأَسْ	نُبْتَأَسَ	نُبْتَأَسُ	أُبْتُئِسْنَا		نَبْتَئِسْ	نَبْتَئِسَ	نَبْتَئِسُ	إِبْتَأَسْنَا	نَحْنُ
تُبْتَأَسُوا	تُبْتَأَسُوا	تُبْتَأَسُونَ	أُبْتُئِسْتُمْ	اِبْتَئِسُوا	تَبْتَئِسُوا	تَبْتَئِسُوا	تَبْتَئِسُونَ	إِبْتَأَسْتُمْ	أَنْتُمْ
تُبْتَأَسْنَ	تُبْتَأَسْنَ	تُبْتَأَسْنَ	أُبْتُئِسْتُنَّ	اِبْتَئِسْنَ	تَبْتَئِسْنَ	تَبْتَئِسْنَ	تَبْتَئِسْنَ	إِبْتَأَسْتُنَّ	أَنْتُنَّ
يُبْتَأَسُوا	يُبْتَأَسُوا	يُبْتَأَسُونَ	أُبْتُئِسُوا		يَبْتَئِسُوا	يَبْتَئِسُوا	يَبْتَئِسُونَ	إِبْتَأَسُوا	هُمْ
يُبْتَأَسْنَ	يُبْتَأَسْنَ	يُبْتَأَسْنَ	أُبْتُئِسْنَ		يَبْتَئِسْنَ	يَبْتَئِسْنَ	يَبْتَئِسْنَ	إِبْتَأَسْنَ	هُنَّ

32	بَاحَثَ bãhasa to discuss with	Form III

AP: مُبَاحِثٌ	PP: مُبَاحَثٌ	VN: مُبَاحَثَةٌ	Rt: بحث

Passive				Active					
Imperfect Jussive	Imperfect Subjunctive	Imperfect Indicative	Perfect	Imperative	Imperfect Jussive	Imperfect Subjunctive	Imperfect Indicative	Perfect	
أُبَاحَثْ	أُبَاحَثَ	أُبَاحَثُ	بُوحِثْتُ		أُبَاحِثْ	أُبَاحِثَ	أُبَاحِثُ	بَاحَثْتُ	أَنا
تُبَاحَثْ	تُبَاحَثَ	تُبَاحَثُ	بُوحِثْتَ	بَاحِثْ	تُبَاحِثْ	تُبَاحِثَ	تُبَاحِثُ	بَاحَثْتَ	أَنْتَ
تُبَاحَثِي	تُبَاحَثِي	تُبَاحَثِينَ	بُوحِثْتِ	بَاحِثِي	تُبَاحِثِي	تُبَاحِثِي	تُبَاحِثِينَ	بَاحَثْتِ	أَنْتِ
يُبَاحَثْ	يُبَاحَثَ	يُبَاحَثُ	بُوحِثَ		يُبَاحِثْ	يُبَاحِثَ	يُبَاحِثُ	بَاحَثَ	هُوَ
تُبَاحَثْ	تُبَاحَثَ	تُبَاحَثُ	بُوحِثَتْ		تُبَاحِثْ	تُبَاحِثَ	تُبَاحِثُ	بَاحَثَتْ	هِيَ
تُبَاحَثَا	تُبَاحَثَا	تُبَاحَثَانِ	بُوحِثْتُمَا	بَاحِثَا	تُبَاحِثَا	تُبَاحِثَا	تُبَاحِثَانِ	بَاحَثْتُمَا	أَنْتُمَا
يُبَاحَثَا	يُبَاحَثَا	يُبَاحَثَانِ	بُوحِثَا		يُبَاحِثَا	يُبَاحِثَا	يُبَاحِثَانِ	بَاحَثَا	هُمَا
تُبَاحَثَا	تُبَاحَثَا	تُبَاحَثَانِ	بُوحِثَتَا		تُبَاحِثَا	تُبَاحِثَا	تُبَاحِثَانِ	بَاحَثَتَا	هُمَا
نُبَاحَثْ	نُبَاحَثَ	نُبَاحَثُ	بُوحِثْنَا		نُبَاحِثْ	نُبَاحِثَ	نُبَاحِثُ	بَاحَثْنَا	نَحْنُ
تُبَاحَثُوا	تُبَاحَثُوا	تُبَاحَثُونَ	بُوحِثْتُمْ	بَاحِثُوا	تُبَاحِثُوا	تُبَاحِثُوا	تُبَاحِثُونَ	بَاحَثْتُمْ	أَنْتُمْ
تُبَاحَثْنَ	تُبَاحَثْنَ	تُبَاحَثْنَ	بُوحِثْتُنَّ	بَاحِثْنَ	تُبَاحِثْنَ	تُبَاحِثْنَ	تُبَاحِثْنَ	بَاحَثْتُنَّ	أَنْتُنَّ
يُبَاحَثُوا	يُبَاحَثُوا	يُبَاحَثُونَ	بُوحِثُوا		يُبَاحِثُوا	يُبَاحِثُوا	يُبَاحِثُونَ	بَاحَثُوا	هُمْ
يُبَاحَثْنَ	يُبَاحَثْنَ	يُبَاحَثْنَ	بُوحِثْنَ		يُبَاحِثْنَ	يُبَاحِثْنَ	يُبَاحِثْنَ	بَاحَثْنَ	هُنَّ

33	تَبَاحَثَ taḥāhasa to confer	Form VI

AP: مُتَبَاحِثٌ	PP: مُتَبَاحَثٌ	VN: تَبَاحُثٌ	Rt: بحث

Passive				Active					
Imperfect Jussive	Imperfect Subjunctive	Imperfect Indicative	Perfect	Imperative	Imperfect Jussive	Imperfect Subjunctive	Imperfect Indicative	Perfect	
أُتَبَاحَثْ	أُتَبَاحَثَ	أُتَبَاحَثُ	تُبُوحِثْتُ		أَتَبَاحَثْ	أَتَبَاحَثَ	أَتَبَاحَثُ	تَبَاحَثْتُ	أَنا
تُتَبَاحَثْ	تُتَبَاحَثَ	تُتَبَاحَثُ	تُبُوحِثْتَ	تَبَاحَثْ	تَتَبَاحَثْ	تَتَبَاحَثَ	تَتَبَاحَثُ	تَبَاحَثْتَ	أَنْتَ
تُتَبَاحَثِي	تُتَبَاحَثِي	تُتَبَاحَثِينَ	تُبُوحِثْتِ	تَبَاحَثِي	تَتَبَاحَثِي	تَتَبَاحَثِي	تَتَبَاحَثِينَ	تَبَاحَثْتِ	أَنْتِ
يُتَبَاحَثْ	يُتَبَاحَثَ	يُتَبَاحَثُ	تُبُوحِثَ		يَتَبَاحَثْ	يَتَبَاحَثَ	يَتَبَاحَثُ	تَبَاحَثَ	هُوَ
تُتَبَاحَثْ	تُتَبَاحَثَ	تُتَبَاحَثُ	تُبُوحِثَتْ		تَتَبَاحَثْ	تَتَبَاحَثَ	تَتَبَاحَثُ	تَبَاحَثَتْ	هِيَ
تُتَبَاحَثَا	تُتَبَاحَثَا	تُتَبَاحَثَانِ	تُبُوحِثْتُمَا	تَبَاحَثَا	تَتَبَاحَثَا	تَتَبَاحَثَا	تَتَبَاحَثَانِ	تَبَاحَثْتُمَا	أَنْتُمَا
يُتَبَاحَثَا	يُتَبَاحَثَا	يُتَبَاحَثَانِ	تُبُوحِثَا		يَتَبَاحَثَا	يَتَبَاحَثَا	يَتَبَاحَثَانِ	تَبَاحَثَا	هُمَا
تُتَبَاحَثَا	تُتَبَاحَثَا	تُتَبَاحَثَانِ	تُبُوحِثَتَا		تَتَبَاحَثَا	تَتَبَاحَثَا	تَتَبَاحَثَانِ	تَبَاحَثَتَا	هُمَا
نُتَبَاحَثْ	نُتَبَاحَثَ	نُتَبَاحَثُ	تُبُوحِثْنَا		نَتَبَاحَثْ	نَتَبَاحَثَ	نَتَبَاحَثُ	تَبَاحَثْنَا	نَحْنُ
تُتَبَاحَثُوا	تُتَبَاحَثُوا	تُتَبَاحَثُونَ	تُبُوحِثْتُمْ	تَبَاحَثُوا	تَتَبَاحَثُوا	تَتَبَاحَثُوا	تَتَبَاحَثُونَ	تَبَاحَثْتُمْ	أَنْتُمْ
تُتَبَاحَثْنَ	تُتَبَاحَثْنَ	تُتَبَاحَثْنَ	تُبُوحِثْتُنَّ	تَبَاحَثْنَ	تَتَبَاحَثْنَ	تَتَبَاحَثْنَ	تَتَبَاحَثْنَ	تَبَاحَثْتُنَّ	أَنْتُنَّ
يُتَبَاحَثُوا	يُتَبَاحَثُوا	يُتَبَاحَثُونَ	تُبُوحِثُوا		يَتَبَاحَثُوا	يَتَبَاحَثُوا	يَتَبَاحَثُونَ	تَبَاحَثُوا	هُمْ
يُتَبَاحَثْنَ	يُتَبَاحَثْنَ	يُتَبَاحَثْنَ	تُبُوحِثْنَ		يَتَبَاحَثْنَ	يَتَبَاحَثْنَ	يَتَبَاحَثْنَ	تَبَاحَثْنَ	هُنَّ

34	بَدَأَ bada'a to begin	Form I

AP: بَادِئٌ	PP: مَبْدُوءٌ	VN: بَدْءٌ	Rt: بدأ

Passive				Active					
Imperfect Jussive	Imperfect Subjunctive	Imperfect Indicative	Perfect	Imperative	Imperfect Jussive	Imperfect Subjunctive	Imperfect Indicative	Perfect	
أُبْدَأْ	أُبْدَأَ	أُبْدَأُ	بُدِئْتُ		أَبْدَأْ	أَبْدَأَ	أَبْدَأُ	بَدَأْتُ	أَنَا
تُبْدَأْ	تُبْدَأَ	تُبْدَأُ	بُدِئْتَ	اِبْدَأْ	تَبْدَأْ	تَبْدَأَ	تَبْدَأُ	بَدَأْتَ	أَنْتَ
تُبْدَئِي	تُبْدَئِي	تُبْدَئِينَ	بُدِئْتِ	اِبْدَئِي	تَبْدَئِي	تَبْدَئِي	تَبْدَئِينَ	بَدَأْتِ	أَنْتِ
يُبْدَأْ	يُبْدَأَ	يُبْدَأُ	بُدِئَ		يَبْدَأْ	يَبْدَأَ	يَبْدَأُ	بَدَأَ	هُوَ
تُبْدَأْ	تُبْدَأَ	تُبْدَأُ	بُدِئَتْ		تَبْدَأْ	تَبْدَأَ	تَبْدَأُ	بَدَأَتْ	هِيَ
تُبْدَآ	تُبْدَآ	تُبْدَآنِ	بُدِئْتُمَا	اِبْدَآ	تَبْدَآ	تَبْدَآ	تَبْدَآنِ	بَدَأْتُمَا	أَنْتُمَا
يُبْدَآ	يُبْدَآ	يُبْدَآنِ	بُدِئَا		يَبْدَآ	يَبْدَآ	يَبْدَآنِ	بَدَآ	هُمَا
تُبْدَآ	تُبْدَآ	تُبْدَآنِ	بُدِئَتَا		تَبْدَآ	تَبْدَآ	تَبْدَآنِ	بَدَأَتَا	هُمَا
نُبْدَأْ	نُبْدَأَ	نُبْدَأُ	بُدِئْنَا		نَبْدَأْ	نَبْدَأَ	نَبْدَأُ	بَدَأْنَا	نَحْنُ
تُبْدَؤُوا	تُبْدَؤُوا	تُبْدَؤُونَ	بُدِئْتُمْ	اِبْدَؤُوا	تَبْدَؤُوا	تَبْدَؤُوا	تَبْدَؤُونَ	بَدَأْتُمْ	أَنْتُمْ
تُبْدَأْنَ	تُبْدَأْنَ	تُبْدَأْنَ	بُدِئْتُنَّ	اِبْدَأْنَ	تَبْدَأْنَ	تَبْدَأْنَ	تَبْدَأْنَ	بَدَأْتُنَّ	أَنْتُنَّ
يُبْدَؤْوا	يُبْدَؤْوا	يُبْدَئُونَ	بُدِئُوا		يَبْدَؤُوا	يَبْدَؤُوا	يَبْدَؤْونَ	بَدَؤُوا	هُمْ
يَبْدَأْنَ	يَبْدَأْنَ	يُبْدَأْنَ	بُدِئْنَ		يَبْدَأْنَ	يَبْدَأْنَ	يَبْدَأْنَ	بَدَأْنَ	هُنَّ

35	إِبْتَدَأَ ibtada'a to begin									Form VIII
AP: مُبْتَدِئٌ		PP:		VN: إِبْتِدَاءٌ			Rt: بدأ			
	Passive					Active				
Imperfect Jussive	Imperfect Subjunctive	Imperfect Indicative	Perfect	Imperative	Imperfect Jussive	Imperfect Subjunctive	Imperfect Indicative	Perfect		
					أَبْتَدِئْ	أَبْتَدِئَ	أَبْتَدِئُ	إِبْتَدَأْتُ		أَنَا
				إِبْتَدِئْ	تَبْتَدِئْ	تَبْتَدِئَ	تَبْتَدِئُ	إِبْتَدَأْتَ		أَنْتَ
				إِبْتَدِئِي	تَبْتَدِئِي	تَبْتَدِئِي	تَبْتَدِئِينَ	إِبْتَدَأْتِ		أَنْتِ
					يَبْتَدِئْ	يَبْتَدِئَ	يَبْتَدِئُ	إِبْتَدَأَ		هُوَ
					تَبْتَدِئْ	تَبْتَدِئَ	تَبْتَدِئُ	إِبْتَدَأَتْ		هِيَ
				إِبْتَدِئَا	تَبْتَدِئَا	تَبْتَدِئَا	تَبْتَدِئَانِ	إِبْتَدَأْتُمَا		أَنْتُمَا
					يَبْتَدِئَا	يَبْتَدِئَا	يَبْتَدِئَانِ	إِبْتَدَآ		هُمَا
					تَبْتَدِئَا	تَبْتَدِئَا	تَبْتَدِئَانِ	إِبْتَدَأَتَا		هُمَا
					نَبْتَدِئْ	نَبْتَدِئَ	نَبْتَدِئُ	إِبْتَدَأْنَا		نَحْنُ
				إِبْتَدِئُوا	تَبْتَدِئُوا	تَبْتَدِئُوا	تَبْتَدِئُونَ	إِبْتَدَأْتُمْ		أَنْتُمْ
				إِبْتَدِئْنَ	تَبْتَدِئْنَ	تَبْتَدِئْنَ	تَبْتَدِئْنَ	إِبْتَدَأْتُنَّ		أَنْتُنَّ
					يَبْتَدِئُوا	يَبْتَدِئُوا	يَبْتَدِئُونَ	إِبْتَدَؤُوا		هُمْ
					يَبْتَدِئْنَ	يَبْتَدِئْنَ	يَبْتَدِئْنَ	إِبْتَدَأْنَ		هُنَّ

36	تَبَرَّأَ tabarra'a to be acquitted		Form V
AP: مُتَبَرِّئٌ	PP: مُتَبَرَّأٌ	VN: تَبَرُّؤٌ	Rt: برأ

Passive				Active					
Imperfect Jussive	Imperfect Subjunctive	Imperfect Indicative	Perfect	Imperative	Imperfect Jussive	Imperfect Subjunctive	Imperfect Indicative	Perfect	
أُتَبَرَّأْ	أُتَبَرَّأَ	أُتَبَرَّأُ	تُبُرِّئْتُ		أَتَبَرَّأْ	أَتَبَرَّأَ	أَتَبَرَّأُ	تَبَرَّأْتُ	أنا
تُتَبَرَّأْ	تُتَبَرَّأَ	تُتَبَرَّأُ	تُبُرِّئْتَ	تَبَرَّأْ	تَتَبَرَّأْ	تَتَبَرَّأَ	تَتَبَرَّأُ	تَبَرَّأْتَ	أَنْتَ
تُتَبَرَّئِي	تُتَبَرَّئِي	تُتَبَرَّئِينَ	تُبُرِّئْتِ	تَبَرَّئِي	تَتَبَرَّئِي	تَتَبَرَّئِي	تَتَبَرَّئِينَ	تَبَرَّأْتِ	أَنْتِ
يُتَبَرَّأْ	يُتَبَرَّأَ	يُتَبَرَّأُ	تُبُرِّئَ		يَتَبَرَّأْ	يَتَبَرَّأَ	يَتَبَرَّأُ	تَبَرَّأَ	هُوَ
تُتَبَرَّأْ	تُتَبَرَّأَ	تُتَبَرَّأُ	تُبُرِّئَتْ		تَتَبَرَّأْ	تَتَبَرَّأَ	تَتَبَرَّأُ	تَبَرَّأَتْ	هِيَ
تُتَبَرَّآ	تُتَبَرَّآ	تُتَبَرَّآنِ	تُبُرِّئْتُمَا	تَبَرَّآ	تَتَبَرَّآ	تَتَبَرَّآ	تَتَبَرَّآنِ	تَبَرَّأْتُمَا	أَنْتُمَا
يُتَبَرَّآ	يُتَبَرَّآ	يُتَبَرَّآنِ	تُبُرِّئَا		يَتَبَرَّآ	يَتَبَرَّآ	يَتَبَرَّآنِ	تَبَرَّآ	هُمَا
تُتَبَرَّآ	تُتَبَرَّآ	تُتَبَرَّآنِ	تُبُرِّئَتَا		تَتَبَرَّآ	تَتَبَرَّآ	تَتَبَرَّآنِ	تَبَرَّأَتَا	هُمَا
نُتَبَرَّأْ	نُتَبَرَّأَ	نُتَبَرَّأُ	تُبُرِّئْنَا		نَتَبَرَّأْ	نَتَبَرَّأَ	نَتَبَرَّأُ	تَبَرَّأْنَا	نَحْنُ
تُتَبَرَّؤُوا	تُتَبَرَّؤُوا	تُتَبَرَّؤُونَ	تُبُرِّئْتُمْ	تَبَرَّؤُوا	تَتَبَرَّؤُوا	تَتَبَرَّؤُوا	تَتَبَرَّؤُونَ	تَبَرَّأْتُمْ	أَنْتُمْ
تُتَبَرَّأْنَ	تُتَبَرَّأْنَ	تُتَبَرَّأْنَ	تُبُرِّئْتُنَّ	تَبَرَّأْنَ	تَتَبَرَّأْنَ	تَتَبَرَّأْنَ	تَتَبَرَّأْنَ	تَبَرَّأْتُنَّ	أَنْتُنَّ
يُتَبَرَّؤُوا	يُتَبَرَّؤُوا	يُتَبَرَّؤُونَ	تُبُرِّئُوا		يَتَبَرَّؤُوا	يَتَبَرَّؤُوا	يَتَبَرَّؤُونَ	تَبَرَّؤُوا	هُمْ
يُتَبَرَّأْنَ	يُتَبَرَّأْنَ	يُتَبَرَّأْنَ	تُبُرِّئْنَ		يَتَبَرَّأْنَ	يَتَبَرَّأْنَ	يَتَبَرَّأْنَ	تَبَرَّأْنَ	هُنَّ

37	إِنْبَرَى inbara to confront	Form VII

AP: مُنْبَرٍ	PP:	VN: إِنْبِرَاءٌ	Rt: برى

Passive				Active					
Imperfect Jussive	Imperfect Subjunctive	Imperfect Indicative	Perfect	Imperative	Imperfect Jussive	Imperfect Subjunctive	Imperfect Indicative	Perfect	
					أَنْبَرِ	أَنْبَرِيَ	أَنْبَرِي	إِنْبَرَيْتُ	أَنَا
				اِنْبَرِ	تَنْبَرِ	تَنْبَرِيَ	تَنْبَرِي	إِنْبَرَيْتَ	أَنْتَ
				اِنْبَرِي	تَنْبَرِي	تَنْبَرِي	تَنْبَرِينَ	إِنْبَرَيْتِ	أَنْتِ
					يَنْبَرِ	يَنْبَرِيَ	يَنْبَرِي	إِنْبَرَى	هُوَ
					تَنْبَرِ	تَنْبَرِيَ	تَنْبَرِي	إِنْبَرَتْ	هِيَ
				اِنْبَرِيَا	تَنْبَرِيَا	تَنْبَرِيَا	تَنْبَرِيَانِ	إِنْبَرَيْتُمَا	أَنْتُمَا
					يَنْبَرِيَا	يَنْبَرِيَا	يَنْبَرِيَانِ	إِنْبَرَيَا	هُمَا
					تَنْبَرِيَا	تَنْبَرِيَا	تَنْبَرِيَانِ	إِنْبَرَتَا	هُمَا
					نَنْبَرِ	نَنْبَرِيَ	نَنْبَرِي	إِنْبَرَيْنَا	نَحْنُ
				اِنْبَرُوا	تَنْبَرُوا	تَنْبَرُوا	تَنْبَرُونَ	إِنْبَرَيْتُمْ	أَنْتُمْ
				اِنْبَرِينَ	تَنْبَرِينَ	تَنْبَرِينَ	تَنْبَرِينَ	إِنْبَرَيْتُنَّ	أَنْتُنَّ
					يَنْبَرُوا	يَنْبَرُوا	يَنْبَرُونَ	إِنْبَرَوا	هُمْ
					يَنْبَرِينَ	يَنْبَرِينَ	يَنْبَرِينَ	إِنْبَرَيْنَ	هُنَّ

38	تَبَسَّمَ tabassama to smile	Form V

AP: مُتَبَسِّمٌ	PP: مُتَبَسَّمٌ	VN: تَبَسُّمٌ	Rt: بسم

Passive				Active					
Imperfect Jussive	Imperfect Subjunctive	Imperfect Indicative	Perfect	Imperative	Imperfect Jussive	Imperfect Subjunctive	Imperfect Indicative	Perfect	
أُتَبَسَّمْ	أُتَبَسَّمَ	أُتَبَسَّمُ	تُبُسِّمْتُ		أَتَبَسَّمْ	أَتَبَسَّمَ	أَتَبَسَّمُ	تَبَسَّمْتُ	أَنا
تُتَبَسَّمْ	تُتَبَسَّمَ	تُتَبَسَّمُ	تُبُسِّمْتَ	تَبَسَّمْ	تَتَبَسَّمْ	تَتَبَسَّمَ	تَتَبَسَّمُ	تَبَسَّمْتَ	أَنْتَ
تُتَبَسَّمِي	تُتَبَسَّمِي	تُتَبَسَّمِينَ	تُبُسِّمْتِ	تَبَسَّمِي	تَتَبَسَّمِي	تَتَبَسَّمِي	تَتَبَسَّمِينَ	تَبَسَّمْتِ	أَنْتِ
يُتَبَسَّمْ	يُتَبَسَّمَ	يُتَبَسَّمُ	تُبُسِّمَ		يَتَبَسَّمْ	يَتَبَسَّمَ	يَتَبَسَّمُ	تَبَسَّمَ	هُوَ
تُتَبَسَّمْ	تُتَبَسَّمَ	تُتَبَسَّمُ	تُبُسِّمَتْ		تَتَبَسَّمْ	تَتَبَسَّمَ	تَتَبَسَّمُ	تَبَسَّمَتْ	هِيَ
تُتَبَسَّمَا	تُتَبَسَّمَا	تُتَبَسَّمَانِ	تُبُسِّمْتُمَا	تَبَسَّمَا	تَتَبَسَّمَا	تَتَبَسَّمَا	تَتَبَسَّمَانِ	تَبَسَّمْتُمَا	أَنْتُمَا
يُتَبَسَّمَا	يُتَبَسَّمَا	يُتَبَسَّمَانِ	تُبُسِّمَا		يَتَبَسَّمَا	يَتَبَسَّمَا	يَتَبَسَّمَانِ	تَبَسَّمَا	هُمَا
تُتَبَسَّمَا	تُتَبَسَّمَا	تُتَبَسَّمَانِ	تُبُسِّمَتَا		تَتَبَسَّمَا	تَتَبَسَّمَا	تَتَبَسَّمَانِ	تَبَسَّمَتَا	هُمَا
نُتَبَسَّمْ	نُتَبَسَّمَ	نُتَبَسَّمُ	تُبُسِّمْنَا		نَتَبَسَّمْ	نَتَبَسَّمَ	نَتَبَسَّمُ	تَبَسَّمْنَا	نَحْنُ
تُتَبَسَّمُوا	تُتَبَسَّمُوا	تُتَبَسَّمُونَ	تُبُسِّمْتُمْ	تَبَسَّمُوا	تَتَبَسَّمُوا	تَتَبَسَّمُوا	تَتَبَسَّمُونَ	تَبَسَّمْتُمْ	أَنْتُمْ
تُتَبَسَّمْنَ	تُتَبَسَّمْنَ	تُتَبَسَّمْنَ	تُبُسِّمْتُنَّ	تَبَسَّمْنَ	تَتَبَسَّمْنَ	تَتَبَسَّمْنَ	تَتَبَسَّمْنَ	تَبَسَّمْتُنَّ	أَنْتُنَّ
يُتَبَسَّمُوا	يُتَبَسَّمُوا	يُتَبَسَّمُونَ	تُبُسِّمُوا		يَتَبَسَّمُوا	يَتَبَسَّمُوا	يَتَبَسَّمُونَ	تَبَسَّمُوا	هُمْ
يُتَبَسَّمْنَ	يُتَبَسَّمْنَ	يُتَبَسَّمْنَ	تُبُسِّمْنَ		يَتَبَسَّمْنَ	يَتَبَسَّمْنَ	يَتَبَسَّمْنَ	تَبَسَّمْنَ	هُنَّ

39	أَبْطَأَ abta'a to be slow			Form IV
AP: مُبْطِئٌ	PP: مُبْطَأٌ	VN: إِبْطَاءٌ	Rt: بطأ	

Passive				Active					
Imperfect Jussive	Imperfect Subjunctive	Imperfect Indicative	Perfect	Imperative	Imperfect Jussive	Imperfect Subjunctive	Imperfect Indicative	Perfect	
أُبْتَأْ	أُبْتَأَ	أُبْتَأُ	أُبْطِئْتُ		أُبْطِئْ	أُبْطِئَ	أُبْطِئُ	أَبْطَأْتُ	أنا
تُبْتَأْ	تُبْتَأَ	تُبْتَأُ	أُبْطِئْتَ	أَبْطِئْ	تُبْطِئْ	تُبْطِئَ	تُبْطِئُ	أَبْطَأْتَ	أَنْتَ
تُبْتَئِي	تُبْتَئِي	تُبْتَئِينَ	أُبْطِئْتِ	أَبْطِئِي	تُبْطِئِي	تُبْطِئِي	تُبْطِئِينَ	أَبْطَأْتِ	أَنْتِ
يُبْتَأْ	يُبْتَأَ	يُبْتَأُ	أُبْطِئَ		يُبْطِئْ	يُبْطِئَ	يُبْطِئُ	أَبْطَأَ	هُوَ
تُبْتَأْ	تُبْتَأَ	تُبْتَأُ	أُبْطِئَتْ		تُبْطِئْ	تُبْطِئَ	تُبْطِئُ	أَبْطَأَتْ	هِيَ
تُبْتَآ	تُبْتَآ	تُبْتَآنِ	أُبْطِئْتُمَا	أَبْطِئَا	تُبْطِئَا	تُبْطِئَا	تُبْطِئَانِ	أَبْطَأْتُمَا	أَنْتُمَا
يُبْتَآ	يُبْتَآ	يُبْتَآنِ	أُبْطِئَا		يُبْطِئَا	يُبْطِئَا	يُبْطِئَانِ	أَبْطَآ	هُمَا
تُبْتَآ	تُبْتَآ	تُبْتَآنِ	أُبْطِئَتَا		تُبْطِئَا	تُبْطِئَا	تُبْطِئَانِ	أَبْطَأَتَا	هُمَا
نُبْتَأْ	نُبْتَأَ	نُبْتَأُ	أُبْطِئْنَا		نُبْطِئْ	نُبْطِئَ	نُبْطِئُ	أَبْطَأْنَا	نَحْنُ
تُبْتَؤُوا	تُبْتَؤُوا	تُبْتَؤُونَ	أُبْطِئْتُمْ	أَبْطِئُوا	تُبْطِئُوا	تُبْطِئُوا	تُبْطِئُونَ	أَبْطَأْتُمْ	أَنْتُمْ
تُبْتَأْنَ	تُبْتَأْنَ	تُبْتَأْنَ	أُبْطِئْتُنَّ	أَبْطِئْنَ	تُبْطِئْنَ	تُبْطِئْنَ	تُبْطِئْنَ	أَبْطَأْتُنَّ	أَنْتُنَّ
يُبْتَؤُوا	يُبْتَؤُوا	يُبْتَؤُونَ	أُبْطِئُوا		يُبْطِئُوا	يُبْطِئُوا	يُبْطِئُونَ	أَبْطَؤُوا	هُمْ
يُبْتَأْنَ	يُبْتَأْنَ	يُبْتَأْنَ	أُبْطِئْنَ		يُبْطِئْنَ	يُبْطِئْنَ	يُبْطِئْنَ	أَبْطَأْنَ	هُنَّ

40	إِبْيَضَّ ibyadda to be white							Form IX	
AP: مُبْيَضٌّ		PP:		VN: إِبْيِضَاضٌ			Rt: بيض		
Passive				Active					
Imperfect Jussive	Imperfect Subjunctive	Imperfect Indicative	Perfect	Imperative	Imperfect Jussive	Imperfect Subjunctive	Imperfect Indicative	Perfect	
					أَبْيَضِضْ	أَبْيَضَّ	أَبْيَضُّ	إِبْيَضَضْتُ	أَنا
				اِبْيَضِضْ	تَبْيَضِضْ	تَبْيَضَّ	تَبْيَضُّ	إِبْيَضَضْتَ	أَنْتَ
				اِبْيَضِّي	تَبْيَضِّي	تَبْيَضِّي	تَبْيَضِّينَ	إِبْيَضَضْتِ	أَنْتِ
					تَبْيَضِضْ	تَيْيَضَّ	تَبْيَضُّ	إِبْيَضَّ	هُوَ
					تَبْيَضِضْ	تَبْيَضَّ	تَبْيَضُّ	إِبْيَضَّتْ	هِيَ
				اِبْيَضَّا	تَبْيَضَّا	تَبْيَضَّا	تَبْيَضَّانِ	إِبْيَضَضْتُمَا	أَنْتُمَا
					يَبْيَضَّا	يَبْيَضَّا	يَبْيَضَّانِ	إِبْيَضَّا	هُمَا
					تَبْيَضَّا	تَبْيَضَّا	تَبْيَضَّانِ	إِبْيَضَّتَا	هُمَا
					نَبْيَضِضْ	نَبْيَضَّ	نَبْيَضُّ	إِبْيَضَضْنَا	نَحْنُ
				اِبْيَضُّوا	تَبْيَضُّوا	تَبْيَضُّوا	تَبْيَضُّونَ	إِبْيَضَضْتُمْ	أَنْتُمْ
				اِبْيَضِضْنَ	تَبْيَضِضْنَ	تَبْيَضِضْنَ	تَبْيَضِضْنَ	إِبْضَضْتُنَّ	أَنْتُنَّ
					يَبْيَضُّوا	يَبْيَضُّوا	يَبْيَضُّونَ	إِبْيَضُّوا	هُمْ
					يَبْيَضِضْنَ	يَبْيَضِضْنَ	يَبْيَضِضْنَ	إِبْيَضَضْنَ	هُنَّ

41	بَاعَ bā'a to sell								Form I
AP: بَائِعٌ		PP: مَبْيُوعٌ			VN: مَبِيعٌ / بَائِعٌ			Rt: بيع	
Passive				Active					
Imperfect Jussive	Imperfect Subjunctive	Imperfect Indicative	Perfect	Imperative	Imperfect Jussive	Imperfect Subjunctive	Imperfect Indicative	Perfect	
أُبَعْ	أُبَاعَ	أُبَاعُ	بِعْتُ		أَبِعْ	أَبِيعَ	أَبِيعُ	بِعْتُ	أنا
تُبَعْ	تُبَاعَ	تُبَاعُ	بِعْتَ	بِعْ	تَبِعْ	تَبِيعَ	تَبِيعُ	بِعْتَ	أَنْتَ
تُبَاعِي	تُبَاعِي	تُبَاعِينَ	بِعْتِ	بِيعِي	تَبِيعِي	تَبِيعِي	تَبِيعِينَ	بِعْتِ	أَنْتِ
يُبَعْ	يُبَاعَ	يُبَاعُ	بِيعَ		يَبِعْ	يَبِيعَ	يَبِيعُ	بَاعَ	هُوَ
تُبَعْ	تُبَاعَ	تُبَاعُ	بِيعَتْ		تَبِعْ	تَبِيعَ	تَبِيعُ	بَاعَتْ	هِيَ
تُبَاعَا	تُبَاعَا	تُبَاعَانِ	بِعْتُمَا	بِيعَا	تَبِيعَا	تَبِيعَا	تَبِيعَانِ	بِعْتُمَا	أَنْتُمَا
يُبَاعَا	يُبَاعَا	يُبَاعَانِ	بِيعَا		يَبِيعَا	يَبِيعَا	يَبِيعَانِ	بَاعَا	هُمَا
تُبَاعَا	تُبَاعَا	تُبَاعَانِ	بِيعَتَا		تَبِيعَا	تَبِيعَا	تَبِيعَانِ	بَاعَتَا	هُمَا
نُبَعْ	نُبَاعَ	نُبَاعُ	بِعْنَا		نَبِعْ	نَبِيعَ	نَبِيعُ	بِعْنَا	نَحْنُ
تُبَاعُوا	تُبَاعُوا	تُبَاعُونَ	بِعْتُمْ	بِيعُوا	تَبِيعُوا	تَبِيعُوا	تَبِيعُونَ	بِعْتُمْ	أَنْتُمْ
تُبَعْنَ	تُبَعْنَ	تُبَعْنَ	بِعْتُنَّ	بِعْنَ	تَبِعْنَ	تَبِعْنَ	تَبِعْنَ	بِعْتُنَّ	أَنْتُنَّ
يُبَاعُوا	يُبَاعُوا	يُبَاعُونَ	بِيعُوا		يَبِيعُوا	يَبِيعُوا	يَبِيعُونَ	بَاعُوا	هُمْ
يُبَعْنَ	يُبَعْنَ	يُبَعْنَ	بِعْنَ		يَبِعْنَ	يَبِعْنَ	يَبِعْنَ	بِعْنَ	هُنَّ

42	بَايَعَ bãya'a to make a contract with							Form III	
AP: مُبَايِعٌ		PP: مُبَايَعٌ		VN: مُبَايَعَةٌ			Rt: بيع		
Passive				Active					
Imperfect Jussive	Imperfect Subjunctive	Imperfect Indicative	Perfect	Imperative	Imperfect Jussive	Imperfect Subjunctive	Imperfect Indicative	Perfect	
أُبَايَعْ	أُبَايَعَ	أُبَايَعُ	بُويِعْتُ		أُبَايِعْ	أُبَايِعَ	أُبَايِعُ	بَايَعْتُ	أَنَا
تُبَايَعْ	تُبَايَعَ	تُبَايَعُ	بُويِعْتَ	بَايِعْ	تُبَايِعْ	تُبَايِعَ	تُبَايِعُ	بَايَعْتَ	أَنْتَ
تُبَايَعِي	تُبَايَعِي	تُبَايَعِينَ	بُويِعْتِ	بَايِعِي	تُبَايِعِي	تُبَايِعِي	تُبَايِعِينَ	بَايَعْتِ	أَنْتِ
يُبَايَعْ	يُبَايَعَ	يُبَايَعُ	بُويِعَ		يُبَايِعْ	يُبَايِعَ	يُبَايِعُ	بَايَعَ	هُوَ
تُبَايَعْ	تُبَايَعَ	تُبَايَعُ	بُويِعَتْ		تُبَايِعْ	تُبَايِعَ	تُبَايِعُ	بَايَعَتْ	هِيَ
تُبَايَعَا	تُبَايَعَا	تُبَايَعَانِ	بُويِعْتُمَا	بَايِعَا	تُبَايِعَا	تُبَايِعَا	تُبَايِعَانِ	بَايَعْتُمَا	أَنْتُمَا
يُبَايَعَا	يُبَايَعَا	يُبَايَعَانِ	بُويِعَا		يُبَايِعَا	يُبَايِعَا	يُبَايِعَانِ	بَايَعَا	هُمَا
تُبَايَعَا	تُبَايَعَا	تُبَايَعَانِ	بُويِعَتَا		تُبَايِعَا	تُبَايِعَا	تُبَايِعَانِ	بَايَعَتَا	هُمَا
نُبَايَعْ	نُبَايَعَ	نُبَايَعُ	بُويِعْنَا		نُبَايِعْ	نُبَايِعَ	نُبَايِعُ	بَايَعْنَا	نَحْنُ
تُبَايَعُوا	تُبَايَعُوا	تُبَايَعُونَ	بُويِعْتُمْ	بَايِعُوا	تُبَايِعُوا	تُبَايِعُوا	تُبَايِعُونَ	بَايَعْتُمْ	أَنْتُمْ
تُبَايَعْنَ	تُبَايَعْنَ	تُبَايَعْنَ	بُويِعْتُنَّ	بَايِعْنَ	تُبَايِعْنَ	تُبَايِعْنَ	تُبَايِعْنَ	بَايَعْتُنَّ	أَنْتُنَّ
يُبَايَعُوا	يُبَايَعُوا	يُبَايَعُونَ	بُويِعُوا		يُبَايِعُوا	يُبَايِعُوا	يُبَايِعُونَ	بَايَعُوا	هُمْ
يُبَايَعْنَ	يُبَايَعْنَ	يُبَايَعْنَ	بُويِعْنَ		يُبَايِعْنَ	يُبَايِعْنَ	يُبَايِعْنَ	بَايَعْنَ	هُنَّ

43	إِنْبَاعَ inbã'a to be sold	Form VII

AP: مُنْبَاعٌ	PP:	VN: إِنْبِيَاعٌ	Rt: بيع

Passive				Active					
Imperfect Jussive	Imperfect Subjunctive	Imperfect Indicative	Perfect	Imperative	Imperfect Jussive	Imperfect Subjunctive	Imperfect Indicative	Perfect	
					أَنْبَعْ	أَنْبَاعَ	أَنْبَاعُ	إِنْبَعْتُ	أَنا
				اِنْبَعْ	تَنْبَعْ	تَنْبَاعَ	تَنْبَاعُ	إِنْبَعْتَ	أَنْتَ
				اِنْبَاعِي	تَنْبَاعِي	تَنْبَاعِي	تَنْبَاعِينَ	إِنْبَعْتِ	أَنْتِ
					يَنْبَعْ	يَنْبَاعَ	يَنْبَاعُ	إِنْبَاعَ	هُوَ
					تَنْبَعْ	تَنْبَاعَ	تَنْبَاعُ	إِنْبَاعَتْ	هِيَ
				اِنْبَاعَا	تَنْبَاعَا	تَنْبَاعَا	تَنْبَاعَانِ	إِنْبَعْتُمَا	أَنْتُمَا
					يَنْبَاعَا	يَنْبَاعَا	يَنْبَاعَانِ	إِنْبَاعَا	هُمَا
					تَنْبَاعَا	تَنْبَاعَا	تَنْبَاعَانِ	إِنْبَاعَتَا	هُمَا
					نَنْبَعْ	نَنْبَاعَ	نَنْبَاعُ	إِنْبَعْنَا	نَحْنُ
				اِنْبَاعُوا	تَنْبَاعُوا	تَنْبَاعُوا	تَنْبَاعُونَ	إِنْبَعْتُمْ	أَنْتُمْ
				اِنْبَعْنَ	تَنْبَعْنَ	تَنْبَعْنَ	تَنْبَعْنَ	إِنْبَعْتُنَّ	أَنْتُنَّ
					يَنْبَاعُوا	يَنْبَاعُوا	يَنْبَاعُونَ	إِنْبَاعُوا	هُمْ
					يَنْبَعْنَ	يَنْبَعْنَ	يَنْبَعْنَ	إِنْبَعْنَ	هُنَّ

44	إِتَّبَعَ ittibã'a to follow	Form VIII

AP: مُتَّبِعٌ	PP: مُتَّبَعٌ	VN: إِتِّبَاعٌ	Rt: تبع

Passive				Active					
Imperfect Jussive	Imperfect Subjunctive	Imperfect Indicative	Perfect	Imperative	Imperfect Jussive	Imperfect Subjunctive	Imperfect Indicative	Perfect	
أُتَّبَعْ	أُتَّبَعَ	أُتَّبَعُ	أُتُّبِعْتُ		أَتَّبِعْ	أَتَّبِعَ	أَتَّبِعُ	إِتَّبَعْتُ	أنا
تُتَّبَعْ	تُتَّبَعَ	تُتَّبَعُ	أُتُّبِعْتَ	اِتَّبِعْ	تَتَّبِعْ	تَتَّبِعَ	تَتَّبِعُ	إِتَّبَعْتَ	أَنْتَ
تُتَّبَعِي	تُتَّبَعِي	تُتَّبَعِينَ	أُتُّبِعْتِ	اِتَّبِعِي	تَتَّبِعِي	تَتَّبِعِي	تَتَّبِعِينَ	إِتَّبَعْتِ	أَنْتِ
يُتَّبَعْ	يُتَّبَعَ	يُتَّبَعُ	أُتُّبِعَ		يَتَّبِعْ	يَتَّبِعَ	يَتَّبِعُ	إِتَّبَعَ	هُوَ
تُتَّبَعْ	تُتَّبَعَ	تُتَّبَعُ	أُتُّبِعَتْ		تَتَّبِعْ	تَتَّبِعَ	تَتَّبِعُ	إِتَّبَعَتْ	هِيَ
تُتَّبَعَا	تُتَّبَعَا	تُتَّبَعَانِ	أُتُّبِعْتُمَا	اِتَّبِعَا	تَتَّبِعَا	تَتَّبِعَا	تَتَّبِعَانِ	إِتَّبَعْتُمَا	أَنْتُمَا
يُتَّبَعَا	يُتَّبَعَا	يُتَّبَعَانِ	أُتُّبِعَا		يَتَّبِعَا	يَتَّبِعَا	يَتَّبِعَانِ	إِتَّبَعَا	هُمَا
تُتَّبَعَا	تُتَّبَعَا	تُتَّبَعَانِ	أُتُّبِعَتَا		تَتَّبِعَا	تَتَّبِعَا	تَتَّبِعَانِ	إِتَّبَعَتَا	هُمَا
نُتَّبَعْ	نُتَّبَعَ	نُتَّبَعُ	أُتُّبِعْنَا		نَتَّبِعْ	نَتَّبِعَ	نَتَّبِعُ	إِتَّبَعْنَا	نَحْنُ
تُتَّبَعُوا	تُتَّبَعُوا	تُتَّبَعُونَ	أُتُّبِعْتُمْ	اِتَّبِعُوا	تَتَّبِعُوا	تَتَّبِعُوا	تَتَّبِعُونَ	إِتَّبَعْتُمْ	أَنْتُمْ
تُتَّبَعْنَ	تُتَّبَعْنَ	تُتَّبَعْنَ	أُتُّبِعْتُنَّ	اِتَّبِعْنَ	تَتَّبِعْنَ	تَتَّبِعْنَ	تَتَّبِعْنَ	إِتَّبَعْتُنَّ	أَنْتُنَّ
يُتَّبَعُوا	يُتَّبَعُوا	يُتَّبَعُونَ	أُتُّبِعُوا		يَتَّبِعُوا	يَتَّبِعُوا	يَتَّبِعُونَ	إِتَّبَعُوا	هُمْ
يُتَّبَعْنَ	يُتَّبَعْنَ	يُتَّبَعْنَ	أُتُّبِعْنَ		يَتَّبِعْنَ	يَتَّبِعْنَ	يَتَّبِعْنَ	إِتَّبَعْنَ	هُنَّ

45	تَرْجَمَ tarjama to translate			Form QI					
AP: مُتَرْجِمٌ		PP: مُتَرْجَمٌ		VN: تَرْجَمَةٌ			Rt: ترجم		
Passive				Active					
Imperfect Jussive	Imperfect Subjunctive	Imperfect Indicative	Perfect	Imperative	Imperfect Jussive	Imperfect Subjunctive	Imperfect Indicative	Perfect	
أُتَرْجَمْ	أُتَرْجَمَ	أُتَرْجَمُ	تُرْجِمْتُ		أُتَرْجِمْ	أُتَرْجِمَ	أُتَرْجِمُ	تَرْجَمْتُ	أَنا
تُتَرْجَمْ	تُتَرْجَمَ	تُتَرْجَمُ	تُرْجِمْتَ	تَرْجِمْ	تُتَرْجِمْ	تُتَرْجِمَ	تُتَرْجِمُ	تَرْجَمْتَ	أَنْتَ
تُتَرْجَمِي	تُتَرْجَمِي	تُتَرْجَمِينَ	تُرْجِمْتِ	تَرْجِمِي	تُتَرْجِمِي	تُتَرْجِمِي	تُتَرْجِمِينَ	تَرْجَمْتِ	أَنْتِ
يُتَرْجَمْ	يُتَرْجَمَ	يُتَرْجَمُ	تُرْجِمَ		يُتَرْجِمْ	يُتَرْجِمَ	يُتَرْجِمُ	تَرْجَمَ	هُوَ
تُتَرْجَمْ	تُتَرْجَمَ	تُتَرْجَمُ	تُرْجِمَتْ		تُتَرْجِمْ	تُتَرْجِمَ	تُتَرْجِمُ	تَرْجَمَتْ	هِيَ
تُتَرْجَمَا	تُتَرْجَمَا	تُتَرْجَمَانِ	تُرْجِمْتُمَا	تَرْجِمَا	تُتَرْجِمَا	تُتَرْجِمَا	تُتَرْجِمَانِ	تَرْجَمْتُمَا	أَنْتُمَا
يُتَرْجَمَا	يُتَرْجَمَا	يُتَرْجَمَانِ	تُرْجِمَا		يُتَرْجِمَا	يُتَرْجِمَا	يُتَرْجِمَانِ	تَرْجَمَا	هُمَا
تُتَرْجَمَا	تُتَرْجَمَا	تُتَرْجَمَانِ	تُرْجِمَتَا		تُتَرْجِمَا	تُتَرْجِمَا	تُتَرْجِمَانِ	تَرْجَمَتَا	هُمَا
نُتَرْجَمْ	نُتَرْجَمَ	نُتَرْجَمُ	تُرْجِمْنَا		نُتَرْجِمْ	نُتَرْجِمَ	نُتَرْجِمُ	تَرْجَمْنَا	نَحْنُ
تُتَرْجَمُوا	تُتَرْجَمُوا	تُتَرْجَمُونَ	تُرْجِمْتُمْ	تَرْجِمُوا	تُتَرْجِمُوا	تُتَرْجِمُوا	تُتَرْجِمُونَ	تَرْجَمْتُمْ	أَنْتُمْ
تُتَرْجَمْنَ	تُتَرْجَمْنَ	تُتَرْجَمْنَ	تُرْجِمْتُنَّ	تَرْجِمْنَ	تُتَرْجِمْنَ	تُتَرْجِمْنَ	تُتَرْجِمْنَ	تَرْجَمْتُنَّ	أَنْتُنَّ
يُتَرْجَمُوا	يُتَرْجَمُوا	يُتَرْجَمُونَ	تُرْجِمُوا		يُتَرْجِمُوا	يُتَرْجِمُوا	يُتَرْجِمُونَ	تَرْجَمُوا	هُمْ
يُتَرْجَمْنَ	يُتَرْجَمْنَ	يُتَرْجَمْنَ	تُرْجِمْنَ		يُتَرْجِمْنَ	يُتَرْجِمْنَ	يُتَرْجِمْنَ	تَرْجَمْنَ	هُنَّ

46	أَتَمَّ atamma to complete							Form IV	
AP: مُتِمّ			PP: مُتَمّ		VN: إِتْمَام		Rt: تمم		
Passive				Active					
Imperfect Jussive	Imperfect Subjunctive	Imperfect Indicative	Perfect	Imperative	Imperfect Jussive	Imperfect Subjunctive	Imperfect Indicative	Perfect	
أُتْمَمْ	أُتَمَّ	أُتَمُّ	أُتْمِمْتُ		أُتِمَّ/أُتْمِمْ	أُتِمَّ	أُتِمُّ	أَتْمَمْتُ	أَنَا
تُتْمَمْ	تُتَمَّ	تُتَمُّ	أُتْمِمْتَ	أَتِمَّ/أَتْمِمْ	تُتِمَّ/تُتْمِمْ	تُتِمَّ	تُتِمُّ	أَتْمَمْتَ	أَنْتَ
تُتَمِّي	تُتَمِّي	تُتَمِّينَ	أُتْمِمْتِ	أَتِمِّي	تُتِمِّي	تُتِمِّي	تُتِمِّينَ	أَتْمَمْتِ	أَنْتِ
يُتْمَمْ	يُتَمَّ	يُتَمُّ	أُتِمَّ		يُتْمِمْ	يُتِمَّ	يُتِمُّ	أَتَمَّ	هُوَ
تُتْمَمْ	تُتَمَّ	تُتَمُّ	أُتِمَّتْ		تُتْمِمْ	تُتِمَّ	تُتِمُّ	أَتَمَّتْ	هِيَ
تُتَمَّا	تُتَمَّا	تُتَمَّانِ	أُتْمِمْتُمَا	أَتِمَّا	تُتِمَّا	تُتِمَّا	تُتِمَّانِ	أَتْمَمْتُمَا	أَنْتُمَا
يُتَمَّا	يُتَمَّا	يُتَمَّانِ	أُتِمَّا		يُتِمَّا	يُتِمَّا	يُتِمَّانِ	أَتَمَّا	هُمَا
تُتَمَّا	تُتَمَّا	تُتَمَّانِ	أُتِمَّتَا		تُتِمَّا	تُتِمَّا	تُتِمَّانِ	أَتَمَّتَا	هُمَا
نُتْمَمْ	نُتَمَّ	نُتَمُّ	أُتْمِمْنَا		نُتْمِمْ	نُتِمَّ	نُتِمُّ	أَتْمَمْنَا	نَحْنُ
تُتَمُّوا	تُتَمُّوا	تُتَمُّونَ	أُتْمِمْتُمْ	أَتِمُّوا	تُتِمُّوا	تُتِمُّوا	تُتِمُّونَ	أَتْمَمْتُمْ	أَنْتُمْ
تُتْمَمْنَ	تُتْمَمْنَ	تُتْمَمْنَ	أُتْمِمْتُنَّ	أَتْمِمْنَ	تُتْمِمْنَ	تُتْمِمْنَ	تُتْمِمْنَ	أَتْمَمْتُنَّ	أَنْتُنَّ
يُتَمُّوا	يُتَمُّوا	يُتَمُّونَ	أُتِمُّوا		يُتِمُّوا	يُتِمُّوا	يُتِمُّونَ	أَتَمُّوا	هُمْ
يُتْمَمْنَ	يُتْمَمْنَ	يُتْمَمْنَ	أُتْمِمْنَ		يُتْمِمْنَ	يُتْمِمْنَ	يُتْمِمْنَ	أَتْمَمْنَ	هُنَّ

47	إِثَّأَرَ itha'ara to get one's revenge							Form VIII	
AP: مُثَّئِرٌ		PP: مُثَّئَرٌ			VN: إِثِّآرٌ		Rt: ثأر		
Passive				Active					
Imperfect Jussive	Imperfect Subjunctive	Imperfect Indicative	Perfect	Imperative	Imperfect Jussive	Imperfect Subjunctive	Imperfect Indicative	Perfect	
أُثَّئَرْ	أُثَّئَرَ	أُثَّئَرُ	أُثُّئِرْتُ		أَثَّئِرْ	أَثَّئِرَ	أَثَّئِرُ	إِثَّأَرْتُ	أنا
تُثَّئَرْ	تُثَّئَرَ	تُثَّئَرُ	أُثُّئِرْتَ	اِثَّئِرْ	تَثَّئِرْ	تَثَّئِرَ	تَثَّئِرُ	إِثَّأَرْتَ	أَنْتَ
تُثَّئَرِي	تُثَّئَرِي	تُثَّئَرِينَ	أُثُّئِرْتِ	اِثَّئِرِي	تَثَّئِرِي	تَثَّئِرِي	تَثَّئِرِينَ	إِثَّأَرْتِ	أَنْتِ
يُثَّئَرْ	يُثَّئَرَ	يُثَّئَرُ	أُثُّئِرَ		يَثَّئِرْ	يَثَّئِرَ	يَثَّئِرُ	إِثَّأَرَ	هُوَ
تُثَّئَرْ	تُثَّئَرَ	تُثَّئَرُ	أُثُّئِرَتْ		تَثَّئِرْ	تَثَّئِرَ	تَثَّئِرُ	إِثَّأَرَتْ	هِيَ
تُثَّئَرَا	تُثَّئَرَا	تُثَّئَرَانِ	أُثُّئِرْتُمَا	اِثَّئِرَا	تَثَّئِرَا	تَثَّئِرَا	تَثَّئِرَانِ	إِثَّأَرْتُمَا	أَنْتُمَا
يُثَّئَرَا	يُثَّئَرَا	يُثَّئَرَانِ	أُثُّئِرَا		يَثَّئِرَا	يَثَّئِرَا	يَثَّئِرَانِ	إِثَّأَرَا	هُمَا
تُثَّئَرَا	تُثَّئَرَا	تُثَّئَرَانِ	أُثُّئِرَتَا		تَثَّئِرَا	تَثَّئِرَا	تَثَّئِرَانِ	إِثَّأَرَتَا	هُمَا
نُثَّئَرْ	نُثَّئَرَ	نُثَّئَرُ	أُثُّئِرْنَا		نَثَّئِرْ	نَثَّئِرَ	نَثَّئِرُ	إِثَّأَرْنَا	نَحْنُ
تُثَّئَرُوا	تُثَّئَرُوا	تُثَّئَرُونَ	أُثُّئِرْتُمْ	اِثَّئِرُوا	تَثَّئِرُوا	تَثَّئِرُوا	تَثَّئِرُونَ	إِثَّأَرْتُمْ	أَنْتُمْ
تُثَّئَرْنَ	تُثَّئَرْنَ	تُثَّئَرْنَ	أُثُّئِرْتُنَّ	اِثَّئِرْنَ	تَثَّئِرْنَ	تَثَّئِرْنَ	تَثَّئِرْنَ	إِثَّأَرْتُنَّ	أَنْتُنَّ
يُثَّئَرُوا	يُثَّئَرُوا	يُثَّئَرُونَ	أُثُّئِرُوا		يَثَّئِرُوا	يَثَّئِرُوا	يَثَّئِرُونَ	إِثَّأَرُوا	هُمْ
يُثَّئَرْنَ	يُثَّئَرْنَ	يُثَّئَرْنَ	أُثُّئِرْنَ		يَثَّئِرْنَ	يَثَّئِرْنَ	يَثَّئِرْنَ	إِثَّأَرْنَ	هُنَّ

48	إِثْبَارَّ ithbā̃'arra to be sluggish							Form XI	
AP: مُثْبَارٌّ		PP:			VN: إِثْبِيرَارٌ		Rt: ثبر		
Passive				Active					
Imperfect Jussive	Imperfect Subjunctive	Imperfect Indicative	Perfect	Imperative	Imperfect Jussive	Imperfect Subjunctive	Imperfect Indicative	Perfect	
					أَثْبَارِرْ	أَثْبَارَّ	أَثْبَارُّ	إِثْبَارَرْتُ	أَنَا
				اِثْبَارِرْ	تَثْبَارِرْ	تَثْبَارَّ	تَثْبَارُّ	إِثْبَارَرْتَ	أَنْتَ
				اِثْبَارِّي	تَثْبَارِّي	تَثْبَارِّي	تَثْبَارِّينَ	إِثْبَارَرْتِ	أَنْتِ
					يَثْبَارِرْ	يَثْبَارَّ	يَثْبَارُّ	إِثْبَارَّ	هُوَ
					تَثْبَارِرْ	تَثْبَارَّ	تَثْبَارُّ	إِثْبَارَّتْ	هِيَ
				اِثْبَارَّا	تَثْبَارَّا	تَثْبَارَّا	تَثْبَارَّانِ	إِثْبَارَرْتُمَا	أَنْتُمَا
					يَثْبَارَّا	يَثْبَارَّا	يَثْبَارَّانِ	إِثْبَارَّا	هُمَا
					تَثْبَارَّا	تَثْبَارَّا	تَثْبَارَّانِ	إِثْبَارَّتَا	هُمَا
					نَثْبَارِرْ	نَثْبَارَّ	نَثْبَارُّ	إِثْبَارَرْنَا	نَحْنُ
				اِثْبَارُّوا	تَثْبَارُّوا	تَثْبَارُّوا	تَثْبَارُّونَ	إِثْبَارَرْتُمْ	أَنْتُمْ
				اِثْبَارِرْنَ	تَثْبَارِرْنَ	تَثْبَارِرْنَ	تَثْبَارِرْنَ	إِثْبَارَرْتُنَّ	أَنْتُنَّ
					يَثْبَارُّوا	يَثْبَارُّوا	يَثْبَارُّونَ	إِثْبَارُّوا	هُمْ
					يَثْبَارِرْنَ	يَثْبَارِرْنَ	يَثْبَارِرْنَ	إِثْبَارَرْنَ	هُنَّ

49	جَرُؤَ jaru'a to dare			Form I
AP: جَارِئٌ	PP:	VN: جُرْأَةٌ	Rt: جرؤ	

Passive				Active					
Imperfect Jussive	Imperfect Subjunctive	Imperfect Indicative	Perfect	Imperative	Imperfect Jussive	Imperfect Subjunctive	Imperfect Indicative	Perfect	
					أَجْرُؤْ	أَجْرُؤَ	أَجْرُؤُ	جَرُؤْتُ	أنا
				أُجْرُؤْ	تَجْرُؤْ	تَجْرُؤَ	تَجْرُؤُ	جَرُؤْتَ	أَنْتَ
				أُجْرُئِي	تَجْرُئِي	تَجْرُئِي	تَجْرُئِينَ	جَرُؤْتِ	أَنْتِ
					يَجْرُؤْ	يَجْرُؤَ	يَجْرُؤُ	جَرُؤَ	هُوَ
					تَجْرُؤْ	تَجْرُؤَ	تَجْرُؤُ	جَرُؤَتْ	هِيَ
				أُجْرُؤَا	تَجْرُؤَا	تَجْرُؤَا	تَجْرُؤَانِ	جَرُؤْتُمَا	أَنْتُمَا
					يَجْرُؤَا	يَجْرُؤَا	يَجْرُؤَانِ	جَرُؤَا	هُمَا
					تَجْرُؤَا	تَجْرُؤَا	تَجْرُؤَانِ	جَرُؤَتَا	هُمَا
					نَجْرُؤْ	نَجْرُؤَ	نَجْرُؤُ	جَرُؤْنَا	نَحْنُ
				أُجْرُؤُوا	تَجْرُؤُوا	تَجْرُؤُوا	تَجْرُؤُونَ	جَرُؤْتُمْ	أَنْتُمْ
				أُجْرُؤْنَ	تَجْرُؤْنَ	تَجْرُؤْنَ	تَجْرُؤْنَ	جَرُؤْتُنَّ	أَنْتُنَّ
					يَجْرُؤُوا	يَجْرُؤُوا	يَجْرُؤُونَ	جَرُؤُوا	هُمْ
					يَجْرُؤْنَ	يَجْرُؤْنَ	يَجْرُؤْنَ	جَرُؤْنَ	هُنَّ

50	جَزَّأَ jazza'a to divide							Form II	
AP: مُجَزِّئٌ		PP: مُجَزَّأٌ		VN: تَجْزِئَةٌ		Rt: جزأ			
Passive				Active					
Imperfect Jussive	Imperfect Subjunctive	Imperfect Indicative	Perfect	Imperative	Imperfect Jussive	Imperfect Subjunctive	Imperfect Indicative	Perfect	
أُجَزَّأْ	أُجَزَّأَ	أُجَزَّأُ	جُزِّأْتُ		أُجَزِّئْ	أُجَزِّئَ	أُجَزِّئُ	جَزَّأْتُ	أَنا
تُجَزَّأْ	تُجَزَّأَ	تُجَزَّأُ	جُزِّأْتَ	جَزِّئْ	تُجَزِّئْ	تُجَزِّئَ	تُجَزِّئُ	جَزَّأْتَ	أَنْتَ
تُجَزَّئِي	تُجَزَّئِي	تُجَزَّئِينَ	جُزِّأْتِ	جَزِّئِي	تُجَزِّئِي	تُجَزِّئِي	تُجَزِّئِينَ	جَزَّأْتِ	أَنْتِ
يُجَزَّأْ	يُجَزَّأَ	يُجَزَّأُ	جُزِّأَ		يُجَزِّئْ	يُجَزِّئَ	يُجَزِّئُ	جَزَّأَ	هُوَ
تُجَزَّأْ	تُجَزَّأَ	تُجَزَّأُ	جُزِّأَتْ		تُجَزِّئْ	تُجَزِّئَ	تُجَزِّئُ	جَزَّأَتْ	هِيَ
تُجَزَّآ	تُجَزَّآ	تُجَزَّآنِ	جُزِّأْتُمَا	جَزِّئَا	تُجَزِّئَا	تُجَزِّئَا	تُجَزِّئَانِ	جَزَّأْتُمَا	أَنْتُمَا
يُجَزَّآ	يُجَزَّآ	يُجَزَّآنِ	جُزِّئَا		يُجَزِّئَا	يُجَزِّئَا	يُجَزِّئَانِ	جَزَّآ	هُمَا
تُجَزَّآ	تُجَزَّآ	تُجَزَّآنِ	جُزِّأَتَا		تُجَزِّئَا	تُجَزِّئَا	تُجَزِّئَانِ	جَزَّأَتَا	هُمَا
نُجَزَّأْ	نُجَزَّأَ	نُجَزَّأُ	جُزِّأْنَا		نُجَزِّئْ	نُجَزِّئَ	نُجَزِّئُ	جَزَّأْنَا	نَحْنُ
تُجَزَّئُوا	تُجَزَّئُوا	تُجَزَّئُونَ	جُزِّأْتُمْ	جَزِّئُوا	تُجَزِّئُوا	تُجَزِّئُوا	تُجَزِّئُونَ	جَزَّأْتُمْ	أَنْتُمْ
تُجَزَّأْنَ	تُجَزَّأْنَ	تُجَزَّأْنَ	جُزِّأْتُنَّ	جَزِّئْنَ	تُجَزِّئْنَ	تُجَزِّئْنَ	تُجَزِّئْنَ	جَزَّأْتُنَّ	أَنْتُنَّ
يُجَزَّئُوا	يُجَزَّئُوا	يُجَزَّئُونَ	جُزِّئُوا		يُجَزِّئُوا	يُجَزِّئُوا	يُجَزِّئُونَ	جَزَّؤُوا	هُمْ
يُجَزَّأْنَ	يُجَزَّأْنَ	يُجَزَّأْنَ	جُزِّأْنَ		يُجَزِّئْنَ	يُجَزِّئْنَ	يُجَزِّئْنَ	جَزَّأْنَ	هُنَّ

51	تَجَلَّى tajalla to make clear								Form V
AP: مُتَجَلٍّ			PP: مُتَجَلًّى		VN: تَجَلٍّ		Rt: جلو/جلى		
Passive				Active					
Imperfect Jussive	Imperfect Subjunctive	Imperfect Indicative	Perfect	Imperative	Imperfect Jussive	Imperfect Subjunctive	Imperfect Indicative	Perfect	
أُتَجَلَّ	أُتَجَلَّى	أُتَجَلَّى	تُجُلِّيْتُ		أَتَجَلَّ	أَتَجَلَّى	أَتَجَلَّى	تَجَلَّيْتُ	أَنا
تُتَجَلَّ	تُتَجَلَّى	تُتَجَلَّى	تُجُلِّيْتَ	تَجَلَّ	تَتَجَلَّ	تَتَجَلَّى	تَتَجَلَّى	تَجَلَّيْتَ	أَنْتَ
تُتَجَلَّيْ	تُتَجَلَّيْ	تُتَجَلَّيْنَ	تُجُلِّيْتِ	تَجَلَّيْ	تَتَجَلَّيْ	تَتَجَلَّيْ	تَتَجَلَّيْنَ	تَجَلَّيْتِ	أَنْتِ
يُتَجَلَّ	يُتَجَلَّى	يُتَجَلَّى	تُجُلِّيَ		يَتَجَلَّ	يَتَجَلَّى	يَتَجَلَّى	تَجَلَّى	هُوَ
تُتَجَلَّ	تُتَجَلَّى	تُتَجَلَّى	تُجُلِّيَتْ		تَتَجَلَّ	تَتَجَلَّى	تَتَجَلَّى	تَجَلَّتْ	هِيَ
تُتَجَلَّيَا	تُتَجَلَّيَا	تُتَجَلَّيَانِ	تُجُلِّيْتُمَا	تَجَلَّيَا	تَتَجَلَّيَا	تَتَجَلَّيَا	تَتَجَلَّيَانِ	تَجَلَّيْتُمَا	أَنْتُمَا
يُتَجَلَّيَا	يُتَجَلَّيَا	يُتَجَلَّيَانِ	تُجُلِّيَا		يَتَجَلَّيَا	يَتَجَلَّيَا	يَتَجَلَّيَانِ	تَجَلَّيَا	هُمَا
تُتَجَلَّيَا	تُتَجَلَّيَا	تُتَجَلَّيَانِ	تُجُلِّيَتَا		تَتَجَلَّيَا	تَتَجَلَّيَا	تَتَجَلَّيَانِ	تَجَلَّتَا	هُمَا
نُتَجَلَّ	نُتَجَلَّى	نُتَجَلَّى	تُجُلِّيْنَا		نَتَجَلَّ	نَتَجَلَّى	نَتَجَلَّى	تَجَلَّيْنَا	نَحْنُ
تُتَجَلَّوْا	تُتَجَلَّوْا	تُتَجَلَّوْنَ	تُجُلِّيْتُمْ	تَجَلَّوْا	تَتَجَلَّوْا	تَتَجَلَّوْا	تَتَجَلَّوْنَ	تَجَلَّيْتُمْ	أَنْتُمْ
تُتَجَلَّيْنَ	تُتَجَلَّيْنَ	تُتَجَلَّيْنَ	تُجُلِّيْتُنَّ	تَجَلَّيْنَ	تَتَجَلَّيْنَ	تَتَجَلَّيْنَ	تَتَجَلَّيْنَ	تَجَلَّيْتُنَّ	أَنْتُنَّ
يُتَجَلَّوْا	يُتَجَلَّوْا	يُتَجَلَّوْنَ	تُجُلُّوا		يَتَجَلَّوْا	يَتَجَلَّوْا	يَتَجَلَّوْنَ	تَجَلَّوْا	هُمْ
يُتَجَلَّيْنَ	يُتَجَلَّيْنَ	يُتَجَلَّيْنَ	تُجُلِّيْنَ		يَتَجَلَّيْنَ	يَتَجَلَّيْنَ	يَتَجَلَّيْنَ	تَجَلَّيْنَ	هُنَّ

52	إِجْتَنَبَ ijtanaba to avoid								Form VIII
AP: مُجْتَنِبٌ		PP: مُجْتَنَبٌ			VN: إِجْتِنَابٌ		Rt: جنب		
Passive				Active					
Imperfect Jussive	Imperfect Subjunctive	Imperfect Indicative	Perfect	Imperative	Imperfect Jussive	Imperfect Subjunctive	Imperfect Indicative	Perfect	
أُجْتَنَبْ	أُجْتَنَبَ	أُجْتَنَبُ	أُجْتُنِبْتُ		أَجْتَنِبْ	أَجْتَنِبَ	أَجْتَنِبُ	إِجْتَنَبْتُ	أَنَا
تُجْتَنَبْ	تُجْتَنَبَ	تُجْتَنَبُ	أُجْتُنِبْتَ	اِجْتَنِبْ	تَجْتَنِبْ	تَجْتَنِبَ	تَجْتَنِبُ	إِجْتَنَبْتَ	أَنْتَ
تُجْتَنَبِي	تُجْتَنَبِي	تُجْتَنَبِينَ	أُجْتُنِبْتِ	اِجْتَنِبِي	تَجْتَنِبِي	تَجْتَنِبِي	تَجْتَنِبِينَ	إِجْتَنَبْتِ	أَنْتِ
يُجْتَنَبْ	يُجْتَنَبَ	يُجْتَنَبُ	أُجْتُنِبَ		يَجْتَنِبْ	يَجْتَنِبَ	يَجْتَنِبُ	إِجْتَنَبَ	هُوَ
تُجْتَنَبْ	تُجْتَنَبَ	تُجْتَنَبُ	أُجْتُنِبَتْ		تَجْتَنِبْ	تَجْتَنِبَ	تَجْتَنِبُ	إِجْتَنَبَتْ	هِيَ
تُجْتَنَبَا	تُجْتَنَبَا	تُجْتَنَبَانِ	أُجْتُنِبْتُمَا	اِجْتَنِبَا	تَجْتَنِبَا	تَجْتَنِبَا	تَجْتَنِبَانِ	إِجْتَنَبْتُمَا	أَنْتُمَا
يُجْتَنَبَا	يُجْتَنَبَا	يُجْتَنَبَانِ	أُجْتُنِبَا		يَجْتَنِبَا	يَجْتَنِبَا	يَجْتَنِبَانِ	إِجْتَنَبَا	هُمَا
تُجْتَنَبَا	تُجْتَنَبَا	تُجْتَنَبَانِ	أُجْتُنِبَتَا		تَجْتَنِبَا	تَجْتَنِبَا	تَجْتَنِبَانِ	إِجْتَنَبَتَا	هُمَا
نُجْتَنَبْ	نُجْتَنَبَ	نُجْتَنَبُ	أُجْتُنِبْنَا		نَجْتَنِبْ	نَجْتَنِبَ	نَجْتَنِبُ	إِجْتَنَبْنَا	نَحْنُ
تُجْتَنَبُوا	تُجْتَنَبُوا	تُجْتَنَبُونَ	أُجْتُنِبْتُمْ	اِجْتَنِبُوا	تَجْتَنِبُوا	تَجْتَنِبُوا	تَجْتَنِبُونَ	إِجْتَنَبْتُمْ	أَنْتُمْ
تُجْتَنَبْنَ	تُجْتَنَبْنَ	تُجْتَنَبْنَ	أُجْتُنِبْتُنَّ	اِجْتَنِبْنَ	تَجْتَنِبْنَ	تَجْتَنِبْنَ	تَجْتَنِبْنَ	إِجْتَنَبْتُنَّ	أَنْتُنَّ
يُجْتَنَبُوا	يُجْتَنَبُوا	يُجْتَنَبُونَ	أُجْتُنِبُوا		يَجْتَنِبُوا	يَجْتَنِبُوا	يَجْتَنِبُونَ	إِجْتَنَبُوا	هُمْ
يُجْتَنَبْنَ	يُجْتَنَبْنَ	يُجْتَنَبْنَ	أُجْتُنِبْنَ		يَجْتَنِبْنَ	يَجْتَنِبْنَ	يَجْتَنِبْنَ	إِجْتَنَبْنَ	هُنَّ

53	إِسْتَجْوَبَ istajwaba to interrogate								Form X
AP: مُسْتَجْوِبٌ			PP: مُسْتَجْوَبٌ			VN: إِسْتِجْوَابٌ		Rt: جوب	
Passive				Active					
Imperfect Jussive	Imperfect Subjunctive	Imperfect Indicative	Perfect	Imperative	Imperfect Jussive	Imperfect Subjunctiv	Imperfect Indicative	Perfect	
أُسْتَجْوَبْ	أُسْتَجْوَبَ	أُسْتَجْوَبُ	أُسْتُجْوِبْتُ		أَسْتَجْوِبْ	أَسْتَجْوِبَ	أَسْتَجْوِبُ	إِسْتَجْوَبْتُ	أَنَا
تُسْتَجْوَبْ	تُسْتَجْوَبَ	تُسْتَجْوَبُ	أُسْتُجْوِبْتَ	اِسْتَجْوِبْ	تَسْتَجْوِبْ	تَسْتَجْوِبَ	تَسْتَجْوِبُ	إِسْتَجْوَبْتَ	أَنْتَ
تُسْتَجْوَبِي	تُسْتَجْوَبِي	تُسْتَجْوَبِينَ	أُسْتُجْوِبْتِ	اِسْتَجْوِبِي	تَسْتَجْوِبِي	تَسْتَجْوِبِي	تَسْتَجْوِبِينَ	إِسْتَجْوَبْتِ	أَنْتِ
يُسْتَجْوَبْ	يُسْتَجْوَبَ	يُسْتَجْوَبُ	أُسْتُجْوِبَ		يَسْتَجْوِبْ	يَسْتَجْوِبَ	يَسْتَجْوِبُ	إِسْتَجْوَبَ	هُوَ
تُسْتَجْوَبْ	تُسْتَجْوَبَ	تُسْتَجْوَبُ	أُسْتُجْوِبَتْ		تَسْتَجْوِبْ	تَسْتَجْوِبَ	تَسْتَجْوِبُ	إِسْتَجْوَبَتْ	هِيَ
تُسْتَجْوَبَا	تُسْتَجْوَبَا	تُسْتَجْوَبَانِ	أُسْتُجْوِبْتُمَا	اِسْتَجْوِبَا	تَسْتَجْوِبَا	تَسْتَجْوِبَا	تَسْتَجْوِبَانِ	إِسْتَجْوَبْتُمَا	أَنْتُمَا
يُسْتَجْوَبَا	يُسْتَجْوَبَا	يُسْتَجْوَبَانِ	أُسْتُجْوِبَا		يَسْتَجْوِبَا	يَسْتَجْوِبَا	يَسْتَجْوِبَانِ	إِسْتَجْوَبَا	هُمَا
تُسْتَجْوَبَا	تُسْتَجْوَبَا	تُسْتَجْوَبَانِ	أُسْتُجْوِبَتَا		تَسْتَجْوِبَا	تَسْتَجْوِبَا	تَسْتَجْوِبَانِ	إِسْتَجْوَبَتَا	هُمَا
نُسْتَجْوَبْ	نُسْتَجْوَبَ	نُسْتَجْوَبُ	أُسْتُجْوِبْنَا		نَسْتَجْوِبْ	نَسْتَجْوِبَ	نَسْتَجْوِبُ	إِسْتَجْوَبْنَا	نَحْنُ
تُسْتَجْوَبُوا	تُسْتَجْوَبُوا	تُسْتَجْوَبُونَ	أُسْتُجْوِبْتُمْ	اِسْتَجْوِبُوا	تَسْتَجْوِبُوا	تَسْتَجْوِبُوا	تَسْتَجْوِبُونَ	إِسْتَجْوَبْتُمْ	أَنْتُمْ
تُسْتَجْوَبْنَ	تُسْتَجْوَبْنَ	تُسْتَجْوَبْنَ	أُسْتُجْوِبْتُنَّ	اِسْتَجْوِبْنَ	تَسْتَجْوِبْنَ	تَسْتَجْوِبْنَ	تَسْتَجْوِبْنَ	إِسْتَجْوَبْتُنَّ	أَنْتُنَّ
يُسْتَجْوَبُوا	يُسْتَجْوَبُوا	يُسْتَجْوَبُونَ	أُسْتُجْوِبُوا		يَسْتَجْوِبُوا	يَسْتَجْوِبُوا	يَسْتَجْوِبُونَ	إِسْتَجْوَبُوا	هُمْ
يُسْتَجْوَبْنَ	يُسْتَجْوَبْنَ	يُسْتَجْوَبْنَ	أُسْتُجْوِبْنَ		يَسْتَجْوِبْنَ	يَسْتَجْوِبْنَ	يَسْتَجْوِبْنَ	إِسْتَجْوَبْنَ	هُنَّ

54	جَاءَ jã'a to come			Form I
AP: جَاءٍ	PP: مَجِيءٌ	VN: مَجِيءٌ	Rt: جيء	

Passive				Active					
Imperfect Jussive	Imperfect Subjunctive	Imperfect Indicative	Perfect	Imperative*	Imperfect Jussive	Imperfect Subjunctive	Imperfect Indicative	Perfect	
أُجَأْ	أُجَاءَ	أُجَاءُ	جِئْتُ		أَجِئْ	أَجِيءَ	أَجِيءُ	جِئْتُ	أَنَا
تُجَأْ	تُجَاءَ	تُجَاءُ	جِئْتَ	جِئْ	تَجِئْ	تَجِيءَ	تَجِيءُ	جِئْتَ	أَنْتَ
تُجَائِي	تُجَائِي	تُجَائِينَ	جِئْتِ	جِيئِي	تَجِيئِي	تَجِيئِي	تَجِيئِينَ	جِئْتِ	أَنْتِ
يُجَأْ	يُجَاءَ	يُجَاءُ	جِيءَ		يَجِئْ	يَجِيءَ	يَجِيءُ	جَاءَ	هُوَ
تُجَأْ	تُجَاءَ	تُجَاءُ	جِيئَتْ		تَجِئْ	تَجِيءَ	تَجِيءُ	جَاءَتْ	هِيَ
تُجَاءَا	تُجَاءَا	تُجَاءَانِ	جِئْتُمَا	جِيئَا	تَجِيئَا	تَجِيئَا	تَجِيئَانِ	جِئْتُمَا	أَنْتُمَا
يُجَاءَا	يُجَاءَا	يُجَاءَانِ	جِيئَا		يَجِيئَا	يَجِيئَا	يَجِيئَانِ	جَاءَا	هُمَا
تُجَاءَا	تُجَاءَ	تُجَاءَانِ	جِيئَتَا		تَجِيئَا	تَجِيئَا	تَجِيئَانِ	جَاءَتَا	هُمَا
نُجَأْ	نُجَاءَ	نُجَاءُ	جِئْنَا		نَجِئْ	نَجِيءَ	نَجِيءُ	جِئْنَا	نَحْنُ
تُجَاؤُوا	تُجَاؤُوا	تُجَاؤُونَ	جِئْتُمْ	جِيؤُوا	تَجِيؤُوا	تَجِيؤُوا	تَجِيؤُونَ	جِئْتُمْ	أَنْتُمْ
تُجَأْنَ	تُجَأْنَ	تُجَأْنَ	جِئْتُنَّ	جِئْنَ	تَجِئْنَ	تَجِئْنَ	تَجِئْنَ	جِئْتُنَّ	أَنْتُنَّ
يُجَاؤُوا	يُجَاؤُوا	يُجَاؤُونَ	جِيؤُوا		يَجِيؤُوا	يَجِيؤُوا	يَجِيؤُونَ	جَاؤُوا	هُمْ
يُجَأْنَ	يُجَأْنَ	يُجَأْنَ	جِئْنَ		يَجِئْنَ	يَجِئْنَ	يَجِئْنَ	جِئْنَ	هُنَّ

*Common usage for the imperative تَعَالَ, تَعَالَيْ,تَعَالَيَا, تَعَالَوْا, تَعَالَيْنَ

55 إِحْرَنْطَمَ ihrantama to be proud — Form QIII

AP: مُحْرَنْطِمٌ **PP:** **VN:** إِحْرِنْطَامٌ **Rt:** حرطم

	Perfect	Imperfect Indicative	Imperfect Subjunctive	Imperfect Jussive	Imperative	Perfect	Imperfect Indicative	Imperfect Subjunctive	Imperfect Jussive
	Active					Passive			
أَنَا	إِحْرَنْطَمْتُ	أَحْرَنْطِمُ	أَحْرَنْطِمَ	أَحْرَنْطِمْ					
أَنْتَ	إِحْرَنْطَمْتَ	تَحْرَنْطِمُ	تَحْرَنْطِمَ	تَحْرَنْطِمْ	اِحْرَنْطِمْ				
أَنْتِ	إِحْرَنْطَمْتِ	تَحْرَنْطِمِينَ	تَحْرَنْطِمِي	تَحْرَنْطِمِي	اِحْرَنْطِمِي				
هُوَ	إِحْرَنْطَمَ	يَحْرَنْطِمُ	يَحْرَنْطِمَ	يَحْرَنْطِمْ					
هِيَ	إِحْرَنْطَمَتْ	تَحْرَنْطِمُ	تَحْرَنْطِمَ	تَحْرَنْطِمْ					
أَنْتُمَا	إِحْرَنْطَمْتُمَا	تَحْرَنْطِمَانِ	تَحْرَنْطِمَا	تَحْرَنْطِمَا	اِحْرَنْطِمَا				
هُمَا	إِحْرَنْطَمَا	يَحْرَنْطِمَانِ	يَحْرَنْطِمَا	يَحْرَنْطِمَا					
هُمَا	إِحْرَنْطَمَتَا	تَحْرَنْطِمَانِ	تَحْرَنْطِمَا	تَحْرَنْطِمَا					
نَحْنُ	إِحْرَنْطَمْنَا	نَحْرَنْطِمُ	نَحْرَنْطِمَ	نَحْرَنْطِمْ					
أَنْتُمْ	إِحْرَنْطَمْتُمْ	تَحْرَنْطِمُونَ	تَحْرَنْطِمُوا	تَحْرَنْطِمُوا	اِحْرَنْطِمُوا				
أَنْتُنَّ	إِحْرَنْطَمْتُنَّ	تَحْرَنْطِمْنَ	تَحْرَنْطِمْنَ	تَحْرَنْطِمْنَ	اِحْرَنْطِمْنَ				
هُمْ	إِحْرَنْطَمُوا	يَحْرَنْطِمُونَ	يَحْرَنْطِمُوا	يَحْرَنْطِمُوا					
هُنَّ	إِحْرَنْطَمْنَ	يَحْرَنْطِمْنَ	يَحْرَنْطِمْنَ	يَحْرَنْطِمْنَ					

56	أَحْضَرَ akhdara to bring	Form IV

AP: مُحْضِرٌ	PP: مُحْضَرٌ	VN: إِحْضَارٌ	Rt: حضر

Passive				Active					
Imperfect Jussive	Imperfect Subjunctive	Imperfect Indicative	Perfect	Imperative	Imperfect Jussive	Imperfect Subjunctive	Imperfect Indicative	Perfect	
أُحْضَرْ	أُحْضَرَ	أُحْضَرُ	أُحْضِرْتُ		أُحْضِرْ	أُحْضِرَ	أُحْضِرُ	أَحْضَرْتُ	أَنا
تُحْضَرْ	تُحْضَرَ	تُحْضَرُ	أُحْضِرْتَ	أَحْضِرْ	تُحْضِرْ	تُحْضِرَ	تُحْضِرُ	أَحْضَرْتَ	أَنْتَ
تُحْضَرِي	تُحْضَرِي	تُحْضَرِينَ	أُحْضِرْتِ	أَحْضِرِي	تُحْضِرِي	تُحْضِرِي	تُحْضِرِينَ	أَحْضَرْتِ	أَنْتِ
يُحْضَرْ	يُحْضَرَ	يُحْضَرُ	أُحْضِرَ		يُحْضِرْ	يُحْضِرَ	يُحْضِرُ	أَحْضَرَ	هُوَ
تُحْضَرْ	تُحْضَرَ	تُحْضَرُ	أُحْضِرَتْ		تُحْضِرْ	تُحْضِرَ	تُحْضِرُ	أَحْضَرَتْ	هِيَ
تُحْضَرَا	تُحْضَرَا	تُحْضَرَانِ	أُحْضِرْتُمَا	أَحْضِرَا	تُحْضِرَا	تُحْضِرَا	تُحْضِرَانِ	أَحْضَرْتُمَا	أَنْتُمَا
يُحْضَرَا	يُحْضَرَا	يُحْضَرَانِ	أُحْضِرَا		يُحْضِرَا	يُحْضِرَا	يُحْضِرَانِ	أَحْضَرَا	هُمَا
تُحْضَرَا	تُحْضَرَا	تُحْضَرَانِ	أُحْضِرَتَا		تُحْضِرَا	تُحْضِرَا	تُحْضِرَانِ	أَحْضَرَتَا	هُمَا
نُحْضَرْ	نُحْضَرَ	نُحْضَرُ	أُحْضِرْنَا		نُحْضِرْ	نُحْضِرَ	نُحْضِرُ	أَحْضَرْنَا	نَحْنُ
تُحْضَرُوا	تُحْضَرُوا	تُحْضَرُونَ	أُحْضِرْتُمْ	أَحْضِرُوا	تُحْضِرُوا	تُحْضِرُوا	تُحْضِرُونَ	أَحْضَرْتُمْ	أَنْتُمْ
تُحْضَرْنَ	تُحْضَرْنَ	تُحْضَرْنَ	أُحْضِرْتُنَّ	أَحْضِرْنَ	تُحْضِرْنَ	تُحْضِرْنَ	تُحْضِرْنَ	أَحْضَرْتُنَّ	أَنْتُنَّ
يُحْضَرُوا	يُحْضَرُوا	يُحْضَرُونَ	أُحْضِرُوا		يُحْضِرُوا	يُحْضِرُوا	يُحْضِرُونَ	أَحْضَرُوا	هُمْ
يُحْضَرْنَ	يُحْضَرْنَ	يُحْضَرْنَ	أُحْضِرْنَ		يُحْضِرْنَ	يُحْضِرْنَ	يُحْضِرْنَ	أَحْضَرْنَ	هُنَّ

57	إِحْتَلَّ ihtalla to occupy			Form VIII
AP: مُحْتَلٌّ	PP: مُحْتَلٌّ	VN: إِحْتِلاَلٌ	Rt: حل	

Passive				Active					
Imperfect Jussive	Imperfect Subjunctive	Imperfect Indicative	Perfect	Imperative	Imperfect Jussive	Imperfect Subjunctive	Imperfect Indicative	Perfect	
أُحْتَلَلْ	أُحْتَلَّ	أُحْتَلُّ	أُحْتُلِلْتُ		أَحْتَلِلْ	أَحْتَلَّ	أَحْتَلُّ	إِحْتَلَلْتُ	أَنا
تُحْتَلَلْ	تُحْتَلَّ	تُحْتَلُّ	أُحْتُلِلْتَ	اِحْتَلِلْ	تَحْتَلِلْ	تَحْتَلَّ	تَحْتَلُّ	إِحْتَلَلْتَ	أَنْتَ
تُحْتَلِّي	تُحْتَلِّي	تُحْتَلِّينَ	أُحْتُلِلْتِ	اِحْتَلِّي	تَحْتَلِّي	تَحْتَلِّي	تَحْتَلِّينَ	إِحْتَلَلْتِ	أَنْتِ
يُحْتَلَلْ	يُحْتَلَّ	يُحْتَلُّ	أُحْتُلَّ		يَحْتَلِلْ	يَحْتَلَّ	يَحْتَلُّ	إِحْتَلَّ	هُوَ
تُحْتَلَلْ	تُحْتَلَّ	تُحْتَلُّ	أُحْتُلَّتْ		تَحْتَلِلْ	تَحْتَلَّ	تَحْتَلُّ	إِحْتَلَّتْ	هِيَ
تُحْتَلاَّ	تُحْتَلاَّ	تُحْتَلاَّنِ	أُحْتُلِلْتُمَا	اِحْتَلاَّ	تَحْتَلاَّ	تَحْتَلاَّ	تَحْتَلاَّنِ	إِحْتَلَلْتُمَا	أَنْتُمَا
يُحْتَلاَّ	يُحْتَلاَّ	يُحْتَلاَّنِ	أُحْتُلاَّ		يَحْتَلاَّ	يَحْتَلاَّ	يَحْتَلاَّنِ	إِحْتَلاَّ	هُمَا
تُحْتَلاَّ	تُحْتَلاَّ	تُحْتَلاَّنِ	أُحْتُلَّتَا		تَحْتَلاَّ	تَحْتَلاَّ	تَحْتَلاَّنِ	إِحْتَلَّتَا	هُمَا
نُحْتَلَلْ	نُحْتَلَّ	نُحْتَلُّ	أُحْتُلِلْنَا		نَحْتَلِلْ	نَحْتَلَّ	نَحْتَلُّ	إِحْتَلَلْنَا	نَحْنُ
تُحْتَلُّوا	تُحْتَلُّوا	تُحْتَلُّونَ	أُحْتُلِلْتُمْ	اِحْتَلُّوا	تَحْتَلُّوا	تَحْتَلُّوا	تَحْتَلُّونَ	إِحْتَلَلْتُمْ	أَنْتُمْ
تُحْتَلَلْنَ	تُحْتَلَلْنَ	تُحْتَلَلْنَ	أُحْتُلِلْتُنَّ	اِحْتَلِلْنَ	تَحْتَلِلْنَ	تَحْتَلِلْنَ	تَحْتَلِلْنَ	إِحْتَلَلْتُنَّ	أَنْتُنَّ
يُحْتَلُّوا	يُحْتَلُّوا	يُحْتَلُّونَ	أُحْتُلُّوا		يَحْتَلُّوا	يَحْتَلُّوا	يَحْتَلُّونَ	إِحْتَلُّوا	هُمْ
يُحْتَلَلْنَ	يُحْتَلَلْنَ	يُحْتَلَلْنَ	أُحْتُلِلْنَ		يَحْتَلِلْنَ	يَحْتَلِلْنَ	يَحْتَلِلْنَ	إِحْتَلَلْنَ	هُنَّ

58	إحْتَاجَ ihtãja to need	Form VIII

AP: مُحْتَاجٌ	PP: مُحْتَاجٌ	VN: إِحْتِيَاجٌ	Rt: حوج

Passive				Active					
Imperfect Jussive	Imperfect Subjunctive	Imperfect Indicative	Perfect	Imperative	Imperfect Jussive	Imperfect Subjunctive	Imperfect Indicative	Perfect	
أُحْتَجْ	أُحْتَاجَ	أُحْتَاجُ	أُحْتِجْتُ		أَحْتَجْ	أَحْتَاجَ	أَحْتَاجُ	إِحْتَجْتُ	أَنَا
تُحْتَجْ	تُحْتَاجَ	تُحْتَاجُ	أُحْتِجْتَ	اِحْتَجْ	تَحْتَجْ	تَحْتَاجَ	تَحْتَاجُ	إِحْتَجْتَ	أَنْتَ
تُحْتَاجِي	تُحْتَاجِي	تُحْتَاجِينَ	أُحْتِجْتِ	اِحْتَاجِي	تَحْتَاجِي	تَحْتَاجِي	تَحْتَاجِينَ	إِحْتَجْتِ	أَنْتِ
يُحْتَجْ	يُحْتَاجَ	يُحْتَاجُ	أُحْتِيجَ		يَحْتَجْ	يَحْتَاجَ	يَحْتَاجُ	إِحْتَاجَ	هُوَ
تُحْتَجْ	تُحْتَاجَ	تُحْتَاجُ	أُحْتِجَتْ		تَحْتَجْ	تَحْتَاجَ	تَحْتَاجُ	إِحْتَجَتْ	هِيَ
تُحْتَاجَا	تُحْتَاجَا	تُحْتَاجَانِ	أُحْتِجْتُمَا	اِحْتَاجَا	تَحْتَاجَا	تَحْتَاجَا	تَحْتَاجَانِ	إِحْتَجْتُمَا	أَنْتُمَا
يُحْتَاجَا	يُحْتَاجَا	يُحْتَاجَانِ	أُحْتِيجَا		يَحْتَاجَا	يَحْتَاجَا	يَحْتَاجَانِ	إِحْتَاجَا	هُمَا
تُحْتَاجَا	تُحْتَاجَا	تُحْتَاجَانِ	أُحْتِيجَتَا		تَحْتَاجَا	تَحْتَاجَا	تَحْتَاجَانِ	إِحْتَاجَتَا	هُمَا
نُحْتَجْ	نُحْتَاجَ	نُحْتَاجُ	أُحْتِجْنَا		نَحْتَجْ	نَحْتَاجَ	نَحْتَاجُ	إِحْتَجْنَا	نَحْنُ
تُحْتَاجُوا	تُحْتَاجُوا	تُحْتَاجُونَ	أُحْتِجْتُمْ	اِحْتَاجُوا	تَحْتَاجُوا	تَحْتَاجُوا	تَحْتَاجُونَ	إِحْتَجْتُمْ	أَنْتُمْ
تُحْتَجْنَ	تُحْتَجْنَ	تُحْتَجْنَ	أُحْتِجْتُنَّ	اِحْتَجْنَ	تَحْتَجْنَ	تَحْتَجْنَ	تَحْتَجْنَ	إِحْتَجْتُنَّ	أَنْتُنَّ
يُحْتَاجُوا	يُحْتَاجُوا	يُحْتَاجُونَ	أُحْتِيجُوا		يَحْتَاجُوا	يَحْتَاجُوا	يَحْتَاجُونَ	إِحْتَاجُوا	هُمْ
يُحْتَجْنَ	يُحْتَجْنَ	يُحْتَجْنَ	أُحْتِجْنَ		يَحْتَجْنَ	يَحْتَجْنَ	يَحْتَجْنَ	إِحْتَجْنَ	هُنَّ

59	حَاوَلَ hãwala to try								Form III
AP: مُحَاوِلٌ		PP: مُحَاوَلٌ			VN: مُحَاوَلَةٌ		Rt: حال		
Passive				Active					
Imperfect Jussive	Imperfect Subjunctive	Imperfect Indicative	Perfect	Imperative	Imperfect Jussive	Imperfect Subjunctive	Imperfect Indicative	Perfect	
أُحَاوَلْ	أُحَاوَلَ	أُحَاوَلُ	حُووِلْتُ		أُحَاوِلْ	أُحَاوِلَ	أُحَاوِلُ	حَاوَلْتُ	أنا
تُحَاوَلْ	تُحَاوَلَ	تُحَاوَلُ	حُووِلْتَ	حَاوِلْ	تُحَاوِلْ	تُحَاوِلَ	تُحَاوِلُ	حَاوَلْتَ	أَنْتَ
تُحَاوَلِي	تُحَاوَلِي	تُحَاوَلِينَ	حُووِلْتِ	حَاوِلِي	تُحَاوِلِي	تُحَاوِلِي	تُحَاوِلِينَ	حَاوَلْتِ	أَنْتِ
يُحَاوَلْ	يُحَاوَلَ	يُحَاوَلُ	حُووِلَ		يُحَاوِلْ	يُحَاوِلَ	يُحَاوِلُ	حَاوَلَ	هُوَ
تُحَاوَلْ	تُحَاوَلَ	تُحَاوَلُ	حُووِلَتْ		تُحَاوِلْ	تُحَاوِلَ	تُحَاوِلُ	حَاوَلَتْ	هِيَ
تُحَاوَلاَ	تُحَاوَلاَ	تُحَاوَلاَنِ	حُووِلْتُمَا	حَاوِلاَ	تُحَاوِلاَ	تُحَاوِلاَ	تُحَاوِلاَنِ	حَاوَلْتُمَا	أَنْتُمَا
يُحَاوَلاَ	يُحَاوَلاَ	يُحَاوَلاَنِ	حُووِلاَ		يُحَاوِلاَ	يُحَاوِلاَ	يُحَاوِلاَنِ	حَاوَلاَ	هُمَا
تُحَاوَلاَ	تُحَاوَلاَ	تُحَاوَلاَنِ	حُووِلَتَا		تُحَاوِلاَ	تُحَاوِلاَ	تُحَاوِلاَنِ	حَاوَلَتَا	هُمَا
نُحَاوَلْ	نُحَاوَلَ	نُحَاوَلُ	حُووِلْنَا		نُحَاوِلْ	نُحَاوِلَ	نُحَاوِلُ	حَاوَلْنَا	نَحْنُ
تُحَاوَلُوا	تُحَاوَلُوا	تُحَاوَلُونَ	حُووِلْتُمْ	حَاوِلُوا	تُحَاوِلُوا	تُحَاوِلُوا	تُحَاوِلُونَ	حَاوَلْتُمْ	أَنْتُمْ
تُحَاوَلْنَ	تُحَاوَلْنَ	تُحَاوَلْنَ	حُووِلْتُنَّ	حَاوِلْنَ	تُحَاوِلْنَ	تُحَاوِلْنَ	تُحَاوِلْنَ	حَاوَلْتُنَّ	أَنْتُنَّ
يُحَاوَلُوا	يُحَاوَلُوا	يُحَاوَلُونَ	حُووِلُوا		يُحَاوِلُوا	يُحَاوِلُوا	يُحَاوِلُونَ	حَاوَلُوا	هُمْ
يُحَاوَلْنَ	يُحَاوَلْنَ	يُحَاوَلْنَ	حُووِلْنَ		يُحَاوِلْنَ	يُحَاوِلْنَ	يُحَاوِلْنَ	حَاوَلْنَ	هُنَّ

60	إحْوَالَّ ihwãlla to become green								Form XI
AP: مُحْوَالٌّ		PP:		VN: إحْوِيْلاَلٌ			Rt: حول		
Passive				Active					
Imperfect Jussive	Imperfect Subjunctive	Imperfect Indicative	Perfect	Imperative	Imperfect Jussive	Imperfect Subjunctive	Imperfect Indicative	Perfect	
					أَحْوَالِلْ	أَحْوَالَّ	أَحْوَالُّ	إحْوَالَلْتُ	أنا
				اِحْوَالِلْ	تَحْوَالِلْ	تَحْوَالَّ	تَحْوَالُّ	إحْوَالَلْتَ	أَنْتَ
				اِحْوَالِّي	تَحْوَالِّي	تَحْوَالِّي	تَحْوَالِّينَ	إحْوَالَلْتِ	أَنْتِ
					يَحْوَالِلْ	يَحْوَالَّ	يَحْوَالُّ	إحْوَالَّ	هُوَ
					تَحْوَالِلْ	تَحْوَالَّ	تَحْوَالُّ	إحْوَالَّتْ	هِيَ
				اِحْوَالاَّ	تَحْوَالاَّ	تَحْوَالاَّ	تَحْوَالاَّنِ	إحْوَالَلْتُمَا	أَنْتُمَا
					يَحْوَالاَّ	يَحْوَالاَّ	يَحْوَالاَّنِ	إحْوَالاَّ	هُمَا
					تَحْوَالاَّ	تَحْوَالاَّ	تَحْوَالاَّنِ	إحْوَالَّتَا	هُمَا
					نَحْوَالِلْ	نَحْوَالَّ	نَحْوَالُّ	إحْوَالَلْنَا	نَحْنُ
				اِحْوَالُّوا	تَحْوَالُّوا	تَحْوَالُّوا	تَحْوَالُّونَ	إحْوَالَلْتُمْ	أَنْتُمْ
				اِحْوَالِلْنَ	تَحْوَالِلْنَ	تَحْوَالِلْنَ	تَحْوَالِلْنَ	إحْوَالَلْتُنَّ	أَنْتُنَّ
					يَحْوَالُّوا	يَحْوَالُّوا	يَحْوَالُّونَ	إحْوَالُّوا	هُمْ
					يَحْوَالِلْنَ	يَحْوَالِلْنَ	يَحْوَالِلْنَ	إحْوَالَلْنَ	هُنَّ

61	حَارَ hãra to become confused								Form I
AP: حَائِرٌ		PP:		VN: حَيْرٌ			Rt: حير		
Passive				Active					
Imperfect Jussive	Imperfect Subjunctive	Imperfect Indicative	Perfect	Imperative	Imperfect Jussive	Imperfect Subjunctive	Imperfect Indicative	Perfect	
					أَحَرْ	أَحَارَ	أَحَارُ	حِرْتُ	أَنا
				حَرْ	تَحَرْ	تَحَارَ	تَحَارُ	حِرْتَ	أَنْتَ
				حَارِي	تَحَارِي	تَحَارِي	تَحَارِينَ	حِرْتِ	أَنْتِ
					يَحَرْ	يَحَارَ	يَحَارُ	حَارَ	هُوَ
					تَحَرْ	تَحَارَ	تَحَارُ	حَارَتْ	هِيَ
				حَارَا	تَحَارَا	تَحَارَا	تَحَارَانِ	حِرْتُمَا	أَنْتُمَا
					يَحَارَا	يَحَارَا	يَحَارَانِ	حَارَا	هُمَا
					تَحَارَا	تَحَارَا	تَحَارَانِ	حَارَتَا	هُمَا
					نَحَرْ	نَحَارَ	نَحَارُ	حِرْنَا	نَحْنُ
				حَارُوا	تَحَارُوا	تَحَارُوا	تَحَارُونَ	حِرْتُمْ	أَنْتُمْ
				حَرْنَ	تَحَرْنَ	تَحَرْنَ	تَحَرْنَ	حِرْتُنَّ	أَنْتُنَّ
					يَحَارُوا	يَحَارُوا	يَحَارُونَ	حَارُوا	هُمْ
					يَحَرْنَ	يَحَرْنَ	يَحَرْنَ	حِرْنَ	هُنَّ

62	حَيَّ* hayyã to live							Form I	
AP: حَاىٍّ		PP:			VN: حَيَاةٌ		Rt: حيي		
Passive				Active					
Imperfect Jussive	Imperfect Subjunctive	Imperfect Indicative	Perfect	Imperative	Imperfect Jussive	Imperfect Subjunctive	Imperfect Indicative	Perfect	
					أَحْيَ	أَحْيَا	أَحْيَا	حَيِيتُ	أنا
				اِحْيَ	تَحْيَ	تَحْيَا	تَحْيَا	حَيِيتَ	أَنْتَ
				اِحْيَيْ	تَحْيَيْ	تَحْيَيْ	تَحْيَيْنَ	حَيِيتِ	أَنْتِ
					يَحْيَ	يَحْيَا	يَحْيَا	حَيَّ	هُوَ
					تَحْيَ	تَحْيَا	تَحْيَا	حَيَّتْ	هِيَ
				اِحْيَا	تَحْيَا	تَحْيَا	تَحْيَانِ	حَيِيتُمَا	أَنْتُمَا
					يَحْيَا	يَحْيَا	يَحْيَانِ	حَيَّا	هُمَا
					تَحْيَا	تَحْيَا	تَحْيَانِ	حَيَّتَا	هُمَا
					نَحْيَ	نَحْيَا	نَحْيَا	حَيِينَا	نَحْنُ
				اِحْيَوْا	تَحْيَوْا	تَحْيَوْا	تَحْيَوْنَ	حَيِيتُمْ	أَنْتُمْ
				اِحْيَيْنَ	تَحْيَيْنَ	تَحْيَيْنَ	تَحْيَيْنَ	حَيِيتُنَّ	أَنْتُنَّ
					يَحْيَوْا	يَحْيَوْا	يَحْيَوْنَ	حَيُوا	هُمْ
					يَحْيَيْنَ	يَحْيَيْنَ	يَحْيَيْنَ	حَيِينَ	هُنَّ

* Also حَيِيَ

63	حَيَّا hayyã to keep alive	Form II

AP: مُحَيٍّ	PP: مُحَيًّى	VN: تَحِيَّة	Rt: حيي

Passive				Active					
Imperfect Jussive	Imperfect Subjunctive	Imperfect Indicative	Perfect	Imperative	Imperfect Jussive	Imperfect Subjunctive	Imperfect Indicative	Perfect	
أُحَيَّ	أُحَيَّا	أُحَيَّا	حُيِّيتُ		أُحَيِّ	أُحَيِّيَ	أُحَيِّي	حَيَّيْتُ	أنا
تُحَيَّ	تُحَيَّا	تُحَيَّا	حُيِّيتَ	حَيِّ	تُحَيِّ	تُحَيِّيَ	تُحَيِّي	حَيَّيْتَ	أَنْتَ
تُحَيَّيْ	تُحَيَّيْ	تُحَيَّيْنَ	حُيِّيتِ	حَيِّي	تُحَيِّي	تُحَيِّي	تُحَيِّينَ	حَيَّيْتِ	أَنْتِ
يُحَيَّ	يُحَيَّا	يُحَيَّا	حُيِّيَ		يُحَيِّ	يُحَيِّيَ	يُحَيِّي	حَيَّا	هُوَ
تُحَيَّ	تُحَيَّا	تُحَيَّا	حُيِّيَتْ		تُحَيِّ	تُحَيِّيَ	تُحَيِّي	حَيَّتْ	هِيَ
تُحَيَّيَا	تُحَيَّيَا	تُحَيَّيَانِ	حُيِّيتُمَا	حَيِّيَا	تُحَيِّيَا	تُحَيِّيَا	تُحَيِّيَانِ	حَيَّيْتُمَا	أَنْتُمَا
يُحَيَّيَا	يُحَيَّيَا	يُحَيَّيَانِ	حُيِّيَا		يُحَيِّيَا	يُحَيِّيَا	يُحَيِّيَانِ	حَيَّيَا	هُمَا
تُحَيَّيَا	تُحَيَّيَا	تُحَيَّيَانِ	حُيِّيَتَا		تُحَيِّيَا	تُحَيِّيَا	تُحَيِّيَانِ	حَيَّتَا	هُمَا
نُحَيَّ	نُحَيَّا	نُحَيَّا	حُيِّينَا		نُحَيِّ	نُحَيِّيَ	نُحَيِّي	حَيَّيْنَا	نَحْنُ
تُحَيَّوْا	تُحَيَّوْا	تُحَيَّوْنَ	حُيِّيتُمْ	حَيُّوا	تُحَيُّوا	تُحَيُّوا	تُحَيُّونَ	حَيَّيْتُمْ	أَنْتُمْ
تُحَيَّيْنَ	تُحَيَّيْنَ	تُحَيَّيْنَ	حُيِّيتُنَّ	حَيِّينَ	تُحَيِّينَ	تُحَيِّينَ	تُحَيِّينَ	حَيَّيْتُنَّ	أَنْتُنَّ
يُحَيَّوْا	يُحَيَّوْا	يُحَيَّوْنَ	حُيُّوا		يُحَيُّوا	يُحَيُّوا	يُحَيُّونَ	حَيَّوْا	هُمْ
يُحَيَّيْنَ	يُحَيَّيْنَ	يُحَيَّيْنَ	حُيِّينَ		يُحَيِّينَ	يُحَيِّينَ	يُحَيِّينَ	حَيَّيْنَ	هُنَّ

64	إِخْرَوَّطَ ikhrawwata to last long	Form XIII

AP: مُخْرَوِّطٌ	PP:	VN: إِخْرِوَّاطٌ	Rt: خرط

Passive				Active					
Imperfect Jussive	Imperfect Subjunctive	Imperfect Indicative	Perfect	Imperative	Imperfect Jussive	Imperfect Subjunctive	Imperfect Indicative	Perfect	
					أَخْرَوِّطْ	أَخْرَوِّطَ	أَخْرَوِّطُ	إِخْرَوَّطْتُ	أَنا
				اِخْرَوَّطْ	تَخْرَوِّطْ	تَخْرَوِّطَ	تَخْرَوِّطُ	إِخْرَوَّطْتَ	أَنْتَ
				اِخْرَوَّطِي	تَخْرَوِّطِي	تَخْرَوِّطِي	تَخْرَوِّطِينَ	إِخْرَوَّطْتِ	أَنْتِ
					يَخْرَوِّطْ	يَخْرَوِّطَ	يَخْرَوِّطُ	إِخْرَوَّطَ	هُوَ
					تَخْرَوِّطْ	تَخْرَوِّطَ	تَخْرَوِّطُ	إِخْرَوَّطَتْ	هِيَ
				اِخْرَوَّطَا	تَخْرَوِّطَا	تَخْرَوِّطَا	تَخْرَوِّطَانِ	إِخْرَوَّطْتُمَا	أَنْتُمَا
					يَخْرَوِّطَا	يَخْرَوِّطَا	يَخْرَوِّطَانِ	إِخْرَوَّطَا	هُمَا
					تَخْرَوِّطَا	تَخْرَوِّطَا	تَخْرَوِّطَانِ	إِخْرَوَّطَتَا	هُمَا
					نَخْرَوِّطْ	نَخْرَوِّطَ	نَخْرَوِّطُ	إِخْرَوَّطْنَا	نَحْنُ
				اِخْرَوَّطُوا	تَخْرَوِّطُوا	تَخْرَوِّطُوا	تَخْرَوِّطُونَ	إِخْرَوَّطْتُمْ	أَنْتُمْ
				اِخْرَوَّطْنَ	تَخْرَوِّطْنَ	تَخْرَوِّطْنَ	تَخْرَوِّطْنَ	إِخْرَوَّطْتُنَّ	أَنْتُنَّ
					يَخْرَوِّطُوا	يَخْرَوِّطُوا	يَخْرَوِّطُونَ	إِخْرَوَّطُوا	هُمْ
					يَخْرَوِّطْنَ	يَخْرَوِّطْنَ	يَخْرَوِّطْنَ	إِخْرَوَّطْنَ	هُنَّ

| 65 | تَخَصَّصَ takhassasa to specialise in | | | | | | | | Form V |

AP: مُتَخَصِّصٌ **PP:** مُتَخَصَّصٌ **VN:** تَخَصُّصٌ **Rt:** خصص

	Passive				Active				
Imperfect Jussive	Imperfect Subjunctive	Imperfect Indicative	Perfect	Imperative	Imperfect Jussive	Imperfect Subjunctive	Imperfect Indicative	Perfect	
أُتَخَصَّصْ	أُتَخَصَّصَ	أُتَخَصَّصُ	تُخُصِّصْتُ		أَتَخَصَّصْ	أَتَخَصَّصَ	أَتَخَصَّصُ	تَخَصَّصْتُ	أَنَا
تُتَخَصَّصْ	تُتَخَصَّصَ	تُتَخَصَّصُ	تُخُصِّصْتَ	تَخَصَّصْ	تَتَخَصَّصْ	تَتَخَصَّصَ	تَتَخَصَّصُ	تَخَصَّصْتَ	أَنْتَ
تُتَخَصَّصِي	تُتَخَصَّصِي	تُتَخَصَّصِينَ	تُخُصِّصْتِ	تَخَصَّصِي	تَتَخَصَّصِي	تَتَخَصَّصِي	تَتَخَصَّصِينَ	تَخَصَّصْتِ	أَنْتِ
يُتَخَصَّصْ	يُتَخَصَّصَ	يُتَخَصَّصُ	تُخُصِّصَ		يَتَخَصَّصْ	يَتَخَصَّصَ	يَتَخَصَّصُ	تَخَصَّصَ	هُوَ
تُتَخَصَّصْ	تُتَخَصَّصَ	تُتَخَصَّصُ	تُخُصِّصَتْ		تَتَخَصَّصْ	تَتَخَصَّصَ	تَتَخَصَّصُ	تَخَصَّصَتْ	هِيَ
تُتَخَصَّصَا	تُتَخَصَّصَا	تُتَخَصَّصَانِ	تُخُصِّصْتُمَا	تَخَصَّصَا	تَتَخَصَّصَا	تَتَخَصَّصَا	تَتَخَصَّصَانِ	تَخَصَّصْتُمَا	أَنْتُمَا
يُتَخَصَّصَا	يُتَخَصَّصَا	يُتَخَصَّصَانِ	تُخُصِّصَا		يَتَخَصَّصَا	يَتَخَصَّصَا	يَتَخَصَّصَانِ	تَخَصَّصَا	هُمَا
تُتَخَصَّصَا	تُتَخَصَّصَا	تُتَخَصَّصَانِ	تُخُصِّصَتَا		تَتَخَصَّصَا	تَتَخَصَّصَا	تَتَخَصَّصَانِ	تَخَصَّصَتَا	هُمَا
نُتَخَصَّصْ	نُتَخَصَّصَ	نُتَخَصَّصُ	تُخُصِّصْنَا		نَتَخَصَّصْ	نَتَخَصَّصَ	نَتَخَصَّصُ	تَخَصَّصْنَا	نَحْنُ
تُتَخَصَّصُوا	تُتَخَصَّصُوا	تُتَخَصَّصُونَ	تُخُصِّصْتُمْ	تَخَصَّصُوا	تَتَخَصَّصُوا	تَتَخَصَّصُوا	تَتَخَصَّصُونَ	تَخَصَّصْتُمْ	أَنْتُمْ
تُتَخَصَّصْنَ	تُتَخَصَّصْنَ	تُتَخَصَّصْنَ	تُخُصِّصْتُنَّ	تَخَصَّصْنَ	تَتَخَصَّصْنَ	تَتَخَصَّصْنَ	تَتَخَصَّصْنَ	تَخَصَّصْتُنَّ	أَنْتُنَّ
يُتَخَصَّصُوا	يُتَخَصَّصُوا	يُتَخَصَّصُونَ	تُخُصِّصُوا		يَتَخَصَّصُوا	يَتَخَصَّصُوا	يَتَخَصَّصُونَ	تَخَصَّصُوا	هُمْ
يُتَخَصَّصْنَ	يُتَخَصَّصْنَ	يُتَخَصَّصْنَ	تُخُصِّصْنَ		يَتَخَصَّصْنَ	يَتَخَصَّصْنَ	يَتَخَصَّصْنَ	تَخَصَّصْنَ	هُنَّ

66	إِخْضَوْضَلَ ikhdawdala to be moist	Form XII

AP: مُخْضَوْضِلٌ	PP:	VN: إِخْضِيضَالٌ	Rt: خضل

Passive				Active					
Imperfect Jussive	Imperfect Subjunctive	Imperfect Indicative	Perfect	Imperative	Imperfect Jussive	Imperfect Subjunctive	Imperfect Indicative	Perfect	
					أَخْضَوْضِلْ	أَخْضَوْضِلَ	أَخْضَوْضِلُ	إِخْضَوْضَلْتُ	أَنَا
				اِخْضَوْضِلْ	تَخْضَوْضِلْ	تَخْضَوْضِلَ	تَخْضَوْضِلُ	إِخْضَوْضَلْتَ	أَنْتَ
				اِخْضَوْضِلِي	تَخْضَوْضِلِي	تَخْضَوْضِلِي	تَخْضَوْضِلِينَ	إِخْضَوْضَلْتِ	أَنْتِ
					يَخْضَوْضِلْ	يَخْضَوْضِلَ	يَخْضَوْضِلُ	إِخْضَوْضَلَ	هُوَ
					تَخْضَوْضِلْ	تَخْضَوْضِلَ	تَخْضَوْضِلُ	إِخْضَوْضَلَتْ	هِيَ
				اِخْضَوْضِلَا	تَخْضَوْضِلَا	تَخْضَوْضِلَا	تَخْضَوْضِلَانِ	إِخْضَوْضَلْتُمَا	أَنْتُمَا
					يَخْضَوْضِلَا	يَخْضَوْضِلَا	يَخْضَوْضِلَانِ	إِخْضَوْضَلَا	هُمَا
					تَخْضَوْضِلَا	تَخْضَوْضِلَا	تَخْضَوْضِلَانِ	إِخْضَوْضَلَتَا	هُمَا
					نَخْضَوْضِلْ	نَخْضَوْضِلَ	نَخْضَوْضِلُ	إِخْضَوْضَلْنَا	نَحْنُ
				اِخْضَوْضِلُوا	تَخْضَوْضِلُوا	تَخْضَوْضِلُوا	تَخْضَوْضِلُونَ	إِخْضَوْضَلْتُمْ	أَنْتُمْ
				اِخْضَوْضِلْنَ	تَخْضَوْضِلْنَ	تَخْضَوْضِلْنَ	تَخْضَوْضِلْنَ	إِخْضَوْضَلْتُنَّ	أَنْتُنَّ
					يَخْضَوْضِلُوا	يَخْضَوْضِلُوا	يَخْضَوْضِلُونَ	إِخْضَوْضَلُوا	هُمْ
					يَخْضَوْضِلْنَ	يَخْضَوْضِلْنَ	يَخْضَوْضِلْنَ	إِخْضَوْضَلْنَ	هُنَّ

67	خَطِئَ khatia to err			Form I
AP: خَاطِئٌ	PP: مَخْطُوءٌ	VN: خَطَأٌ/ خِطْءٌ	Rt: خطئ	

Passive				Active					
Imperfect Jussive	Imperfect Subjunctive	Imperfect Indicative	Perfect	Imperative	Imperfect Jussive	Imperfect Subjunctive	Imperfect Indicative	Perfect	
أُخْطَأْ	أُخْطَأَ	أُخْطَأُ	خُطِئْتُ		أَخْطَأْ	أَخْطَأَ	أَخْطَأُ	خَطِئْتُ	أَنا
تُخْطَأْ	تُخْطَأَ	تُخْطَأُ	خُطِئْتَ	اِخْطَأْ	تَخْطَأْ	تَخْطَأَ	تَخْطَأُ	خَطِئْتَ	أَنْتَ
تُخْطَئِي	تُخْطَئِي	تُخْطَئِينَ	خُطِئْتِ	اِخْطَئِي	تَخْطَئِي	تَخْطَئِي	تَخْطَئِينَ	خَطِئْتِ	أَنْتِ
يُخْطَأْ	يُخْطَأَ	يُخْطَأُ	خُطِئَ		يَخْطَأْ	يَخْطَأَ	يَخْطَأُ	خَطِئَ	هُوَ
تُخْطَأْ	تُخْطَأَ	تُخْطَأُ	خُطِئَتْ		تَخْطَأْ	تَخْطَأَ	تَخْطَأُ	خَطِئَتْ	هِيَ
تُخْطَآ	تُخْطَآ	تُخْطَآنِ	خُطِئْتُمَا	اِخْطَآ	تَخْطَآ	تَخْطَآ	تَخْطَآنِ	خَطِئْتُمَا	أَنْتُمَا
يُخْطَآ	يُخْطَآ	يُخْطَآنِ	خُطِئَا		يَخْطَآ	يَخْطَآ	يَخْطَآنِ	خَطِئَا	هُمَا
تُخْطَآ	تُخْطَآ	تُخْطَآنِ	خُطِئَتَا		تَخْطَآ	تَخْطَآ	تَخْطَآنِ	خَطِئَتَا	هُمَا
نُخْطَأْ	نُخْطَأَ	نُخْطَأُ	خُطِئْنَا		نَخْطَأْ	نَخْطَأَ	نَخْطَأُ	خَطِئْنَا	نَحْنُ
تُخْطَؤُوا	تُخْطَؤُوا	تُخْطَؤُونَ	خُطِئْتُمْ	اِخْطَؤُوا	تَخْطَؤُوا	تَخْطَؤُوا	تَخْطَؤُونَ	خَطِئْتُمْ	أَنْتُمْ
تُخْطَأْنَ	تُخْطَأْنَ	تُخْطَأْنَ	خُطِئْتُنَّ	اِخْطَأْنَ	تَخْطَأْنَ	تَخْطَأْنَ	تَخْطَأْنَ	خَطِئْتُنَّ	أَنْتُنَّ
يُخْطَؤُوا	يُخْطَؤُوا	يُخْطَؤُونَ	خُطِئُوا		يَخْطَؤُوا	يَخْطَؤُوا	يَخْطَؤُونَ	خَطِئُوا	هُمْ
يُخْطَأْنَ	يُخْطَأْنَ	يُخْطَأْنَ	خُطِئْنَ		يَخْطَأْنَ	يَخْطَأْنَ	يَخْطَأْنَ	خَطِئْنَ	هُنَّ

68	خَاف khãfa to fear								Form I
AP: خَائِفٌ		PP: مَخُوفٌ			VN: خَوْفٌ / مَخَافَةٌ / خِيفَةٌ			Rt: خوف	
Passive				Active					
Imperfect Jussive	Imperfect Subjunctive	Imperfect Indicative	Perfect	Imperative	Imperfect Jussive	Imperfect Subjunctive	Imperfect Indicative	Perfect	
أُخَفْ	أُخَافَ	أُخَافُ	خُفْتُ		أَخَفْ	أَخَافَ	أَخَافُ	خِفْتُ	أنا
تُخَفْ	تُخَافَ	تُخَافُ	خُفْتَ	خَفْ	تَخَفْ	تَخَافَ	تَخَافُ	خِفْتَ	أَنْتَ
تُخَافِي	تُخَافِي	تُخَافِينَ	خُفْتِ	خَافِي	تَخَافِي	تَخَافِي	تَخَافِينَ	خِفْتِ	أَنْتِ
يُخَفْ	يُخَافَ	يُخَافُ	خِيفَ		يَخَفْ	يَخَافَ	يَخَافُ	خَافَ	هُوَ
تُخَفْ	تُخَافَ	تُخَافُ	خِيفَتْ		تَخَفْ	تَخَافَ	تَخَافُ	خَافَتْ	هِيَ
تُخَافَا	تُخَافَا	تُخَافَانِ	خُفْتُمَا	خَافَا	تَخَافَا	تَخَافَا	تَخَافَانِ	خِفْتُمَا	أَنْتُمَا
يُخَافَا	يُخَافَا	يُخَافَانِ	خِيفَا		يَخَافَا	يَخَافَا	يَخَافَانِ	خَافَا	هُمَا
تُخَافَا	تُخَافَا	تُخَافَانِ	خِيفَتَا		تَخَافَا	تَخَافَا	تَخَافَانِ	خَافَتَا	هُمَا
نُخَفْ	نُخَافَ	نُخَافُ	خُفْنَا		نَخَفْ	نَخَافَ	نَخَافُ	خِفْنَا	نَحْنُ
تُخَافُوا	تُخَافُوا	تُخَافُونَ	خُفْتُمْ	خَافُوا	تَخَافُوا	تَخَافُوا	تَخَافُونَ	خِفْتُمْ	أَنْتُمْ
تُخَفْنَ	تُخَفْنَ	تُخَفْنَ	خُفْتُنَّ	خَفْنَ	تَخَفْنَ	تَخَفْنَ	تَخَفْنَ	خِفْتُنَّ	أَنْتُنَّ
يُخَافُوا	يُخَافُوا	يُخَافُونَ	خِيفُوا		يَخَافُوا	يَخَافُوا	يَخَافُونَ	خَافُوا	هُمْ
يُخَفْنَ	يُخَفْنَ	يُخَفْنَ	خُفْنَ		يَخَفْنَ	يَخَفْنَ	يَخَفْنَ	خِفْنَ	هُنَّ

69	إِدَّثَرَ iddathara to cover o.s.								Form VIII
AP: مُدَّثِرٌ			PP:		VN: إِدَّثَارٌ		Rt: دثر		
Passive				Active					
Imperfect Jussive	Imperfect Subjunctive	Imperfect Indicative	Perfect	Imperative	Imperfect Jussive	Imperfect Subjunctive	Imperfect Indicative	Perfect	
					أَدَّثِرْ	أَدَّثِرَ	أَدَّثِرُ	إِدَّثَرْتُ	أَنا
				اِدَّثِرْ	تَدَّثِرْ	تَدَّثِرَ	تَدَّثِرُ	إِدَّثَرْتَ	أَنْتَ
				اِدَّثِرِي	تَدَّثِرِي	تَدَّثِرِي	تَدَّثِرِينَ	إِدَّثَرْتِ	أَنْتِ
					يَدَّثِرْ	يَدَّثِرَ	يَدَّثِرُ	إِدَّثَرَ	هُوَ
					تَدَّثِرْ	تَدَّثِرَ	تَدَّثِرُ	إِدَّثَرَتْ	هِيَ
				اِدَّثِرَا	تَدَّثِرَا	تَدَّثِرَا	تَدَّثِرَانِ	إِدَّثَرْتُمَا	أَنْتُمَا
					يَدَّثِرَا	يَدَّثِرَا	يَدَّثِرَانِ	إِدَّثَرَا	هُمَا
					تَدَّثِرَا	تَدَّثِرَا	تَدَّثِرَانِ	إِدَّثَرَتَا	هُمَا
					نَدَّثِرْ	نَدَّثِرَ	نَدَّثِرُ	إِدَّثَرْنَا	نَحْنُ
				اِدَّثِرُوا	تَدَّثِرُوا	تَدَّثِرُوا	تَدَّثِرُونَ	إِدَّثَرْتُمْ	أَنْتُمْ
				اِدَّثِرْنَ	تَدَّثِرْنَ	تَدَّثِرْنَ	تَدَّثِرْنَ	إِدَّثَرْتُنَّ	أَنْتُنَّ
					يَدَّثِرُوا	يَدَّثِرُوا	يَدَّثِرُونَ	إِدَّثَرُوا	هُمْ
					يَدَّثِرْنَ	يَدَّثِرْنَ	يَدَّثِرْنَ	إِدَّثَرْنَ	هُنَّ

70	دَعَا da'ã to invite	Form I

AP: دَاعٍ/ الدَّاعِي	PP: مَدْعُوٌّ	VN: دُعَاءٌ	Rt: دعو/ دعى

Passive				Active					
Imperfect Jussive	Imperfect Subjunctive	Imperfect Indicative	Perfect	Imperative	Imperfect Jussive	Imperfect Subjunctive	Imperfect Indicative	Perfect	
أُدْعَ	أُدْعَى	أُدْعَى	دُعِيتُ		أَدْعُ	أَدْعُوَ	أَدْعُو	دَعَوْتُ	أنا
تُدْعَ	تُدْعَى	تُدْعَى	دُعِيتَ	أُدْعُ	تَدْعُ	تَدْعُوَ	تَدْعُو	دَعَوْتَ	أَنْتَ
تُدْعَيْ	تُدْعَيْ	تُدْعَيْنَ	دُعِيتِ	أُدْعِي	تَدْعِي	تَدْعِي	تَدْعِينَ	دَعَوْتِ	أَنْتِ
يُدْعَ	يُدْعَى	يُدْعَى	دُعِيَ		يَدْعُ	يَدْعُوَ	يَدْعُو	دَعَا	هُوَ
تُدْعَ	تُدْعَى	تُدْعَى	دُعِيَتْ		تَدْعُ	تَدْعُوَ	تَدْعُو	دَعَتْ	هِيَ
تُدْعَيَا	تُدْعَيَا	تُدْعَيَانِ	دُعِيتُمَا	أُدْعُوَا	تَدْعُوَا	تَدْعُوَا	تَدْعُوَانِ	دَعَوْتُمَا	أَنْتُمَا
يُدْعَيَا	يُدْعَيَا	يُدْعَيَانِ	دُعِيَا		يَدْعُوَا	يَدْعُوَا	يَدْعُوَانِ	دَعَوَا	هُمَا
تُدْعَيَا	تُدْعَيَا	تُدْعَيَانِ	دُعِيَتَا		تَدْعُوَا	تَدْعُوَا	تَدْعُوَانِ	دَعَتَا	هُمَا
نُدْعَ	نُدْعَى	نُدْعَى	دُعِينَا		نَدْعُ	نَدْعُوَ	نَدْعُو	دَعَوْنَا	نَحْنُ
تُدْعَوْا	تُدْعَوْا	تُدْعَوْنَ	دُعِيتُمْ	أُدْعُوا	تَدْعُوا	تَدْعُوا	تَدْعُونَ	دَعَوْتُمْ	أَنْتُمْ
تُدْعَيْنَ	تُدْعَيْنَ	تُدْعَيْنَ	دُعِيتُنَّ	أُدْعُونَ	تَدْعُونَ	تَدْعُونَ	تَدْعُونَ	دَعَوْتُنَّ	أَنْتُنَّ
يُدْعَوْا	يُدْعَوْا	يُدْعَوْنَ	دُعُوا		يَدْعُوا	يَدْعُوا	يَدْعُونَ	دَعَوْا	هُمْ
يُدْعَيْنَ	يُدْعَيْنَ	يُدْعَيْنَ	دُعِينَ		يَدْعُونَ	يَدْعُونَ	يَدْعُونَ	دَعَوْنَ	هُنَّ

71	إِدَّعَى idda'ã to allege			Form VIII
AP: مُدَّعٍ / الْمُدَّعِي	PP: مُدَّعًى / الْمُدَّعَى	VN: إِدِّعَاءٌ	Rt: دعو/ دعى	

Passive				Active					
Imperfect Jussive	Imperfect Subjunctive	Imperfect Indicative	Perfect	Imperative	Imperfect Jussive	Imperfect Subjunctive	Imperfect Indicative	Perfect	
أُدَّعَ	أُدَّعَى	أُدَّعَى	أُدُّعِيْتُ		أَدَّعِ	أَدَّعِيَ	أَدَّعِي	إِدَّعَيْتُ	أَنا
تُدَّعَ	تُدَّعَى	تُدَّعَى	أُدُّعِيْتَ	اِدَّعِ	تَدَّعِ	تَدَّعِيَ	تَدَّعِي	إِدَّعَيْتَ	أَنْتَ
تُدَّعَيْ	تُدَّعَيْ	تُدَّعَيْنَ	أُدُّعِيْتِ	اِدَّعِي	تَدَّعِي	تَدَّعِي	تَدَّعِينَ	إِدَّعَيْتِ	أَنْتِ
يُدَّعَ	يُدَّعَي	يُدَّعَى	أُدُّعِيَ		يَدَّعِ	يَدَّعِيَ	يَدَّعِي	إِدَّعَى	هُوَ
تُدَّعَ	تُدَّعَى	تُدَّعَى	أُدُّعِيَتْ		تَدَّعِ	تَدَّعِيَ	تَدَّعِي	إِدَّعَتْ	هِيَ
تُدَّعَيَا	تُدَّعَيَا	تُدَّعَيَانِ	أُدُّعِيتُمَا	اِدَّعِيَا	تَدَّعِيَا	تَدَّعِيَا	تَدَّعِيَانِ	إِدَّعَيْتُمَا	أَنْتُمَا
يُدَّعَيَا	يُدَّعَيَا	يُدَّعَيَانِ	أُدُّعِيَا		يَدَّعِيَا	يَدَّعِيَا	يَدَّعِيَانِ	إِدَّعَيَا	هُمَا
تُدَّعَيَا	تُدَّعَيَا	تُدَّعَيَانِ	أُدُّعِيَتَا		تَدَّعِيَا	تَدَّعِيَا	تَدَّعِيَانِ	إِدَّعَتَا	هُمَا
نُدَّعَ	نُدَّعَى	نُدَّعَى	أُدُّعِينَا		نَدَّعِ	نَدَّعِيَ	نَدَّعِي	إِدَّعَيْنَا	نَحْنُ
تُدَّعَوْا	تُدَّعَوْا	تُدَّعَوْنَ	أُدُّعِيتُمْ	اِدَّعُوا	تَدَّعُوا	تَدَّعُوا	تَدَّعُونَ	إِدَّعَيْتُمْ	أَنْتُمْ
تُدَّعَيْنَ	تُدَّعَيْنَ	تُدَّعَيْنَ	أُدُّعِيتُنَّ	اِدَّعِينَ	تَدَّعِينَ	تَدَّعِينَ	تَدَّعِينَ	إِدَّعَيْتُنَّ	أَنْتُنَّ
يُدَّعَوْا	يُدَّعَوْا	يُدَّعَوْنَ	أُدُّعُوا		يَدَّعُوا	يَدَّعُوا	يَدَّعُونَ	إِدَّعَوْا	هُمْ
يُدَّعَيْنَ	يُدَّعَيْنَ	يُدَّعَيْنَ	أُدُّعِينَ		يَدَّعِينَ	يَدَّعِينَ	يَدَّعِينَ	إِدَّعَيْنَ	هُنَّ

72	إِسْتَدْعَى istada’ã to summon	Form X

AP: مُسْتَدْعٍ	PP: مُسْتَدْعًى	VN: إِسْتِدْعَاءٌ	Rt: دعو/ دعى

Passive				Active					
Imperfect Jussive	Imperfect Subjunctive	Imperfect Indicative	Perfect	Imperative	Imperfect Jussive	Imperfect Subjunctive	Imperfect Indicative	Perfect	
أُسْتَدْعَ	أُسْتَدْعَى	أُسْتَدْعَى	أُسْتُدْعِيتُ		أَسْتَدْعِ	أَسْتَدْعِيَ	أَسْتَدْعِي	إِسْتَدْعَيْتُ	أَنا
تُسْتَدْعَ	تُسْتَدْعَى	تُسْتَدْعَى	أُسْتُدْعِيتَ	إِسْتَدْعِ	تَسْتَدْعِ	تَسْتَدْعِيَ	تَسْتَدْعِي	إِسْتَدْعَيْتَ	أَنْتَ
تُسْتَدْعَيْ	تُسْتَدْعَيْ	تُسْتَدْعَيْنَ	أُسْتُدْعِيتِ	إِسْتَدْعِي	تَسْتَدْعِي	تَسْتَدْعِي	تَسْتَدْعِينَ	إِسْتَدْعَيْتِ	أَنْتِ
يُسْتَدْعَ	يُسْتَدْعَى	يُسْتَدْعَى	أُسْتُدْعِيَ		يَسْتَدْعِ	يَسْتَدْعِيَ	يَسْتَدْعِي	إِسْتَدْعَى	هُوَ
تُسْتَدْعَ	تُسْتَدْعَى	تُسْتَدْعَى	أُسْتُدْعِيَتْ		تَسْتَدْعِ	تَسْتَدْعِيَ	تَسْتَدْعِي	إِسْتَدْعَتْ	هِيَ
تُسْتَدْعَيَا	تُسْتَدْعَيَا	تُسْتَدْعَيَانِ	أُسْتُدْعِيتُمَا	إِسْتَدْعِيَا	تَسْتَدْعِيَا	تَسْتَدْعِيَا	تَسْتَدْعِيَانِ	إِسْتَدْعَيْتُمَا	أَنْتُمَا
يُسْتَدْعَيَا	يُسْتَدْعَيَا	يُسْتَدْعَيَانِ	أُسْتُدْعِيَا		يَسْتَدْعِيَا	يَسْتَدْعِيَا	يَسْتَدْعِيَانِ	إِسْتَدْعَيَا	هُمَا
تُسْتَدْعَيَا	تُسْتَدْعَيَا	تُسْتَدْعَيَانِ	أُسْتُدْعِيَتَا		تَسْتَدْعِيَا	تَسْتَدْعِيَا	تَسْتَدْعِيَانِ	إِسْتَدْعَتَا	هُمَا
نُسْتَدْعَ	نُسْتَدْعَى	نُسْتَدْعَى	أُسْتُدْعِينَا		نَسْتَدْعِ	نَسْتَدْعِيَ	نَسْتَدْعِي	إِسْتَدْعَيْنَا	نَحْنُ
تُسْتَدْعَوْا	تُسْتَدْعَوْا	تُسْتَدْعَوْنَ	أُسْتُدْعِيتُمْ	إِسْتَدْعُوا	تَسْتَدْعُوا	تَسْتَدْعُوا	تَسْتَدْعُونَ	إِسْتَدْعَيْتُمْ	أَنْتُمْ
تُسْتَدْعَيْنَ	تُسْتَدْعَيْنَ	تُسْتَدْعَيْنَ	أُسْتُدْعِيتُنَّ	إِسْتَدْعِينَ	تَسْتَدْعِينَ	تَسْتَدْعِينَ	تَسْتَدْعِينَ	إِسْتَدْعَيْتُنَّ	أَنْتُنَّ
يُسْتَدْعَوْا	يُسْتَدْعَوْا	يُسْتَدْعَوْنَ	أُسْتُدْعُوا		يَسْتَدْعُوا	يَسْتَدْعُوا	يَسْتَدْعُونَ	إِسْتَدْعَوْا	هُمْ
يُسْتَدْعَيْنَ	يُسْتَدْعَيْنَ	يُسْتَدْعَيْنَ	أُسْتُدْعِينَ		يَسْتَدْعِينَ	يَسْتَدْعِينَ	يَسْتَدْعِينَ	إِسْتَدْعَيْنَ	هُنَّ

73	إِدَّفَأَ iddfa'a to warm o.s.	Form VIII

AP: مُدَّفِئٌ	PP:	VN: إِدِّفَاءٌ	Rt: دفأ

Passive				Active					
Imperfect Jussive	Imperfect Subjunctive	Imperfect Indicative	Perfect	Imperative	Imperfect Jussive	Imperfect Subjunctive	Imperfect Indicative	Perfect	
					أَدَّفِئْ	أَدَّفِئَ	أَدَّفِئُ	إِدَّفَأْتُ	أَنا
				اِدَّفِئْ	تَدَّفِئْ	تَدَّفِئَ	تَدَّفِئُ	إِدَّفَأْتَ	أَنْتَ
				اِدَّفِئِي	تَدَّفِئِي	تَدَّفِئِي	تَدَّفِئِينَ	إِدَّفَأْتِ	أَنْتِ
					يَدَّفِئْ	يَدَّفِئَ	يَدَّفِئُ	إِدَّفَأَ	هُوَ
					تَدَّفِئْ	تَدَّفِئَ	تَدَّفِئُ	إِدَّفَأَتْ	هِيَ
				اِدَّفِئَا	تَدَّفِئَا	تَدَّفِئَا	تَدَّفِئَانِ	إِدَّفَأْتُمَا	أَنْتُمَا
					يَدَّفِئَا	يَدَّفِئَا	يَدَّفِئَانِ	إِدَّفَآ	هُمَا
					تَدَّفِئَا	تَدَّفِئَا	تَدَّفِئَانِ	إِدَّفَأَتَا	هُمَا
					نَدَّفِئْ	نَدَّفِئَ	نَدَّفِئُ	إِدَّفَأْنَا	نَحْنُ
				اِدَّفِئُوا	تَدَّفِئُوا	تَدَّفِئُوا	تَدَّفِئُونَ	إِدَّفَأْتُمْ	أَنْتُمْ
				اِدَّفِئْنَ	تَدَّفِئْنَ	تَدَّفِئْنَ	تَدَّفِئْنَ	إِدَّفَأْتُنَّ	أَنْتُنَّ
					يَدَّفِئُوا	يَدَّفِئُوا	يَدَّفِئُونَ	إِدَّفَؤُوا	هُمْ
					يَدَّفِئْنَ	يَدَّفِئْنَ	يَدَّفِئْنَ	إِدَّفَأْنَ	هُنَّ

74	داءَ dā'a to be ill	Form I

AP: داءٍ	PP:	VN: دَوْءٌ / داءٌ	Rt: دوء

Passive				Active					
Imperfect Jussive	Imperfect Subjunctive	Imperfect Indicative	Perfect	Imperative	Imperfect Jussive	Imperfect Subjunctive	Imperfect Indicative	Perfect	
					أَدَأْ	أَدَاءَ	أَدَاءُ	دِئْتُ	أنا
				دَأْ	تَدَأْ	تَدَاءَ	تَدَاءُ	دِئْتَ	أَنْتَ
				دَائِي	تَدَائِي	تَدَائِي	تَدَائِينَ	دِئْتِ	أَنْتِ
					يَدَأْ	يَدَاءَ	يَدَاءُ	دَاءَ	هُوَ
					تَدَأْ	تَدَاءَ	تَدَاءُ	دَاءَتْ	هِيَ
				دَاءَا	تَدَاآ	تَدَاآ	تَدَاآنِ	دِئْتُمَا	أَنْتُمَا
					يَدَاآ	يَدَاآ	يَدَاآنِ	دَاءَا	هُمَا
					تَدَاآ	تَدَاآ	تَدَاآنِ	دَاءَتَا	هُمَا
					نَدَأْ	نَدَاءَ	نَدَاءُ	دِئْنَا	نَحْنُ
				دَاؤُوا	تَدَاؤُوا	تَدَاؤُوا	تَدَاؤُونَ	دِئْتُمْ	أَنْتُمْ
				دَأْنَ	تَدَأْنَ	تَدَأْنَ	تَدَأْنَ	دِئْتُنَّ	أَنْتُنَّ
					يَدَاؤُوا	يَدَاؤُوا	يَدَاؤُونَ	دَاؤُوا	هُمْ
					يَدَأْنَ	يَدَأْنَ	يَدَأْنَ	دِئْنَ	هُنَّ

75	تَدَاوَى tadãwa to be treated	Form VI

AP: مُتَدَاوٍ	PP: مُتَدَاوًى	VN: تَدَاوٍ	Rt: دوى

Passive				Active					
Imperfect Jussive	Imperfect Subjunctive	Imperfect Indicative	Perfect	Imperative	Imperfect Jussive	Imperfect Subjunctive	Imperfect Indicative	Perfect	
أُتَدَاوَ	أُتَدَاوَى	أُتَدَاوَى	تُدُووِيتُ		أَتَدَاوَ	أَتَدَاوَى	أَتَدَاوَى	تَدَاوَيْتُ	أنا
تُتَدَاوَ	تُتَدَاوَى	تُتَدَاوَى	تُدُووِيتَ	تَدَاوَ	تَتَدَاوَ	تَتَدَاوَى	تَتَدَاوَى	تَدَاوَيْتَ	أَنْتَ
تُتَدَاوَيْ	تُتَدَاوَيْ	تُتَدَاوَيْنَ	تُدُووِيتِ	تَدَاوَيْ	تَتَدَاوَيْ	تَتَدَاوَيْ	تَتَدَاوَيْنَ	تَدَاوَيْتِ	أَنْتِ
يُتَدَاوَ	يُتَدَاوَى	يُتَدَاوَى	تُدُووِيَ		يَتَدَاوَ	يَتَدَاوَى	يَتَدَاوَى	تَدَاوَى	هُوَ
تُتَدَاوَ	تُتَدَاوَى	تُتَدَاوَى	تُدُووِيَتْ		تَتَدَاوَ	تَتَدَاوَى	تَتَدَاوَى	تَدَاوَتْ	هِيَ
تُتَدَاوَيَا	تُتَدَاوَيَا	تُتَدَاوَيَانِ	تُدُووِيتُمَا	تَدَاوَيَا	تَتَدَاوَيَا	تَتَدَاوَيَا	تَتَدَاوَيَانِ	تَدَاوَيْتُمَا	أَنْتُمَا
يُتَدَاوَيَا	يُتَدَاوَيَا	يُتَدَاوَيَانِ	تُدُووِيَا		يَتَدَاوَيَا	يَتَدَاوَيَا	يَتَدَاوَيَانِ	تَدَاوَيَا	هُمَا
تُتَدَاوَيَا	تُتَدَاوَيَا	تُتَدَاوَيَانِ	تُدُووِيَتَا		تَتَدَاوَيَا	تَتَدَاوَيَا	تَتَدَاوَيَانِ	تَدَاوَتَا	هُمَا
نُتَدَاوَ	نُتَدَاوَى	نُتَدَاوَى	تُدُووِينَا		نَتَدَاوَ	نَتَدَاوَى	نَتَدَاوَى	تَدَاوَيْنَا	نَحْنُ
تُتَدَاوَوْا	تُتَدَاوَوْا	تُتَدَاوَوْنَ	تُدُووِيتُمْ	تَدَاوَوْا	تَتَدَاوَوْا	تَتَدَاوَوْا	تَتَدَاوَوْنَ	تَدَاوَيْتُمْ	أَنْتُمْ
تُتَدَاوَيْنَ	تُتَدَاوَيْنَ	تُتَدَاوَيْنَ	تُدُووِيتُنَّ	تَدَاوَيْنَ	تَتَدَاوَيْنَ	تَتَدَاوَيْنَ	تَتَدَاوَيْنَ	تَدَاوَيْتُنَّ	أَنْتُنَّ
يُتَدَاوَوْا	يُتَدَاوَوْا	يُتَدَاوَوْنَ	تُدُووُوا		يَتَدَاوَوْا	يَتَدَاوَوْا	يَتَدَاوَوْنَ	تَدَاوَوْا	هُمْ
يُتَدَاوَيْنَ	يُتَدَاوَيْنَ	يُتَدَاوَيْنَ	تُدُووِينَ		يَتَدَاوَيْنَ	يَتَدَاوَيْنَ	يَتَدَاوَيْنَ	تَدَاوَيْنَ	هُنَّ

76	ذَهَبَ dhahaba to go		Form I
AP: ذَاهِبٌ	PP: مَذْهُوبٌ	VN: ذَهَابٌ	Rt: ذهب

Passive				Active					
Imperfect Jussive	Imperfect Subjunctive	Imperfect Indicative	Perfect	Imperative	Imperfect Jussive	Imperfect Subjunctive	Imperfect Indicative	Perfect	
أُذْهَبْ	أُذْهَبَ	أُذْهَبُ	ذُهِبْتُ		أَذْهَبْ	أَذْهَبَ	أَذْهَبُ	ذَهَبْتُ	أَنَا
تُذْهَبْ	تُذْهَبَ	تُذْهَبُ	ذُهِبْتَ	اِذْهَبْ	تَذْهَبْ	تَذْهَبَ	تَذْهَبُ	ذَهَبْتَ	أَنْتَ
تُذْهَبِي	تُذْهَبِي	تُذْهَبِينَ	ذُهِبْتِ	اِذْهَبِي	تَذْهَبِي	تَذْهَبِي	تَذْهَبِينَ	ذَهَبْتِ	أَنْتِ
يُذْهَبْ	يُذْهَبَ	يُذْهَبُ	ذُهِبَ		يَذْهَبْ	يَذْهَبَ	يَذْهَبُ	ذَهَبَ	هُوَ
تُذْهَبْ	تُذْهَبَ	تُذْهَبُ	ذُهِبَتْ		تَذْهَبْ	تَذْهَبَ	تَذْهَبُ	ذَهَبَتْ	هِيَ
تُذْهَبَا	تُذْهَبَا	تُذْهَبَانِ	ذُهِبْتُمَا	اِذْهَبَا	تَذْهَبَا	تَذْهَبَا	تَذْهَبَانِ	ذَهَبْتُمَا	أَنْتُمَا
يُذْهَبَا	يُذْهَبَا	يُذْهَبَانِ	ذُهِبَا		يَذْهَبَا	يَذْهَبَا	يَذْهَبَانِ	ذَهَبَا	هُمَا
تُذْهَبَا	تُذْهَبَا	تُذْهَبَانِ	ذُهِبَتَا		تَذْهَبَا	تَذْهَبَا	تَذْهَبَانِ	ذَهَبَتَا	هُمَا
نُذْهَبْ	نُذْهَبَ	نُذْهَبُ	ذُهِبْنَا		نَذْهَبْ	نَذْهَبَ	نَذْهَبُ	ذَهَبْنَا	نَحْنُ
تُذْهَبُوا	تُذْهَبُوا	تُذْهَبُونَ	ذُهِبْتُمْ	اِذْهَبُوا	تَذْهَبُوا	تَذْهَبُوا	تَذْهَبُونَ	ذَهَبْتُمْ	أَنْتُمْ
تُذْهَبْنَ	تُذْهَبْنَ	تُذْهَبْنَ	ذُهِبْتُنَّ	اِذْهَبْنَ	تَذْهَبْنَ	تَذْهَبْنَ	تَذْهَبْنَ	ذَهَبْتُنَّ	أَنْتُنَّ
يُذْهَبُوا	يُذْهَبُوا	يُذْهَبُونَ	ذُهِبُوا		يَذْهَبُوا	يَذْهَبُوا	يَذْهَبُونَ	ذَهَبُوا	هُمْ
يُذْهَبْنَ	يُذْهَبْنَ	يُذْهَبْنَ	ذُهِبْنَ		يَذْهَبْنَ	يَذْهَبْنَ	يَذْهَبْنَ	ذَهَبْنَ	هُنَّ

77	أَذَاعَ adhã'a to broadcast							Form IV	
AP: مُذِيعٌ		PP: مُذَاعٌ			VN: إِذَاعَةٌ		Rt: ذيع		
Passive				Active					
Imperfect Jussive	Imperfect Subjunctive	Imperfect Indicative	Perfect	Imperative	Imperfect Jussive	Imperfect Subjunctive	Imperfect Indicative	Perfect	
أُذَعْ	أُذَاعَ	أُذَاعُ	أُذِعْتُ		أُذِعْ	أُذِيعَ	أُذِيعُ	أَذَعْتُ	أَنا
تُذَعْ	تُذَاعَ	تُذَاعُ	أُذِعْتَ	أَذِعْ	تُذِعْ	تُذِيعَ	تُذِيعُ	أَذَعْتَ	أَنْتَ
تُذَاعِي	تُذَاعِي	تُذَاعِينَ	أُذِعْتِ	أَذِيعِي	تُذِيعِي	تُذِيعِي	تُذِيعِينَ	أَذَعْتِ	أَنْتِ
يُذَعْ	يُذَاعَ	يُذَاعُ	أُذِيعَ		يُذِعْ	يُذِيعَ	يُذِيعُ	أَذَاعَ	هُوَ
تُذَعْ	تُذَاعَ	تُذَاعُ	أُذِيعَتْ		تُذِعْ	تُذِيعَ	تُذِيعُ	أَذَاعَتْ	هِيَ
تُذَاعَا	تُذَاعَا	تُذَاعَانِ	أُذِعْتُمَا	أَذِيعَا	تُذِيعَا	تُذِيعَا	تُذِيعَانِ	أَذَعْتُمَا	أَنْتُمَا
يُذَاعَا	يُذَاعَا	يُذَاعَانِ	أُذِيعَا		يُذِيعَا	يُذِيعَا	يُذِيعَانِ	أَذَاعَا	هُمَا
تُذَاعَا	تُذَاعَا	تُذَاعَانِ	أُذِيعَتَا		تُذِيعَا	تُذِيعَا	تُذِيعَانِ	أَذَاعَتَا	هُمَا
نُذَعْ	نُذَاعَ	نُذَاعُ	أُذِعْنَا		نُذِعْ	نُذِيعَ	نُذِيعُ	أَذَعْنَا	نَحْنُ
تُذَاعُوا	تُذَاعُوا	تُذَاعُونَ	أُذِعْتُمْ	أَذِيعُوا	تُذِيعُوا	تُذِيعُوا	تُذِيعُونَ	أَذَعْتُمْ	أَنْتُمْ
تُذَعْنَ	تُذَعْنَ	تُذَعْنَ	أُذِعْتُنَّ	أَذِعْنَ	تُذِعْنَ	تُذِعْنَ	تُذِعْنَ	أَذَعْتُنَّ	أَنْتُنَّ
يُذَاعُوا	يُذَاعُوا	يُذَاعُونَ	أُذِيعُوا		يُذِيعُوا	يُذِيعُوا	يُذِيعُونَ	أَذَاعُوا	هُمْ
يُذَعْنَ	يُذَعْنَ	يُذَعْنَ	أُذِعْنَ		يُذِعْنَ	يُذِعْنَ	يُذِعْنَ	أَذَعْنَ	هُنَّ

78	رَأَّسَ ra''asa to appoint as head	Form II

AP: مُرَئِّسٌ	PP: مُرَأَّسٌ	VN: تَرْئِيسٌ	Rt: رأس

Passive				Active					
Imperfect Jussive	Imperfect Subjunctive	Imperfect Indicative	Perfect	Imperative	Imperfect Jussive	Imperfect Subjunctive	Imperfect Indicative	Perfect	
أُرَأَّسْ	أُرَأَّسَ	أُرَأَّسُ	رُئِّسْتُ		أُرَئِّسْ	أُرَئِّسَ	أُرَئِّسُ	رَأَّسْتُ	أنَا
تُرَأَّسْ	تُرَأَّسَ	تُرَأَّسُ	رُئِّسْتَ	رَئِّسْ	تُرَئِّسْ	تُرَئِّسَ	تُرَئِّسُ	رَأَّسْتَ	أَنْتَ
تُرَأَّسِي	تُرَأَّسِي	تُرَأَّسِينَ	رُئِّسْتِ	رَئِّسِي	تُرَئِّسِي	تُرَئِّسِي	تُرَئِّسِينَ	رَأَّسْتِ	أَنْتِ
يُرَأَّسْ	يُرَأَّسَ	يُرَأَّسُ	رُئِّسَ		يُرَئِّسْ	يُرَئِّسَ	يُرَئِّسُ	رَأَّسَ	هُوَ
تُرَأَّسْ	تُرَأَّسَ	تُرَأَّسُ	رُئِّسَتْ		تُرَئِّسْ	تُرَئِّسَ	تُرَئِّسُ	رَأَّسَتْ	هِيَ
تُرَأَّسَا	تُرَأَّسَا	تُرَأَّسَانِ	رُئِّسْتُمَا	رَئِّسَا	تُرَئِّسَا	تُرَئِّسَا	تُرَئِّسَانِ	رَأَّسْتُمَا	أَنْتُمَا
يُرَأَّسَا	يُرَأَّسَا	يُرَأَّسَانِ	رُئِّسَا		يُرَئِّسَا	يُرَئِّسَا	يُرَئِّسَانِ	رَأَّسَا	هُمَا
تُرَأَّسَا	تُرَأَّسَا	تُرَأَّسَانِ	رُئِّسَتَا		تُرَئِّسَا	تُرَئِّسَا	تُرَئِّسَانِ	رَأَّسَتَا	هُمَا
نُرَأَّسْ	نُرَأَّسَ	نُرَأَّسُ	رُئِّسْنَا		نُرَئِّسْ	نُرَئِّسَ	نُرَئِّسُ	رَأَّسْنَا	نَحْنُ
تُرَأَّسُوا	تُرَأَّسُوا	تُرَأَّسُونَ	رُئِّسْتُمْ	رَئِّسُوا	تُرَئِّسُوا	تُرَئِّسُوا	تُرَئِّسُونَ	رَأَّسْتُمْ	أَنْتُمْ
تُرَأَّسْنَ	تُرَأَّسْنَ	تُرَأَّسْنَ	رُئِّسْتُنَّ	رَئِّسْنَ	تُرَئِّسْنَ	تُرَئِّسْنَ	تُرَئِّسْنَ	رَأَّسْتُنَّ	أَنْتُنَّ
يُرَأَّسُوا	يُرَأَّسُوا	يُرَأَّسُونَ	رُئِّسُوا		يُرَئِّسُوا	يُرَئِّسُوا	يُرَئِّسُونَ	رَأَّسُوا	هُمْ
يُرَأَّسْنَ	يُرَأَّسْنَ	يُرَأَّسْنَ	رُئِّسْنَ		يُرَئِّسْنَ	يُرَئِّسْنَ	يُرَئِّسْنَ	رَأَّسْنَ	هُنَّ

79	تَرَأَّفَ tara''afa to have mercy upon									Form V
AP: مُتَرَئِّفٌ			PP: مُتَرَأَّفٌ			VN: تَرَؤُّفٌ			Rt: رأف	
	Passive				Active					
Imperfect Jussive	Imperfect Subjunctive	Imperfect Indicative	Perfect	Imperative	Imperfect Jussive	Imperfect Subjunctive	Imperfect Indicative	Perfect		
أُتَرَأَّفْ	أُتَرَأَّفَ	أُتَرَأَّفُ	تُرُئِّفْتُ		أَتَرَأَّفْ	أَتَرَأَّفَ	أَتَرَأَّفُ	تَرَأَّفْتُ	أَنَا
تُتَرَأَّفْ	تُتَرَأَّفَ	تُتَرَأَّفُ	تُرُئِّفْتَ	تَرَأَّفْ	تَتَرَأَّفْ	تَتَرَأَّفَ	تَتَرَأَّفُ	تَرَأَّفْتَ	أَنْتَ
تُتَرَأَّفِي	تُتَرَأَّفِي	تُتَرَأَّفِينَ	تُرُئِّفْتِ	تَرَأَّفِي	تَتَرَأَّفِي	تَتَرَأَّفِي	تَتَرَأَّفِينَ	تَرَأَّفْتِ	أَنْتِ
يُتَرَأَّفْ	يُتَرَأَّفَ	يُتَرَأَّفُ	تُرُئِّفَ		يَتَرَأَّفْ	يَتَرَأَّفَ	يَتَرَأَّفُ	تَرَأَّفَ	هُوَ
تُتَرَأَّفْ	تُتَرَأَّفَ	تُتَرَأَّفُ	تُرُئِّفَتْ		تَتَرَأَّفْ	تَتَرَأَّفَ	تَتَرَأَّفُ	تَرَأَّفَتْ	هِيَ
تُتَرَأَّفَا	تُتَرَأَّفَا	تُتَرَأَّفَانِ	تُرُئِّفْتُمَا	تَرَأَّفَا	تَتَرَأَّفَا	تَتَرَأَّفَا	تَتَرَأَّفَانِ	تَرَأَّفْتُمَا	أَنْتُمَا
يُتَرَأَّفَا	يُتَرَأَّفَا	يُتَرَأَّفَانِ	تُرُئِّفَا		يَتَرَأَّفَا	يَتَرَأَّفَا	يَتَرَأَّفَانِ	تَرَأَّفَا	هُمَا
تُتَرَأَّفَا	تُتَرَأَّفَا	تُتَرَأَّفَانِ	تُرُئِّفَتَا		تَتَرَأَّفَا	تَتَرَأَّفَا	تَتَرَأَّفَانِ	تَرَأَّفَتَا	هُمَا
نُتَرَأَّفْ	نُتَرَأَّفَ	نُتَرَأَّفُ	تُرُئِّفْنَا		نَتَرَأَّفْ	نَتَرَأَّفَ	نَتَرَأَّفُ	تَرَأَّفْنَا	نَحْنُ
تُتَرَأَّفُوا	تُتَرَأَّفُوا	تُتَرَأَّفُونَ	تُرُئِّفْتُمْ	تَرَأَّفُوا	تَتَرَأَّفُوا	تَتَرَأَّفُوا	تَتَرَأَّفُونَ	تَرَأَّفْتُمْ	أَنْتُمْ
تُتَرَأَّفْنَ	تُتَرَأَّفْنَ	تُتَرَأَّفْنَ	تُرُئِّفْتُنَّ	تَرَأَّفْنَ	تَتَرَأَّفْنَ	تَتَرَأَّفْنَ	تَتَرَأَّفْنَ	تَرَأَّفْتُنَّ	أَنْتُنَّ
يُتَرَأَّفُوا	يُتَرَأَّفُوا	يُتَرَأَّفُونَ	تُرُئِّفُوا		يَتَرَأَّفُوا	يَتَرَأَّفُوا	يَتَرَأَّفُونَ	تَرَأَّفُوا	هُمْ
يُتَرَأَّفْنَ	يُتَرَأَّفْنَ	يُتَرَأَّفْنَ	تُرُئِّفْنَ		يَتَرَأَّفْنَ	يَتَرَأَّفْنَ	يَتَرَأَّفْنَ	تَرَأَّفْنَ	هُنَّ

80	رَأَى ra'ã to see	Form I

AP: رَاءٍ/ الرَّائِي	PP: مَرْئِيٌّ	VN: رَأْيٌ	Rt: رأي

Passive				Active					
Imperfect Jussive	Imperfect Subjunctive	Imperfect Indicative	Perfect	Imperative	Imperfect Jussive	Imperfect Subjunctive	Imperfect Indicative	Perfect	
أُرَ	أُرَى	أُرَى	رُئِيتُ		أَرَ	أَرَى	أَرَى	رَأَيْتُ	أَنَا
تُرَ	تُرَى	تُرَى	رُئِيتَ	رَ	تَرَ	تَرَى	تَرَى	رَأَيْتَ	أَنْتَ
تُرَيْ	تُرَيْ	تُرَيْنَ	رُئِيتِ	رَيْ	تَرَيْ	تَرَيْ	تَرَيْنَ	رَأَيْتِ	أَنْتِ
يُرَ	يُرَى	يُرَى	رُئِيَ		يَرَ	يَرَى	يَرَى	رَأَى	هُوَ
تُرَ	تُرَى	تُرَى	رُئِيَتْ		تَرَ	تَرَى	تَرَى	رَأَتْ	هِيَ
تُرَيَا	تُرَيَا	تُرَيَانِ	رُئِيتُمَا	رَيَا	تَرَيَا	تَرَيَا	تَرَيَانِ	رَأَيْتُمَا	أَنْتُمَا
يُرَيَا	يُرَيَا	يُرَيَانِ	رُئِيَا		يَرَيَا	يَرَيَا	يَرَيَانِ	رَأَيَا	هُمَا
تُرَيَا	تُرَيَا	تُرَيَانِ	رُئِيَتَا		تَرَيَا	تَرَيَا	تَرَيَانِ	رَأَتَا	هُمَا
نُرَ	نُرَى	نُرَى	رُئِينَا		نَرَ	نَرَى	نَرَى	رَأَيْنَا	نَحْنُ
تُرَوْا	تُرَوْا	تُرَوْنَ	رُئِيتُمْ	رَوْا	تَرَوْا	تَرَوْا	تَرَوْنَ	رَأَيْتُمْ	أَنْتُمْ
تُرَيْنَ	تُرَيْنَ	تُرَيْنَ	رُئِيتُنَّ	رَيْنَ	تَرَيْنَ	تَرَيْنَ	تَرَيْنَ	رَأَيْتُنَّ	أَنْتُنَّ
يُرَوْا	يُرَوْا	يُرَوْنَ	رُئُوا		يَرَوْا	يَرَوْا	يَرَوْنَ	رَأَوْا	هُمْ
يُرَيْنَ	يُرَيْنَ	يُرَيْنَ	رُئِينَ		يَرَيْنَ	يَرَيْنَ	يَرَيْنَ	رَأَيْنَ	هُنَّ

81	أَرَى* arã to show	Form IV
AP: مُرٍ/ الْمُرِي	PP: مُرًى / الْمُرَى	VN: إِرَاءَةٌ
Rt: رأي		

Passive				Active					
Imperfect Jussive	Imperfect Subjunctive	Imperfect Indicative	Perfect	Imperative	Imperfect Jussive	Imperfect Subjunctive	Imperfect Indicative	Perfect	
أُرَ	أُرَى	أُرَى	أُرِيتُ		أُرِ	أُرِيَ	أُرِي	أَرَيْتُ	أنا
تُرَ	تُرَى	تُرَى	أُرِيتَ	أَرِ	تُرِ	تُرِيَ	تُرِي	أَرَيْتَ	أَنْتَ
تُرَيْ	تُرَيْ	تُرَيْنَ	أُرِيتِ	أَرِي	تُرِي	تُرِي	تُرِيْنَ	أَرَيْتِ	أَنْتِ
يُرَ	يُرَى	يُرَى	أُرِيَ		يُرِ	يُرِيَ	يُرِي	أَرَى	هُوَ
تُرَ	تُرَى	تُرَى	أُرِيَتْ		تُرِ	تُرِيَ	تُرِي	أَرَتْ	هِيَ
تُرَيَا	تُرَيَا	تُرَيَانِ	أُرِيتُمَا	أَرِيَا	تُرِيَا	تُرِيَا	تُرِيَانِ	أَرَيْتُمَا	أَنْتُمَا
يُرَيَا	يُرَيَا	يُرَيَانِ	أُرِيَا		يُرِيَا	يُرِيَا	يُرِيَانِ	أَرَيَا	هُمَا
تُرَيَا	تُرَيَا	تُرَيَانِ	أُرِيَتَا		تُرِيَا	تُرِيَا	تُرِيَانِ	أَرَتَا	هُمَا
نُرَ	نُرَى	نُرَى	أُرِينَا		نُرِ	نُرِيَ	نُرِي	أَرَيْنَا	نَحْنُ
تُرَوْا	تُرَوْا	تُرَوْنَ	أُرِيتُمْ	أَرُوا	تُرُوا	تُرُوا	تُرُونَ	أَرَيْتُمْ	أَنْتُمْ
تُرَيْنَ	تُرَيْنَ	تُرَيْنَ	أُرِيتُنَّ	أَرِينَ	تُرِينَ	تُرِينَ	تُرِينَ	أَرَيْتُنَّ	أَنْتُنَّ
يُرَوْا	يُرَوْا	يُرَوْنَ	أُرُوا		يُرُوا	يُرُوا	يُرُونَ	أَرَوْا	هُمْ
يُرَيْنَ	يُرَيْنَ	يُرَيْنَ	أُرِينَ		يُرِينَ	يُرِينَ	يُرِينَ	أَرَيْنَ	هُنَّ

*Originally أَرْأَى but the middle ء is dropped in Form IV

82	إِرْتَأَى irta'ã to consider			Form VIII
AP: مُرْتَئٍ	PP: مُرْتَأًى	VN: إِرْتَأَى	Rt: رأي	

Passive				Active					
Imperf8ct Jussive	Imperfect Subjunctive	Imperfect Indicative	Perfect	Imperative	Imperfect Jussive	Imperfect Subjunctive	Imperfect Indicative	Perfect	
أُرْتَأَ	أُرْتَأَى	أُرْتَأَى	أُرْتُئِيتُ		أَرْتَئِ	أَرْتَئِيَ	أَرْتَئِي	إِرْتَأَيْتُ	أَنا
تُرْتَأَ	تُرْتَأَى	تُرْتَأَى	أُرْتُئِيتَ	اِرْتَئِ	تَرْتَئِ	تَرْتَئِيَ	تَرْتَئِي	إِرْتَأَيْتَ	أَنْتَ
تُرْتَأَيْ	تُرْتَأَيْ	تُرْتَأَيْنَ	أُرْتُئِيتِ	اِرْتَئِي	تَرْتَئِي	تَرْتَئِي	تَرْتَئِينَ	إِرْتَأَيْتِ	أَنْتِ
يُرْتَأَ	يُرْتَأَى	يُرْتَأَى	أُرْتُئِيَ		يَرْتَئِ	يَرْتَئِيَ	يَرْتَئِي	إِرْتَأَى	هُوَ
تُرْتَأَ	تُرْتَأَى	تُرْتَأَى	أُرْتُئِيَتْ		تَرْتَئِ	تَرْتَئِيَ	تَرْتَئِي	إِرْتَأَتْ	هِيَ
تُرْتَأَيَا	تُرْتَأَيَا	تُرْتَأَيَانِ	أُرْتُئِيتُمَا	اِرْتَئِيَا	تَرْتَئِيَا	تَرْتَئِيَا	تَرْتَئِيَانِ	إِرْتَأَيْتُمَا	أَنْتُمَا
يُرْتَأَيَا	يُرْتَأَيَا	يُرْتَأَيَانِ	أُرْتُئِيَا		يَرْتَئِيَا	يَرْتَئِيَا	يَرْتَئِيَانِ	إِرْتَأَيَا	هُمَا
تُرْتَأَيَا	تُرْتَأَيَا	تُرْتَأَيَانِ	أُرْتُئِيَتَا		تَرْتَئِيَا	تَرْتَئِيَا	تَرْتَئِيَانِ	إِرْتَأَتَا	هُمَا
نُرْتَأَ	نُرْتَأَى	نُرْتَأَى	أُرْتُئِينَا		نَرْتَئِ	نَرْتَئِيَ	نَرْتَئِي	إِرْتَأَيْنَا	نَحْنُ
تُرْتَأَوْا	تُرْتَأَوْا	تُرْتَأَوْنَ	أُرْتُئِيتُمْ	اِرْتَؤُوا	تَرْتَؤُوا	تَرْتَؤُوا	تَرْتَؤُونَ	إِرْتَأَيْتُمْ	أَنْتُمْ
تُرْتَأَيْنَ	تُرْتَأَيْنَ	تُرْتَأَيْنَ	أُرْتُئِيتُنَّ	اِرْتَئِينَ	تَرْتَئِينَ	تَرْتَئِينَ	تَرْتَئِينَ	إِرْتَأَيْتُنَّ	أَنْتُنَّ
يُرْتَأَوْا	يُرْتَأَوْا	يُرْتَأَوْنَ	أُرْتُئُوا		يَرْتَؤُوا	يَرْتَؤُوا	يَرْتَؤُونَ	إِرْتَأَوْا	هُمْ
يُرْتَأَيْنَ	يُرْتَأَيْنَ	يُرْتَأَيْنَ	أُرْتُئِينَ		يَرْتَئِينَ	يَرْتَئِينَ	يَرْتَئِينَ	إِرْتَأَيْنَ	هُنَّ

83	تَرَعْرَعَ tar'ar'a to grow up								Form QII
AP: مُتَرَعْرِعٌ		PP:		VN: تَرَعْرُعٌ				Rt: رعرع	

	Passive				Active					
Imperfect Jussive	Imperfect Subjunctive	Imperfect Indicative	Perfect	Imperative	Imperfect Jussive	Imperfect Subjunctive	Imperfect Indicative	Perfect	
					أَتَرَعْرَعْ	أَتَرَعْرَعَ	أَتَرَعْرَعُ	تَرَعْرَعْتُ	أَنا
				تَرَعْرَعْ	تَتَرَعْرَعْ	تَتَرَعْرَعَ	تَتَرَعْرَعُ	تَرَعْرَعْتَ	أَنْتَ
				تَرَعْرَعِي	تَتَرَعْرَعِي	تَتَرَعْرَعِي	تَتَرَعْرَعِينَ	تَرَعْرَعْتِ	أَنْتِ
					يَتَرَعْرَعْ	يَتَرَعْرَعَ	يَتَرَعْرَعُ	تَرَعْرَعَ	هُوَ
					تَتَرَعْرَعْ	تَتَرَعْرَعَ	تَتَرَعْرَعُ	تَرَعْرَعَتْ	هِيَ
				تَرَعْرَعَا	تَتَرَعْرَعَا	تَتَرَعْرَعَا	تَتَرَعْرَعَانِ	تَرَعْرَعْتُمَا	أَنْتُمَا
					يَتَرَعْرَعَا	يَتَرَعْرَعَا	يَتَرَعْرَعَانِ	تَرَعْرَعَا	هُمَا
					تَتَرَعْرَعَا	تَتَرَعْرَعَا	تَتَرَعْرَعَانِ	تَرَعْرَعَتَا	هُمَا
					نَتَرَعْرَعْ	نَتَرَعْرَعَ	نَتَرَعْرَعُ	تَرَعْرَعْنَا	نَحْنُ
				تَرَعْرَعُوا	تَتَرَعْرَعُوا	تَتَرَعْرَعُوا	تَتَرَعْرَعُونَ	تَرَعْرَعْتُمْ	أَنْتُمْ
				تَرَعْرَعْنَ	تَتَرَعْرَعْنَ	تَتَرَعْرَعْنَ	تَتَرَعْرَعْنَ	تَرَعْرَعْتُنَّ	أَنْتُنَّ
					يَتَرَعْرَعُوا	يَتَرَعْرَعُوا	يَتَرَعْرَعُونَ	تَرَعْرَعُوا	هُمْ
					يَتَرَعْرَعْنَ	يَتَرَعْرَعْنَ	يَتَرَعْرَعْنَ	تَرَعْرَعْنَ	هُنَّ

84	إِرْعَوَى ir'awã to desist from	Form IX
AP: مُرْعَوٍ	PP:	VN: إِرْعِوَاءٌ	Rt: رعو

Passive				Active					
Imperfect Jussive	Imperfect Subjunctive	Imperfect Indicative	Perfect	Imperative	Imperfect Jussive	Imperfect Subjunctive	Imperfect Indicative	Perfect	
					أَرْعَوِ	أَرْعَوِيَ	أَرْعَوِي	إِرْعَوَيْتُ	أَنَا
				اِرْعَوِ	تَرْعَوِ	تَرْعَوِيَ	تَرْعَوِي	إِرْعَوَيْتَ	أَنْتَ
				اِرْعَوِي	تَرْعَوِي	تَرْعَوِي	تَرْعَوِينَ	إِرْعَوَيْتِ	أَنْتِ
					يَرْعَوِ	يَرْعَوِيَ	يَرْعَوِي	إِرْعَوَى	هُوَ
					تَرْعَوِ	تَرْعَوِيَ	تَرْعَوِي	إِرْعَوَتْ	هِيَ
				اِرْعَوِيَا	تَرْعَوِيَا	تَرْعَوِيَا	تَرْعَوِيَانِ	إِرْعَوَيْتُمَا	أَنْتُمَا
					يَرْعَوِيَا	يَرْعَوِيَا	يَرْعَوِيَانِ	إِرْعَوَيَا	هُمَا
					تَرْعَوِيَا	تَرْعَوِيَا	تَرْعَوِيَانِ	إِرْعَوَتَا	هُمَا
					نَرْعَوِ	نَرْعَوِيَ	نَرْعَوِي	إِرْعَوَيْنَا	نَحْنُ
				اِرْعَوُوا	تَرْعَوُوا	تَرْعَوُوا	تَرْعَوُونَ	إِرْعَوَيْتُمْ	أَنْتُمْ
				اِرْعَوِينَ	تَرْعَوِينَ	تَرْعَوِينَ	تَرْعَوِينَ	إِرْعَوَيْتُنَّ	أَنْتُنَّ
					يَرْعَوُوا	يَرْعَوُوا	يَرْعَوُونَ	إِرْعَوَوْا	هُمْ
					يَرْعَوِينَ	يَرْعَوِينَ	يَرْعَوِينَ	إِرْعَوَيْنَ	هُنَّ

85	إِرْفَضَّ irfadda to adjourn	Form IX

AP: مُرْفَضٌّ	PP:	VN: إِرْفِضَاضٌ	Rt: رفض

Passive				Active					
Imperfect Jussive	Imperfect Subjunctive	Imperfect Indicative	Perfect	Imperative	Imperfect Jussive	Imperfect Subjunctive	Imperfect Indicative	Perfect	
					أَرْفَضِضْ	أَرْفَضَّ	أَرْفَضُّ	إِرْفَضَضْتُ	أَنا
				اِرْفَضَّ	تَرْفَضِضْ	تَرْفَضَّ	تَرْفَضُّ	إِرْفَضَضْتَ	أَنْتَ
				اِرْفَضِّي	تَرْفَضِّي	تَرْفَضِّي	تَرْفَضِّينَ	إِرْفَضَضْتِ	أَنْتِ
					يَرْفَضِضْ	يَرْفَضَّ	يَرْفَضُّ	إِرْفَضَّ	هُوَ
					تَرْفَضِضْ	تَرْفَضَّ	تَرْفَضُّ	إِرْفَضَّتْ	هِيَ
				اِرْفَضَّا	تَرْفَضَّا	تَرْفَضَّا	تَرْفَضَّانِ	إِرْفَضَضْتُمَا	أَنْتُمَا
					يَرْفَضَّا	يَرْفَضَّا	يَرْفَضَّانِ	إِرْفَضَّا	هُمَا
					تَرْفَضَّا	تَرْفَضَّا	تَرْفَضَّانِ	إِرْفَضَّتَا	هُمَا
					نَرْفَضِضْ	نَرْفَضَّ	نَرْفَضُّ	إِرْفَضَضْنَا	نَحْنُ
				اِرْفَضُّوا	تَرْفَضُّوا	تَرْفَضُّوا	تَرْفَضُّونَ	إِرْفَضَضْتُمْ	أَنْتُمْ
				اِرْفَضِضْنَ	تَرْفَضِضْنَ	تَرْفَضِضْنَ	تَرْفَضِضْنَ	إِرْفَضَضْتُنَّ	أَنْتُنَّ
					يَرْفَضُّوا	يَرْفَضُّوا	يَرْفَضُّونَ	إِرْفَضُّوا	هُمْ
					يَرْفَضِضْنَ	يَرْفَضِضْنَ	يَرْفَضِضْنَ	إِرْفَضَضْنَ	هُنَّ

86	رَمَى ramã to throw							Form I	
AP: رَامٍ/ الرَّامِي		PP: مَرْمِيٌّ			VN: رَمْيٌ		Rt: رمي		
Passive				Active					
Imperfect Jussive	Imperfect Subjunctive	Imperfect Indicative	Perfect	Imperative	Imperfect Jussive	Imperfect Subjunctive	Imperfect Indicative	Perfect	
أُرْمَ	أُرْمَى	أُرْمَى	رُمِيتُ		أَرْمِ	أَرْمِيَ	أَرْمِي	رَمَيْتُ	أنا
تُرْمَ	تُرْمَى	تُرْمَى	رُمِيتَ	اِرْمِ	تَرْمِ	تَرْمِيَ	تَرْمِي	رَمَيْتَ	أَنْتَ
تُرْمَيْ	تُرْمَيْ	تُرْمَيْنَ	رُمِيتِ	اِرْمِي	تَرْمِي	تَرْمِي	تَرْمِينَ	رَمَيْتِ	أَنْتِ
يُرْمَ	يُرْمَى	يُرْمَى	رُمِيَ		يَرْمِ	يَرْمِيَ	يَرْمِي	رَمَى	هُوَ
تُرْمَ	تُرْمَى	تُرْمَى	رُمِيَتْ		تَرْمِ	تَرْمِيَ	تَرْمِي	رَمَتْ	هِيَ
تُرْمَيَا	تُرْمَيَا	تُرْمَيَانِ	رُمِيتُمَا	اِرْمِيَا	تَرْمِيَا	تَرْمِيَا	تَرْمِيَانِ	رَمَيْتُمَا	أَنْتُمَا
يُرْمَيَا	يُرْمَيَا	يُرْمَيَانِ	رُمِيَا		يَرْمِيَا	يَرْمِيَا	يَرْمِيَانِ	رَمَيَا	هُمَا
تُرْمَيَا	تُرْمَيَا	تُرْمَيَانِ	رُمِيَتَا		تَرْمِيَا	تَرْمِيَا	تَرْمِيَانِ	رَمَتَا	هُمَا
نُرْمَ	نُرْمَى	نُرْمَى	رُمِينَا		نَرْمِ	نَرْمِيَ	نَرْمِي	رَمَيْنَا	نَحْنُ
تُرْمَوْا	تُرْمَوْا	تُرْمَوْنَ	رُمِيتُمْ	اِرْمُوا	تَرْمُوا	تَرْمُوا	تَرْمُونَ	رَمَيْتُمْ	أَنْتُمْ
تُرْمَيْنَ	تُرْمَيْنَ	تُرْمَيْنَ	رُمِيتُنَّ	اِرْمِينَ	تَرْمِينَ	تَرْمِينَ	تَرْمِينَ	رَمَيْتُنَّ	أَنْتُنَّ
يُرْمَوْا	يُرْمَوْا	يُرْمَوْنَ	رُمُوا		يَرْمُوا	يَرْمُوا	يَرْمُونَ	رَمَوْا	هُمْ
يُرْمَيْنَ	يُرْمَيْنَ	يُرْمَيْنَ	رُمِينَ		يَرْمِينَ	يَرْمِينَ	يَرْمِينَ	رَمَيْنَ	هُنَّ

87	رَوَّجَ rawwaja to circulate (rumors)								Form II
AP: مُرَوِّجٌ		AP: مُرَوَّجٌ			VN: تَرْوِيجٌ		Rt: روج		
Passive				Active					
Imperfect Jussive	Imperfect Subjunctive	Imperfect Indicative	Perfect	Imperative	Imperfect Jussive	Imperfect Subjunctive	Imperfect Indicative	Perfect	
أُرَوَّجْ	أُرَوَّجَ	أُرَوَّجُ	رُوِّجْتُ		أُرَوِّجْ	أُرَوِّجَ	أُرَوِّجُ	رَوَّجْتُ	أَنا
تُرَوَّجْ	تُرَوَّجَ	تُرَوَّجُ	رُوِّجْتَ	رَوِّجْ	تُرَوِّجْ	تُرَوِّجَ	تُرَوِّجُ	رَوَّجْتَ	أَنْتَ
تُرَوَّجِي	تُرَوَّجِي	تُرَوَّجِينَ	رُوِّجْتِ	رَوِّجِي	تُرَوِّجِي	تُرَوِّجِي	تُرَوِّجِينَ	رَوَّجْتِ	أَنْتِ
يُرَوَّجْ	يُرَوَّجَ	يُرَوَّجُ	رُوِّجَ		يُرَوِّجْ	يُرَوِّجَ	يُرَوِّجُ	رَوَّجَ	هُوَ
تُرَوَّجْ	تُرَوَّجَ	تُرَوَّجُ	رُوِّجَتْ		تُرَوِّجْ	تُرَوِّجَ	تُرَوِّجُ	رَوَّجَتْ	هِيَ
تُرَوَّجَا	تُرَوَّجَا	تُرَوَّجَانِ	رُوِّجْتُمَا	رَوِّجَا	تُرَوِّجَا	تُرَوِّجَا	تُرَوِّجَانِ	رَوَّجْتُمَا	أَنْتُمَا
يُرَوَّجَا	يُرَوَّجَا	يُرَوَّجَانِ	رُوِّجَا		يُرَوِّجَا	يُرَوِّجَا	يُرَوِّجَانِ	رَوَّجَا	هُمَا
تُرَوَّجَا	تُرَوَّجَا	تُرَوَّجَانِ	رُوِّجَتَا		تُرَوِّجَا	تُرَوِّجَا	تُرَوِّجَانِ	رَوَّجَتَا	هُمَا
نُرَوَّجْ	نُرَوَّجَ	نُرَوَّجُ	رُوِّجْنَا		نُرَوِّجْ	نُرَوِّجَ	نُرَوِّجُ	رَوَّجْنَا	نَحْنُ
تُرَوَّجُوا	تُرَوَّجُوا	تُرَوَّجُونَ	رُوِّجْتُمْ	رَوِّجُوا	تُرَوِّجُوا	تُرَوِّجُوا	تُرَوِّجُونَ	رَوَّجْتُمْ	أَنْتُمْ
تُرَوَّجْنَ	تُرَوَّجْنَ	تُرَوَّجْنَ	رُوِّجْتُنَّ	رَوِّجْنَ	تُرَوِّجْنَ	تُرَوِّجْنَ	تُرَوِّجْنَ	رَوَّجْتُنَّ	أَنْتُنَّ
يُرَوَّجُوا	يُرَوَّجُوا	يُرَوَّجُونَ	رُوِّجُوا		يُرَوِّجُوا	يُرَوِّجُوا	يُرَوِّجُونَ	رَوَّجُوا	هُمْ
يُرَوَّجْنَ	يُرَوَّجْنَ	يُرَوَّجْنَ	رُوِّجْنَ		يُرَوِّجْنَ	يُرَوِّجْنَ	يُرَوِّجْنَ	رَوَّجْنَ	هُنَّ

88	أَرَادَ arāda to want								Form IV
AP: مُرِيدٌ		PP: مُرَادٌ		VN: إِرَادَةٌ			Rt: رود		
	Passive				Active				
Imperfect Jussive	Imperfect Subjunctive	Imperfect Indicative	Perfect	Imperative	Imperfect Jussive	Imperfect Subjunctive	Imperfect Indicative	Perfect	
أُرَدْ	أُرَادَ	أُرَادُ	أُرِدْتُ		أُرِدْ	أُرِيدَ	أُرِيدُ	أَرَدْتُ	أَنَا
تُرَدْ	تُرَادَ	تُرَادُ	أُرِدْتَ	أَرِدْ	تُرِدْ	تُرِيدَ	تُرِيدُ	أَرَدْتَ	أَنْتَ
تُرَادِي	تُرَادِي	تُرَادِينَ	أُرِدْتِ	أَرِيدِي	تُرِيدِي	تُرِيدِي	تُرِيدِينَ	أَرَدْتِ	أَنْتِ
يُرَدْ	يُرَادَ	يُرَادُ	أُرِيدَ		يُرِدْ	يُرِيدَ	يُرِيدُ	أَرَادَ	هُوَ
تُرَدْ	تُرَادَ	تُرَادُ	أُرِيدَتْ		تُرِدْ	تُرِيدَ	تُرِيدُ	أَرَادَتْ	هِيَ
تُرَادَا	تُرَادَا	تُرَادَانِ	أُرِدْتُمَا	أَرِيدَا	تُرِيدَا	تُرِيدَا	تُرِيدَانِ	أَرَدْتُمَا	أَنْتُمَا
يُرَادَا	يُرَادَا	يُرَادَانِ	أُرِيدَا		يُرِيدَا	يُرِيدَا	يُرِيدَانِ	أَرَادَا	هُمَا
تُرَادَا	تُرَادَا	تُرَادَانِ	أُرِيدَتَا		تُرِيدَا	تُرِيدَا	تُرِيدَانِ	أَرَادَتَا	هُمَا
نُرَدْ	نُرَادَ	نُرَادُ	أُرِدْنَا		نُرِدْ	نُرِيدَ	نُرِيدُ	أَرَدْنَا	نَحْنُ
تُرَادُوا	تُرَادُوا	تُرَادُونَ	أُرِدْتُمْ	أَرِيدُوا	تُرِيدُوا	تُرِيدُوا	تُرِيدُونَ	أَرَدْتُمْ	أَنْتُمْ
تُرَدْنَ	تُرَدْنَ	تُرَدْنَ	أُرِدْتُنَّ	أَرِدْنَ	تُرِدْنَ	تُرِدْنَ	تُرِدْنَ	أَرَدْتُنَّ	أَنْتُنَّ
يُرَادُوا	يُرَادُوا	يُرَادُونَ	أُرِيدُوا		يُرِيدُوا	يُرِيدُوا	يُرِيدُونَ	أَرَادُوا	هُمْ
يُرَدْنَ	يُرَدْنَ	يُرَدْنَ	أُرِدْنَ		يُرِدْنَ	يُرِدْنَ	يُرِدْنَ	أَرَدْنَ	هُنَّ

89	إِسْتَرَاحَ istarāha to rest									Form X
AP: مُسْتَرِيحٌ			PP: مُسْتَرَاحٌ		VN: إِسْتِرَاحَةٌ				Rt: روح/ريح	
	Passive				Active					
Imperfect Jussive	Imperfect Subjunctive	Imperfect Indicative	Perfect	Imperative	Imperfect Jussive	Imperfect Subjunctive	Imperfect Indicative	Perfect		
أُسْتَرَحْ	أُسْتَرَاحَ	أُسْتَرَاحُ	أُسْتُرِحْتُ		أَسْتَرِحْ	أَسْتَرِيحَ	أَسْتَرِيحُ	إِسْتَرَحْتُ	أَنَا
تُسْتَرَحْ	تُسْتَرَاحَ	تُسْتَرَاحُ	أُسْتُرِحْتَ	إِسْتَرِحْ	تَسْتَرِحْ	تَسْتَرِيحَ	تَسْتَرِيحُ	إِسْتَرَحْتَ	أَنْتَ
تُسْتَرَاحِي	تُسْتَرَاحِي	تُسْتَرَاحِينَ	أُسْتُرِحْتِ	إِسْتَرِيحِي	تَسْتَرِيحِي	تَسْتَرِيحِي	تَسْتَرِيحِينَ	إِسْتَرَحْتِ	أَنْتِ
يُسْتَرَحْ	يُسْتَرَاحَ	يُسْتَرَاحُ	أُسْتُرِيحَ		يَسْتَرِحْ	يَسْتَرِيحَ	يَسْتَرِيحُ	إِسْتَرَاحَ	هُوَ
تُسْتَرَحْ	تُسْتَرَاحَ	تُسْتَرَاحُ	أُسْتُرِيحَتْ		تَسْتَرِحْ	تَسْتَرِيحَ	تَسْتَرِيحُ	إِسْتَرَاحَتْ	هِيَ
تُسْتَرَاحَا	تُسْتَرَاحَا	تُسْتَرَاحَانِ	أُسْتُرِحْتُمَا	إِسْتَرِيحَا	تَسْتَرِيحَا	تَسْتَرِيحَا	تَسْتَرِيحَانِ	إِسْتَرَحْتُمَا	أَنْتُمَا
يُسْتَرَاحَا	يُسْتَرَاحَا	يُسْتَرَاحَانِ	أُسْتُرِيحَا		يَسْتَرِيحَا	يَسْتَرِيحَا	يَسْتَرِيحَانِ	إِسْتَرَاحَا	هُمَا
تُسْتَرَاحَا	تُسْتَرَاحَا	تُسْتَرَاحَانِ	أُسْتُرِيحَتَا		تَسْتَرِيحَا	تَسْتَرِيحَا	تَسْتَرِيحَانِ	إِسْتَرَاحَتَا	هُمَا
نُسْتَرَحْ	نُسْتَرَاحَ	نُسْتَرَاحُ	أُسْتُرِحْنَا		نَسْتَرِحْ	نَسْتَرِيحَ	نَسْتَرِيحُ	إِسْتَرَحْنَا	نَحْنُ
تُسْتَرَاحُوا	تُسْتَرَاحُوا	تُسْتَرَاحُونَ	أُسْتُرِحْتُمْ	إِسْتَرِيحُوا	تَسْتَرِيحُوا	تَسْتَرِيحُوا	تَسْتَرِيحُونَ	إِسْتَرَحْتُمْ	أَنْتُمْ
تُسْتَرَحْنَ	تُسْتَرَحْنَ	تُسْتَرَحْنَ	أُسْتُرِحْتُنَّ	إِسْتَرِحْنَ	تَسْتَرِحْنَ	تَسْتَرِحْنَ	تَسْتَرِحْنَ	إِسْتَرَحْتُنَّ	أَنْتُنَّ
يُسْتَرَاحُوا	يُسْتَرَاحُوا	يُسْتَرَاحُونَ	أُسْتُرِيحُوا		يَسْتَرِيحُوا	يَسْتَرِيحُوا	يَسْتَرِيحُونَ	إِسْتَرَاحُوا	هُمْ
يُسْتَرَحْنَ	يُسْتَرَحْنَ	يُسْتَرَحْنَ	أُسْتُرِحْنَ		يَسْتَرِحْنَ	يَسْتَرِحْنَ	يَسْتَرِحْنَ	إِسْتَرَحْنَ	هُنَّ

90	تَرَوَّى tarawwā to contemplate	Form V

AP: مُتَرَوٍّ	PP: مُتَرَوًّى	VN: تَرَوٍّ	Rt: روي

Passive				Active					
Imperfect Jussive	Imperfect Subjunctive	Imperfect Indicative	Perfect	Imperative	Imperfect Jussive	Imperfect Subjunctive	Imperfect Indicative	Perfect	
أُتَرَوَّ	أُتَرَوَّى	أُتَرَوَّى	تُرُوِّيتُ		أَتَرَوَّ	أَتَرَوَّى	أَتَرَوَّى	تَرَوَّيْتُ	أَنا
تُتَرَوَّ	تُتَرَوَّى	تُتَرَوَّى	تُرُوِّيتَ	تَرَوَّ	تَتَرَوَّ	تَتَرَوَّى	تَتَرَوَّى	تَرَوَّيْتَ	أَنْتَ
تُتَرَوَّيْ	تُتَرَوَّيْ	تُتَرَوَّيْنَ	تُرُوِّيتِ	تَرَوَّيْ	تَتَرَوَّيْ	تَتَرَوَّيْ	تَتَرَوَّيْنَ	تَرَوَّيْتِ	أَنْتِ
يُتَرَوَّ	يُتَرَوَّى	يُتَرَوَّى	تُرُوِّيَ		يَتَرَوَّ	يَتَرَوَّى	يَتَرَوَّى	تَرَوَّى	هُوَ
تُتَرَوَّ	تُتَرَوَّى	تُتَرَوَّى	تُرُوِّيَتْ		تَتَرَوَّ	تَتَرَوَّى	تَتَرَوَّى	تَرَوَّيَتْ	هِيَ
تُتَرَوَّيَا	تُتَرَوَّيَا	تُتَرَوَّيَانِ	تُرُوِّيْتُمَا	تَرَوَّيَا	تَتَرَوَّيَا	تَتَرَوَّيَا	تَتَرَوَّيَانِ	تَرَوَّيْتُمَا	أَنْتُمَا
يُتَرَوَّيَا	يُتَرَوَّيَا	يُتَرَوَّيَانِ	تُرُوِّيَا		يَتَرَوَّيَا	يَتَرَوَّيَا	يَتَرَوَّيَانِ	تَرَوَّيَا	هُمَا
تُتَرَوَّيَا	تُتَرَوَّيَا	تُتَرَوَّيَانِ	تُرُوِّيَتَا		تَتَرَوَّيَا	تَتَرَوَّيَا	تَتَرَوَّيَانِ	تَرَوَّيَتَا	هُمَا
نُتَرَوَّ	نُتَرَوَّى	نُتَرَوَّى	تُرُوِّيْنَا		نَتَرَوَّ	نَتَرَوَّى	نَتَرَوَّى	تَرَوَّيْنَا	نَحْنُ
تُتَرَوَّوْا	تُتَرَوَّوْا	تُتَرَوَّوْنَ	تُرُوِّيْتُمْ	تَرَوَّوْا	تَتَرَوَّوْا	تَتَرَوَّوْا	تَتَرَوَّوْنَ	تَرَوَّيْتُمْ	أَنْتُمْ
تُتَرَوَّيْنَ	تُتَرَوَّيْنَ	تُتَرَوَّيْنَ	تُرُوِّيْتُنَّ	تَرَوَّيْنَ	تَتَرَوَّيْنَ	تَتَرَوَّيْنَ	تَتَرَوَّيْنَ	تَرَوَّيْتُنَّ	أَنْتُنَّ
يُتَرَوَّوْا	يُتَرَوَّوْا	يُتَرَوَّوْنَ	تُرُوُّوا		يَتَرَوَّوْا	يَتَرَوَّوْا	يَتَرَوَّوْنَ	تَرَوَّوا	هُمْ
يُتَرَوَّيْنَ	يُتَرَوَّيْنَ	يُتَرَوَّيْنَ	تُرُوِّيْنَ		يَتَرَوَّيْنَ	يَتَرَوَّيْنَ	يَتَرَوَّيْنَ	تَرَوَّيْنَ	هُنَّ

91	إِزْدَحَمَ izdahama to throng with	Form VIII

AP: مُزْدَحِمٌ	PP:	VN: إِزْدِحَامٌ	Rt: زحم

Passive				Active					
Imperfect Jussive	Imperfect Subjunctive	Imperfect Indicative	Perfect	Imperative	Imperfect Jussive	Imperfect Subjunctive	Imperfect Indicative	Perfect	
					أَزْدَحِمْ	أَزْدَحِمَ	أَزْدَحِمُ	إِزْدَحَمْتُ	أَنا
				اِزْدَحِمْ	تَزْدَحِمْ	تَزْدَحِمَ	تَزْدَحِمُ	إِزْدَحَمْتَ	أَنْتَ
				اِزْدَحِمِي	تَزْدَحِمِي	تَزْدَحِمِي	تَزْدَحِمِينَ	إِزْدَحَمْتِ	أَنْتِ
					يَزْدَحِمْ	يَزْدَحِمَ	يَزْدَحِمُ	إِزْدَحَمَ	هُوَ
					تَزْدَحِمْ	تَزْدَحِمَ	تَزْدَحِمُ	إِزْدَحَمَتْ	هِيَ
				اِزْدَحِمَا	تَزْدَحِمَا	تَزْدَحِمَا	تَزْدَحِمَانِ	إِزْدَحَمْتُمَا	أَنْتُمَا
					يَزْدَحِمَا	يَزْدَحِمَا	يَزْدَحِمَانِ	إِزْدَحَمَا	هُمَا
					تَزْدَحِمَا	تَزْدَحِمَا	تَزْدَحِمَانِ	إِزْدَحَمَتَا	هُمَا
					نَزْدَحِمْ	نَزْدَحِمَ	نَزْدَحِمُ	إِزْدَحَمْنَا	نَحْنُ
				اِزْدَحِمُوا	تَزْدَحِمُوا	تَزْدَحِمُوا	تَزْدَحِمُونَ	إِزْدَحَمْتُمْ	أَنْتُمْ
				اِزْدَحِمْنَ	تَزْدَحِمْنَ	تَزْدَحِمْنَ	تَزْدَحِمْنَ	إِزْدَحَمْتُنَّ	أَنْتُنَّ
					يَزْدَحِمُوا	يَزْدَحِمُوا	يَزْدَحِمُونَ	إِزْدَحَمُوا	هُمْ
					يَزْدَحِمْنَ	يَزْدَحِمْنَ	يَزْدَحِمْنَ	إِزْدَحَمْنَ	هُنَّ

92	إِزْدَرَى izdarā to disparage								Form VIII
AP: مُزْدَرٍ			PP: مُزْدَرًى			VN: إِزْدِرَاءٌ		Rt: زرى	
Passive				Active					
Imperfect Jussive	Imperfect Subjunctive	Imperfect Indicative	Perfect	Imperative	Imperfect Jussive	Imperfect Subjunctive	Imperfect Indicative	Perfect	
أُزْدَرَ	أُزْدَرَى	أُزْدَرَى	أُزْدُرِيتُ		أَزْدَرِ	أَزْدَرِيَ	أَزْدَرِي	إِزْدَرَيْتُ	أَنَا
تُزْدَرَ	تُزْدَرَى	تُزْدَرَى	أُزْدُرِيتَ	اِزْدَرِ	تَزْدَرِ	تَزْدَرِيَ	تَزْدَرِي	إِزْدَرَيْتَ	أَنْتَ
تُزْدَرَيْ	تُزْدَرَيْ	تُزْدَرَيْنَ	أُزْدُرِيتِ	اِزْدَرِي	تَزْدَرِي	تَزْدَرِي	تَزْدَرِينَ	إِزْدَرَيْتِ	أَنْتِ
يُزْدَرَ	يُزْدَرَى	يُزْدَرَى	أُزْدُرِيَ		يَزْدَرِ	يَزْدَرِيَ	يَزْدَرِي	إِزْدَرَى	هُوَ
تُزْدَرَ	تُزْدَرَى	تُزْدَرَى	أُزْدُرِيَتْ		تَزْدَرِ	تَزْدَرِيَ	تَزْدَرِي	إِزْدَرَتْ	هِيَ
تُزْدَرَيَا	تُزْدَرَيَا	تُزْدَرَيَانِ	أُزْدُرِيتُمَا	اِزْدَرِيَا	تَزْدَرِيَا	تَزْدَرِيَا	تَزْدَرِيَانِ	إِزْدَرَيْتُمَا	أَنْتُمَا
يُزْدَرَيَا	يُزْدَرَيَا	يُزْدَرَيَانِ	أُزْدُرِيَا		يَزْدَرِيَا	يَزْدَرِيَا	يَزْدَرِيَانِ	إِزْدَرَيَا	هُمَا
تُزْدَرَيَا	تُزْدَرَيَا	تُزْدَرَيَانِ	أُزْدُرِيَتَا		تَزْدَرِيَا	تَزْدَرِيَا	تَزْدَرِيَانِ	إِزْدَرَتَا	هُمَا
نُزْدَرَ	نُزْدَرَى	نُزْدَرَى	أُزْدُرِينَا		نَزْدَرِ	نَزْدَرِيَ	نَزْدَرِي	إِزْدَرَيْنَا	نَحْنُ
تُزْدَرَوْا	تُزْدَرَوْا	تُزْدَرَوْنَ	أُزْدُرِيتُمْ	اِزْدَرُوا	تَزْدَرُوا	تَزْدَرُوا	تَزْدَرُونَ	إِزْدَرَيْتُمْ	أَنْتُمْ
تُزْدَرَيْنَ	تُزْدَرَيْنَ	تُزْدَرَيْنَ	أُزْدُرِيتُنَّ	اِزْدَرِينَ	تَزْدَرِينَ	تَزْدَرِينَ	تَزْدَرِينَ	إِزْدَرَيْتُنَّ	أَنْتُنَّ
يُزْدَرَوْا	يُزْدَرَوْا	يُزْدَرَوْنَ	أُزْدُرُوا		يَزْدَرُوا	يَزْدَرُوا	يَزْدَرُونَ	إِزْدَرَوْا	هُمْ
يُزْدَرَيْنَ	يُزْدَرَيْنَ	يُزْدَرَيْنَ	أُزْدُرِينَ		يَزْدَرِينَ	يَزْدَرِينَ	يَزْدَرِينَ	إِزْدَرَيْنَ	هُنَّ

93	إِزْدَوَجَ izdawaja to pair	Form VIII

AP: مُزْدَوِجٌ	PP:	VN: إِزْدِوَاجٌ	Rt: زوج

Passive				Active					
Imperfect Jussive	Imperfect Subjunctive	Imperfect Indicative	Perfect	Imperative	Imperfect Jussive	Imperfect Subjunctive	Imperfect Indicative	Perfect	
					أَزْدَوِجْ	أَزْدَوِجَ	أَزْدَوِجُ	إِزْدَوَجْتُ	أَنا
				اِزْدَوِجْ	تَزْدَوِجْ	تَزْدَوِجَ	تَزْدَوِجُ	إِزْدَوَجْتَ	أَنْتَ
				اِزْدَوِجِي	تَزْدَوِجِي	تَزْدَوِجِي	تَزْدَوِجِينَ	إِزْدَوَجْتِ	أَنْتِ
					يَزْدَوِجْ	يَزْدَوِجَ	يَزْدَوِجُ	إِزْدَوَجَ	هُوَ
					تَزْدَوِجْ	تَزْدَوِجَ	تَزْدَوِجُ	إِزْدَوَجَتْ	هِيَ
				اِزْدَوِجَا	تَزْدَوِجَا	تَزْدَوِجَا	تَزْدَوِجَانِ	إِزْدَوَجْتُمَا	أَنْتُمَا
					يَزْدَوِجَا	يَزْدَوِجَا	يَزْدَوِجَانِ	إِزْدَوَجَا	هُمَا
					تَزْدَوِجَا	تَزْدَوِجَا	تَزْدَوِجَانِ	إِزْدَوَجَتَا	هُمَا
					نَزْدَوِجْ	نَزْدَوِجَ	نَزْدَوِجُ	إِزْدَوَجْنَا	نَحْنُ
				اِزْدَوِجُوا	تَزْدَوِجُوا	تَزْدَوِجُوا	تَزْدَوِجُونَ	إِزْدَوَجْتُمْ	أَنْتُمْ
				اِزْدَوِجْنَ	تَزْدَوِجْنَ	تَزْدَوِجْنَ	تَزْدَوِجْنَ	إِزْدَوَجْتُنَّ	أَنْتُنَّ
					يَزْدَوِجُوا	يَزْدَوِجُوا	يَزْدَوِجُونَ	إِزْدَوَجُوا	هُمْ
					يَزْدَوِجْنَ	يَزْدَوِجْنَ	يَزْدَوِجْنَ	إِزْدَوَجْنَ	هُنَّ

94	تَزَايَدَ tazãyada to intensify	Form VI
AP: مُتَزَايِدٌ PP: مُتَزَايَدٌ	VN: تَزَايُدٌ	Rt: زيد

Passive				Active					
Imperfect Jussive	Imperfect Subjunctive	Imperfect Indicative	Perfect	Imperative	Imperfect Jussive	Imperfect Subjunctive	Imperfect Indicative	Perfect	
أُتَزَايَدْ	أُتَزَايَدَ	أُتَزَايَدُ	تُزُويِدْتُ		أَتَزَايَدْ	أَتَزَايَدَ	أَتَزَايَدُ	تَزَايَدْتُ	أنا
تُتَزَايَدْ	تُتَزَايَدَ	تُتَزَايَدُ	تُزُويِدْتَ	تَزَايَدْ	تَتَزَايَدْ	تَتَزَايَدَ	تَتَزَايَدُ	تَزَايَدْتَ	أَنْتَ
تُتَزَايَدِي	تُتَزَايَدِي	تُتَزَايَدِينَ	تُزُويِدْتِ	تَزَايَدِي	تَتَزَايَدِي	تَتَزَايَدِي	تَتَزَايَدِينَ	تَزَايَدْتِ	أَنْتِ
يُتَزَايَدْ	يُتَزَايَدَ	يُتَزَايَدُ	تُزُويِدَ		يَتَزَايَدْ	يَتَزَايَدَ	يَتَزَايَدُ	تَزَايَدَ	هُوَ
تُتَزَايَدْ	تُتَزَايَدَ	تُتَزَايَدُ	تُزُويِدَتْ		تَتَزَايَدْ	تَتَزَايَدَ	تَتَزَايَدُ	تَزَايَدَتْ	هِيَ
تُتَزَايَدَا	تُتَزَايَدَا	تُتَزَايَدَانِ	تُزُويِدْتُمَا	تَزَايَدَا	تَتَزَايَدَا	تَتَزَايَدَا	تَتَزَايَدَانِ	تَزَايَدْتُمَا	أَنْتُمَا
يُتَزَايَدَا	يُتَزَايَدَا	يُتَزَايَدَانِ	تُزُويِدَا		يَتَزَايَدَا	يَتَزَايَدَا	يَتَزَايَدَانِ	تَزَايَدَا	هُمَا
تُتَزَايَدَا	تُتَزَايَدَا	تُتَزَايَدَانِ	تُزُويِدَتَا		تَتَزَايَدَا	تَتَزَايَدَا	تَتَزَايَدَانِ	تَزَايَدَتَا	هُمَا
نُتَزَايَدْ	نُتَزَايَدَ	نُتَزَايَدُ	تُزُويِدْنَا		نَتَزَايَدْ	نَتَزَايَدَ	نَتَزَايَدُ	تَزَايَدْنَا	نَحْنُ
تُتَزَايَدُوا	تُتَزَايَدُوا	تُتَزَايَدُونَ	تُزُويِدْتُمْ	تَزَايَدُوا	تَتَزَايَدُوا	تَتَزَايَدُوا	تَتَزَايَدُونَ	تَزَايَدْتُمْ	أَنْتُمْ
تُتَزَايَدْنَ	تُتَزَايَدْنَ	تُتَزَايَدْنَ	تُزُويِدْتُنَّ	تَزَايَدْنَ	تَتَزَايَدْنَ	تَتَزَايَدْنَ	تَتَزَايَدْنَ	تَزَايَدْتُنَّ	أَنْتُنَّ
يُتَزَايَدُوا	يُتَزَايَدُوا	يُتَزَايَدُونَ	تُزُويِدُوا		يَتَزَايَدُوا	يَتَزَايَدُوا	يَتَزَايَدُونَ	تَزَايَدُوا	هُمْ
يُتَزَايَدْنَ	يُتَزَايَدْنَ	يُتَزَايَدْنَ	تُزُويِدْنَ		يَتَزَايَدْنَ	يَتَزَايَدْنَ	يَتَزَايَدْنَ	تَزَايَدْنَ	هُنَّ

95	إِزْدَانَ izdãna to be decorated								Form VIII
AP: مُزْدَانٌ			PP: مُزْدَانٌ			VN: إِزْدِيَانٌ		Rt: زين	
Passive				Active					
Imperfect Jussive	Imperfect Subjunctive	Imperfect Indicative	Perfect	Imperative	Imperfect Jussive	Imperfect Subjunctive	Imperfect Indicative	Perfect	
أُزْدَنْ	أُزْدَانَ	أُزْدَانُ	أُزْدِنْتُ		أَزْدَنْ	أَزْدَانَ	أَزْدَانُ	إِزْدَنْتُ	أَنا
تُزْدَنْ	تُزْدَانَ	تُزْدَانُ	أُزْدِنْتَ	اِزْدَنْ	تَزْدَنْ	تَزْدَانَ	تَزْدَانُ	إِزْدَنْتَ	أَنْتَ
تُزْدَانِي	تُزْدَانِي	تُزْدَانِينَ	أُزْدِنْتِ	اِزْدَانِي	تَزْدَانِي	تَزْدَانِي	تَزْدَانِينَ	إِزْدَنْتِ	أَنْتِ
يُزْدَنْ	يُزْدَانَ	يُزْدَانُ	أُزْدِينَ		يَزْدَنْ	يَزْدَانَ	يَزْدَانُ	إِزْدَانَ	هُوَ
تُزْدَنْ	تُزْدَانَ	تُزْدَانُ	أُزْدِينَتْ		تَزْدَنْ	تَزْدَانَ	تَزْدَانُ	إِزْدَانَتْ	هِيَ
تُزْدَانَا	تُزْدَانَا	تُزْدَانَانِ	أُزْدِنْتُمَا	اِزْدَانَا	تَزْدَانَا	تَزْدَانَا	تَزْدَانَانِ	إِزْدَنْتُمَا	أَنْتُمَا
يُزْدَانَا	يُزْدَانَا	يُزْدَانَانِ	أُزْدِينَا		يَزْدَانَا	يَزْدَانَا	يَزْدَانَانِ	إِزْدَانَا	هُمَا
تُزْدَانَا	تُزْدَانَا	تُزْدَانَانِ	أُزْدِينَتَا		تَزْدَانَا	تَزْدَانَا	تَزْدَانَانِ	إِزْدَانَتَا	هُمَا
نُزْدَنْ	نُزْدَانَ	نُزْدَانُ	أُزْدِنَّا		نَزْدَنْ	نَزْدَانَ	نَزْدَانُ	إِزْدَنَّا	نَحْنُ
تُزْدَانُوا	تُزْدَانُوا	تُزْدَانُونَ	أُزْدِنْتُمْ	اِزْدَانُوا	تَزْدَانُوا	تَزْدَانُوا	تَزْدَانُونَ	إِزْدَنْتُمْ	أَنْتُمْ
تُزْدَنَّ	تُزْدَنَّ	تُزْدَنَّ	أُزْدِنْتُنَّ	اِزْدَنَّ	تَزْدَنَّ	تَزْدَنَّ	تَزْدَنَّ	إِزْدَنْتُنَّ	أَنْتُنَّ
يُزْدَانُوا	يُزْدَانُوا	يُزْدَانُونَ	أُزْدِينُوا		يَزْدَانُوا	يَزْدَانُوا	يَزْدَانُونَ	إِزْدَانُوا	هُمْ
يُزْدَنَّ	يُزْدَنَّ	يُزْدَنَّ	أُزْدِنَّ		يَزْدَنَّ	يَزْدَنَّ	يَزْدَنَّ	إِزْدَنَّ	هُنَّ

96	سَأَلَ sa’ala to ask	Form I

AP: سَائِلٌ	PP: مَسْؤُولٌ	VN: سُؤَالٌ / مَسْأَلَةٌ	Rt: سأل

Passive				Active					
Imperfect Jussive	Imperfect Subjunctive	Imperfect Indicative	Perfect	Imperative*	Imperfect Jussive	Imperfect Subjunctive	Imperfect Indicative	Perfect	
أُسْأَلْ	أُسْأَلَ	أُسْأَلُ	سُئِلْتُ		أَسْأَلْ	أَسْأَلَ	أَسْأَلُ	سَأَلْتُ	أنا
تُسْأَلْ	تُسْأَلَ	تُسْأَلُ	سُئِلْتَ	اِسْأَلْ	تَسْأَلْ	تَسْأَلَ	تَسْأَلُ	سَأَلْتَ	أَنْتَ
تُسْأَلِي	تُسْأَلِي	تُسْأَلِينَ	سُئِلْتِ	اِسْأَلِي	تَسْأَلِي	تَسْأَلِي	تَسْأَلِينَ	سَأَلْتِ	أَنْتِ
يُسْأَلْ	يُسْأَلَ	يُسْأَلُ	سُئِلَ		يَسْأَلْ	يَسْأَلَ	يَسْأَلُ	سَأَلَ	هُوَ
تُسْأَلْ	تُسْأَلَ	تُسْأَلُ	سُئِلَتْ		تَسْأَلْ	تَسْأَلَ	تَسْأَلُ	سَأَلَتْ	هِيَ
تُسْأَلاَ	تُسْأَلاَ	تُسْأَلاَنِ	سُئِلْتُمَا	اِسْأَلاَ	تَسْأَلاَ	تَسْأَلاَ	تَسْأَلاَنِ	سَأَلْتُمَا	أَنْتُمَا
يُسْأَلاَ	يُسْأَلاَ	يُسْأَلاَنِ	سُئِلاَ		يَسْأَلاَ	يَسْأَلاَ	يَسْأَلاَنِ	سَأَلاَ	هُمَا
تُسْأَلاَ	تُسْأَلاَ	تُسْأَلاَنِ	سُئِلَتَا		تَسْأَلاَ	تَسْأَلاَ	تَسْأَلاَنِ	سَأَلَتَا	هُمَا
نُسْأَلْ	نُسْأَلَ	نُسْأَلُ	سُئِلْنَا		نَسْأَلْ	نَسْأَلَ	نَسْأَلُ	سَأَلْنَا	نَحْنُ
تُسْأَلُوا	تُسْأَلُوا	تُسْأَلُونَ	سُئِلْتُمْ	اِسْأَلُوا	تَسْأَلُوا	تَسْأَلُوا	تَسْأَلُونَ	سَأَلْتُمْ	أَنْتُمْ
تُسْأَلْنَ	تُسْأَلْنَ	تُسْأَلْنَ	سُئِلْتُنَّ	اِسْأَلْنَ	تَسْأَلْنَ	تَسْأَلْنَ	تَسْأَلْنَ	سَأَلْتُنَّ	أَنْتُنَّ
يُسْأَلُوا	يُسْأَلُوا	يُسْأَلُونَ	سُئِلُوا		يَسْأَلُوا	يَسْأَلُوا	يَسْأَلُونَ	سَأَلُوا	هُمْ
يُسْأَلْنَ	يُسْأَلْنَ	يُسْأَلْنَ	سُئِلْنَ		يَسْأَلْنَ	يَسْأَلْنَ	يَسْأَلْنَ	سَأَلْنَ	هُنَّ

* Also سَلْ, سَلِي, سَلاَ, سَلُوا and سَلْنَ

97	سَاءَلَ sã'ala to question								Form III
AP: مُسَائِلٌ		PP: مُسَاءَلٌ		VN: مُسَاءَلَةٌ			Rt: سأل		
Passive				Active					
Imperfect Jussive	Imperfect Subjunctive	Imperfect Indicative	Perfect	Imperative	Imperfect Jussive	Imperfect Subjunctive	Imperfect Indicative	Perfect	
أُسَاءَلْ	أُسَاءَلَ	أُسَاءَلُ	سُوئِلْتُ		أُسَائِلْ	أُسَائِلَ	أُسَائِلُ	سَاءَلْتُ	أَنا
تُسَاءَلْ	تُسَاءَلَ	تُسَاءَلُ	سُوئِلْتَ	سَائِلْ	تُسَائِلْ	تُسَائِلَ	تُسَائِلُ	سَاءَلْتَ	أَنْتَ
تُسَاءَلِي	تُسَاءَلِي	تُسَاءَلِينَ	سُوئِلْتِ	سَائِلِي	تُسَائِلِي	تُسَائِلِي	تُسَائِلِينَ	سَاءَلْتِ	أَنْتِ
يُسَاءَلْ	يُسَاءَلَ	يُسَاءَلُ	سُوئِلَ		يُسَائِلْ	يُسَائِلَ	يُسَائِلُ	سَاءَلَ	هُوَ
تُسَاءَلْ	تُسَاءَلَ	تُسَاءَلُ	سُوئِلَتْ		تُسَائِلْ	تُسَائِلَ	تُسَائِلُ	سَاءَلَتْ	هِيَ
تُسَاءَلاَ	تُسَاءَلاَ	تُسَاءَلاَنِ	سُوئِلْتُمَا	سَائِلاَ	تُسَائِلاَ	تُسَائِلاَ	تُسَائِلاَنِ	سَاءَلْتُمَا	أَنْتُمَا
يُسَاءَلاَ	يُسَاءَلاَ	يُسَاءَلاَنِ	سُوئِلاَ		يُسَائِلاَ	يُسَائِلاَ	يُسَائِلاَنِ	سَاءَلاَ	هُمَا
تُسَاءَلاَ	تُسَاءَلاَ	تُسَاءَلاَنِ	سُوئِلَتَا		تُسَائِلاَ	تُسَائِلاَ	تُسَائِلاَنِ	سَاءَلَتَا	هُمَا
نُسَاءَلْ	نُسَاءَلَ	نُسَاءَلُ	سُوئِلْنَا		نُسَائِلْ	نُسَائِلَ	نُسَائِلُ	سَاءَلْنَا	نَحْنُ
تُسَاءَلُوا	تُسَاءَلُوا	تُسَاءَلُونَ	سُوئِلْتُمْ	سَائِلُوا	تُسَائِلُوا	تُسَائِلُوا	تُسَائِلُونَ	سَاءَلْتُمْ	أَنْتُمْ
تُسَاءَلْنَ	تُسَاءَلْنَ	تُسَاءَلْنَ	سُوئِلْتُنَّ	سَائِلْنَ	تُسَائِلْنَ	تُسَائِلْنَ	تُسَائِلْنَ	سَاءَلْتُنَّ	أَنْتُنَّ
يُسَاءَلُوا	يُسَاءَلُوا	يُسَاءَلُونَ	سُوئِلُوا		يُسَائِلُوا	يُسَائِلُوا	يُسَائِلُونَ	سَاءَلُوا	هُمْ
يُسَاءَلْنَ	يُسَاءَلْنَ	يُسَاءَلْنَ	سُوئِلْنَ		يُسَائِلْنَ	يُسَائِلْنَ	يُسَائِلْنَ	سَاءَلْنَ	هُنَّ

98	سَئِمَ sa'ima to be bored	Form I

AP: سَائِمٌ	PP:	VN: سَئِمٌ	Rt: سئم

Passive				Active					
Imperfect Jussive	Imperfect Subjunctive	Imperfect Indicative	Perfect	Imperative	Imperfect Jussive	Imperfect Subjunctive	Imperfect Indicative	Perfect	
					أَسْأَمْ	أَسْأَمَ	أَسْأَمُ	سَئِمْتُ	أنا
				اِسْأَمْ	تَسْأَمْ	تَسْأَمَ	تَسْأَمُ	سَئِمْتَ	أَنْتَ
				اِسْأَمِي	تَسْأَمِي	تَسْأَمِي	تَسْأَمِينَ	سَئِمْتِ	أَنْتِ
					يَسْأَمْ	يَسْأَمَ	يَسْأَمُ	سَئِمَ	هُوَ
					تَسْأَمْ	تَسْأَمَ	تَسْأَمُ	سَئِمَتْ	هِيَ
				اِسْأَمَا	تَسْأَمَا	تَسْأَمَا	تَسْأَمَانِ	سَئِمْتُمَا	أَنْتُمَا
					يَسْأَمَا	يَسْأَمَا	يَسْأَمَانِ	سَئِمَا	هُمَا
					تَسْأَمَا	تَسْأَمَا	تَسْأَمَانِ	سَئِمَتَا	هُمَا
					نَسْأَمْ	نَسْأَمَ	نَسْأَمُ	سَئِمْنَا	نَحْنُ
				اِسْأَمُوا	تَسْأَمُوا	تَسْأَمُوا	تَسْأَمُونَ	سَئِمْتُمْ	أَنْتُمْ
				اِسْأَمْنَ	تَسْأَمْنَ	تَسْأَمْنَ	تَسْأَمْنَ	سَئِمْتُنَّ	أَنْتُنَّ
					يَسْأَمُوا	يَسْأَمُوا	يَسْأَمُونَ	سَئِمُوا	هُمْ
					يَسْأَمْنَ	يَسْأَمْنَ	يَسْأَمْنَ	سَئِمْنَ	هُنَّ

99	سَابَّ sãbba to exchange insults							Form III	
AP: مُسَابٌّ		PP: مُسَابٌّ			VN: سِبَابٌ			Rt: سبب	
Passive				Active					
Imperfect Jussive	Imperfect Subjunctive	Imperfect Indicative	Perfect	Imperative	Imperfect Jussive	Imperfect Subjunctive	Imperfect Indicative	Perfect	
أُسَابَبْ	أُسَابَّ	أُسَابُّ	سُوبِبْتُ		أُسَابِبْ	أُسَابَّ	أُسَابُّ	سَابَبْتُ	أَنا
تُسَابَبْ	تُسَابَّ	تُسَابُّ	سُوبِبْتَ	سَابِبْ	تُسَابِبْ	تُسَابَّ	تُسَابُّ	سَابَبْتَ	أَنْتَ
تُسَابِّي	تُسَابِّي	تُسَابِّينَ	سُوبِبْتِ	سَابِّي	تُسَابِّي	تُسَابِّي	تُسَابِّينَ	سَابَبْتِ	أَنْتِ
يُسَابَبْ	يُسَابَّ	يُسَابُّ	سُوبِبَ		يُسَابِبْ	يُسَابَّ	يُسَابُّ	سَابَّ	هُوَ
تُسَابَبْ	تُسَابَّ	تُسَابُّ	سُوبِبَتْ		تُسَابِبْ	تُسَابَّ	تُسَابُّ	سَابَّتْ	هِيَ
تُسَابَّا	تُسَابَّا	تُسَابَّانِ	سُوبِبْتُمَا		تُسَابَّا	تُسَابَّا	تُسَابَّانِ	سَابَبْتُمَا	أَنْتُمَا
يُسَابَّا	يُسَابَّا	يُسَابَّانِ	سُوبِبَا	سَابَّا	يُسَابَّا	يُسَابَّا	يُسَابَّانِ	سَابَّا	هُمَا
تُسَابَّا	تُسَابَّا	تُسَابَّانِ	سُوبِبَتَا		تُسَابَّا	تُسَابَّا	تُسَابَّانِ	سَابَّتَا	هُمَا
نُسَابَبْ	نُسَابَّ	نُسَابُّ	سُوبِبْنَا		نُسَابِبْ	نُسَابَّ	نُسَابُّ	سَابَبْنَا	نَحْنُ
تُسَابُّوا	تُسَابُّوا	تُسَابُّونَ	سُوبِبْتُمْ	سَابُّوا	تُسَابُّوا	تُسَابُّوا	تُسَابُّونَ	سَابَبْتُمْ	أَنْتُمْ
تُسَابَبْنَ	تُسَابَبْنَ	تُسَابَبْنَ	سُوبِبْتُنَّ	سَابِبْنَ	تُسَابِبْنَ	تُسَابِبْنَ	تُسَابِبْنَ	سَابَبْتُنَّ	أَنْتُنَّ
يُسَابُّوا	يُسَابُّوا	يُسَابُّونَ	سُوبِبُوا		يُسَابُّوا	يُسَابُّوا	يُسَابُّونَ	سَابُّوا	هُمْ
يُسَابَبْنَ	يُسَابَبْنَ	يُسَابَبْنَ	سُوبِبْنَ		يُسَابِبْنَ	يُسَابِبْنَ	يُسَابِبْنَ	سَابَبْنَ	هُنَّ

100	سَعَى sa'ã to strive for	Form I

AP: سَاعٍ/ السَاعِي	PP: مَسْعِيٌّ	VN: سَعْيٌ/سِعَايَةٌ	Rt: سعي

Passive				Active					
Imperfect Jussive	Imperfect Subjunctive	Imperfect Indicative	Perfect	Imperative	Imperfect Jussive	Imperfect Subjunctive	Imperfect Indicative	Perfect	
أُسْعَ	أُسْعَى	أُسْعَى	سُعِيتُ		أَسْعَ	أَسْعَى	أَسْعَى	سَعَيْتُ	أَنا
تُسْعَ	تُسْعَى	تُسْعَى	سُعِيتَ	اِسْعَ	تَسْعَ	تَسْعَى	تَسْعَى	سَعَيْتَ	أَنْتَ
تُسْعَيْ	تُسْعَيْ	تُسْعَيْنَ	سُعِيتِ	اِسْعَيْ	تَسْعَيْ	تَسْعَيْ	تَسْعَيْنَ	سَعَيْتِ	أَنْتِ
يُسْعَ	يُسْعَى	يُسْعَى	سُعِيَ		يَسْعَ	يَسْعَى	يَسْعَى	سَعَى	هُوَ
تُسْعَ	تُسْعَى	تُسْعَى	سُعِيَتْ		تَسْعَ	تَسْعَى	تَسْعَى	سَعَتْ	هِيَ
تُسْعَيَا	تُسْعَيَا	تُسْعَيَانِ	سُعِيتُمَا	اِسْعَيَا	تَسْعَيَا	تَسْعَيَا	تَسْعَيَانِ	سَعَيْتُمَا	أَنْتُمَا
يُسْعَيَا	يُسْعَيَا	يُسْعَيَانِ	سُعِيَا		يَسْعَيَا	يَسْعَيَا	يَسْعَيَانِ	سَعَيَا	هُمَا
تُسْعَيَا	تُسْعَيَا	تُسْعَيَانِ	سُعِيَتَا		تَسْعَيَا	تَسْعَيَا	تَسْعَيَانِ	سَعَتَا	هُمَا
نُسْعَ	نُسْعَى	نُسْعَى	سُعِينَا		نَسْعَ	نَسْعَى	نَسْعَى	سَعَيْنَا	نَحْنُ
تُسْعَوْا	تُسْعَوْا	تُسْعَوْنَ	سُعِيتُمْ	اِسْعَوْا	تَسْعَوْا	تَسْعَوْا	تَسْعَوْنَ	سَعَيْتُمْ	أَنْتُمْ
تُسْعَيْنَ	تُسْعَيْنَ	تُسْعَيْنَ	سُعِيتُنَّ	اِسْعَيْنَ	تَسْعَيْنَ	تَسْعَيْنَ	تَسْعَيْنَ	سَعَيْتُنَّ	أَنْتُنَّ
يُسْعَوْا	يُسْعَوْا	يُسْعَوْنَ	سُعُوا		يَسْعَوْا	يَسْعَوْا	يَسْعَوْنَ	سَعَوْا	هُمْ
يُسْعَيْنَ	يُسْعَيْنَ	يُسْعَيْنَ	سُعِينَ		يَسْعَيْنَ	يَسْعَيْنَ	يَسْعَيْنَ	سَعَيْنَ	هُنَّ

101	سَمَّى sammā to name								Form II
AP: مُسَمٍّ / الْمُسَمِّي			PP: مُسَمًّى			VN: تَسْمِيَةٌ		Rt: سمي	
Passive				Active					
Imperfect Jussive	Imperfect Subjunctive	Imperfect Indicative	Perfect	Imperative	Imperfect Jussive	Imperfect Subjunctive	Imperfect Indicative	Perfect	
أُسَمَّ	أُسَمَّى	أُسَمَّى	سُمِّيتُ		أُسَمِّ	أُسَمِّيَ	أُسَمِّي	سَمَّيْتُ	أَنَا
تُسَمَّ	تُسَمَّى	تُسَمَّى	سُمِّيتَ	سَمِّ	تُسَمِّ	تُسَمِّيَ	تُسَمِّي	سَمَّيْتَ	أَنْتَ
تُسَمَّيْ	تُسَمَّيْ	تُسَمَّيْنَ	سُمِّيتِ	سَمِّي	تُسَمِّي	تُسَمِّي	تُسَمِّينَ	سَمَّيْتِ	أَنْتِ
يُسَمَّ	يُسَمَّى	يُسَمَّى	سُمِّيَ		يُسَمِّ	يُسَمِّيَ	يُسَمِّي	سَمَّى	هُوَ
تُسَمَّ	تُسَمَّى	تُسَمَّى	سُمِّيَتْ		تُسَمِّ	تُسَمِّيَ	تُسَمِّي	سَمَّتْ	هِيَ
تُسَمَّيَا	تُسَمَّيَا	تُسَمَّيَانِ	سُمِّيتُمَا	سَمِّيَا	تُسَمِّيَا	تُسَمِّيَا	تُسَمِّيَانِ	سَمَّيْتُمَا	أَنْتُمَا
يُسَمَّيَا	يُسَمَّيَا	يُسَمَّيَانِ	سُمِّيَا		يُسَمِّيَا	يُسَمِّيَا	يُسَمِّيَانِ	سَمَّيَا	هُمَا
تُسَمَّيَا	تُسَمَّيَا	تُسَمَّيَانِ	سُمِّيَتَا		تُسَمِّيَا	تُسَمِّيَا	تُسَمِّيَانِ	سَمَّتَا	هُمَا
نُسَمَّ	نُسَمَّى	نُسَمَّى	سُمِّينَا		نُسَمِّ	نُسَمِّيَ	نُسَمِّي	سَمَّيْنَا	نَحْنُ
تُسَمَّوْا	تُسَمَّوْا	تُسَمَّوْنَ	سُمِّيتُمْ	سَمُّوا	تُسَمُّوا	تُسَمُّوا	تُسَمُّونَ	سَمَّيْتُمْ	أَنْتُمْ
تُسَمَّيْنَ	تُسَمَّيْنَ	تُسَمَّيْنَ	سُمِّيتُنَّ	سَمِّينَ	تُسَمِّينَ	تُسَمِّينَ	تُسَمِّينَ	سَمَّيْتُنَّ	أَنْتُنَّ
يُسَمَّوْا	يُسَمَّوْا	يُسَمَّوْنَ	سُمُّوا		يُسَمُّوا	يُسَمُّوا	يُسَمُّونَ	سَمَّوْا	هُمْ
يُسَمَّيْنَ	يُسَمَّيْنَ	يُسَمَّيْنَ	سُمِّينَ		يُسَمِّينَ	يُسَمِّينَ	يُسَمِّينَ	سَمَّيْنَ	هُنَّ

102	سَهُوَ sahuwa to be soft	Form I

AP: سَاهٍ	PP:	VN: سَهَاوَةٌ	Rt: سهو

Passive				Active					
Imperfect Jussive	Imperfect Subjunctive	Imperfect Indicative	Perfect	Imperative	Imperfect Jussive	Imperfect Subjunctive	Imperfect Indicative	Perfect	
					أَسْهُ	أَسْهُوَ	أَسْهُو	سَهُوْتُ	أَنَا
				أُسْهُ	تَسْهُ	تَسْهُوَ	تَسْهُو	سَهُوْتَ	أَنْتَ
				أُسْهُوِي	تَسْهُوِي	تَسْهُوِي	تَسْهُوِينَ	سَهُوْتِ	أَنْتِ
					يَسْهُ	يَسْهُوَ	يَسْهُو	سَهُوَ	هُوَ
					تَسْهُ	تَسْهُوَ	تَسْهُو	سَهُوَتْ	هِيَ
				أُسْهُوَا	تَسْهُوَا	تَسْهُوَا	تَسْهُوَانِ	سَهُوْتُمَا	أَنْتُمَا
					يَسْهُوَا	يَسْهُوَا	يَسْهُوَانِ	سَهُوَا	هُمَا
					تَسْهُوَا	تَسْهُوَا	تَسْهُوَانِ	سَهُوَتَا	هُمَا
					نَسْهُ	نَسْهُوَ	نَسْهُو	سَهُوْنَا	نَحْنُ
				أُسْهُوْا	تَسْهُوا	تَسْهُوا	تَسْهُونَ	سَهُوْتُمْ	أَنْتُمْ
				أُسْهُونَ	تَسْهُونَ	تَسْهُونَ	تَسْهُونَ	سَهُوْتُنَّ	أَنْتُنَّ
					يَسْهُوا	يَسْهُوا	يَسْهُونَ	سَهُوْا	هُمْ
					يَسْهُونَ	يَسْهُونَ	يَسْهُونَ	سَهُوْنَ	هُنَّ

103	إِسْتَاءَ istã'a to be offended								Form VIII
AP: مُسْتَاءٌ		PP: مُسْتَاءٌ			VN: إِسْتِياءٌ		Rt: سوء		
Passive				Active					
Imperfect Jussive	Imperfect Subjunctive	Imperfect Indicative	Perfect	Imperative	Imperfect Jussive	Imperfect Subjunctive	Imperfect Indicative	Perfect	
أُسْتَأْ	أُسْتَاءَ	أُسْتَاءُ	أُسْتِئْتُ		أَسْتَأْ	أَسْتَاءَ	أَسْتَاءُ	إِسْتَأْتُ	أَنا
تُسْتَأْ	تُسْتَاءَ	تُسْتَاءُ	أُسْتِئْتَ	اِسْتَأْ	تَسْتَأْ	تَسْتَاءَ	تَسْتَاءُ	إِسْتَأْتَ	أَنْتَ
تُسْتَائِي	تُسْتَائِي	تُسْتَائِينَ	أُسْتِئْتِ	اِسْتَئِي	تَسْتَائِي	تَسْتَائِي	تَسْتَائِينَ	إِسْتَأْتِ	أَنْتِ
يُسْتَأْ	يُسْتَاءَ	يُسْتَاءُ	أُسْتِيءَ		يَسْتَأْ	يَسْتَاءَ	يَسْتَاءُ	إِسْتَاءَ	هُوَ
تُسْتَأْ	تُسْتَاءَ	تُسْتَاءُ	أُسْتِيئَتْ		تَسْتَأْ	تَسْتَاءَ	تَسْتَاءُ	إِسْتَاءَتْ	هِيَ
تُسْتَائَا	تُسْتَائَا	تُسْتَائَانِ	أُسْتِئْتُمَا	اِسْتَاءَا	تَسْتَائَا	تَسْتَائَا	تَسْتَائَانِ	إِسْتَأْتُمَا	أَنْتُمَا
يُسْتَائَا	يُسْتَائَا	يُسْتَائَانِ	أُسْتِيئَا		يَسْتَائَا	يَسْتَائَا	يَسْتَائَانِ	إِسْتَاءَا	هُمَا
تُسْتَائَا	تُسْتَائَا	تُسْتَائَانِ	أُسْتِيئَتَا		تَسْتَائَا	تَسْتَائَا	تَسْتَائَانِ	إِسْتَاءَتَا	هُمَا
نُسْتَأْ	نُسْتَاءَ	نُسْتَاءُ	أُسْتِئْنَا		نَسْتَأْ	نَسْتَاءَ	نَسْتَاءُ	إِسْتَأْنَا	نَحْنُ
تُسْتَائُوا	تُسْتَائُوا	تُسْتَائُونَ	أُسْتِئْتُمْ	اِسْتَائُوا	تَسْتَائُوا	تَسْتَائُوا	تَسْتَائُونَ	إِسْتَأْتُمْ	أَنْتُمْ
تُسْتَأْنَ	تُسْتَأْنَ	تُسْتَأْنَ	أُسْتِئْتُنَّ	اِسْتَأْنَ	تَسْتَأْنَ	تَسْتَأْنَ	تَسْتَأْنَ	إِسْتَأْتُنَّ	أَنْتُنَّ
يُسْتَائُوا	يُسْتَائُوا	يُسْتَائُونَ	أُسْتِيؤُوا		يَسْتَائُوا	يَسْتَائُوا	يَسْتَائُونَ	إِسْتَاؤُوا	هُمْ
يُسْتَأْنَ	يُسْتَأْنَ	يُسْتَأْنَ	أُسْتِئْنَ		يَسْتَأْنَ	يَسْتَأْنَ	يَسْتَأْنَ	إِسْتَأْنَ	هُنَّ

104	تَسَاوَمَ tasãwama to bargain	Form VI

AP: مُتَسَاوِمٌ	PP: مُتَسَاوَمٌ	VN: تَسَاوُمٌ	Rt: سوم

Passive				Active					
Imperfect Jussive	Imperfect Subjunctive	Imperfect Indicative	Perfect	Imperative	Imperfect Jussive	Imperfect Subjunctive	Imperfect Indicative	Perfect	
أُتَسَاوَمْ	أُتَسَاوَمَ	أُتَسَاوَمُ	تُسُووِمْتُ		أَتَسَاوَمْ	أَتَسَاوَمَ	أَتَسَاوَمُ	تَسَاوَمْتُ	أَنا
تُتَسَاوَمْ	تُتَسَاوَمَ	تُتَسَاوَمُ	تُسُووِمْتَ	تَسَاوَمْ	تَتَسَاوَمْ	تَتَسَاوَمَ	تَتَسَاوَمُ	تَسَاوَمْتَ	أَنْتَ
تُتَسَاوَمِي	تُتَسَاوَمِي	تُتَسَاوَمِينَ	تُسُووِمْتِ	تَسَاوَمِي	تَتَسَاوَمِي	تَتَسَاوَمِي	تَتَسَاوَمِينَ	تَسَاوَمْتِ	أَنْتِ
يُتَسَاوَمْ	يُتَسَاوَمَ	يُتَسَاوَمُ	تُسُووِمَ		يَتَسَاوَمْ	يَتَسَاوَمَ	يَتَسَاوَمُ	تَسَاوَمَ	هُوَ
تُتَسَاوَمْ	تُتَسَاوَمَ	تُتَسَاوَمُ	تُسُووِمَتْ		تَتَسَاوَمْ	تَتَسَاوَمَ	تَتَسَاوَمُ	تَسَاوَمَتْ	هِيَ
تُتَسَاوَمَا	تُتَسَاوَمَا	تُتَسَاوَمَانِ	تُسُووِمْتُمَا	تَسَاوَمَا	تَتَسَاوَمَا	تَتَسَاوَمَا	تَتَسَاوَمَانِ	تَسَاوَمْتُمَا	أَنْتُمَا
يُتَسَاوَمَا	يُتَسَاوَمَا	يُتَسَاوَمَانِ	تُسُووِمَا		يَتَسَاوَمَا	يَتَسَاوَمَا	يَتَسَاوَمَانِ	تَسَاوَمَا	هُمَا
تُتَسَاوَمَا	تُتَسَاوَمَا	تُتَسَاوَمَانِ	تُسُووِمَتَا		تَتَسَاوَمَا	تَتَسَاوَمَا	تَتَسَاوَمَانِ	تَسَاوَمَتَا	هُمَا
نُتَسَاوَمْ	نُتَسَاوَمَ	نُتَسَاوَمُ	تُسُووِمْنَا		نَتَسَاوَمْ	نَتَسَاوَمَ	نَتَسَاوَمُ	تَسَاوَمْنَا	نَحْنُ
تُتَسَاوَمُوا	تُتَسَاوَمُوا	تُتَسَاوَمُونَ	تُسُووِمْتُمْ	تَسَاوَمُوا	تَتَسَاوَمُوا	تَتَسَاوَمُوا	تَتَسَاوَمُونَ	تَسَاوَمْتُمْ	أَنْتُمْ
تُتَسَاوَمْنَ	تُتَسَاوَمْنَ	تُتَسَاوَمْنَ	تُسُووِمْتُنَّ	تَسَاوَمْنَ	تَتَسَاوَمْنَ	تَتَسَاوَمْنَ	تَتَسَاوَمْنَ	تَسَاوَمْتُنَّ	أَنْتُنَّ
يُتَسَاوَمُوا	يُتَسَاوَمُوا	يُتَسَاوَمُونَ	تُسُووِمُوا		يَتَسَاوَمُوا	يَتَسَاوَمُوا	يَتَسَاوَمُونَ	تَسَاوَمُوا	هُمْ
يُتَسَاوَمْنَ	يُتَسَاوَمْنَ	يُتَسَاوَمْنَ	تُسُووِمْنَ		يَتَسَاوَمْنَ	يَتَسَاوَمْنَ	يَتَسَاوَمْنَ	تَسَاوَمْنَ	هُنَّ

105	سَاوَى sãwã to equal								Form III
AP: مُسَاوٍ / الْمُسَاوِي			PP: مُسَاوًى / الْمُسَاوَى		VN: مُسَاوَاةُ			Rt: سوي	
Passive				Active					
Imperfect Jussive	Imperfect Subjunctive	Imperfect Indicative	Perfect	Imperative	Imperfect Jussive	Imperfect Subjunctive	Imperfect Indicative	Perfect	
أُسَاوَ	أُسَاوَى	أُسَاوَى	سُووِيتُ		أُسَاوِ	أُسَاوِيَ	أُسَاوِي	سَاوَيْتُ	أَنا
تُسَاوَ	تُسَاوَى	تُسَاوَى	سُووِيتَ	سَاوِ	تُسَاوِ	تُسَاوِيَ	تُسَاوِي	سَاوَيْتَ	أَنْتَ
تُسَاوَيْ	تُسَاوَيْ	تُسَاوَيْنَ	سُووِيتِ	سَاوِي	تُسَاوِي	تُسَاوِي	تُسَاوِينَ	سَاوَيْتِ	أَنْتِ
يُسَاوَ	يُسَاوَى	يُسَاوَى	سُووِيَ		يُسَاوِ	يُسَاوِيَ	يُسَاوِي	سَاوَى	هُوَ
تُسَاوَ	تُسَاوَى	تُسَاوَى	سُووِيَتْ		تُسَاوِ	تُسَاوِيَ	تُسَاوِي	سَاوَتْ	هِيَ
تُسَاوَيَا	تُسَاوَيَا	تُسَاوَيَانِ	سُووِيتُمَا	سَاوِيَا	تُسَاوِيَا	تُسَاوِيَا	تُسَاوِيَانِ	سَاوَيْتُمَا	أَنْتُمَا
يُسَاوَيَا	يُسَاوَيَا	يُسَاوَيَانِ	سُووِيَا		يُسَاوِيَا	يُسَاوِيَا	يُسَاوِيَانِ	سَاوَيَا	هُمَا
تُسَاوَيَا	تُسَاوَيَا	تُسَاوَيَانِ	سُووِيَتَا		تُسَاوِيَا	تُسَاوِيَا	تُسَاوِيَانِ	سَاوَتَا	هُمَا
نُسَاوَ	نُسَاوَى	نُسَاوَى	سُووِينَا		نُسَاوِ	نُسَاوِيَ	نُسَاوِي	سَاوَيْنَا	نَحْنُ
تُسَاوَوْا	تُسَاوَوْا	تُسَاوَوْنَ	سُووِيتُمْ	سَاوُوا	تُسَاوُوا	تُسَاوُوا	تُسَاوُونَ	سَاوَيْتُمْ	أَنْتُمْ
تُسَاوَيْنَ	تُسَاوَيْنَ	تُسَاوَيْنَ	سُووِيتُنَّ	سَاوِينَ	تُسَاوِينَ	تُسَاوِينَ	تُسَاوِينَ	سَاوَيْتُنَّ	أَنْتُنَّ
يُسَاوَوْا	يُسَاوَوْا	يُسَاوَوْنَ	سُووُوا		يُسَاوُوا	يُسَاوُوا	يُسَاوُونَ	سَاوَوْا	هُمْ
يُسَاوَيْنَ	يُسَاوَيْنَ	يُسَاوَيْنَ	سُووِينَ		يُسَاوِينَ	يُسَاوِينَ	يُسَاوِينَ	سَاوَيْنَ	هُنَّ

106	سَيْطَرَ saytara to dominate							Form QI	
AP: مُسَيْطِرٌ		PP: مُسَيْطَرٌ			VN: سَيْطَرَةٌ		Rt: سيطر		
Passive				Active					
Imperfect Jussive	Imperfect Subjunctive	Imperfect Indicative	Perfect	Imperative	Imperfect Jussive	Imperfect Subjunctive	Imperfect Indicative	Perfect	
أُسَيْطَرْ	أُسَيْطَرَ	أُسَيْطَرُ	سُيْطِرْتُ		أُسَيْطِرْ	أُسَيْطِرَ	أُسَيْطِرُ	سَيْطَرْتُ	أنا
تُسَيْطَرْ	تُسَيْطَرَ	تُسَيْطَرُ	سُيْطِرْتَ	سَيْطِرْ	تُسَيْطِرْ	تُسَيْطِرَ	تُسَيْطِرُ	سَيْطَرْتَ	أَنْتَ
تُسَيْطَرِي	تُسَيْطَرِي	تُسَيْطَرِينَ	سُيْطِرْتِ	سَيْطِرِي	تُسَيْطِرِي	تُسَيْطِرِي	تُسَيْطِرِينَ	سَيْطَرْتِ	أَنْتِ
يُسَيْطَرْ	يُسَيْطَرَ	يُسَيْطَرُ	سُيْطِرَ		يُسَيْطِرْ	يُسَيْطِرَ	يُسَيْطِرُ	سَيْطَرَ	هُوَ
تُسَيْطَرْ	تُسَيْطَرَ	تُسَيْطَرُ	سُيْطِرَتْ		تُسَيْطِرْ	تُسَيْطِرَ	تُسَيْطِرُ	سَيْطَرَتْ	هِيَ
تُسَيْطَرَا	تُسَيْطَرَا	تُسَيْطَرَانِ	سُيْطِرْتُمَا	سَيْطِرَا	تُسَيْطِرَا	تُسَيْطِرَا	تُسَيْطِرَانِ	سَيْطَرْتُمَا	أَنْتُمَا
يُسَيْطَرَا	يُسَيْطَرَا	يُسَيْطَرَانِ	سُيْطِرَا		يُسَيْطِرَا	يُسَيْطِرَا	يُسَيْطِرَانِ	سَيْطَرَا	هُمَا
تُسَيْطَرَا	تُسَيْطَرَا	تُسَيْطَرَانِ	سُيْطِرَتَا		تُسَيْطِرَا	تُسَيْطِرَا	تُسَيْطِرَانِ	سَيْطَرَتَا	هُمَا
نُسَيْطَرْ	نُسَيْطَرَ	نُسَيْطَرُ	سُيْطِرْنَا		نُسَيْطِرْ	نُسَيْطِرَ	نُسَيْطِرُ	سَيْطَرْنَا	نَحْنُ
تُسَيْطَرُوا	تُسَيْطَرُوا	تُسَيْطَرُونَ	سُيْطِرْتُمْ	سَيْطِرُوا	تُسَيْطِرُوا	تُسَيْطِرُوا	تُسَيْطِرُونَ	سَيْطَرْتُمْ	أَنْتُمْ
تُسَيْطَرْنَ	تُسَيْطَرْنَ	تُسَيْطَرْنَ	سُيْطِرْتُنَّ	سَيْطِرْنَ	تُسَيْطِرْنَ	تُسَيْطِرْنَ	تُسَيْطِرْنَ	سَيْطَرْتُنَّ	أَنْتُنَّ
يُسَيْطَرُوا	يُسَيْطَرُوا	يُسَيْطَرُونَ	سُيْطِرُوا		يُسَيْطِرُوا	يُسَيْطِرُوا	يُسَيْطِرُونَ	سَيْطَرُوا	هُمْ
يُسَيْطَرْنَ	يُسَيْطَرْنَ	يُسَيْطَرْنَ	سُيْطِرْنَ		يُسَيْطِرْنَ	يُسَيْطِرْنَ	يُسَيْطِرْنَ	سَيْطَرْنَ	هُنَّ

107	إِسْتَشْأَمَ istash'ama to be pessimistic	Form X

AP: مُسْتَشْئِمٌ	PP: مُسْتَشْأَمٌ	VN: إِسْتِشْآمٌ	Rt: شأم

Passive				Active					
Imperfect Jussive	Imperfect Subjunctive	Imperfect Indicative	Perfect	Imperative	Imperfect Jussive	Imperfect Subjunctive	Imperfect Indicative	Perfect	
أُسْتَشْأَمْ	أُسْتَشْأَمَ	أُسْتَشْأَمُ	أُسْتُشْئِمْتُ		أَسْتَشْئِمْ	أَسْتَشْئِمَ	أَسْتَشْئِمُ	إِسْتَشْأَمْتُ	أنا
تُسْتَشْأَمْ	تُسْتَشْأَمَ	تُسْتَشْأَمُ	أُسْتُشْئِمْتَ	اِسْتَشْئِمْ	تَسْتَشْئِمْ	تَسْتَشْئِمَ	تَسْتَشْئِمُ	إِسْتَشْأَمْتَ	أَنْتَ
تُسْتَشْأَمِي	تُسْتَشْأَمِي	تُسْتَشْأَمِينَ	أُسْتُشْئِمْتِ	اِسْتَشْئِمِي	تَسْتَشْئِمِي	تَسْتَشْئِمِي	تَسْتَشْئِمِينَ	إِسْتَشْأَمْتِ	أَنْتِ
يُسْتَشْأَمْ	يُسْتَشْأَمَ	يُسْتَشْأَمُ	أُسْتُشْئِمَ		يَسْتَشْئِمْ	يَسْتَشْئِمَ	يَسْتَشْئِمُ	إِسْتَشْأَمَ	هُوَ
تُسْتَشْأَمْ	تُسْتَشْأَمَ	تُسْتَشْأَمُ	أُسْتُشْئِمَتْ		تَسْتَشْئِمْ	تَسْتَشْئِمَ	تَسْتَشْئِمُ	إِسْتَشْأَمَتْ	هِيَ
تُسْتَشْأَمَا	تُسْتَشْأَمَا	تُسْتَشْأَمَانِ	أُسْتُشْئِمْتُمْ	اِسْتَشْئِمَا	تَسْتَشْئِمَا	تَسْتَشْئِمَا	تَسْتَشْئِمَانِ	إِسْتَشْأَمْتُمَا	أَنْتُمَا
يُسْتَشْأَمَا	يُسْتَشْأَمَا	يُسْتَشْأَمَانِ	أُسْتُشْئِمَا		يَسْتَشْئِمَا	يَسْتَشْئِمَا	يَسْتَشْئِمَانِ	إِسْتَشْأَمَا	هُمَا
تُسْتَشْأَمَا	تُسْتَشْأَمَا	تُسْتَشْأَمَانِ	أُسْتُشْئِمَتَا		تَسْتَشْئِمَا	تَسْتَشْئِمَا	تَسْتَشْئِمَانِ	إِسْتَشْأَمَتَا	هُمَا
نُسْتَشْأَمْ	نُسْتَشْأَمَ	نُسْتَشْأَمُ	أُسْتُشْئِمْنَا		نَسْتَشْئِمْ	نَسْتَشْئِمَ	نَسْتَشْئِمُ	إِسْتَشْأَمْنَا	نَحْنُ
تُسْتَشْأَمُوا	تُسْتَشْأَمُوا	تُسْتَشْأَمُونَ	أُسْتُشْئِمْتُمْ	اِسْتَشْئِمُوا	تَسْتَشْئِمُوا	تَسْتَشْئِمُوا	تَسْتَشْئِمُونَ	إِسْتَشْأَمْتُمْ	أَنْتُمْ
تُسْتَشْأَمْنَ	تُسْتَشْأَمْنَ	تُسْتَشْأَمْنَ	أُسْتُشْئِمْتُنَّ	اِسْتَشْئِمْنَ	تَسْتَشْئِمْنَ	تَسْتَشْئِمْنَ	تَسْتَشْئِمْنَ	إِسْتَشْأَمْتُنَّ	أَنْتُنَّ
يُسْتَشْأَمُوا	يُسْتَشْأَمُوا	يُسْتَشْأَمُونَ	أُسْتُشْئِمُوا		يَسْتَشْئِمُوا	يَسْتَشْئِمُوا	يَسْتَشْئِمُونَ	إِسْتَشْأَمُوا	هُمْ
يُسْتَشْأَمْنَ	يُسْتَشْأَمْنَ	يُسْتَشْأَمْنَ	أُسْتُشْئِمْنَ		يَسْتَشْئِمْنَ	يَسْتَشْئِمْنَ	يَسْتَشْئِمْنَ	إِسْتَشْأَمْنَ	هُنَّ

108	شَأَى sha’ã to overtake in running							Form I	
AP: شَاءٍ		PP: مَشْؤُوٌّ		VN: شَأْوٌ		Rt: شأو			
Passive				Active					
Imperfect Jussive	Imperfect Subjunctive	Imperfect Indicative	Perfect	Imperative	Imperfect Jussive	Imperfect Subjunctive	Imperfect Indicative	Perfect	
أُشْأَ	أُشْأَى	أُشْأَى	شُئِيتُ		أَشْؤُ	أَشْؤُوَ	أَشْؤُو	شَأَوْتُ	أَنا
تُشْأَ	تُشْأَى	تُشْأَى	شُئِيتَ	اُشْؤُ	تَشْؤُ	تَشْؤُوَ	تَشْؤُو	شَأَوْتَ	أَنْتَ
تُشْأَيْ	تُشْأَيْ	تُشْأَيْنَ	شُئِيتِ	اُشْئِي	تَشْئِي	تَشْئِي	تَشْئِينَ	شَأَوْتِ	أَنْتِ
يُشْأَ	يُشْأَى	يُشْأَى	شُئِيَ		يَشْؤُ	يَشْؤُوَ	يَشْؤُو	شَأَى	هُوَ
تُشْأَ	تُشْأَى	تُشْأَى	شُئِيَتْ		تَشْؤُ	تَشْؤُوَ	تَشْؤُو	شَأَتْ	هِيَ
تُشْأَيَا	تُشْأَيَا	تُشْأَيَانِ	شُئِيتُمَا	اُشْؤُوَا	تَشْؤُوَا	تَشْؤُوَا	تَشْؤُوَانِ	شَأَوْتُمَا	أَنْتُمَا
يُشْأَيَا	يُشْأَيَا	يُشْأَيَانِ	شُئِيَا		يَشْؤُوَا	يَشْؤُوَا	يَشْؤُوَانِ	شَأَوَا	هُمَا
تُشْأَيَا	تُشْأَيَا	تُشْأَيَانِ	شُئِيَتَا		تَشْؤُوَا	تَشْؤُوَا	تَشْؤُوَانِ	شَأَتَا	هُمَا
نُشْأَ	نُشْأَى	نُشْأَى	شُئِينَا		نَشْؤُ	نَشْؤُوَ	نَشْؤُو	شَأَوْنَا	نَحْنُ
تُشْأَوْا	تُشْأَوْا	تُشْأَوْنَ	شُئِيتُمْ	اُشْؤُوا	تَشْؤُوا	تَشْؤُوا	تَشْؤُونَ	شَأَوْتُمْ	أَنْتُمْ
تُشْأَيْنَ	تُشْأَيْنَ	تُشْأَيْنَ	شُئِيتُنَّ	اُشْؤُونَ	تَشْؤُونَ	تَشْؤُونَ	تَشْؤُونَ	شَأَوْتُنَّ	أَنْتُنَّ
يُشْأَوْا	يُشْأَوْا	يُشْأَوْنَ	شُؤُوا		يَشْؤُوا	يَشْؤُوا	يَشْؤُونَ	شَأَوْا	هُمْ
يُشْأَيْنَ	يُشْأَيْنَ	يُشْأَيْنَ	شُئِينَ		يَشْؤُونَ	يَشْؤُونَ	يَشْؤُونَ	شَأَوْنَ	هُنَّ

109	إِشْتَرَى ishtarã to buy	Form VIII

AP: مُشْتَرٍ / الْمُشْتَرِي	PP: مُشْتَرًى / الْمُشْتَرَى	VN: إِشْتِرَاءٌ	Rt: شري

Passive				Active					
Imperfect Jussive	Imperfect Subjunctive	Imperfect Indicative	Perfect	Imperative	Imperfect Jussive	Imperfect Subjunctive	Imperfect Indicative	Perfect	
أُشْتَرَ	أُشْتَرَى	أُشْتَرَى	أُشْتُرِيتُ		أَشْتَرِ	أَشْتَرِيَ	أَشْتَرِي	إِشْتَرَيْتُ	أَنَا
تُشْتَرَ	تُشْتَرَى	تُشْتَرَى	أُشْتُرِيتَ	اِشْتَرِ	تَشْتَرِ	تَشْتَرِيَ	تَشْتَرِي	إِشْتَرَيْتَ	أَنْتَ
تُشْتَرَيْ	تُشْتَرَيْ	تُشْتَرَيْنَ	أُشْتُرِيتِ	اِشْتَرِي	تَشْتَرِي	تَشْتَرِي	تَشْتَرِينَ	إِشْتَرَيْتِ	أَنْتِ
يُشْتَرَ	يُشْتَرَى	يُشْتَرَى	أُشْتُرِيَ		يَشْتَرِ	يَشْتَرِيَ	يَشْتَرِي	إِشْتَرَى	هُوَ
تُشْتَرَ	تُشْتَرَى	تُشْتَرَى	أُشْتُرِيَتْ		تَشْتَرِ	تَشْتَرِيَ	تَشْتَرِي	إِشْتَرَتْ	هِيَ
تُشْتَرَيَا	تُشْتَرَيَا	تُشْتَرَيَانِ	أُشْتُرِيتُمَا	اِشْتَرِيَا	تَشْتَرِيَا	تَشْتَرِيَا	تَشْتَرِيَانِ	إِشْتَرَيْتُمَا	أَنْتُمَا
يُشْتَرَيَا	يُشْتَرَيَا	يُشْتَرَيَانِ	أُشْتُرِيَا		يَشْتَرِيَا	يَشْتَرِيَا	يَشْتَرِيَانِ	إِشْتَرَيَا	هُمَا
تُشْتَرَيَا	تُشْتَرَيَا	تُشْتَرَيَانِ	أُشْتُرِيَتَا		تَشْتَرِيَا	تَشْتَرِيَا	تَشْتَرِيَانِ	إِشْتَرَتَا	هُمَا
نُشْتَرَ	نُشْتَرَى	نُشْتَرَى	أُشْتُرِينَا		نَشْتَرِ	نَشْتَرِيَ	نَشْتَرِي	إِشْتَرَيْنَا	نَحْنُ
تُشْتَرَوْا	تُشْتَرَوْا	تُشْتَرَوْنَ	أُشْتُرِيتُمْ	اِشْتَرُوا	تَشْتَرُوا	تَشْتَرُوا	تَشْتَرُونَ	إِشْتَرَيْتُمْ	أَنْتُمْ
تُشْتَرَيْنَ	تُشْتَرَيْنَ	تُشْتَرَيْنَ	أُشْتُرِيتُنَّ	اِشْتَرِينَ	تَشْتَرِينَ	تَشْتَرِينَ	تَشْتَرِينَ	إِشْتَرَيْتُنَّ	أَنْتُنَّ
يُشْتَرَوْا	يُشْتَرَوْا	يُشْتَرَوْنَ	أُشْتُرُوا		يَشْتَرُوا	يَشْتَرُوا	يَشْتَرُونَ	إِشْتَرَوْا	هُمْ
يُشْتَرَيْنَ	يُشْتَرَيْنَ	يُشْتَرَيْنَ	أُشْتُرِينَ		يَشْتَرِينَ	يَشْتَرِينَ	يَشْتَرِينَ	إِشْتَرَيْنَ	هُنَّ

110	شَاءَ sha'ã to want								Form I
AP: شَاءٍ			PP: مَشِيءٌ		VN: مَشِيئَةٌ		Rt: شيأ		
Passive				Active					
Imperfect Jussive	Imperfect Subjunctive	Imperfect Indicative	Perfect	Imperative	Imperfect Jussive	Imperfect Subjunctive	Imperfect Indicative	Perfect	
أُشَأْ	أُشَاءَ	أُشَاءُ	شُؤْتُ		أَشَأْ	أَشَاءَ	أَشَاءُ	شِئْتُ	أَنا
تُشَأْ	تُشَاءَ	تُشَاءُ	شُؤْتَ	شَأْ	تَشَأْ	تَشَاءَ	تَشَاءُ	شِئْتَ	أَنْتَ
تُشَائِي	تُشَائِي	تُشَائِينَ	شُؤْتِ	شَائِي	تَشَائِي	تَشَائِي	تَشَائِينَ	شِئْتِ	أَنْتِ
يُشَأْ	يُشَاءَ	يُشَاءُ	شِيءَ		يَشَأْ	يَشَاءَ	يَشَاءُ	شَاءَ	هُوَ
تُشَأْ	تُشَاءَ	تُشَاءُ	شِيئَتْ		تَشَأْ	تَشَاءَ	تَشَاءُ	شَاءَتْ	هِيَ
تُشَاءَا	تُشَاءَا	تُشَاءَانِ	شُؤْتُمَا	شَاءَا	تَشَاءَا	تَشَاءَا	تَشَاءَانِ	شِئْتُمَا	أَنْتُمَا
يُشَاءَا	يُشَاءَا	يُشَاءَانِ	شِيئَا		يَشَاءَا	يَشَاءَا	يَشَاءَانِ	شَاءَا	هُمَا
تُشَاءَا	تُشَاءَا	تُشَاءَانِ	شِيئَتَا		تَشَاءَا	تَشَاءَا	تَشَاءَانِ	شَاءَتَا	هُمَا
نُشَأْ	نُشَاءَ	نُشَاءُ	شُؤْنَا		نَشَأْ	نَشَاءَ	نَشَاءُ	شِئْنَا	نَحْنُ
تُشَاؤُوا	تُشَاؤُوا	تُشَاؤُونَ	شُؤْتُمْ	شَاؤُوا	تَشَاؤُوا	تَشَاؤُوا	تَشَاؤُونَ	شِئْتُمْ	أَنْتُمْ
تُشَأْنَ	تُشَأْنَ	تُشَأْنَ	شُؤْتُنَّ	شَأْنَ	تَشَأْنَ	تَشَأْنَ	تَشَأْنَ	شِئْتُنَّ	أَنْتُنَّ
يُشَاؤُوا	يُشَاؤُوا	يُشَاؤُونَ	شِيئُوا		يَشَاؤُوا	يَشَاؤُوا	يَشَاؤُونَ	شَاؤُوا	هُمْ
يُشَأْنَ	يُشَأْنَ	يُشَأْنَ	شُؤْتُ		يَشَأْنَ	يَشَأْنَ	يَشَأْنَ	شِئْنَ	هُنَّ

111	صَرَّحَ sarraha to announce	Form II

AP: مُصَرِّحٌ	PP: مُصَرَّحٌ	VN: تَصْرِيحٌ	Rt: صرح

Passive				Active					
Imperfect Jussive	Imperfect Subjunctive	Imperfect Indicative	Perfect	Imperative	Imperfect Jussive	Imperfect Subjunctive	Imperfect Indicative	Perfect	
أُصَرَّحْ	أُصَرَّحَ	أُصَرَّحُ	صُرِّحْتُ		أُصَرِّحْ	أُصَرِّحَ	أُصَرِّحُ	صَرَّحْتُ	أَنا
تُصَرَّحْ	تُصَرَّحَ	تُصَرَّحُ	صُرِّحْتَ	صَرِّحْ	تُصَرِّحْ	تُصَرِّحَ	تُصَرِّحُ	صَرَّحْتَ	أَنْتَ
تُصَرَّحِي	تُصَرَّحِي	تُصَرَّحِينَ	صُرِّحْتِ	صَرِّحِي	تُصَرِّحِي	تُصَرِّحِي	تُصَرِّحِينَ	صَرَّحْتِ	أَنْتِ
يُصَرَّحْ	يُصَرَّحَ	يُصَرَّحُ	صُرِّحَ		يُصَرِّحْ	يُصَرِّحَ	يُصَرِّحُ	صَرَّحَ	هُوَ
تُصَرَّحْ	تُصَرَّحَ	تُصَرَّحُ	صُرِّحَتْ		تُصَرِّحْ	تُصَرِّحَ	تُصَرِّحُ	صَرَّحَتْ	هِيَ
تُصَرَّحَا	تُصَرَّحَا	تُصَرَّحَانِ	صُرِّحْتُمَا	صَرِّحَا	تُصَرِّحَا	تُصَرِّحَا	تُصَرِّحَانِ	صَرَّحْتُمَا	أَنْتُمَا
يُصَرَّحَا	يُصَرَّحَا	يُصَرَّحَانِ	صُرِّحَا		يُصَرِّحَا	يُصَرِّحَا	يُصَرِّحَانِ	صَرَّحَا	هُمَا
تُصَرَّحَا	تُصَرَّحَا	تُصَرَّحَانِ	صُرِّحَتَا		تُصَرِّحَا	تُصَرِّحَا	تُصَرِّحَانِ	صَرَّحَتَا	هُمَا
نُصَرَّحْ	نُصَرَّحَ	نُصَرَّحُ	صُرِّحْنَا		نُصَرِّحْ	نُصَرِّحَ	نُصَرِّحُ	صَرَّحْنَا	نَحْنُ
تُصَرَّحُوا	تُصَرَّحُوا	تُصَرَّحُونَ	صُرِّحْتُمْ	صَرِّحُوا	تُصَرِّحُوا	تُصَرِّحُوا	تُصَرِّحُونَ	صَرَّحْتُمْ	أَنْتُمْ
تُصَرَّحْنَ	تُصَرَّحْنَ	تُصَرَّحْنَ	صُرِّحْتُنَّ	صَرِّحْنَ	تُصَرِّحْنَ	تُصَرِّحْنَ	تُصَرِّحْنَ	صَرَّحْتُنَّ	أَنْتُنَّ
يُصَرَّحُوا	يُصَرَّحُوا	يُصَرَّحُونَ	صُرِّحُوا		يُصَرِّحُوا	يُصَرِّحُوا	يُصَرِّحُونَ	صَرَّحُوا	هُمْ
يُصَرَّحْنَ	يُصَرَّحْنَ	يُصَرَّحْنَ	صُرِّحْنَ		يُصَرِّحْنَ	يُصَرِّحْنَ	يُصَرِّحْنَ	صَرَّحْنَ	هُنَّ

112	إِصْطَفَى istafã to choose			Form VIII
AP: مُصْطَفٍ / الْمُصْطَفِي	PP: مُصْطَفًى / الْمُصْطَفَى	VN: اِصْطِفَاءٌ	Rt: صفو	

Passive				Active					
Imperfect Jussive	Imperfect Subjunctive	Imperfect Indicative	Perfect	Imperative	Imperfect Jussive	Imperfect Subjunctive	Imperfect Indicative	Perfect	
أُصْطَفَ	أُصْطَفَى	أُصْطَفَى	أُصْطُفِيتُ		أَصْطَفِ	أَصْطَفِيَ	أَصْطَفِي	إِصْطَفَيْتُ	أَنا
تُصْطَفَ	تُصْطَفَى	تُصْطَفَى	أُصْطُفِيتَ	اِصْطَفِ	تَصْطَفِ	تَصْطَفِيَ	تَصْطَفِي	إِصْطَفَيْتَ	أَنْتَ
تُصْطَفَيْ	تُصْطَفَيْ	تُصْطَفَيْنَ	أُصْطُفِيتِ	اِصْطَفِي	تَصْطَفِي	تَصْطَفِي	تَصْطَفِينَ	إِصْطَفَيْتِ	أَنْتِ
يُصْطَفَ	يُصْطَفَى	يُصْطَفَى	أُصْطُفِيَ		يَصْطَفِ	يَصْطَفِيَ	يَصْطَفِي	إِصْطَفَى	هُوَ
تُصْطَفَ	تُصْطَفَى	تُصْطَفَى	أُصْطُفِيَتْ		تَصْطَفِ	تَصْطَفِيَ	تَصْطَفِي	إِصْطَفَتْ	هِيَ
تُصْطَفَيَا	تُصْطَفَيَا	تُصْطَفَيَانِ	أُصْطُفِيتُمَا	اِصْطَفِيَا	تَصْطَفِيَا	تَصْطَفِيَا	تَصْطَفِيَانِ	إِصْطَفَيْتُمَا	أَنْتُمَا
يُصْطَفَيَا	يُصْطَفَيَا	يُصْطَفَيَانِ	أُصْطُفِيَا		يَصْطَفِيَا	يَصْطَفِيَا	يَصْطَفِيَانِ	إِصْطَفَيَا	هُمَا
تُصْطَفَيَا	تُصْطَفَيَا	تُصْطَفَيَانِ	أُصْطُفِيَتَا		تَصْطَفِيَا	تَصْطَفِيَا	تَصْطَفِيَانِ	إِصْطَفَتَا	هُمَا
نُصْطَفَ	نُصْطَفَى	نُصْطَفَى	أُصْطُفِينَا		نَصْطَفِ	نَصْطَفِيَ	نَصْطَفِي	إِصْطَفَيْنَا	نَحْنُ
تُصْطَفَوْا	تُصْطَفَوْا	تُصْطَفَوْنَ	أُصْطُفِيتُمْ	اِصْطَفُوا	تَصْطَفُوا	تَصْطَفُوا	تَصْطَفُونَ	إِصْطَفَيْتُمْ	أَنْتُمْ
تُصْطَفَيْنَ	تُصْطَفَيْنَ	تُصْطَفَيْنَ	أُصْطُفِيتُنَّ	اِصْطَفِينَ	تَصْطَفِينَ	تَصْطَفِينَ	تَصْطَفِينَ	إِصْطَفَيْتُنَّ	أَنْتُنَّ
يُصْطَفَوْا	يُصْطَفَوْا	يُصْطَفَوْنَ	أُصْطُفُوا		يَصْطَفُوا	يَصْطَفُوا	يَصْطَفُونَ	إِصْطَفَوْا	هُمْ
يُصْطَفَيْنَ	يُصْطَفَيْنَ	يُصْطَفَيْنَ	أُصْطُفِينَ		يَصْطَفِينَ	يَصْطَفِينَ	يَصْطَفِينَ	إِصْطَفَيْنَ	هُنَّ

113	إِصْطَنَعَ istana'a to order (to be made)								Form VIII
AP: مُصْطَنِعٌ			PP: مُصْطَنَعٌ			VN: إِصْطِنَاعٌ		Rt: صنع	
Passive				Active					
Imperfect Jussive	Imperfect Subjunctive	Imperfect Indicative	Perfect	Imperative	Imperfect Jussive	Imperfect Subjunctive	Imperfect Indicative	Perfect	
أُصْطَنَعْ	أُصْطَنَعَ	أُصْطَنَعُ	أُصْطُنِعْتُ		أَصْطَنِعْ	أَصْطَنِعَ	أَصْطَنِعُ	إِصْطَنَعْتُ	أنا
تُصْطَنَعْ	تُصْطَنَعَ	تُصْطَنَعُ	أُصْطُنِعْتَ	اِصْطَنِعْ	تَصْطَنِعْ	تَصْطَنِعَ	تَصْطَنِعُ	إِصْطَنَعْتَ	أَنْتَ
تُصْطَنَعِي	تُصْطَنَعِي	تُصْطَنَعِينَ	أُصْطُنِعْتِ	اِصْطَنِعِي	تَصْطَنِعِي	تَصْطَنِعِي	تَصْطَنِعِينَ	إِصْطَنَعْتِ	أَنْتِ
يُصْطَنَعْ	يُصْطَنَعَ	يُصْطَنَعُ	أُصْطُنِعَ		يَصْطَنِعْ	يَصْطَنِعَ	يَصْطَنِعُ	إِصْطَنَعَ	هُوَ
تُصْطَنَعْ	تُصْطَنَعَ	تُصْطَنَعُ	أُصْطُنِعَتْ		تَصْطَنِعْ	تَصْطَنِعَ	تَصْطَنِعُ	إِصْطَنَعَتْ	هِيَ
تُصْطَنَعَا	تُصْطَنَعَا	تُصْطَنَعَانِ	أُصْطُنِعْتُمَا	اِصْطَنِعَا	تَصْطَنِعَا	تَصْطَنِعَا	تَصْطَنِعَانِ	إِصْطَنَعْتُمَا	أَنْتُمَا
يُصْطَنَعَا	يُصْطَنَعَا	يُصْطَنَعَانِ	أُصْطُنِعَا		يَصْطَنِعَا	يَصْطَنِعَا	يَصْطَنِعَانِ	إِصْطَنَعَا	هُمَا
تُصْطَنَعَا	تُصْطَنَعَا	تُصْطَنَعَانِ	أُصْطُنِعَتَا		تَصْطَنِعَا	تَصْطَنِعَا	تَصْطَنِعَانِ	إِصْطَنَعَتَا	هُمَا
نُصْطَنَعْ	نُصْطَنَعَ	نُصْطَنَعُ	أُصْطُنِعْنَا		نَصْطَنِعْ	نَصْطَنِعَ	نَصْطَنِعُ	إِصْطَنَعْنَا	نَحْنُ
تُصْطَنَعُوا	تُصْطَنَعُوا	تُصْطَنَعُونَ	أُصْطُنِعْتُمْ	اِصْطَنِعُوا	تَصْطَنِعُوا	تَصْطَنِعُوا	تَصْطَنِعُونَ	إِصْطَنَعْتُمْ	أَنْتُمْ
تُصْطَنَعْنَ	تُصْطَنَعْنَ	تُصْطَنَعْنَ	أُصْطُنِعْتُنَّ	اِصْطَنِعْنَ	تَصْطَنِعْنَ	تَصْطَنِعْنَ	تَصْطَنِعْنَ	إِصْطَنَعْتُنَّ	أَنْتُنَّ
يُصْطَنَعُوا	يُصْطَنَعُوا	يُصْطَنَعُونَ	أُصْطُنِعُوا		يَصْطَنِعُوا	يَصْطَنِعُوا	يَصْطَنِعُونَ	إِصْطَنَعُوا	هُمْ
يُصْطَنَعْنَ	يُصْطَنَعْنَ	يُصْطَنَعْنَ	أُصْطُنِعْنَ		يَصْطَنِعْنَ	يَصْطَنِعْنَ	يَصْطَنِعْنَ	إِصْطَنَعْنَ	هُنَّ

114	أَضْحَى adhā to turn (into)								Form IV
AP: مُضْحٍ / الْمُضْحِي		PP: مُضْحًى / الْمُضْحَى			VN: إِضْحَاءٌ		Rt: ضحو / ضحي		
Passive				Active					
Imperfect Jussive	Imperfect Subjunctive	Imperfect Indicative	Perfect	Imperative	Imperfect Jussive	Imperfect Subjunctive	Imperfect Indicative	Perfect	
أُضْحَ	أُضْحَى	أُضْحَى	أُضْحِيتُ		أُضْحِ	أُضْحِيَ	أُضْحِي	أَضْحَيْتُ	أَنَا
تُضْحَ	تُضْحَى	تُضْحَى	أُضْحِيتَ	أَضْحِ	تُضْحِ	تُضْحِيَ	تُضْحِي	أَضْحَيْتَ	أَنْتَ
تُضْحَيْ	تُضْحَيْ	تُضْحَيْنَ	أُضْحِيتِ	أَضْحِي	تُضْحِي	تُضْحِي	تُضْحِينَ	أَضْحَيْتِ	أَنْتِ
يُضْحَ	يُضْحَى	يُضْحَى	أُضْحِيَ		يُضْحِ	يُضْحِيَ	يُضْحِي	أَضْحَى	هُوَ
تُضْحَ	تُضْحَى	تُضْحَى	أُضْحِيَتْ		تُضْحِ	تُضْحِيَ	تُضْحِي	أَضْحَتْ	هِيَ
تُضْحَيَا	تُضْحَيَا	تُضْحَيَانِ	أُضْحِيتُمَا	أَضْحِيَا	تُضْحِيَا	تُضْحِيَا	تُضْحِيَانِ	أَضْحَيْتُمَا	أَنْتُمَا
يُضْحَيَا	يُضْحَيَا	يُضْحَيَانِ	أُضْحِيَا		يُضْحِيَا	يُضْحِيَا	يُضْحِيَانِ	أَضْحَيَا	هُمَا
تُضْحَيَا	تُضْحَيَا	تُضْحَيَانِ	أُضْحِيَتَا		تُضْحِيَا	تُضْحِيَا	تُضْحِيَانِ	أَضْحَتَا	هُمَا
نُضْحَ	نُضْحَى	نُضْحَى	أُضْحِينَا		نُضْحِ	نُضْحِيَ	نُضْحِي	أَضْحَيْنَا	نَحْنُ
تُضْحَوْا	تُضْحَوْا	تُضْحَوْنَ	أُضْحِيتُمْ	أَضْحُوا	تُضْحُوا	تُضْحُوا	تُضْحُونَ	أَضْحَيْتُمْ	أَنْتُمْ
تُضْحَيْنَ	تُضْحَيْنَ	تُضْحَيْنَ	أُضْحِيتُنَّ	أَضْحِينَ	تُضْحِينَ	تُضْحِينَ	تُضْحِينَ	أَضْحَيْتُنَّ	أَنْتُنَّ
يُضْحَوْا	يُضْحَوْا	يُضْحَوْنَ	أُضْحُوا		يُضْحُوا	يُضْحُوا	يُضْحُونَ	أَضْحَوْا	هُمْ
يُضْحَيْنَ	يُضْحَيْنَ	يُضْحَيْنَ	أُضْحِينَ		يُضْحِينَ	يُضْحِينَ	يُضْحِينَ	أَضْحَيْنَ	هُنَّ

115	تَضَادَّ * tadãdda to be contradictory	Form VI

AP: مُضَادٌّ	PP:	VN: تَضَادٌّ	Rt: ضدد

Passive				Active					
Imperfect Jussive	Imperfect Subjunctive	Imperfect Indicative	Perfect	Imperative	Imperfect Jussive	Imperfect Subjunctive	Imperfect Indicative	Perfect	
					أَتَضَادَدْ	أَتَضَادَّ	أَتَضَادُّ	تَضَادَدْتُ	أنا
				تَضَادَدْ	تَتَضَادَدْ	تَتَضَادَّ	تَتَضَادُّ	تَضَادَدْتَ	أَنْتَ
				تَضَادِّي	تَتَضَادِّي	تَتَضَادِّي	تَتَضَادِّينَ	تَضَادَدْتِ	أَنْتِ
					يَتَضَادَدْ	يَتَضَادَّ	يَتَضَادُّ	تَضَادَّ	هُوَ
					تَتَضَادَدْ	تَتَضَادَّ	تَتَضَادُّ	تَضَادَّتْ	هِيَ
				تَضَادَّا	تَتَضَادَّا	تَتَضَادَّا	تَتَضَادَّانِ	تَضَادَدْتُمَا	أَنْتُمَا
					يَتَضَادَّا	يَتَضَادَّا	يَتَضَادَّانِ	تَضَادَّا	هُمَا
					تَتَضَادَّا	تَتَضَادَّا	تَتَضَادَّانِ	تَضَادَّتَا	هُمَا
					نَتَضَادَدْ	نَتَضَادَّ	نَتَضَادُّ	تَضَادَدْنَا	نَحْنُ
				تَضَادُّوا	تَتَضَادُّوا	تَتَضَادُّوا	تَتَضَادُّونَ	تَضَادَدْتُمْ	أَنْتُمْ
				تَضَادَدْنَ	تَتَضَادَدْنَ	تَتَضَادَدْنَ	تَتَضَادَدْنَ	تَضَادَدْتُنَّ	أَنْتُنَّ
					يَتَضَادُّوا	يَتَضَادُّوا	يَتَضَادُّونَ	تَضَادُّوا	هُمْ
					يَتَضَادَدْنَ	يَتَضَادَدْنَ	يَتَضَادَدْنَ	تَضَادَدْنَ	هُنَّ

*Also تَضَادَدَ

116	ضَرَبَ daraba to hit			Form I
AP: ضَارِبٌ	PP: مَضْرُوبٌ	VN: ضَرْبٌ	Rt: ضرب	

Passive				Active					
Imperfect Jussive	Imperfect Subjunctive	Imperfect Indicative	Perfect	Imperative	Imperfect Jussive	Imperfect Subjunctive	Imperfect Indicative	Perfect	
أُضْرَبْ	أُضْرَبَ	أُضْرَبُ	ضُرِبْتُ		أَضْرِبْ	أَضْرِبَ	أَضْرِبُ	ضَرَبْتُ	أَنَا
تُضْرَبْ	تُضْرَبَ	تُضْرَبُ	ضُرِبْتَ	اِضْرِبْ	تَضْرِبْ	تَضْرِبَ	تَضْرِبُ	ضَرَبْتَ	أَنْتَ
تُضْرَبِي	تُضْرَبِي	تُضْرَبِينَ	ضُرِبْتِ	اِضْرِبِي	تَضْرِبِي	تَضْرِبِي	تَضْرِبِينَ	ضَرَبْتِ	أَنْتِ
يُضْرَبْ	يُضْرَبَ	يُضْرَبُ	ضُرِبَ		يَضْرِبْ	يَضْرِبَ	يَضْرِبُ	ضَرَبَ	هُوَ
تُضْرَبْ	تُضْرَبَ	تُضْرَبُ	ضُرِبَتْ		تَضْرِبْ	تَضْرِبَ	تَضْرِبُ	ضَرَبَتْ	هِيَ
تُضْرَبَا	تُضْرَبَا	تُضْرَبَانِ	ضُرِبْتُمَا	اِضْرِبَا	تَضْرِبَا	تَضْرِبَا	تَضْرِبَانِ	ضَرَبْتُمَا	أَنْتُمَا
يُضْرَبَا	يُضْرَبَا	يُضْرَبَانِ	ضُرِبَا		يَضْرِبَا	يَضْرِبَا	يَضْرِبَانِ	ضَرَبَا	هُمَا
تُضْرَبَا	تُضْرَبَا	تُضْرَبَانِ	ضُرِبَتَا		تَضْرِبَا	تَضْرِبَا	تَضْرِبَانِ	ضَرَبَتَا	هُمَا
نُضْرَبْ	نُضْرَبَ	نُضْرَبُ	ضُرِبْنَا		نَضْرِبْ	نَضْرِبَ	نَضْرِبُ	ضَرَبْنَا	نَحْنُ
تُضْرَبُوا	تُضْرَبُوا	تُضْرَبُونَ	ضُرِبْتُمْ	اِضْرِبُوا	تَضْرِبُوا	تَضْرِبُوا	تَضْرِبُونَ	ضَرَبْتُمْ	أَنْتُمْ
تُضْرَبْنَ	تُضْرَبْنَ	تُضْرَبْنَ	ضُرِبْتُنَّ	اِضْرِبْنَ	تَضْرِبْنَ	تَضْرِبْنَ	تَضْرِبْنَ	ضَرَبْتُنَّ	أَنْتُنَّ
يُضْرَبُوا	يُضْرَبُوا	يُضْرَبُونَ	ضُرِبُوا		يَضْرِبُوا	يَضْرِبُوا	يَضْرِبُونَ	ضَرَبُوا	هُمْ
يُضْرَبْنَ	يُضْرَبْنَ	يُضْرَبْنَ	ضُرِبْنَ		يَضْرِبْنَ	يَضْرِبْنَ	يَضْرِبْنَ	ضَرَبْنَ	هُنَّ

117	إِضْطَرَبَ idtaraba to clash								Form VIII
AP: مُضْطَرِبٌ		PP: مُضْطَرَبٌ			VN: اِضْطِرَابٌ			Rt: ضرب	
Passive				Active					
Imperfect Jussive	Imperfect Subjunctive	Imperfect Indicative	Perfect	Imperative	Imperfect Jussive	Imperfect Subjunctive	Imperfect Indicative	Perfect	
أُضْطَرَبْ	أُضْطَرَبَ	أُضْطَرَبُ	أُضْطُرِبْتُ		أَضْطَرِبْ	أَضْطَرِبَ	أَضْطَرِبُ	إِضْطَرَبْتُ	أَنا
تُضْطَرَبْ	تُضْطَرَبَ	تُضْطَرَبُ	أُضْطُرِبْتَ	اِضْطَرِبْ	تَضْطَرِبْ	تَضْطَرِبَ	تَضْطَرِبُ	إِضْطَرَبْتَ	أَنْتَ
تُضْطَرَبِي	تُضْطَرَبِي	تُضْطَرَبِينَ	أُضْطُرِبْتِ	اِضْطَرِبِي	تَضْطَرِبِي	تَضْطَرِبِي	تَضْطَرِبِينَ	إِضْطَرَبْتِ	أَنْتِ
يُضْطَرَبْ	يُضْطَرَبَ	يُضْطَرَبُ	أُضْطُرِبَ		يَضْطَرِبْ	يَضْطَرِبَ	يَضْطَرِبُ	إِضْطَرَبَ	هُوَ
تُضْطَرَبْ	تُضْطَرَبَ	تُضْطَرَبُ	أُضْطُرِبَتْ		تَضْطَرِبْ	تَضْطَرِبَ	تَضْطَرِبُ	إِضْطَرَبَتْ	هِيَ
تُضْطَرَبَا	تُضْطَرَبَا	تُضْطَرَبَانِ	أُضْطُرِبْتُمَا	اِضْطَرِبَا	تَضْطَرِبَا	تَضْطَرِبَا	تَضْطَرِبَانِ	إِضْطَرَبْتُمَا	أَنْتُمَا
يُضْطَرَبَا	يُضْطَرَبَا	يُضْطَرَبَانِ	أُضْطُرِبَا		يَضْطَرِبَا	يَضْطَرِبَا	يَضْطَرِبَانِ	إِضْطَرَبَا	هُمَا
تُضْطَرَبَا	تُضْطَرَبَا	تُضْطَرَبَانِ	أُضْطُرِبَتَا		تَضْطَرِبَا	تَضْطَرِبَا	تَضْطَرِبَانِ	إِضْطَرَبَتَا	هُمَا
نُضْطَرَبْ	نُضْطَرَبَ	نُضْطَرَبُ	أُضْطُرِبْنَا		نَضْطَرِبْ	نَضْطَرِبَ	نَضْطَرِبُ	إِضْطَرَبْنَا	نَحْنُ
تُضْطَرَبُوا	تُضْطَرَبُوا	تُضْطَرَبُونَ	أُضْطُرِبْتُمْ	اِضْطَرِبُوا	تَضْطَرِبُوا	تَضْطَرِبُوا	تَضْطَرِبُونَ	إِضْطَرَبْتُمْ	أَنْتُمْ
تُضْطَرَبْنَ	تُضْطَرَبْنَ	تُضْطَرَبْنَ	أُضْطُرِبْتُنَّ	اِضْطَرِبْنَ	تَضْطَرِبْنَ	تَضْطَرِبْنَ	تَضْطَرِبْنَ	إِضْطَرَبْتُنَّ	أَنْتُنَّ
يُضْطَرَبُوا	يُضْطَرَبُوا	يُضْطَرَبُونَ	أُضْطُرِبُوا		يَضْطَرِبُوا	يَضْطَرِبُوا	يَضْطَرِبُونَ	إِضْطَرَبُوا	هُمْ
يُضْطَرَبْنَ	يُضْطَرَبْنَ	يُضْطَرَبْنَ	أُضْطُرِبْنَ		يَضْطَرِبْنَ	يَضْطَرِبْنَ	يَضْطَرِبْنَ	إِضْطَرَبْنَ	هُنَّ

118	إِضْطَرَّ idtarra to compel to			Form VIII
AP: مُضْطَرٌّ	PP: مُضْطَرٌّ	VN: إِضْطِرَارٌ	Rt: ضرر	

Passive				Active					
Imperfect Jussive	Imperfect Subjunctive	Imperfect Indicative	Perfect	Imperative	Imperfect Jussive	Imperfect Subjunctive	Imperfect Indicative	Perfect	
أُضْطَرَرْ	أُضْطَرَّ	أُضْطَرُّ	أُضْطُرِرْتُ		أَضْطَرِرْ	أَضْطَرَّ	أَضْطَرُّ	إِضْطَرَرْتُ	أنا
تُضْطَرَرْ	تُضْطَرَّ	تُضْطَرُّ	أُضْطُرِرْتَ	اِضْطَرِرْ	تَضْطَرِرْ	تَضْطَرَّ	تَضْطَرُّ	إِضْطَرَرْتَ	أَنْتَ
تُضْطَرِّي	تُضْطَرِّي	تُضْطَرِّينَ	أُضْطُرِرْتِ	اِضْطَرِّي	تَضْطَرِّي	تَضْطَرِّي	تَضْطَرِّينَ	إِضْطَرَرْتِ	أَنْتِ
يُضْطَرَرْ	يُضْطَرَّ	يُضْطَرُّ	أُضْطُرَّ		يَضْطَرِرْ	يَضْطَرَّ	يَضْطَرُّ	إِضْطَرَّ	هُوَ
تُضْطَرَرْ	تُضْطَرَّ	تُضْطَرُّ	أُضْطُرَّتْ		تَضْطَرِرْ	تَضْطَرَّ	تَضْطَرُّ	إِضْطَرَّتْ	هِيَ
تُضْطَرَّا	تُضْطَرَّا	تُضْطَرَّانِ	أُضْطُرِرْتُمَا	اِضْطَرَّا	تَضْطَرَّا	تَضْطَرَّا	تَضْطَرَّانِ	إِضْطَرَرْتُمَا	أَنْتُمَا
يُضْطَرَّا	يُضْطَرَّا	يُضْطَرَّانِ	أُضْطُرَّا		يَضْطَرَّا	يَضْطَرَّا	يَضْطَرَّانِ	إِضْطَرَّا	هُمَا
تُضْطَرَّا	تُضْطَرَّا	تُضْطَرَّانِ	أُضْطُرَّتَا		تَضْطَرَّا	تَضْطَرَّا	تَضْطَرَّانِ	إِضْطَرَّتَا	هُمَا
نُضْطَرَرْ	نُضْطَرَّ	نُضْطَرُّ	أُضْطُرِرْنَا		نَضْطَرِرْ	نَضْطَرَّ	نَضْطَرُّ	إِضْطَرَرْنَا	نَحْنُ
تُضْطَرُّوا	تُضْطَرُّوا	تُضْطَرُّونَ	أُضْطُرِرْتُمْ	اِضْطَرُّوا	تَضْطَرُّوا	تَضْطَرُّوا	تَضْطَرُّونَ	إِضْطَرَرْتُمْ	أَنْتُمْ
تُضْطَرَرْنَ	تُضْطَرَرْنَ	تُضْطَرَرْنَ	أُضْطُرِرْتُنَّ	اِضْطَرِرْنَ	تَضْطَرِرْنَ	تَضْطَرِرْنَ	تَضْطَرِرْنَ	إِضْطَرَرْتُنَّ	أَنْتُنَّ
يُضْطَرُّوا	يُضْطَرُّوا	يُضْطَرُّونَ	أُضْطُرُّوا		يَضْطَرُّوا	يَضْطَرُّوا	يَضْطَرُّونَ	إِضْطَرُّوا	هُمْ
يُضْطَرَرْنَ	يُضْطَرَرْنَ	يُضْطَرَرْنَ	أُضْطُرِرْنَ		يَضْطَرِرْنَ	يَضْطَرِرْنَ	يَضْطَرِرْنَ	إِضْطَرَرْنَ	هُنَّ

119	إِنْضَمَّ indamma to unite								Form VII
AP: مُنْضَمٌّ		PP:			VN: إِنْضِمَامٌ		Rt: ضمم		
Passive				Active					
Imperfect Jussive	Imperfect Subjunctive	Imperfect Indicative	Perfect	Imperative	Imperfect Jussive	Imperfect Subjunctive	Imperfect Indicative	Perfect	
					أَنْضَمِمْ	أَنْضَمَّ	أَنْضَمُّ	إِنْضَمَمْتُ	أَنَا
				اِنْضَمِمْ	تَنْضَمِمْ	تَنْضَمَّ	تَنْضَمُّ	إِنْضَمَمْتَ	أَنْتَ
				اِنْضَمِّي	تَنْضَمِّي	تَنْضَمِّي	تَنْضَمِّينَ	إِنْضَمَمْتِ	أَنْتِ
					يَنْضَمِمْ	يَنْضَمَّ	يَنْضَمُّ	إِنْضَمَّ	هُوَ
					تَنْضَمِمْ	تَنْضَمَّ	تَنْضَمُّ	إِنْضَمَّتْ	هِيَ
				اِنْضَمَّا	تَنْضَمَّا	تَنْضَمَّا	تَنْضَمَّانِ	إِنْضَمَمْتُمَا	أَنْتُمَا
					يَنْضَمَّا	يَنْضَمَّا	يَنْضَمَّانِ	إِنْضَمَّا	هُمَا
					تَنْضَمَّا	تَنْضَمَّا	تَنْضَمَّانِ	إِنْضَمَّتَا	هُمَا
					نَنْضَمِمْ	نَنْضَمَّ	نَنْضَمُّ	إِنْضَمَمْنَا	نَحْنُ
				اِنْضَمُّوا	تَنْضَمُّوا	تَنْضَمُّوا	تَنْضَمُّونَ	إِنْضَمَمْتُمْ	أَنْتُمْ
				اِنْضَمِمْنَ	تَنْضَمِمْنَ	تَنْضَمِمْنَ	تَنْضَمِمْنَ	إِنْضَمَمْتُنَّ	أَنْتُنَّ
					يَنْضَمُّوا	يَنْضَمُّوا	يَنْضَمُّونَ	إِنْضَمُّوا	هُمْ
					يَنْضَمِمْنَ	يَنْضَمِمْنَ	يَنْضَمِمْنَ	إِنْضَمَمْنَ	هُنَّ

120	إِضْمَحَلَّ idmahalla to vanish away	Form QIV

AP: مُضْمَحِلٌّ	PP:	VN: إِضْمِحْلاَلٌ	Rt: إضمحل

Passive				Active					
Imperfect Jussive	Imperfect Subjunctive	Imperfect Indicative	Perfect	Imperative	Imperfect Jussive	Imperfect Subjunctive	Imperfect Indicative	Perfect	
					أَضْمَحْلِلْ	أَضْمَحِلَّ	أَضْمَحِلُّ	إِضْمَحْلَلْتُ	أَنا
				اِضْمَحِلَّ	تَضْمَحْلِلْ	تَضْمَحِلَّ	تَضْمَحِلُّ	إِضْمَحْلَلْتَ	أَنْتَ
				اِضْمَحِلِّي	تَضْمَحِلِّي	تَضْمَحِلِّي	تَضْمَحِلِّينَ	إِضْمَحْلَلْتِ	أَنْتِ
					يَضْمَحْلِلْ	يَضْمَحِلَّ	يَضْمَحِلُّ	إِضْمَحَلَّ	هُوَ
					تَضْمَحْلِلْ	تَضْمَحِلَّ	تَضْمَحِلُّ	إِضْمَحَلَّتْ	هِيَ
				اِضْمَحِلاَّ	تَضْمَحِلاَّ	تَضْمَحِلاَّ	تَضْمَحِلاَّنِ	إِضْمَحْلَلْتُمَا	أَنْتُمَا
					يَضْمَحِلاَّ	يَضْمَحِلاَّ	يَضْمَحِلاَّنِ	إِضْمَحَلاَّ	هُمَا
					تَضْمَحِلاَّ	تَضْمَحِلاَّ	تَضْمَحِلاَّنِ	إِضْمَحَلَّتَا	هُمَا
					نَضْمَحْلِلْ	نَضْمَحِلَّ	نَضْمَحِلُّ	إِضْمَحْلَلْنَا	نَحْنُ
				اِضْمَحِلُّوا	تَضْمَحِلُّوا	تَضْمَحِلُّوا	تَضْمَحِلُّونَ	إِضْمَحْلَلْتُمْ	أَنْتُمْ
				اِضْمَحْلِلْنَ	تَضْمَحْلِلْنَ	تَضْمَحْلِلْنَ	تَضْمَحْلِلْنَ	إِضْمَحْلَلْتُنَّ	أَنْتُنَّ
					يَضْمَحِلُّوا	يَضْمَحِلُّوا	يَضْمَحِلُّونَ	إِضْمَحَلُّوا	هُمْ
					يَضْمَحْلِلْنَ	يَضْمَحْلِلْنَ	يَضْمَحْلِلْنَ	إِضْمَحْلَلْنَ	هُنَّ

121	أَضَاءَ adã'a to illuminate	Form IV

AP: مُضِيءٌ	PP: مُضَاءٌ	VN: إِضَاءَةٌ	Rt: ضوء

Passive				Active					
Imperfect Jussive	Imperfect Subjunctive	Imperfect Indicative	Perfect	Imperative	Imperfect Jussive	Imperfect Subjunctive	Imperfect Indicative	Perfect	
أُضَأْ	أُضَاءَ	أُضَاءُ	أُضِئْتُ		أُضِئْ	أُضِيءَ	أُضِيءُ	أَضَأْتُ	أَنا
تُضَأْ	تُضَاءَ	تُضَاءُ	أُضِئْتَ	أَضِئْ	تُضِئْ	تُضِيءَ	تُضِيءُ	أَضَأْتَ	أَنْتَ
تُضَائِي	تُضَائِي	تُضَائِينَ	أُضِئْتِ	أَضِيئِي	تُضِيئِي	تُضِيئِي	تُضِيئِينَ	أَضَأْتِ	أَنْتِ
يُضَأْ	يُضَاءَ	يُضَاءُ	أُضِيءَ		يُضِئْ	يُضِيءَ	يُضِيءُ	أَضَاءَ	هُوَ
تُضَأْ	تُضَاءَ	تُضَاءُ	أُضِيئَتْ		تُضِئْ	تُضِيءَ	تُضِيءُ	أَضَاءَتْ	هِيَ
تُضَائَا	تُضَائَا	تُضَائَانِ	أُضِئْتُمَا	أَضِيئَا	تُضِيئَا	تُضِيئَا	تُضِيئَانِ	أَضَأْتُمَا	أَنْتُمَا
يُضَائَا	يُضَائَا	يُضَائَانِ	أُضِيئَا		يُضِيئَا	يُضِيئَا	يُضِيئَانِ	أَضَاءَا	هُمَا
تُضَائَا	تُضَائَا	تُضَائَانِ	أُضِيئَتَا		تُضِيئَا	تُضِيئَا	تُضِيئَانِ	أَضَاءَتَا	هُمَا
نُضَأْ	نُضَاءَ	نُضَاءُ	أُضِئْنَا		نُضِئْ	نُضِيءَ	نُضِيءُ	أَضَأْنَا	نَحْنُ
تُضَاؤُوا	تُضَاؤُوا	تُضَاؤُونَ	أُضِئْتُمْ	أَضِيؤُوا	تُضِيؤُوا	تُضِيؤُوا	تُضِيؤُونَ	أَضَأْتُمْ	أَنْتُمْ
تُضَأْنَ	تُضَأْنَ	تُضَأْنَ	أُضِئْتُنَّ	أَضِئْنَ	تُضِئْنَ	تُضِئْنَ	تُضِئْنَ	أَضَأْتُنَّ	أَنْتُنَّ
يُضَاؤُوا	يُضَاؤُوا	يُضَاؤُونَ	أُضِيؤُوا		يُضِيؤُوا	يُضِيؤُوا	يُضِيؤُونَ	أَضَاؤُوا	هُمْ
يُضَأْنَ	يُضَأْنَ	يُضَأْنَ	أُضِئْنَ		يُضِئْنَ	يُضِئْنَ	يُضِئْنَ	أَضَأْنَ	هُنَّ

122 — إِطَّلَعَ ittala'a to become aware of — Form VIII

AP: مُطَّلِعٌ **PP:** مُطَّلَعٌ **VN:** إِطِّلَاعٌ **Rt:** طلع

	Passive				Active				
Imperfect Jussive	Imperfect Subjunctive	Imperfect Indicative	Perfect	Imperative	Imperfect Jussive	Imperfect Subjunctive	Imperfect Indicative	Perfect	
أُطَّلَعْ	أُطَّلَعَ	أُطَّلَعُ	أُطُّلِعْتُ		أَطَّلِعْ	أَطَّلِعَ	أَطَّلِعُ	إِطَّلَعْتُ	أَنَا
تُطَّلَعْ	تُطَّلَعَ	تُطَّلَعُ	أُطُّلِعْتَ	إِطَّلِعْ	تَطَّلِعْ	تَطَّلِعَ	تَطَّلِعُ	إِطَّلَعْتَ	أَنْتَ
تُطَّلَعِي	تُطَّلَعِي	تُطَّلَعِينَ	أُطُّلِعْتِ	إِطَّلِعِي	تَطَّلِعِي	تَطَّلِعِي	تَطَّلِعِينَ	إِطَّلَعْتِ	أَنْتِ
يُطَّلَعْ	يُطَّلَعَ	يُطَّلَعُ	أُطُّلِعَ		يَطَّلِعْ	يَطَّلِعَ	يَطَّلِعُ	إِطَّلَعَ	هُوَ
تُطَّلَعْ	تُطَّلَعَ	تُطَّلَعُ	أُطُّلِعَتْ		تَطَّلِعْ	تَطَّلِعَ	تَطَّلِعُ	إِطَّلَعَتْ	هِيَ
تُطَّلَعَا	تُطَّلَعَا	تُطَّلَعَانِ	أُطُّلِعْتُمَا	إِطَّلِعَا	تَطَّلِعَا	تَطَّلِعَا	تَطَّلِعَانِ	إِطَّلَعْتُمَا	أَنْتُمَا
يُطَّلَعَا	يُطَّلَعَا	يُطَّلَعَانِ	أُطُّلِعَا		يَطَّلِعَا	يَطَّلِعَا	يَطَّلِعَانِ	إِطَّلَعَا	هُمَا
تُطَّلَعَا	تُطَّلَعَا	تُطَّلَعَانِ	أُطُّلِعَتَا		تَطَّلِعَا	تَطَّلِعَا	تَطَّلِعَانِ	إِطَّلَعَتَا	هُمَا
نُطَّلَعْ	نُطَّلَعَ	نُطَّلَعُ	أُطُّلِعْنَا		نَطَّلِعْ	نَطَّلِعَ	نَطَّلِعُ	إِطَّلَعْنَا	نَحْنُ
تُطَّلَعُوا	تُطَّلَعُوا	تُطَّلَعُونَ	أُطُّلِعْتُمْ	إِطَّلِعُوا	تَطَّلِعُوا	تَطَّلِعُوا	تَطَّلِعُونَ	إِطَّلَعْتُمْ	أَنْتُمْ
تُطَّلَعْنَ	تُطَّلَعْنَ	تُطَّلَعْنَ	أُطُّلِعْتُنَّ	إِطَّلِعْنَ	تَطَّلِعْنَ	تَطَّلِعْنَ	تَطَّلِعْنَ	إِطَّلَعْتُنَّ	أَنْتُنَّ
يُطَّلَعُوا	يُطَّلَعُوا	يُطَّلَعُونَ	أُطُّلِعُوا		يَطَّلِعُوا	يَطَّلِعُوا	يَطَّلِعُونَ	إِطَّلَعُوا	هُمْ
يُطَّلَعْنَ	يُطَّلَعْنَ	يُطَّلَعْنَ	أُطُّلِعْنَ		يَطَّلِعْنَ	يَطَّلِعْنَ	يَطَّلِعْنَ	إِطَّلَعْنَ	هُنَّ

123	إِطْمَأَنَّ itma'anna to be tranquil								Form QIV
AP: مُطْمَئِنٌّ		PP:			VN: إِطْمِئْنَانٌ			Rt: طمأن	
Passive				Active					
Imperfect Jussive	Imperfect Subjunctive	Imperfect Indicative	Perfect	Imperative	Imperfect Jussive	Imperfect Subjunctive	Imperfect Indicative	Perfect	
					أَطْمَأْنِنْ	أَطْمَئِنَّ	أَطْمَئِنُّ	إِطْمَأْنَنْتُ	أَنا
				اِطْمَئِنَّ	تَطْمَأْنِنْ	تَطْمَئِنَّ	تَطْمَئِنُّ	إِطْمَأْنَنْتَ	أَنْتَ
				اِطْمَئِنِّي	تَطْمَئِنِّي	تَطْمَئِنِّي	تَطْمَئِنِّينَ	إِطْمَأْنَنْتِ	أَنْتِ
					يَطْمَأْنِنْ	يَطْمَئِنَّ	يَطْمَئِنُّ	إِطْمَأَنَّ	هُوَ
					تَطْمَأْنِنْ	تَطْمَئِنَّ	تَطْمَئِنُّ	إِطْمَأَنَّتْ	هِيَ
				اِطْمَئِنَّا	تَطْمَئِنَّا	تَطْمَئِنَّا	تَطْمَئِنَّانِ	إِطْمَأْنَنْتُمَا	أَنْتُمَا
					يَطْمَئِنَّا	يَطْمَئِنَّا	يَطْمَئِنَّانِ	إِطْمَأَنَّا	هُمَا
					تَطْمَئِنَّا	تَطْمَئِنَّا	تَطْمَئِنَّانِ	إِطْمَأَنَّتَا	هُمَا
					نَطْمَأْنِنْ	نَطْمَئِنَّ	نَطْمَئِنُّ	إِطْمَأْنَنَّا	نَحْنُ
				اِطْمَئِنُّوا	تَطْمَئِنُّوا	تَطْمَئِنُّوا	تَطْمَئِنُّونَ	إِطْمَأْنَنْتُمْ	أَنْتُمْ
				اِطْمَأْنِنَّ	تَطْمَأْنِنَّ	تَطْمَأْنِنَّ	تَطْمَأْنِنَّ	إِطْمَأْنَنْتُنَّ	أَنْتُنَّ
					يَطْمَئِنُّوا	يَطْمَئِنُّوا	يَطْمَئِنُّونَ	إِطْمَأَنُّوا	هُمْ
					يَطْمَأْنِنَّ	يَطْمَأْنِنَّ	يَطْمَأْنِنَّ	إِطْمَأْنَنَّ	هُنَّ

124	أَطْوَى atwã to be hungry								Form IV
AP: مُطْوٍ		PP: مُطْوًى			VN: إِطْوَاءٌ			Rt: طوى	
Passive				Active					
Imperfect Jussive	Imperfect Subjunctive	Imperfect Indicative	Perfect	Imperative	Imperfect Jussive	Imperfect Subjunctive	Imperfect Indicative	Perfect	
أُطْوَ	أُطْوَى	أُطْوَى	أُطْوِيتُ		أُطْوِ	أُطْوِيَ	أُطْوِي	أَطْوَيْتُ	أَنَا
تُطْوَ	تُطْوَى	تُطْوَى	أُطْوِيتَ	أَطْوِ	تُطْوِ	تُطْوِيَ	تُطْوِي	أَطْوَيْتَ	أَنْتَ
تُطْوَيْ	تُطْوَيْ	تُطْوَيْنَ	أُطْوِيتِ	أَطْوِي	تُطْوِي	تُطْوِي	تُطْوِينَ	أَطْوَيْتِ	أَنْتِ
يُطْوَ	يُطْوَى	يُطْوَى	أُطْوِيَ		يُطْوِ	يُطْوِيَ	يُطْوِي	أَطْوَى	هُوَ
تُطْوَ	تُطْوَى	تُطْوَى	أُطْوِيَتْ		تُطْوِ	تُطْوِيَ	تُطْوِي	أَطْوَتْ	هِيَ
تُطْوَيَا	تُطْوَيَا	تُطْوَيَانِ	أُطْوِيتُمَا	أَطْوِيَا	تُطْوِيَا	تُطْوِيَا	تُطْوِيَانِ	أَطْوَيْتُمَا	أَنْتُمَا
يُطْوَيَا	يُطْوَيَا	يُطْوَيَانِ	أُطْوِيَا		يُطْوِيَا	يُطْوِيَا	يُطْوِيَانِ	أَطْوَيَا	هُمَا
تُطْوَيَا	تُطْوَيَا	تُطْوَيَانِ	أُطْوِيَتَا		تُطْوِيَا	تُطْوِيَا	تُطْوِيَانِ	أَطْوَتَا	هُمَا
نُطْوَ	نُطْوَى	نُطْوَى	أُطْوِينَا		نُطْوِ	نُطْوِيَ	نُطْوِي	أَطْوَيْنَا	نَحْنُ
تُطْوَوْا	تُطْوَوْا	تُطْوَوْنَ	أُطْوِيتُمْ	أَطْوُوا	تُطْوُوا	تُطْوُوا	تُطْوُونَ	أَطْوَيْتُمْ	أَنْتُمْ
تُطْوَيْنَ	تُطْوَيْنَ	تُطْوَيْنَ	أُطْوِيتُنَّ	أَطْوِينَ	تُطْوِينَ	تُطْوِينَ	تُطْوِينَ	أَطْوَيْتُنَّ	أَنْتُنَّ
يُطْوَوْا	يُطْوَوْا	يُطْوَوْنَ	أُطْوُوا		يُطْوُوا	يُطْوُوا	يُطْوُونَ	أَطْوَوْا	هُمْ
يُطْوَيْنَ	يُطْوَيْنَ	يُطْوَيْنَ	أُطْوِينَ		يُطْوِينَ	يُطْوِينَ	يُطْوِينَ	أَطْوَيْنَ	هُنَّ

125	ظَلَّ zalla to become								Form I
AP: ظَالٌّ		PP:			VN: ظَلٌّ / ظُلُولٌ		Rt: ظل		
Passive				Active					
Imperfect Jussive	Imperfect Subjunctive	Imperfect Indicative	Perfect	Imperative *	Imperfect Jussive	Imperfect Subjunctive	Imperfect Indicative	Perfect	
					أَظْلَلْ	أَظَلَّ	أَظَلُّ	ظَلِلْتُ	أنا
				ظَلَّ	تَظْلَلْ	تَظَلَّ	تَظَلُّ	ظَلِلْتَ	أَنْتَ
				ظَلِّي	تَظَلِّي	تَظَلِّي	تَظَلِّينَ	ظَلِلْتِ	أَنْتِ
					يَظْلَلْ	يَظَلَّ	يَظَلُّ	ظَلَّ	هُوَ
					تَظْلَلْ	تَظَلَّ	تَظَلُّ	ظَلَّتْ	هِيَ
				ظَلاَّ	تَظَلاَّ	تَظَلاَّ	تَظَلاَّنِ	ظَلِلْتُمَا	أَنْتُمَا
					يَظَلاَّ	يَظَلاَّ	يَظَلاَّنِ	ظَلاَّ	هُمَا
					تَظَلاَّ	تَظَلاَّ	تَظَلاَّنِ	ظَلَّتَا	هُمَا
					نَظْلَلْ	نَظَلَّ	نَظَلُّ	ظَلِلْنَا	نَحْنُ
				ظَلُّوا	تَظَلُّوا	تَظَلُّوا	تَظَلُّونَ	ظَلِلْتُمْ	أَنْتُمْ
				اِظْلَلْنَ	تَظْلَلْنَ	تَظْلَلْنَ	تَظْلَلْنَ	ظَلِلْتُنَّ	أَنْتُنَّ
					يَظَلُّوا	يَظَلُّوا	يَظَلُّونَ	ظَلُّوا	هُمْ
					يَظْلَلْنَ	يَظْلَلْنَ	يَظْلَلْنَ	ظَلِلْنَ	هُنَّ

* اِظْلَلْ

126	إِظَّلَمَ izzalama to be wronged							Form VIII	
AP: مُظَّلِمٌ		PP: مُظَّلَمٌ			VN: إِظِّلَامٌ		Rt: ظلم		
Passive				Active					
Imperfect Jussive	Imperfect Subjunctive	Imperfect Indicative	Perfect	Imperative	Imperfect Jussive	Imperfect Subjunctive	Imperfect Indicative	Perfect	
أُظَّلَمْ	أُظَّلَمَ	أُظَّلَمُ	أُظُّلِمْتُ		أَظَّلِمْ	أَظَّلِمَ	أَظَّلِمُ	إِظَّلَمْتُ	أَنَا
تُظَّلَمْ	تُظَّلَمَ	تُظَّلَمُ	أُظُّلِمْتَ	اِظَّلِمْ	تَظَّلِمْ	تَظَّلِمَ	تَظَّلِمُ	إِظَّلَمْتَ	أَنْتَ
تُظَّلَمِي	تُظَّلَمِي	تُظَّلَمِينَ	أُظُّلِمْتِ	اِظَّلِمِي	تَظَّلِمِي	تَظَّلِمِي	تَظَّلِمِينَ	إِظَّلَمْتِ	أَنْتِ
يُظَّلَمْ	يُظَّلَمَ	يُظَّلَمُ	أُظُّلِمَ		يَظَّلِمْ	يَظَّلِمَ	يَظَّلِمُ	إِظَّلَمَ	هُوَ
تُظَّلَمْ	تُظَّلَمَ	تُظَّلَمُ	أُظُّلِمَتْ		تَظَّلِمْ	تَظَّلِمَ	تَظَّلِمُ	إِظَّلَمَتْ	هِيَ
تُظَّلَمَا	تُظَّلَمَا	تُظَّلَمَانِ	أُظُّلِمْتُمَا	اِظَّلِمَا	تَظَّلِمَا	تَظَّلِمَا	تَظَّلِمَانِ	إِظَّلَمْتُمَا	أَنْتُمَا
يُظَّلَمَا	يُظَّلَمَا	يُظَّلَمَانِ	أُظُّلِمَا		يَظَّلِمَا	يَظَّلِمَا	يَظَّلِمَانِ	إِظَّلَمَا	هُمَا
تُظَّلَمَا	تُظَّلَمَا	تُظَّلَمَانِ	أُظُّلِمَتَا		تَظَّلِمَا	تَظَّلِمَا	تَظَّلِمَانِ	إِظَّلَمَتَا	هُمَا
نُظَّلَمْ	نُظَّلَمَ	نُظَّلَمُ	أُظُّلِمْنَا		نَظَّلِمْ	نَظَّلِمَ	نَظَّلِمُ	إِظَّلَمْنَا	نَحْنُ
تُظَّلَمُوا	تُظَّلَمُوا	تُظَّلَمُونَ	أُظُّلِمْتُمْ	اِظَّلِمُوا	تَظَّلِمُوا	تَظَّلِمُوا	تَظَّلِمُونَ	إِظَّلَمْتُمْ	أَنْتُمْ
تُظَّلَمْنَ	تُظَّلَمْنَ	تُظَّلَمْنَ	أُظُّلِمْتُنَّ	اِظَّلِمْنَ	تَظَّلِمْنَ	تَظَّلِمْنَ	تَظَّلِمْنَ	إِظَّلَمْتُنَّ	أَنْتُنَّ
يُظَّلَمُوا	يُظَّلَمُوا	يُظَّلَمُونَ	أُظُّلِمُوا		يَظَّلِمُوا	يَظَّلِمُوا	يَظَّلِمُونَ	إِظَّلَمُوا	هُمْ
يُظَّلَمْنَ	يُظَّلَمْنَ	يُظَّلَمْنَ	أُظُّلِمْنَ		يَظَّلِمْنَ	يَظَّلِمْنَ	يَظَّلِمْنَ	إِظَّلَمْنَ	هُنَّ

127	تَعَجْرَفَ ta'ajrafa to be arrogant		Form QII
AP: مُتَعَجْرِفٌ	PP:	VN: تَعَجْرُفٌ	Rt: عجرف

Passive				Active					
Imperfect Jussive	Imperfect Subjunctive	Imperfect Indicative	Perfect	Imperative	Imperfect Jussive	Imperfect Subjunctive	Imperfect Indicative	Perfect	
					أَتَعَجْرَفْ	أَتَعَجْرَفَ	أَتَعَجْرَفُ	تَعَجْرَفْتُ	أنا
				تَعَجْرَفْ	تَتَعَجْرَفْ	تَتَعَجْرَفَ	تَتَعَجْرَفُ	تَعَجْرَفْتَ	أَنْتَ
				تَعَجْرَفِي	تَتَعَجْرَفِي	تَتَعَجْرَفِي	تَتَعَجْرَفِينَ	تَعَجْرَفْتِ	أَنْتِ
					يَتَعَجْرَفْ	يَتَعَجْرَفَ	يَتَعَجْرَفُ	تَعَجْرَفَ	هُوَ
					تَتَعَجْرَفْ	تَتَعَجْرَفَ	تَتَعَجْرَفُ	تَعَجْرَفَتْ	هِيَ
				تَعَجْرَفَا	تَتَعَجْرَفَا	تَتَعَجْرَفَا	تَتَعَجْرَفَانِ	تَعَجْرَفْتُمَا	أَنْتُمَا
					يَتَعَجْرَفَا	يَتَعَجْرَفَا	يَتَعَجْرَفَانِ	تَعَجْرَفَا	هُمَا
					تَتَعَجْرَفَا	تَتَعَجْرَفَا	تَتَعَجْرَفَانِ	تَعَجْرَفَتَا	هُمَا
					نَتَعَجْرَفْ	نَتَعَجْرَفَ	نَتَعَجْرَفُ	تَعَجْرَفْنَا	نَحْنُ
				تَعَجْرَفُوا	تَتَعَجْرَفُوا	تَتَعَجْرَفُوا	تَتَعَجْرَفُونَ	تَعَجْرَفْتُمْ	أَنْتُمْ
				تَعَجْرَفْنَ	تَتَعَجْرَفْنَ	تَتَعَجْرَفْنَ	تَتَعَجْرَفْنَ	تَعَجْرَفْتُنَّ	أَنْتُنَّ
					يَتَعَجْرَفُوا	يَتَعَجْرَفُوا	يَتَعَجْرَفُونَ	تَعَجْرَفُوا	هُمْ
					يَتَعَجْرَفْنَ	يَتَعَجْرَفْنَ	يَتَعَجْرَفْنَ	تَعَجْرَفْنَ	هُنَّ

128	إِعْرَوْرَى i'rorã to travel alone	Form XII
AP: مُعْرَوْرٍ	PP:	VN: إِعْرِيرَاءٌ
Rt: عرى		

Passive				Active					
Imperfect Jussive	Imperfect Subjunctive	Imperfect Indicative	Perfect	Imperative	Imperfect Jussive	Imperfect Subjunctive	Imperfect Indicative	Perfect	
					أَعْرَوْرِ	أَعْرَوْرِيَ	أَعْرَوْرِي	إِعْرَوْرَيْتُ	أَنا
				اِعْرَوْرِ	تَعْرَوْرِ	تَعْرَوْرِيَ	تَعْرَوْرِي	إِعْرَوْرَيْتَ	أَنْتَ
				اِعْرَوْرِي	تَعْرَوْرِي	تَعْرَوْرِي	تَعْرَوْرِينَ	إِعْرَوْرَيْتِ	أَنْتِ
					يَعْرَوْرِ	يَعْرَوْرِيَ	يَعْرَوْرِي	إِعْرَوْرَى	هُوَ
					تَعْرَوْرِ	تَعْرَوْرِيَ	تَعْرَوْرِي	إِعْرَوْرَتْ	هِيَ
				اِعْرَوْرِيَا	تَعْرَوْرِيَا	تَعْرَوْرِيَا	تَعْرَوْرِيَانِ	إِعْرَوْرَيْتُمَا	أَنْتُمَا
					يَعْرَوْرِيَا	يَعْرَوْرِيَا	يَعْرَوْرِيَانِ	إِعْرَوْرَيَا	هُمَا
					تَعْرَوْرِيَا	تَعْرَوْرِيَا	تَعْرَوْرِيَانِ	إِعْرَوْرَتَا	هُمَا
					نَعْرَوْرِ	نَعْرَوْرِيَ	نَعْرَوْرِي	إِعْرَوْرَيْنَا	نَحْنُ
				اِعْرَوْرُوا	تَعْرَوْرُوا	تَعْرَوْرُوا	تَعْرَوْرُونَ	إِعْرَوْرَيْتُمْ	أَنْتُمْ
				اِعْرَوْرِينَ	تَعْرَوْرِينَ	تَعْرَوْرِينَ	تَعْرَوْرِينَ	إِعْرَوْرَيْتُنَّ	أَنْتُنَّ
					يَعْرَوْرُوا	يَعْرَوْرُوا	يَعْرَوْرُونَ	إِعْرَوْرَوْا	هُمْ
					يَعْرَوْرِينَ	يَعْرَوْرِينَ	يَعْرَوْرِينَ	إِعْرَوْرَيْنَ	هُنَّ

129	تَعَالَى ta'ãlã to rise	Form VI

AP: مُتَعَالٍ / الْمُتَعَالِي	PP:	VN: تَعَالٍ	Rt: علو/على

Passive				Active					
Imperfect Jussive	Imperfect Subjunctive	Imperfect Indicative	Perfect	Imperative	Imperfect Jussive	Imperfect Subjunctive	Imperfect Indicative	Perfect	
					أَتَعَالَ	أَتَعَالَى	أَتَعَالَى	تَعَالَيْتُ	أنا
				تَعَالَ	تَتَعَالَ	تَتَعَالَى	تَتَعَالَى	تَعَالَيْتَ	أَنْتَ
				تَعَالَيْ	تَتَعَالَيْ	تَتَعَالَيْ	تَتَعَالَيْنَ	تَعَالَيْتِ	أَنْتِ
					يَتَعَالَ	يَتَعَالَى	يَتَعَالَى	تَعَالَى	هُوَ
					تَتَعَالَ	تَتَعَالَى	تَتَعَالَى	تَعَالَتْ	هِيَ
				تَعَالَيَا	تَتَعَالَيَا	تَتَعَالَيَا	تَتَعَالَيَانِ	تَعَالَيْتُمَا	أَنْتُمَا
					يَتَعَالَيَا	يَتَعَالَيَا	يَتَعَالَيَانِ	تَعَالَيَا	هُمَا
					تَتَعَالَيَا	تَتَعَالَيَا	تَتَعَالَيَانِ	تَعَالَتَا	هُمَا
					نَتَعَالَ	نَتَعَالَى	نَتَعَالَى	تَعَالَيْنَا	نَحْنُ
				تَعَالَوْا	تَتَعَالَوْا	تَتَعَالَوْا	تَتَعَالَوْنَ	تَعَالَيْتُمْ	أَنْتُمْ
				تَعَالَيْنَ	تَتَعَالَيْنَ	تَتَعَالَيْنَ	تَتَعَالَيْنَ	تَعَالَيْتُنَّ	أَنْتُنَّ
					يَتَعَالَوْا	يَتَعَالَوْا	يَتَعَالَوْنَ	تَعَالَوْا	هُمْ
					يَتَعَالَيْنَ	يَتَعَالَيْنَ	يَتَعَالَيْنَ	تَعَالَيْنَ	هُنَّ

130	إستعمل ista'mala to use	Form X

AP: مُسْتَعْمِلٌ	PP: مُسْتَعْمَلٌ	VN: إِسْتِعْمَالٌ	Rt: عمل

Passive				Active					
Imperfect Jussive	Imperfect Subjunctive	Imperfect Indicative	Perfect	Imperative	Imperfect Jussive	Imperfect Subjunctive	Imperfect Indicative	Perfect	
أُسْتَعْمَلْ	أُسْتَعْمَلَ	أُسْتَعْمَلُ	أُسْتُعْمِلْتُ		أَسْتَعْمِلْ	أَسْتَعْمِلَ	أَسْتَعْمِلُ	إِسْتَعْمَلْتُ	أنا
تُسْتَعْمَلْ	تُسْتَعْمَلَ	تُسْتَعْمَلُ	أُسْتُعْمِلْتَ	اِسْتَعْمِلْ	تَسْتَعْمِلْ	تَسْتَعْمِلَ	تَسْتَعْمِلُ	إِسْتَعْمَلْتَ	أَنْتَ
تُسْتَعْمَلِي	تُسْتَعْمَلِي	تُسْتَعْمَلِينَ	أُسْتُعْمِلْتِ	اِسْتَعْمِلِي	تَسْتَعْمِلِي	تَسْتَعْمِلِي	تَسْتَعْمِلِينَ	إِسْتَعْمَلْتِ	أَنْتِ
يُسْتَعْمَلْ	يُسْتَعْمَلَ	يُسْتَعْمَلُ	أُسْتُعْمِلَ		يَسْتَعْمِلْ	يَسْتَعْمِلَ	يَسْتَعْمِلُ	إِسْتَعْمَلَ	هُوَ
تُسْتَعْمَلْ	تُسْتَعْمَلَ	تُسْتَعْمَلُ	أُسْتُعْمِلَتْ		تَسْتَعْمِلْ	تَسْتَعْمِلَ	تَسْتَعْمِلُ	إِسْتَعْمَلَتْ	هِيَ
تُسْتَعْمَلاَ	تُسْتَعْمَلاَ	تُسْتَعْمَلاَنِ	أُسْتُعْمِلْتُمَا	اِسْتَعْمِلاَ	تَسْتَعْمِلاَ	تَسْتَعْمِلاَ	تَسْتَعْمِلاَنِ	إِسْتَعْمَلْتُمَا	أَنْتُمَا
يُسْتَعْمَلاَ	يُسْتَعْمَلاَ	يُسْتَعْمَلاَنِ	أُسْتُعْمِلاَ		يَسْتَعْمِلاَ	يَسْتَعْمِلاَ	يَسْتَعْمِلاَنِ	إِسْتَعْمَلاَ	هُمَا
تُسْتَعْمَلاَ	تُسْتَعْمَلاَ	تُسْتَعْمَلاَنِ	أُسْتُعْمِلَتَا		تَسْتَعْمِلاَ	تَسْتَعْمِلاَ	تَسْتَعْمِلاَنِ	إِسْتَعْمَلَتَا	هُمَا
نُسْتَعْمَلْ	نُسْتَعْمَلَ	نُسْتَعْمَلُ	أُسْتُعْمِلْنَا		نَسْتَعْمِلْ	نَسْتَعْمِلَ	نَسْتَعْمِلُ	إِسْتَعْمَلْنَا	نَحْنُ
تُسْتَعْمَلُوا	تُسْتَعْمَلُوا	تُسْتَعْمَلُونَ	أُسْتُعْمِلْتُمْ	اِسْتَعْمِلُوا	تَسْتَعْمِلُوا	تَسْتَعْمِلُوا	تَسْتَعْمِلُونَ	إِسْتَعْمَلْتُمْ	أَنْتُمْ
تُسْتَعْمَلْنَ	تُسْتَعْمَلْنَ	تُسْتَعْمَلْنَ	أُسْتُعْمِلْتُنَّ	اِسْتَعْمِلْنَ	تَسْتَعْمِلْنَ	تَسْتَعْمِلْنَ	تَسْتَعْمِلْنَ	إِسْتَعْمَلْتُنَّ	أَنْتُنَّ
يُسْتَعْمَلُوا	يُسْتَعْمَلُوا	يُسْتَعْمَلُونَ	أُسْتُعْمِلُوا		يَسْتَعْمِلُوا	يَسْتَعْمِلُوا	يَسْتَعْمِلُونَ	إِسْتَعْمَلُوا	هُمْ
يُسْتَعْمَلْنَ	يُسْتَعْمَلْنَ	يُسْتَعْمَلْنَ	أُسْتُعْمِلْنَ		يَسْتَعْمِلْنَ	يَسْتَعْمِلْنَ	يَسْتَعْمِلْنَ	إِسْتَعْمَلْنَ	هُنَّ

131	إِعْوَجَّ i'wajja to be curved		Form IX
AP: مُعْوَجٌّ	PP:	VN: إِعْوِجَاجٌ	Rt: عوج

Passive				Active					
Imperfect Jussive	Imperfect Subjunctive	Imperfect Indicative	Perfect	Imperative	Imperfect Jussive	Imperfect Subjunctive	Imperfect Indicative	Perfect	
					أَعْوَجِجْ	أَعْوَجَّ	أَعْوَجُّ	إِعْوَجَجْتُ	أَنا
				اِعْوَجَّ	تَعْوَجِجْ	تَعْوَجَّ	تَعْوَجُّ	إِعْوَجَجْتَ	أَنْتَ
				اِعْوَجِّي	تَعْوَجِّي	تَعْوَجِّي	تَعْوَجِّينَ	إِعْوَجَجْتِ	أَنْتِ
					يَعْوَجِجْ	يَعْوَجَّ	يَعْوَجُّ	إِعْوَجَّ	هُوَ
					تَعْوَجِجْ	تَعْوَجَّ	تَعْوَجُّ	إِعْوَجَّتْ	هِيَ
				اِعْوَجَّا	تَعْوَجَّا	تَعْوَجَّا	تَعْوَجَّانِ	إِعْوَجَجْتُمَا	أَنْتُمَا
					يَعْوَجَّا	يَعْوَجَّا	يَعْوَجَّانِ	إِعْوَجَّا	هُمَا
					تَعْوَجَّا	تَعْوَجَّا	تَعْوَجَّانِ	إِعْوَجَّتَا	هُمَا
					نَعْوَجِجْ	نَعْوَجَّ	نَعْوَجُّ	إِعْوَجَجْنَا	نَحْنُ
				اِعْوَجُّوا	تَعْوَجُّوا	تَعْوَجُّوا	تَعْوَجُّونَ	إِعْوَجَجْتُمْ	أَنْتُمْ
				اِعْوَجِجْنَ	تَعْوَجِجْنَ	تَعْوَجِجْنَ	تَعْوَجِجْنَ	إِعْوَجَجْتُنَّ	أَنْتُنَّ
					يَعْوَجُّوا	يَعْوَجُّوا	يَعْوَجُّونَ	إِعْوَجُّوا	هُمْ
					يَعْوَجِجْنَ	يَعْوَجِجْنَ	يَعْوَجِجْنَ	إِعْوَجَجْنَ	هُنَّ

132	إِعْتَوَرَ i'tawara to do by turns	Form VIII

AP: مُعْتَوِرٌ	PP: مُعْتَوَرٌ	VN: إِعْتِوَارٌ	Rt: عور

Passive				Active					
Imperfect Jussive	Imperfect Subjunctive	Imperfect Indicative	Perfect	Imperative	Imperfect Jussive	Imperfect Subjunctive	Imperfect Indicative	Perfect	
أُعْتَوَرْ	أُعْتَوَرَ	أُعْتَوَرُ	أُعْتُوِرْتُ		أَعْتَوِرْ	أَعْتَوِرَ	أَعْتَوِرُ	إِعْتَوَرْتُ	أَنَا
تُعْتَوَرْ	تُعْتَوَرَ	تُعْتَوَرُ	أُعْتُوِرْتَ	اِعْتَوِرْ	تَعْتَوِرْ	تَعْتَوِرَ	تَعْتَوِرُ	إِعْتَوَرْتَ	أَنْتَ
تُعْتَوَرِي	تُعْتَوَرِي	تُعْتَوَرِينَ	أُعْتُوِرْتِ	اِعْتَوِرِي	تَعْتَوِرِي	تَعْتَوِرِي	تَعْتَوِرِينَ	إِعْتَوَرْتِ	أَنْتِ
يُعْتَوَرْ	يُعْتَوَرَ	يُعْتَوَرُ	أُعْتُوِرَ		يَعْتَوِرْ	يَعْتَوِرَ	يَعْتَوِرُ	إِعْتَوَرَ	هُوَ
تُعْتَوَرْ	تُعْتَوَرَ	تُعْتَوَرُ	أُعْتُوِرَتْ		تَعْتَوِرْ	تَعْتَوِرَ	تَعْتَوِرُ	إِعْتَوَرَتْ	هِيَ
تُعْتَوَرَا	تُعْتَوَرَا	تُعْتَوَرَانِ	أُعْتُوِرْتُمَا	اِعْتَوِرَا	تَعْتَوِرَا	تَعْتَوِرَا	تَعْتَوِرَانِ	إِعْتَوَرْتُمَا	أَنْتُمَا
يُعْتَوَرَا	يُعْتَوَرَا	يُعْتَوَرَانِ	أُعْتُوِرَا		يَعْتَوِرَا	يَعْتَوِرَا	يَعْتَوِرَانِ	إِعْتَوَرَا	هُمَا
تُعْتَوَرَا	تُعْتَوَرَا	تُعْتَوَرَانِ	أُعْتُوِرَتَا		تَعْتَوِرَا	تَعْتَوِرَا	تَعْتَوِرَانِ	إِعْتَوَرَتَا	هُمَا
نُعْتَوَرْ	نُعْتَوَرَ	نُعْتَوَرُ	أُعْتُوِرْنَا		نَعْتَوِرْ	نَعْتَوِرَ	نَعْتَوِرُ	إِعْتَوَرْنَا	نَحْنُ
تُعْتَوَرُوا	تُعْتَوَرُوا	تُعْتَوَرُونَ	أُعْتُوِرْتُمْ	اِعْتَوِرُوا	تَعْتَوِرُوا	تَعْتَوِرُوا	تَعْتَوِرُونَ	إِعْتَوَرْتُمْ	أَنْتُمْ
تُعْتَوَرْنَ	تُعْتَوَرْنَ	تُعْتَوَرْنَ	أُعْتُوِرْتُنَّ	اِعْتَوِرْنَ	تَعْتَوِرْنَ	تَعْتَوِرْنَ	تَعْتَوِرْنَ	إِعْتَوَرْتُنَّ	أَنْتُنَّ
يُعْتَوَرُوا	يُعْتَوَرُوا	يُعْتَوَرُونَ	أُعْتُوِرُوا		يَعْتَوِرُوا	يَعْتَوِرُوا	يَعْتَوِرُونَ	إِعْتَوَرُوا	هُمْ
يُعْتَوَرْنَ	يُعْتَوَرْنَ	يُعْتَوَرْنَ	أُعْتُوِرْنَ		يَعْتَوِرْنَ	يَعْتَوِرْنَ	يَعْتَوِرْنَ	إِعْتَوَرْنَ	هُنَّ

133	أَعْوَلَ a’wala to lament		Form IV
AP: مُعْوِلٌ	PP: مُعْوَلٌ	VN: إِعْوَالٌ	Rt: عول

Passive				Active					
Imperfect Jussive	Imperfect Subjunctive	Imperfect Indicative	Perfect	Imperative	Imperfect Jussive	Imperfect Subjunctive	Imperfect Indicative	Perfect	
أُعْوَلْ	أُعْوَلَ	أُعْوَلُ	أُعْوِلْتُ		أُعْوِلْ	أُعْوِلَ	أُعْوِلُ	أَعْوَلْتُ	أنا
تُعْوَلْ	تُعْوَلَ	تُعْوَلُ	أُعْوِلْتَ	أَعْوِلْ	تُعْوِلْ	تُعْوِلَ	تُعْوِلُ	أَعْوَلْتَ	أَنْتَ
تُعْوَلِي	تُعْوَلِي	تُعْوَلِينَ	أُعْوِلْتِ	أَعْوِلِي	تُعْوِلِي	تُعْوِلِي	تُعْوِلِينَ	أَعْوَلْتِ	أَنْتِ
يُعْوَلْ	يُعْوَلَ	يُعْوَلُ	أُعْوِلَ		يُعْوِلْ	يُعْوِلَ	يُعْوِلُ	أَعْوَلَ	هُوَ
تُعْوَلْ	تُعْوَلَ	تُعْوَلُ	أُعْوِلَتْ		تُعْوِلْ	تُعْوِلَ	تُعْوِلُ	أَعْوَلَتْ	هِيَ
تُعْوَلاَ	تُعْوَلاَ	تُعْوَلاَنِ	أُعْوِلْتُمَا	أَعْوِلاَ	تُعْوِلاَ	تُعْوِلاَ	تُعْوِلاَنِ	أَعْوَلْتُمَا	أَنْتُمَا
يُعْوَلاَ	يُعْوَلاَ	يُعْوَلاَنِ	أُعْوِلاَ		يُعْوِلاَ	يُعْوِلاَ	يُعْوِلاَنِ	أَعْوَلاَ	هُمَا
تُعْوَلاَ	تُعْوَلاَ	تُعْوَلاَنِ	أُعْوِلَتَا		تُعْوِلاَ	تُعْوِلاَ	تُعْوِلاَنِ	أَعْوَلَتَا	هُمَا
نُعْوَلْ	نُعْوَلَ	نُعْوَلُ	أُعْوِلْنَا		نُعْوِلْ	نُعْوِلَ	نُعْوِلُ	أَعْوَلْنَا	نَحْنُ
تُعْوَلُوا	تُعْوَلُوا	تُعْوَلُونَ	أُعْوِلْتُمْ	أَعْوِلُوا	تُعْوِلُوا	تُعْوِلُوا	تُعْوِلُونَ	أَعْوَلْتُمْ	أَنْتُمْ
تُعْوَلْنَ	تُعْوَلْنَ	تُعْوَلْنَ	أُعْوِلْتُنَّ	أَعْوِلْنَ	تُعْوِلْنَ	تُعْوِلْنَ	تُعْوِلْنَ	أَعْوَلْتُنَّ	أَنْتُنَّ
يُعْوَلُوا	يُعْوَلُوا	يُعْوَلُونَ	أُعْوِلُوا		يُعْوِلُوا	يُعْوِلُوا	يُعْوِلُونَ	أَعْوَلُوا	هُمْ
يُعْوَلْنَ	يُعْوَلْنَ	يُعْوَلْنَ	أُعْوِلْنَ		يُعْوِلْنَ	يُعْوِلْنَ	يُعْوِلْنَ	أَعْوَلْنَ	هُنَّ

134	عَايَا 'āyā to speak enigmatically			Form III
AP: مُعاي	PP: مُعَايًى	VN: مُعَايَاةٌ	Rt: عبي	

Passive				Active					
Imperfect Jussive	Imperfect Subjunctive	Imperfect Indicative	Perfect	Imperative	Imperfect Jussive	Imperfect Subjunctive	Imperfect Indicative	Perfect	
أُعَايَ	أُعَايَى	أُعَايَى	عُويِيتُ		أُعَايِ	أُعَايِيَ	أُعَايِي	عَايَيْتُ	أَنا
تُعَايَ	تُعَايَى	تُعَايَى	عُويِيتَ	عَايِ	تُعَايِ	تُعَايِيَ	تُعَايِي	عَايَيْتَ	أَنْتَ
تُعَايَيْ	تُعَايَيْ	تُعَايَيْنَ	عُويِيتِ	عَايِي	تُعَايِي	تُعَايِي	تُعَايِينَ	عَايَيْتِ	أَنْتِ
يُعَايَ	يُعَايَى	يُعَايَى	عُويِيَ		يُعَايِ	يُعَايِيَ	يُعَايِي	عَايَا	هُوَ
تُعَايَ	تُعَايَى	تُعَايَى	عُويِيَتْ		تُعَايِ	تُعَايِيَ	تُعَايِي	عَايَتْ	هِيَ
تُعَايَيَا	تُعَايَيَا	تُعَايَيَانِ	عُويِيتُمَا	عَايِيَا	تُعَايِيَا	تُعَايِيَا	تُعَايِيَانِ	عَايَيْتُمَا	أَنْتُمَا
يُعَايَيَا	يُعَايَيَا	يُعَايَيَانِ	عُويِيَا		يُعَايِيَا	يُعَايِيَا	يُعَايِيَانِ	عَايَّا	هُمَا
تُعَايَيَا	تُعَايَيَا	تُعَايَيَانِ	عُويِيَتَا		تُعَايِيَا	تُعَايِيَا	تُعَايِيَانِ	عَايَتَا	هُمَا
نُعَايَ	نُعَايَى	نُعَايَى	عُويِينَا		نُعَايِ	نُعَايِيَ	نُعَايِي	عَايَيْنَا	نَحْنُ
تُعَايَوْا	تُعَايَوْا	تُعَايَوْنَ	عُويِيتُمْ	عَايُوا	تُعَايُوا	تُعَايُوا	تُعَايُونَ	عَايَيْتُمْ	أَنْتُمْ
تُعَايَيْنَ	تُعَايَيْنَ	تُعَايَيْنَ	عُويِيتُنَّ	عَايِينَ	تُعَايِينَ	تُعَايِينَ	تُعَايِينَ	عَايَيْتُنَّ	أَنْتُنَّ
يُعَايَوْا	يُعَايَوْا	يُعَايَوْنَ	عُويُوا		يُعَايُوا	يُعَايُوا	يُعَايُونَ	عَايَوْا	هُمْ
يُعَايَيْنَ	يُعَايَيْنَ	يُعَايَيْنَ	عُويِينَ		يُعَايِينَ	يُعَايِينَ	يُعَايِينَ	عَايَيْنَ	هُنَّ

135	أعْيَا a’yã to fatigue								Form IV
AP: مُعْيٍ		PP: مُعْيًى			VN: إِعْيَاءٌ		Rt: عيي		
Passive				Active					
Imperfect Jussive	Imperfect Subjunctive	Imperfect Indicative	Perfect	Imperative	Imperfect Jussive	Imperfect Subjunctive	Imperfect Indicative	Perfect	
أُعْيَ	أُعْيَا	أُعْيَا	أُعْيِيتُ		أُعْيِ	أُعْيِيَ	أُعْيِي	أَعْيَيْتُ	أنَا
تُعْيَ	تُعْيَا	تُعْيَا	أُعْيِيتَ	أَعْيِ	تُعْيِ	تُعْيِيَ	تُعْيِي	أَعْيَيْتَ	أَنْتَ
تُعْيَيْ	تُعْيَيْ	تُعْيَيْنَ	أُعْيِيتِ	أَعْيِي	تُعْيِي	تُعْيِي	تُعْيِينَ	أَعْيَيْتِ	أَنْتِ
يُعْيَ	يُعْيَا	يُعْيَا	أُعْيِيَ		يُعْيِ	يُعْيِيَ	يُعْيِي	أَعْيَا	هُوَ
تُعْيَ	تُعْيَا	تُعْيَا	أُعْيِيَتْ		تُعْيِ	تُعْيِيَ	تُعْيِي	أَعْيَتْ	هِيَ
تُعَيَّا	تُعَيَّا	تُعَيَّانِ	أُعْيِيتُمَا	أَعِيَّا	تُعِيَّا	تُعِيَّا	تُعِيَّانِ	أَعْيَيْتُمَا	أَنْتُمَا
يُعَيَّا	يُعَيَّا	يُعَيَّانِ	أُعِيَّا		يُعِيَّا	يُعِيَّا	يُعِيَّانِ	أَعَيَّا	هُمَا
تُعَيَّا	تُعَيَّا	تُعَيَّانِ	أُعِيَّتَا		تُعِيَّا	تُعِيَّا	تُعِيَّانِ	أَعْيَتَا	هُمَا
نُعْيَ	نُعْيَا	نُعْيَا	أُعْيِينَا		نُعْيِ	نُعْيِيَ	نُعْيِي	أَعْيَيْنَا	نَحْنُ
تُعْيَوْا	تُعْيَوْا	تُعْيَوْنَ	أُعْيِيتُمْ	أَعْيُوا	تُعْيُوا	تُعْيُوا	تُعْيُونَ	أَعْيَيْتُمْ	أَنْتُمْ
تُعْيَيْنَ	تُعْيَيْنَ	تُعْيَيْنَ	أُعْيِيتُنَّ	أَعْيِينَ	تُعْيِينَ	تُعْيِينَ	تُعْيِينَ	أَعْيَيْتُنَّ	أَنْتُنَّ
يُعْيَوْا	يُعْيَوْا	يُعْيَوْنَ	أُعِيُّوا		يُعْيُوا	يُعْيُوا	يُعْيُونَ	أَعْيَوْا	هُمْ
يُعْيَيْنَ	يُعْيَيْنَ	يُعْيَيْنَ	أُعْيِينَ		يُعْيِينَ	يُعْيِينَ	يُعْيِينَ	أَعْيَيْنَ	هُنَّ

136	غَضِبَ ghadiba to be angry			Form I
AP: غَاضِبٌ	PP: مَغْضُوبٌ	VN: غَضَبٌ	Rt: غضب	

Passive				Active					
Imperfect Jussive	Imperfect Subjunctive	Imperfect Indicative	Perfect	Imperative	Imperfect Jussive	Imperfect Subjunctive	Imperfect Indicative	Perfect	
أُغْضَبْ	أُغْضَبَ	أُغْضَبُ	غُضِبْتُ		أَغْضَبْ	أَغْضَبَ	أَغْضَبُ	غَضِبْتُ	أَنَا
تُغْضَبْ	تُغْضَبَ	تُغْضَبُ	غُضِبْتَ	اِغْضَبْ	تَغْضَبْ	تَغْضَبَ	تَغْضَبُ	غَضِبْتَ	أَنْتَ
تُغْضَبِي	تُغْضَبِي	تُغْضَبِينَ	غُضِبْتِ	اِغْضَبِي	تَغْضَبِي	تَغْضَبِي	تَغْضَبِينَ	غَضِبْتِ	أَنْتِ
يُغْضَبْ	يُغْضَبَ	يُغْضَبُ	غُضِبَ		يَغْضَبْ	يَغْضَبَ	يَغْضَبُ	غَضِبَ	هُوَ
تُغْضَبْ	تُغْضَبَ	تُغْضَبُ	غُضِبَتْ		تَغْضَبْ	تَغْضَبَ	تَغْضَبُ	غَضِبَتْ	هِيَ
تُغْضَبَا	تُغْضَبَا	تُغْضَبَانِ	غُضِبْتُمَا	اِغْضَبَا	تَغْضَبَا	تَغْضَبَا	تَغْضَبَانِ	غَضِبْتُمَا	أَنْتُمَا
يُغْضَبَا	يُغْضَبَا	يُغْضَبَانِ	غُضِبَا		يَغْضَبَا	يَغْضَبَا	يَغْضَبَانِ	غَضِبَا	هُمَا
تُغْضَبَا	تُغْضَبَا	تُغْضَبَانِ	غُضِبَتَا		تَغْضَبَا	تَغْضَبَا	تَغْضَبَانِ	غَضِبَتَا	هُمَا
نُغْضَبْ	نُغْضَبَ	نُغْضَبُ	غُضِبْنَا		نَغْضَبْ	نَغْضَبَ	نَغْضَبُ	غَضِبْنَا	نَحْنُ
تُغْضَبُوا	تُغْضَبُوا	تُغْضَبُونَ	غُضِبْتُمْ	اِغْضَبُوا	تَغْضَبُوا	تَغْضَبُوا	تَغْضَبُونَ	غَضِبْتُمْ	أَنْتُمْ
تُغْضَبْنَ	تُغْضَبْنَ	تُغْضَبْنَ	غُضِبْتُنَّ	اِغْضَبْنَ	تَغْضَبْنَ	تَغْضَبْنَ	تَغْضَبْنَ	غَضِبْتُنَّ	أَنْتُنَّ
يُغْضَبُوا	يُغْضَبُوا	يُغْضَبُونَ	غُضِبُوا		يَغْضَبُوا	يَغْضَبُوا	يَغْضَبُونَ	غَضِبُوا	هُمْ
تُغْضَبْنَ	تُغْضَبْنَ	تُغْضَبْنَ	غُضِبْنَ		يَغْضَبْنَ	يَغْضَبْنَ	يَغْضَبْنَ	غَضِبْنَ	هُنَّ

137	إِنْغَوَى inghawã to be tempted							Form VII	
AP: مُنْغَوٍ		PP: مُنْغَوًى			VN: إِنْغِوَاءٌ		Rt: غوي		
Passive				Active					
Imperfect Jussive	Imperfect Subjunctive	Imperfect Indicative	Perfect	Imperative	Imperfect Jussive	Imperfect Subjunctive	Imperfect Indicative	Perfect	
أُنْغَوَ	أُنْغَوَى	أُنْغَوَى	أُنْغُوِيتُ		أَنْغَوِ	أَنْغَوِيَ	أَنْغَوِي	إِنْغَوَيْتُ	أَنا
تُنْغَوَ	تُنْغَوَى	تُنْغَوَى	أُنْغُوِيتَ	اِنْغَوِ	تَنْغَوِ	تَنْغَوِيَ	تَنْغَوِي	إِنْغَوَيْتَ	أَنْتَ
تُنْغَوَيْ	تُنْغَوَيْ	تُنْغَوَيْنَ	أُنْغُوِيتِ	اِنْغَوِي	تَنْغَوِي	تَنْغَوِي	تَنْغَوِينَ	إِنْغَوَيْتِ	أَنْتِ
يُنْغَوَ	يُنْغَوَى	يُنْغَوَى	أُنْغُوِيَ		يَنْغَوِ	يَنْغَوِيَ	يَنْغَوِي	إِنْغَوَى	هُوَ
تُنْغَوَ	تُنْغَوَى	تُنْغَوَى	أُنْغُوِيَتْ		تَنْغَوِ	تَنْغَوِيَ	تَنْغَوِي	إِنْغَوَتْ	هِيَ
تُنْغَوَيَا	تُنْغَوَيَا	تُنْغَوَيَانِ	أُنْغُوِيتُمَا	اِنْغَوِيَا	تَنْغَوِيَا	تَنْغَوِيَا	تَنْغَوِيَانِ	إِنْغَوَيْتُمَا	أَنْتُمَا
يُنْغَوَيَا	يُنْغَوَيَا	يُنْغَوَيَانِ	أُنْغُوِيَا		يَنْغَوِيَا	يَنْغَوِيَا	يَنْغَوِيَانِ	إِنْغَوَيَا	هُمَا
تُنْغَوَيَا	تُنْغَوَيَا	تُنْغَوَيَانِ	أُنْغُوِيَتَا		تَنْغَوِيَا	تَنْغَوِيَا	تَنْغَوِيَانِ	إِنْغَوَتَا	هُمَا
نُنْغَوَ	نُنْغَوَى	نُنْغَوَى	أُنْغُوِينَا		نَنْغَوِ	نَنْغَوِيَ	نَنْغَوِي	إِنْغَوَيْنَا	نَحْنُ
تُنْغَوَوْا	تُنْغَوَوْا	تُنْغَوَوْنَ	أُنْغُوِيتُمْ	اِنْغَوُوا	تَنْغَوُوا	تَنْغَوُوا	تَنْغَوُونَ	إِنْغَوَيْتُمْ	أَنْتُمْ
تُنْغَوَيْنَ	تُنْغَوَيْنَ	تُنْغَوَيْنَ	أُنْغُوِيتُنَّ	اِنْغَوِينَ	تَنْغَوِينَ	تَنْغَوِينَ	تَنْغَوِينَ	إِنْغَوَيْتُنَّ	أَنْتُنَّ
يُنْغَوَوْا	يُنْغَوَوْا	يُنْغَوَوْنَ	أُنْغُوُوا		يَنْغَوُوا	يَنْغَوُوا	يَنْغَوُونَ	إِنْغَوَوْا	هُمْ
يُنْغَوَيْنَ	يُنْغَوَيْنَ	يُنْغَوَيْنَ	أُنْغُوِينَ		تَنْغَوِينَ	تَنْغَوِينَ	تَنْغَوِينَ	إِنْغَوَيْنَ	هُنَّ

138	غَيَّرَ ghayyara to change	Form II

AP: مُغَيِّر	PP: مُغَيَّر	VN: تَغْيِير	Rt: غير

Passive				Active					
Imperfect Jussive	Imperfect Subjunctive	Imperfect Indicative	Perfect	Imperative	Imperfect Jussive	Imperfect Subjunctive	Imperfect Indicative	Perfect	
أُغَيَّرْ	أُغَيَّرَ	أُغَيَّرُ	غُيِّرْتُ		أُغَيِّرْ	أُغَيِّرَ	أُغَيِّرُ	غَيَّرْتُ	أَنا
تُغَيَّرْ	تُغَيَّرَ	تُغَيَّرُ	غُيِّرْتَ	غَيِّرْ	تُغَيِّرْ	تُغَيِّرَ	تُغَيِّرُ	غَيَّرْتَ	أَنْتَ
تُغَيَّرِي	تُغَيَّرِي	تُغَيَّرِينَ	غُيِّرْتِ	غَيِّرِي	تُغَيِّرِي	تُغَيِّرِي	تُغَيِّرِينَ	غَيَّرْتِ	أَنْتِ
يُغَيَّرْ	يُغَيَّرَ	يُغَيَّرُ	غُيِّرَ		يُغَيِّرْ	يُغَيِّرَ	يُغَيِّرُ	غَيَّرَ	هُوَ
تُغَيَّرْ	تُغَيَّرَ	تُغَيَّرُ	غُيِّرَتْ		تُغَيِّرْ	تُغَيِّرَ	تُغَيِّرُ	غَيَّرَتْ	هِيَ
تُغَيَّرَا	تُغَيَّرَا	تُغَيَّرَانِ	غُيِّرْتُمَا	غَيِّرَا	تُغَيِّرَا	تُغَيِّرَا	تُغَيِّرَانِ	غَيَّرْتُمَا	أَنْتُمَا
يُغَيَّرَا	يُغَيَّرَا	يُغَيَّرَانِ	غُيِّرَا		يُغَيِّرَا	يُغَيِّرَا	يُغَيِّرَانِ	غَيَّرَا	هُمَا
تُغَيَّرَا	تُغَيَّرَا	تُغَيَّرَانِ	غُيِّرَتَا		تُغَيِّرَا	تُغَيِّرَا	تُغَيِّرَانِ	غَيَّرَتَا	هُمَا
نُغَيَّرْ	نُغَيَّرَ	نُغَيَّرُ	غُيِّرْنَا		نُغَيِّرْ	نُغَيِّرَ	نُغَيِّرُ	غَيَّرْنَا	نَحْنُ
تُغَيَّرُوا	تُغَيَّرُوا	تُغَيَّرُونَ	غُيِّرْتُمْ	غَيِّرُوا	تُغَيِّرُوا	تُغَيِّرُوا	تُغَيِّرُونَ	غَيَّرْتُمْ	أَنْتُمْ
تُغَيَّرْنَ	تُغَيَّرْنَ	تُغَيَّرْنَ	غُيِّرْتُنَّ	غَيِّرْنَ	تُغَيِّرْنَ	تُغَيِّرْنَ	تُغَيِّرْنَ	غَيَّرْتُنَّ	أَنْتُنَّ
يُغَيَّرُوا	يُغَيَّرُوا	يُغَيَّرُونَ	غُيِّرُوا		يُغَيِّرُوا	يُغَيِّرُوا	يُغَيِّرُونَ	غَيَّرُوا	هُمْ
يُغَيَّرْنَ	يُغَيَّرْنَ	يُغَيَّرْنَ	غُيِّرْنَ		يُغَيِّرْنَ	يُغَيِّرْنَ	يُغَيِّرْنَ	غَيَّرْنَ	هُنَّ

139	فَاجَأَ fãja'a to take by surprise	Form III
AP: مُفَاجِئٌ	PP: مُفَاجَأٌ	VN: مُفَاجَأَةٌ	Rt: فجأ

Passive				Active					
Imperfect Jussive	Imperfect Subjunctive	Imperfect Indicative	Perfect	Imperative	Imperfect Jussive	Imperfect Subjunctive	Imperfect Indicative	Perfect	
أُفَاجَأْ	أُفَاجَأَ	أُفَاجَأُ	فُوجِئْتُ		أُفَاجِئْ	أُفَاجِئَ	أُفَاجِئُ	فَاجَأْتُ	أَنَا
تُفَاجَأْ	تُفَاجَأَ	تُفَاجَأُ	فُوجِئْتَ	فَاجِئْ	تُفَاجِئْ	تُفَاجِئَ	تُفَاجِئُ	فَاجَأْتَ	أَنْتَ
تُفَاجَئِي	تُفَاجَئِي	تُفَاجَئِينَ	فُوجِئْتِ	فَاجِئِي	تُفَاجِئِي	تُفَاجِئِي	تُفَاجِئِينَ	فَاجَأْتِ	أَنْتِ
يُفَاجَأْ	يُفَاجَأَ	يُفَاجَأُ	فُوجِئَ		يُفَاجِئْ	يُفَاجِئَ	يُفَاجِئُ	فَاجَأَ	هُوَ
تُفَاجَأْ	تُفَاجَأَ	تُفَاجَأُ	فُوجِئَتْ		تُفَاجِئْ	تُفَاجِئَ	تُفَاجِئُ	فَاجَأَتْ	هِيَ
تُفَاجَآ	تُفَاجَآ	تُفَاجَآنِ	فُوجِئْتُمَا	فَاجِئَا	تُفَاجِئَا	تُفَاجِئَا	تُفَاجِئَانِ	فَاجَأْتُمَا	أَنْتُمَا
يُفَاجَآ	يُفَاجَآ	يُفَاجَآنِ	فُوجِئَا		يُفَاجِئَا	يُفَاجِئَا	يُفَاجِئَانِ	فَاجَآ	هُمَا
تُفَاجَآ	تُفَاجَآ	تُفَاجَآنِ	فُوجِئَتَا		تُفَاجِئَا	تُفَاجِئَا	تُفَاجِئَانِ	فَاجَأَتَا	هُمَا
نُفَاجَأْ	نُفَاجَأَ	نُفَاجَأُ	فُوجِئْنَا		نُفَاجِئْ	نُفَاجِئَ	نُفَاجِئُ	فَاجَأْنَا	نَحْنُ
تُفَاجَؤُوا	تُفَاجَؤُوا	تُفَاجَؤُونَ	فُوجِئْتُمْ	فَاجِئُوا	تُفَاجِئُوا	تُفَاجِئُوا	تُفَاجِئُونَ	فَاجَأْتُمْ	أَنْتُمْ
تُفَاجَأْنَ	تُفَاجَأْنَ	تُفَاجَأْنَ	فُوجِئْتُنَّ	فَاجِئْنَ	تُفَاجِئْنَ	تُفَاجِئْنَ	تُفَاجِئْنَ	فَاجَأْتُنَّ	أَنْتُنَّ
يُفَاجَؤُوا	يُفَاجَؤُوا	يُفَاجَؤُونَ	فُوجِئُوا		يُفَاجِئُوا	يُفَاجِئُوا	يُفَاجِئُونَ	فَاجَؤُوا	هُمْ
يُفَاجَأْنَ	يُفَاجَأْنَ	يُفَاجَأْنَ	فُوجِئْنَ		يُفَاجِئْنَ	يُفَاجِئْنَ	يُفَاجِئْنَ	فَاجَأْنَ	هُنَّ

140	فَرَّ farra to flee	Form I

AP: فَارٌّ	PP: مَفْرُورٌ	VN: فَرٌّ / فِرَارٌ / مَفَرٌّ	Rt: فرر

Passive				Active					
Imperfect Jussive	Imperfect Subjunctive	Imperfect Indicative	Perfect	Imperative	Imperfect Jussive	Imperfect Subjunctive	Imperfect Indicative	Perfect	
أُفْرَرْ	أُفَرَّ	أُفَرُّ	فُرِرْتُ		أَفْرِرْ	أَفِرَّ	أَفِرُّ	فَرَرْتُ	أَنَا
تُفْرَرْ	تُفَرَّ	تُفَرُّ	فُرِرْتَ	فِرَّ	تَفْرِرْ	تَفِرَّ	تَفِرُّ	فَرَرْتَ	أَنْتَ
تُفَرِّي	تُفَرِّي	تُفَرِّينَ	فُرِرْتِ	فِرِّي	تَفِرِّي	تَفِرِّي	تَفِرِّينَ	فَرَرْتِ	أَنْتِ
يُفْرَرْ	يُفَرَّ	يُفَرُّ	فُرَّ		يَفْرِرْ	يَفِرَّ	يَفِرُّ	فَرَّ	هُوَ
تُفْرَرْ	تُفَرَّ	تُفَرُّ	فُرَّتْ		تَفْرِرْ	تَفِرَّ	تَفِرُّ	فَرَّتْ	هِيَ
تُفَرَّا	تُفَرَّا	تُفَرَّانِ	فُرِرْتُمَا	فِرَّا	تَفِرَّا	تَفِرَّا	تَفِرَّانِ	فَرَرْتُمَا	أَنْتُمَا
يُفَرَّا	يُفَرَّا	يُفَرَّانِ	فُرَّا		يَفِرَّا	يَفِرَّا	يَفِرَّانِ	فَرَّا	هُمَا
تُفَرَّا	تُفَرَّا	تُفَرَّانِ	فُرَّتَا		تَفِرَّا	تَفِرَّا	تَفِرَّانِ	فَرَّتَا	هُمَا
نُفْرَرْ	نُفَرَّ	نُفَرُّ	فُرِرْنَا		نَفْرِرْ	نَفِرَّ	نَفِرُّ	فَرَرْنَا	نَحْنُ
تُفَرُّوا	تُفَرُّوا	تُفَرُّونَ	فُرِرْتُمْ	فِرُّوا	تَفِرُّوا	تَفِرُّوا	تَفِرُّونَ	فَرَرْتُمْ	أَنْتُمْ
تُفْرَرْنَ	تُفْرَرْنَ	تُفْرَرْنَ	فُرِرْتُنَّ	اِفْرِرْنَ	تَفْرِرْنَ	تَفْرِرْنَ	تَفْرِرْنَ	فَرَرْتُنَّ	أَنْتُنَّ
يُفَرُّوا	يُفَرُّوا	يُفَرُّونَ	فُرُّوا		يَفِرُّوا	يَفِرُّوا	يَفِرُّونَ	فَرُّوا	هُمْ
يُفْرَرْنَ	يُفْرَرْنَ	يُفْرَرْنَ	فُرِرْنَ		يَفْرِرْنَ	يَفْرِرْنَ	يَفْرِرْنَ	فَرَرْنَ	هُنَّ

141	قَرَّرَ qarrara to decide							Form II	
AP: مُقَرِّرٌ		PP: مُقَرَّرٌ			VN: تَقْرِيرٌ		Rt: قرر		
Passive				Active					
Imperfect Jussive	Imperfect Subjunctive	Imperfect Indicative	Perfect	Imperative	Imperfect Jussive	Imperfect Subjunctive	Imperfect Indicative	Perfect	
أُقَرَّرْ	أُقَرَّرَ	أُقَرَّرُ	قُرِّرْتُ		أُقَرِّرْ	أُقَرِّرَ	أُقَرِّرُ	قَرَّرْتُ	أنا
تُقَرَّرْ	تُقَرَّرَ	تُقَرَّرُ	قُرِّرْتَ	قَرِّرْ	تُقَرِّرْ	تُقَرِّرَ	تُقَرِّرُ	قَرَّرْتَ	أَنْتَ
تُقَرَّرِي	تُقَرَّرِي	تُقَرَّرِينَ	قُرِّرْتِ	قَرِّرِي	تُقَرِّرِي	تُقَرِّرِي	تُقَرِّرِينَ	قَرَّرْتِ	أَنْتِ
يُقَرَّرْ	يُقَرَّرَ	يُقَرَّرُ	قُرِّرَ		يُقَرِّرْ	يُقَرِّرَ	يُقَرِّرُ	قَرَّرَ	هُوَ
تُقَرَّرْ	تُقَرَّرَ	تُقَرَّرُ	قُرِّرَتْ		تُقَرِّرْ	تُقَرِّرَ	تُقَرِّرُ	قَرَّرَتْ	هِيَ
تُقَرَّرَا	تُقَرَّرَا	تُقَرَّرَانِ	قُرِّرْتُمَا	قَرِّرَا	تُقَرِّرَا	تُقَرِّرَا	تُقَرِّرَانِ	قَرَّرْتُمَا	أَنْتُمَا
يُقَرَّرَا	يُقَرَّرَا	يُقَرَّرَانِ	قُرِّرَا		يُقَرِّرَا	يُقَرِّرَا	يُقَرِّرَانِ	قَرَّرَا	هُمَا
تُقَرَّرَا	تُقَرَّرَا	تُقَرَّرَانِ	قُرِّرَتَا		تُقَرِّرَا	تُقَرِّرَا	تُقَرِّرَانِ	قَرَّرَتَا	هُمَا
نُقَرَّرْ	نُقَرَّرَ	نُقَرَّرُ	قُرِّرْنَا		نُقَرِّرْ	نُقَرِّرَ	نُقَرِّرُ	قَرَّرْنَا	نَحْنُ
تُقَرَّرُوا	تُقَرَّرُوا	تُقَرَّرُونَ	قُرِّرْتُمْ	قَرِّرُوا	تُقَرِّرُوا	تُقَرِّرُوا	تُقَرِّرُونَ	قَرَّرْتُمْ	أَنْتُمْ
تُقَرَّرْنَ	تُقَرَّرْنَ	تُقَرَّرْنَ	قُرِّرْتُنَّ	قَرِّرْنَ	تُقَرِّرْنَ	تُقَرِّرْنَ	تُقَرِّرْنَ	قَرَّرْتُنَّ	أَنْتُنَّ
يُقَرَّرُوا	يُقَرَّرُوا	يُقَرَّرُونَ	قُرِّرُوا		يُقَرِّرُوا	يُقَرِّرُوا	يُقَرِّرُونَ	قَرَّرُوا	هُمْ
يُقَرَّرْنَ	يُقَرَّرْنَ	يُقَرَّرْنَ	قُرِّرْنَ		يُقَرِّرْنَ	يُقَرِّرْنَ	يُقَرِّرْنَ	قَرَّرْنَ	هُنَّ

142	إِنْقَلَبَ inqalaba to be overturned	Form VII

AP: مُنْقَلِبٌ	PP: مُنْقَلَبٌ	VN: إِنْقِلَابٌ	Rt: قلب

Passive				Active					
Imperfect Jussive	Imperfect Subjunctive	Imperfect Indicative	Perfect	Imperative	Imperfect Jussive	Imperfect Subjunctive	Imperfect Indicative	Perfect	
أُنْقَلَبْ	أُنْقَلَبَ	أُنْقَلَبُ	أُنْقُلِبْتُ		أَنْقَلِبْ	أَنْقَلِبَ	أَنْقَلِبُ	إِنْقَلَبْتُ	أَنا
تُنْقَلَبْ	تُنْقَلَبَ	تُنْقَلَبُ	أُنْقُلِبْتَ	إِنْقَلِبْ	تَنْقَلِبْ	تَنْقَلِبَ	تَنْقَلِبُ	إِنْقَلَبْتَ	أَنْتَ
تُنْقَلَبِي	تُنْقَلَبِي	تُنْقَلَبِينَ	أُنْقُلِبْتِ	إِنْقَلِبِي	تَنْقَلِبِي	تَنْقَلِبِي	تَنْقَلِبِينَ	إِنْقَلَبْتِ	أَنْتِ
يُنْقَلَبْ	يُنْقَلَبَ	يُنْقَلَبُ	أُنْقُلِبَ		يَنْقَلِبْ	يَنْقَلِبَ	يَنْقَلِبُ	إِنْقَلَبَ	هُوَ
تُنْقَلَبْ	تُنْقَلَبَ	تُنْقَلَبُ	أُنْقُلِبَتْ		تَنْقَلِبْ	تَنْقَلِبَ	تَنْقَلِبُ	إِنْقَلَبَتْ	هِيَ
تُنْقَلَبَا	تُنْقَلَبَا	تُنْقَلَبَانِ	أُنْقُلِبْتُمَا	إِنْقَلِبَا	تَنْقَلِبَا	تَنْقَلِبَا	تَنْقَلِبَانِ	إِنْقَلَبْتُمَا	أَنْتُمَا
يُنْقَلَبَا	يُنْقَلَبَا	يُنْقَلَبَانِ	أُنْقُلِبَا		يَنْقَلِبَا	يَنْقَلِبَا	يَنْقَلِبَانِ	إِنْقَلَبَا	هُمَا
تُنْقَلَبَا	تُنْقَلَبَا	تُنْقَلَبَانِ	أُنْقُلِبَتَا		تَنْقَلِبَا	تَنْقَلِبَا	تَنْقَلِبَانِ	إِنْقَلَبَتَا	هُمَا
نُنْقَلَبْ	نُنْقَلَبَ	نُنْقَلَبُ	أُنْقُلِبْنَا		نَنْقَلِبْ	نَنْقَلِبَ	نَنْقَلِبُ	إِنْقَلَبْنَا	نَحْنُ
تُنْقَلَبُوا	تُنْقَلَبُوا	تُنْقَلَبُونَ	أُنْقُلِبْتُمْ	إِنْقَلِبُوا	تَنْقَلِبُوا	تَنْقَلِبُوا	تَنْقَلِبُونَ	إِنْقَلَبْتُمْ	أَنْتُمْ
تُنْقَلَبْنَ	تُنْقَلَبْنَ	تُنْقَلَبْنَ	أُنْقُلِبْتُنَّ	إِنْقَلِبْنَ	تَنْقَلِبْنَ	تَنْقَلِبْنَ	تَنْقَلِبْنَ	إِنْقَلَبْتُنَّ	أَنْتُنَّ
يُنْقَلَبُوا	يُنْقَلَبُوا	يُنْقَلَبُونَ	أُنْقُلِبُوا		يَنْقَلِبُوا	يَنْقَلِبُوا	يَنْقَلِبُونَ	إِنْقَلَبُوا	هُمْ
يُنْقَلَبْنَ	يُنْقَلَبْنَ	يُنْقَلَبْنَ	أُنْقُلِبْنَ		يَنْقَلِبْنَ	يَنْقَلِبْنَ	يَنْقَلِبْنَ	إِنْقَلَبْنَ	هُنَّ

143	إِنْقَادَ inqāda to be led (by)								Form VII
AP: مُنْقَادٌ		PP: مُنْقَادٌ			VN: إِنْقِيَادٌ		Rt: قود		
Passive				Active					
Imperfect Jussive	Imperfect Subjunctive	Imperfect Indicative	Perfect	Imperative	Imperfect Jussive	Imperfect Subjunctive	Imperfect Indicative	Perfect	
أُنْقَدْ	أُنْقَادَ	أُنْقَادُ	أُنْقِدْتُ		أَنْقَدْ	أَنْقَادَ	أَنْقَادُ	إِنْقَدْتُ	أنا
تُنْقَدْ	تُنْقَادَ	تُنْقَادُ	أُنْقِدْتَ	اِنْقَدْ	تَنْقَدْ	تَنْقَادَ	تَنْقَادُ	إِنْقَدْتَ	أَنْتَ
تُنْقَادِي	تُنْقَادِي	تُنْقَادِينَ	أُنْقِدْتِ	اِنْقَادِي	تَنْقَادِي	تَنْقَادِي	تَنْقَادِينَ	إِنْقَدْتِ	أَنْتِ
يُنْقَدْ	يُنْقَادَ	يُنْقَادُ	أُنْقِيدَ		يَنْقَدْ	يَنْقَادَ	يَنْقَادُ	إِنْقَادَ	هُوَ
تُنْقَدْ	تُنْقَادَ	تُنْقَادُ	أُنْقِيدَتْ		تَنْقَدْ	تَنْقَادَ	تَنْقَادُ	إِنْقَادَتْ	هِيَ
تُنْقَادَا	تُنْقَادَا	تُنْقَادَانِ	أُنْقِدْتُمَا	اِنْقَادَا	تَنْقَادَا	تَنْقَادَا	تَنْقَادَانِ	إِنْقَدْتُمَا	أَنْتُمَا
يُنْقَادَا	يُنْقَادَا	يُنْقَادَانِ	أُنْقِيدَا		يَنْقَادَا	يَنْقَادَا	يَنْقَادَانِ	إِنْقَادَا	هُمَا
تُنْقَادَا	تُنْقَادَا	تُنْقَادَانِ	أُنْقِيدَتَا		تَنْقَادَا	تَنْقَادَا	تَنْقَادَانِ	إِنْقَادَتَا	هُمَا
نُنْقَدْ	نُنْقَادَ	نُنْقَادُ	أُنْقِدْنَا		نَنْقَدْ	نَنْقَادَ	نَنْقَادُ	إِنْقَدْنَا	نَحْنُ
تُنْقَادُوا	تُنْقَادُوا	تُنْقَادُونَ	أُنْقِدْتُم	اِنْقَادُوا	تَنْقَادُوا	تَنْقَادُوا	تَنْقَادُونَ	إِنْقَدْتُم	أَنْتُمْ
تُنْقَدْنَ	تُنْقَدْنَ	تُنْقَدْنَ	أُنْقِدْتُنَّ	اِنْقَدْنَ	تَنْقَدْنَ	تَنْقَدْنَ	تَنْقَدْنَ	إِنْقَدْتُنَّ	أَنْتُنَّ
يُنْقَادُوا	يُنْقَادُوا	يُنْقَادُونَ	أُنْقِيدُوا		يَنْقَادُوا	يَنْقَادُوا	يَنْقَادُونَ	إِنْقَادُوا	هُمْ
يُنْقَدْنَ	يُنْقَدْنَ	يُنْقَدْنَ	أُنْقِدْنَ		يَنْقَدْنَ	يَنْقَدْنَ	يَنْقَدْنَ	إِنْقَدْنَ	هُنَّ

144	قَوْقَعَ qawqa'a to limit	Form QI

AP: مُقَوْقِعٌ	PP: مُقَوْقَعٌ	VN: قَوْقَعَةٌ	Rt: قوقع

Passive				Active					
Imperfect Jussive	Imperfect Subjunctive	Imperfect Indicative	Perfect	Imperative	Imperfect Jussive	Imperfect Subjunctive	Imperfect Indicative	Perfect	
أُقَوْقَعْ	أُقَوْقَعَ	أُقَوْقَعُ	قُوْقِعْتُ		أُقَوْقِعْ	أُقَوْقِعَ	أُقَوْقِعُ	قَوْقَعْتُ	أنا
تُقَوْقَعْ	تُقَوْقَعَ	تُقَوْقَعُ	قُوْقِعْتَ	قَوْقِعْ	تُقَوْقِعْ	تُقَوْقِعَ	تُقَوْقِعُ	قَوْقَعْتَ	أَنْتَ
تُقَوْقَعِي	تُقَوْقَعِي	تُقَوْقَعِينَ	قُوْقِعْتِ	قَوْقِعِي	تُقَوْقِعِي	تُقَوْقِعِي	تُقَوْقِعِينَ	قَوْقَعْتِ	أَنْتِ
يُقَوْقَعْ	يُقَوْقَعَ	يُقَوْقَعُ	قُوْقِعَ		يُقَوْقِعْ	يُقَوْقِعَ	يُقَوْقِعُ	قَوْقَعَ	هُوَ
تُقَوْقَعْ	تُقَوْقَعَ	تُقَوْقَعُ	قُوْقِعَتْ		تُقَوْقِعْ	تُقَوْقِعَ	تُقَوْقِعُ	قَوْقَعَتْ	هِيَ
تُقَوْقَعَا	تُقَوْقَعَا	تُقَوْقَعَانِ	قُوْقِعْتُمَا	قَوْقِعَا	تُقَوْقِعَا	تُقَوْقِعَا	تُقَوْقِعَانِ	قَوْقَعْتُمَا	أَنْتُمَا
يُقَوْقَعَا	يُقَوْقَعَا	يُقَوْقَعَانِ	قُوْقِعَا		يُقَوْقِعَا	يُقَوْقِعَا	يُقَوْقِعَانِ	قَوْقَعَا	هُمَا
تُقَوْقَعَا	تُقَوْقَعَا	تُقَوْقَعَانِ	قُوْقِعَتَا		تُقَوْقِعَا	تُقَوْقِعَا	تُقَوْقِعَانِ	قَوْقَعَتَا	هُمَا
نُقَوْقَعْ	نُقَوْقَعَ	نُقَوْقَعُ	قُوْقِعْنَا		نُقَوْقِعْ	نُقَوْقِعَ	نُقَوْقِعُ	قَوْقَعْنَا	نَحْنُ
تُقَوْقَعُوا	تُقَوْقَعُوا	تُقَوْقَعُونَ	قُوْقِعْتُمْ	قَوْقِعُوا	تُقَوْقِعُوا	تُقَوْقِعُوا	تُقَوْقِعُونَ	قَوْقَعْتُمْ	أَنْتُمْ
تُقَوْقَعْنَ	تُقَوْقَعْنَ	تُقَوْقَعْنَ	قُوْقِعْتُنَّ	قَوْقِعْنَ	تُقَوْقِعْنَ	تُقَوْقِعْنَ	تُقَوْقِعْنَ	قَوْقَعْتُنَّ	أَنْتُنَّ
يُقَوْقَعُوا	يُقَوْقَعُوا	يُقَوْقَعُونَ	قُوْقِعُوا		يُقَوْقِعُوا	يُقَوْقِعُوا	يُقَوْقِعُونَ	قَوْقَعُوا	هُمْ
يُقَوْقَعْنَ	يُقَوْقَعْنَ	يُقَوْقَعْنَ	قُوْقِعْنَ		يُقَوْقِعْنَ	يُقَوْقِعْنَ	يُقَوْقِعْنَ	قَوْقَعْنَ	هُنَّ

145	قَالَ qãla to say								Form I
AP: قَائِلٌ		PP: مَقُولٌ			VN: قَوْلٌ		Rt: قول		
Passive				Active					
Imperfect Jussive	Imperfect Subjunctive	Imperfect Indicative	Perfect	Imperative	Imperfect Jussive	Imperfect Subjunctive	Imperfect Indicative	Perfect	
أُقَلْ	أُقَالَ	أُقَالُ	قِلتُ		أَقُلْ	أَقُولَ	أَقُولُ	قُلْتُ	أنا
تُقَلْ	تُقَالَ	تُقَالُ	قِلتَ	قُلْ	تَقُلْ	تَقُولَ	تَقُولُ	قُلْتَ	أَنْتَ
تُقَالِي	تُقَالِي	تُقَالِينَ	قِلتِ	قُولِي	تَقُولِي	تَقُولِي	تَقُولِينَ	قُلْتِ	أَنْتِ
يُقَلْ	يُقَالَ	يُقَالُ	قِيلَ		يَقُلْ	يَقُولَ	يَقُولُ	قَالَ	هُوَ
تُقَلْ	تُقَالَ	تُقَالُ	قِيلَتْ		تَقُلْ	تَقُولَ	تَقُولُ	قَالَتْ	هِيَ
تُقَالاَ	تُقَالاَ	تُقَالاَنِ	قِلْتُمَا	قُولاَ	تَقُولاَ	تَقُولاَ	تَقُولاَنِ	قُلْتُمَا	أَنْتُمَا
يُقَالاَ	يُقَالاَ	يُقَالاَنِ	قِيلاَ		يَقُولاَ	يَقُولاَ	يَقُولاَنِ	قَالاَ	هُمَا
تُقَالاَ	تُقَالاَ	تُقَالاَنِ	قِيلَتَا		تَقُولاَ	تَقُولاَ	تَقُولاَنِ	قَالَتَا	هُمَا
نُقَلْ	نُقَالَ	نُقَالُ	قِلْنَ		نَقُلْ	نَقُولَ	نَقُولُ	قُلْنَا	نَحْنُ
تُقَالُوا	تُقَالُوا	تُقَالُونَ	قِلْتُمْ	قُولُوا	تَقُولُوا	تَقُولُوا	تَقُولُونَ	قُلْتُمْ	أَنْتُمْ
تُقَلْنَ	تُقَلْنَ	تُقَلْنَ	قِلْتُنَّ	قُلْنَ	تَقُلْنَ	تَقُلْنَ	تَقُلْنَ	قُلْتُنَّ	أَنْتُنَّ
يُقَالُوا	يُقَالُوا	يُقَالُونَ	قِيلُوا		يَقُولُوا	يَقُولُوا	يَقُولُونَ	قَالُوا	هُمْ
يُقَلْنَ	يُقَلْنَ	يُقَلْنَ	قِلْنَ		يَقُلْنَ	يَقُلْنَ	يَقُلْنَ	قُلْنَ	هُنَّ

146	قَوِيَ qawiya to be strong									Form I
AP: قَاوٍ		PP: مَقْوِيٌّ			VN: قُوَّةٌ			Rt: قوي		
	Passive				Active					
Imperfect Jussive	Imperfect Subjunctive	Imperfect Indicative	Perfect	Imperative	Imperfect Jussive	Imperfect Subjunctive	Imperfect Indicative	Perfect		
أُقْوَ	أُقْوَى	أُقْوَى	قُوِيتُ		أَقْوَ	أَقْوَى	أَقْوَى	قَوِيتُ	أَنَا
تُقْوَ	تُقْوَى	تُقْوَى	قُوِيتَ	اِقْوَ	تَقْوَ	تَقْوَى	تَقْوَى	قَوِيتَ	أَنْتَ
تُقْوَيْ	تُقْوَيْ	تُقْوَيْنَ	قُوِيتِ	اِقْوَيْ	تَقْوَيْ	تَقْوَيْ	تَقْوَيْنَ	قَوِيتِ	أَنْتِ
يُقْوَ	يُقْوَى	يُقْوَى	قُوِيَ		يَقْوَ	يَقْوَى	يَقْوَى	قَوِيَ	هُوَ
تُقْوَ	تُقْوَى	تُقْوَى	قُوِيَتْ		تَقْوَ	تَقْوَى	تَقْوَى	قَوِيَتْ	هِيَ
تُقْوَيَا	تُقْوَيَا	تُقْوَيَانِ	قُوِيتُمَا	اِقْوَيَا	تَقْوَيَا	تَقْوَيَا	تَقْوَيَانِ	قَوِيتُمَا	أَنْتُمَا
يُقْوَيَا	يُقْوَيَا	يُقْوَيَانِ	قُوِيَا		يَقْوَيَا	يَقْوَيَا	يَقْوَيَانِ	قَوِيَا	هُمَا
تُقْوَيَا	تُقْوَيَا	تُقْوَيَانِ	قُوِيَتَا		تَقْوَيَا	تَقْوَيَا	تَقْوَيَانِ	قَوِيَتَا	هُمَا
نُقْوَ	نُقْوَى	نُقْوَى	قُوِينَا		نَقْوَ	نَقْوَى	نَقْوَى	قَوِينَا	نَحْنُ
تُقْوَوْا	تُقْوَوْا	تُقْوَوْنَ	قُوِيتُمْ	اِقْوَوْا	تَقْوَوْا	تَقْوَوْا	تَقْوَوْنَ	قَوِيتُمْ	أَنْتُمْ
تُقْوَيْنَ	تُقْوَيْنَ	تُقْوَيْنَ	قُوِيتُنَّ	اِقْوَيْنَ	تَقْوَيْنَ	تَقْوَيْنَ	تَقْوَيْنَ	قَوِيتُنَّ	أَنْتُنَّ
يُقْوَوْا	يُقْوَوْا	يُقْوَوْنَ	قُوُوا		يَقْوَوْا	يَقْوَوْا	يَقْوَوْنَ	قَوُوا	هُمْ
يُقْوَيْنَ	يُقْوَيْنَ	يُقْوَيْنَ	قُوِينَ		يَقْوَيْنَ	يَقْوَيْنَ	يَقْوَيْنَ	قَوِينَ	هُنَّ

147	إِسْتَقْوَى istaqwã to pluck up courage							Form X	
AP: مُسْتَقْوٍ			PP: مُسْتَقْوًى			VN: إِسْتِقْوَاءٌ		Rt: قوي	
Passive				Active					
Imperfect Jussive	Imperfect Subjunctive	Imperfect Indicative	Perfect	Imperative	Imperfect Jussive	Imperfect Subjunctive	Imperfect Indicative	Perfect	
أُسْتَقْوَ	أُسْتَقْوَى	أُسْتَقْوَى	أُسْتُقْوِيتُ		أَسْتَقْوِ	أَسْتَقْوِيَ	أَسْتَقْوِي	إِسْتَقْوَيْتُ	أَنا
تُسْتَقْوَ	تُسْتَقْوَى	تُسْتَقْوَى	أُسْتُقْوِيتَ	اِسْتَقْوِ	تَسْتَقْوِ	تَسْتَقْوِيَ	تَسْتَقْوِي	إِسْتَقْوَيْتَ	أَنْتَ
تُسْتَقْوَيْ	تُسْتَقْوَيْ	تُسْتَقْوَيْنَ	أُسْتُقْوِيتِ	اِسْتَقْوِي	تَسْتَقْوِي	تَسْتَقْوِي	تَسْتَقْوِينَ	إِسْتَقْوَيْتِ	أَنْتِ
يُسْتَقْوَ	يُسْتَقْوَى	يُسْتَقْوَى	أُسْتُقْوِيَ		يَسْتَقْوِ	يَسْتَقْوِيَ	يَسْتَقْوِي	إِسْتَقْوَى	هُوَ
تُسْتَقْوَ	تُسْتَقْوَى	تُسْتَقْوَى	أُسْتُقْوِيَتْ		تَسْتَقْوِ	تَسْتَقْوِيَ	تَسْتَقْوِي	إِسْتَقْوَتْ	هِيَ
تُسْتَقْوَيَا	تُسْتَقْوَيَا	تُسْتَقْوَيَانِ	أُسْتُقْوِيتُمَا	اِسْتَقْوِيَا	تَسْتَقْوِيَا	تَسْتَقْوِيَا	تَسْتَقْوِيَانِ	إِسْتَقْوَيْتُمَا	أَنْتُمَا
يُسْتَقْوَيَا	يُسْتَقْوَيَا	يُسْتَقْوَيَانِ	أُسْتُقْوِيَا		يَسْتَقْوِيَا	يَسْتَقْوِيَا	يَسْتَقْوِيَانِ	إِسْتَقْوَيَا	هُمَا
تُسْتَقْوَيَا	تُسْتَقْوَيَا	تُسْتَقْوَيَانِ	أُسْتُقْوِيَتَا		تَسْتَقْوِيَا	تَسْتَقْوِيَا	تَسْتَقْوِيَانِ	إِسْتَقْوَتَا	هُمَا
نُسْتَقْوَ	نُسْتَقْوَى	نُسْتَقْوَى	أُسْتُقْوِينَا		نَسْتَقْوِ	نَسْتَقْوِيَ	نَسْتَقْوِي	إِسْتَقْوَيْنَا	نَحْنُ
تُسْتَقْوَوْا	تُسْتَقْوَوْا	تُسْتَقْوَوْنَ	أُسْتُقْوِيتُمْ	اِسْتَقْوُوا	تَسْتَقْوُوا	تَسْتَقْوُوا	تَسْتَقْوُونَ	إِسْتَقْوَيْتُمْ	أَنْتُمْ
تُسْتَقْوَيْنَ	تُسْتَقْوَيْنَ	تُسْتَقْوَيْنَ	أُسْتُقْوِيتُنَّ	اِسْتَقْوِينَ	تَسْتَقْوِينَ	تَسْتَقْوِينَ	تَسْتَقْوِينَ	إِسْتَقْوَيْتُنَّ	أَنْتُنَّ
يُسْتَقْوَوْا	يُسْتَقْوَوْا	يُسْتَقْوَوْنَ	أُسْتُقْوُوا		يَسْتَقْوُوا	يَسْتَقْوُوا	يَسْتَقْوُونَ	إِسْتَقْوَوْا	هُمْ
يُسْتَقْوَيْنَ	يُسْتَقْوَيْنَ	يُسْتَقْوَيْنَ	أُسْتُقْوِينَ		يَسْتَقْوِينَ	يَسْتَقْوِينَ	يَسْتَقْوِينَ	إِسْتَقْوَيْنَ	هُنَّ

148	كَتَبَ kataba to write								Form I
AP: كَاتِبٌ			PP: مَكْتُوبٌ		VN: كَتْبٌ / كِتَابَةٌ / كِتْبَةٌ			Rt: كتب	
Passive				Active					
Imperfect Jussive	Imperfect Subjunctive	Imperfect Indicative	Perfect	Imperative	Imperfect Jussive	Imperfect Subjunctive	Imperfect Indicative	Perfect	
أُكْتَبْ	أُكْتَبَ	أُكْتَبُ	كُتِبْتُ		أَكْتُبْ	أَكْتُبَ	أَكْتُبُ	كَتَبْتُ	أنا
تُكْتَبْ	تُكْتَبَ	تُكْتَبُ	كُتِبْتَ	أُكْتُبْ	تَكْتُبْ	تَكْتُبَ	تَكْتُبُ	كَتَبْتَ	أَنْتَ
تُكْتَبِي	تُكْتَبِي	تُكْتَبِينَ	كُتِبْتِ	أُكْتُبِي	تَكْتُبِي	تَكْتُبِي	تَكْتُبِينَ	كَتَبْتِ	أَنْتِ
يُكْتَبْ	يُكْتَبَ	يُكْتَبُ	كُتِبَ		يَكْتُبْ	يَكْتُبَ	يَكْتُبُ	كَتَبَ	هُوَ
تُكْتَبْ	تُكْتَبَ	تُكْتَبُ	كُتِبَتْ		تَكْتُبْ	تَكْتُبَ	تَكْتُبُ	كَتَبَتْ	هِيَ
تُكْتَبَا	تُكْتَبَا	تُكْتَبَانِ	كُتِبْتُمَا	أُكْتُبَا	تَكْتُبَا	تَكْتُبَا	تَكْتُبَانِ	كَتَبْتُمَا	أَنْتُمَا
يُكْتَبَا	يُكْتَبَا	يُكْتَبَانِ	كُتِبَا		يَكْتُبَا	يَكْتُبَا	يَكْتُبَانِ	كَتَبَا	هُمَا
تُكْتَبَا	تُكْتَبَا	تُكْتَبَانِ	كُتِبَتَا		تَكْتُبَا	تَكْتُبَا	تَكْتُبَانِ	كَتَبَتَا	هُمَا
نُكْتَبْ	نُكْتَبَ	نُكْتَبُ	كُتِبْنَا		نَكْتُبْ	نَكْتُبَ	نَكْتُبُ	كَتَبْنَا	نَحْنُ
تُكْتَبُوا	تُكْتَبُوا	تُكْتَبُونَ	كُتِبْتُمْ	أُكْتُبُوا	تَكْتُبُوا	تَكْتُبُوا	تَكْتُبُونَ	كَتَبْتُمْ	أَنْتُمْ
تُكْتَبْنَ	تُكْتَبْنَ	تُكْتَبْنَ	كُتِبْتُنَّ	أُكْتُبْنَ	تَكْتُبْنَ	تَكْتُبْنَ	تَكْتُبْنَ	كَتَبْتُنَّ	أَنْتُنَّ
يُكْتَبُوا	يُكْتَبُوا	يُكْتَبُونَ	كُتِبُوا		يَكْتُبُوا	يَكْتُبُوا	يَكْتُبُونَ	كَتَبُوا	هُمْ
يُكْتَبْنَ	يُكْتَبْنَ	يُكْتَبْنَ	كُتِبْنَ		يَكْتُبْنَ	يَكْتُبْنَ	يَكْتُبْنَ	كَتَبْنَ	هُنَّ

149	كَثُرَ kathura to be numerous	Form I

AP: كَاثِرٌ	PP:	VN: كَثْرَةٌ	Rt: كثر

Passive				Active					
Imperfect Jussive	Imperfect Subjunctive	Imperfect Indicative	Perfect	Imperative	Imperfect Jussive	Imperfect Subjunctive	Imperfect Indicative	Perfect	
					أَكْثُرْ	أَكْثُرَ	أَكْثُرُ	كَثُرْتُ	أنا
				أُكْثُرْ	تَكْثُرْ	تَكْثُرَ	تَكْثُرُ	كَثُرْتَ	أَنْتَ
				أُكْثُرِي	تَكْثُرِي	تَكْثُرِي	تَكْثُرِينَ	كَثُرْتِ	أَنْتِ
					يَكْثُرْ	يَكْثُرَ	يَكْثُرُ	كَثُرَ	هُوَ
					تَكْثُرْ	تَكْثُرَ	تَكْثُرُ	كَثُرَتْ	هِيَ
				أُكْثُرَا	تَكْثُرَا	تَكْثُرَا	تَكْثُرَانِ	كَثُرْتُمَا	أَنْتُمَا
					يَكْثُرَا	يَكْثُرَا	يَكْثُرَانِ	كَثُرَا	هُمَا
					تَكْثُرَا	تَكْثُرَا	تَكْثُرَانِ	كَثُرَتَا	هُمَا
					نَكْثُرْ	نَكْثُرَ	نَكْثُرُ	كَثُرْنَا	نَحْنُ
				أُكْثُرُوا	تَكْثُرُوا	تَكْثُرُوا	تَكْثُرُونَ	كَثُرْتُمْ	أَنْتُمْ
				أُكْثُرْنَ	تَكْثُرْنَ	تَكْثُرْنَ	تَكْثُرْنَ	كَثُرْتُنَّ	أَنْتُنَّ
					يَكْثُرُوا	يَكْثُرُوا	يَكْثُرُونَ	كَثُرُوا	هُمْ
					يَكْثُرْنَ	يَكْثُرْنَ	يَكْثُرْنَ	كَثُرْنَ	هُنَّ

150	تَكَافَأَ takãfa'a to equal each other							Form VI	
AP: مُتَكَافِئٌ		PP:			VN: تَكَافُؤٌ		Rt: كفأ		
Passive				Active					
Imperfect Jussive	Imperfect Subjunctive	Imperfect Indicative	Perfect	Imperative	Imperfect Jussive	Imperfect Subjunctive	Imperfect Indicative	Perfect	
					أَتَكَافَأْ	أَتَكَافَأَ	أَتَكَافَأُ	تَكَافَأْتُ	أَنَا
				تَكَافَأْ	تَتَكَافَأْ	تَتَكَافَأَ	تَتَكَافَأُ	تَكَافَأْتَ	أَنْتَ
				تَكَافَئِي	تَتَكَافَئِي	تَتَكَافَئِي	تَتَكَافَئِينَ	تَكَافَأْتِ	أَنْتِ
					يَتَكَافَأْ	يَتَكَافَأَ	يَتَكَافَأُ	تَكَافَأَ	هُوَ
					تَتَكَافَأْ	تَتَكَافَأَ	تَتَكَافَأُ	تَكَافَأَتْ	هِيَ
				تَكَافَآ	تَتَكَافَآ	تَتَكَافَآ	تَتَكَافَآنِ	تَكَافَأْتُمَا	أَنْتُمَا
					يَتَكَافَآ	يَتَكَافَآ	يَتَكَافَآنِ	تَكَافَآ	هُمَا
					تَتَكَافَآ	تَتَكَافَآ	تَتَكَافَآنِ	تَكَافَأَتَا	هُمَا
					نَتَكَافَأْ	نَتَكَافَأَ	نَتَكَافَأُ	تَكَافَأْنَا	نَحْنُ
				تَكَافَؤُوا	تَتَكَافَؤُوا	تَتَكَافَؤُوا	تَتَكَافَؤُونَ	تَكَافَأْتُمْ	أَنْتُمْ
				تَكَافَأْنَ	تَتَكَافَأْنَ	تَتَكَافَأْنَ	تَتَكَافَأْنَ	تَكَافَأْتُنَّ	أَنْتُنَّ
					يَتَكَافَؤُوا	يَتَكَافَؤُوا	يَتَكَافَؤُونَ	تَكَافَؤُوا	هُمْ
					يَتَكَافَأْنَ	يَتَكَافَأْنَ	يَتَكَافَأْنَ	تَكَافَأْنَ	هُنَّ

151	إِنْكَفَأَ inkafa'a to retreat									Form VII
AP: مُنْكَفِئٌ		PP:		VN: إِنْكِفَاءٌ			Rt: كفأ			
Passive				Active						
Imperfect Jussive	Imperfect Subjunctive	Imperfect Indicative	Perfect	Imperative	Imperfect Jussive	Imperfect Subjunctive	Imperfect Indicative	Perfect		
					أَنْكَفِئْ	أَنْكَفِئَ	أَنْكَفِئُ	إِنْكَفَأْتُ	أَنا
				اِنْكَفِئْ	تَنْكَفِئْ	تَنْكَفِئَ	تَنْكَفِئُ	إِنْكَفَأْتَ	أَنْتَ
				اِنْكَفِئِي	تَنْكَفِئِي	تَنْكَفِئِي	تَنْكَفِئِينَ	إِنْكَفَأْتِ	أَنْتِ
					يَنْكَفِئْ	يَنْكَفِئَ	يَنْكَفِئُ	إِنْكَفَأَ	هُوَ
					تَنْكَفِئْ	تَنْكَفِئَ	تَنْكَفِئُ	إِنْكَفَأَتْ	هِيَ
				اِنْكَفِئَا	تَنْكَفِئَا	تَنْكَفِئَا	تَنْكَفِئَانِ	إِنْكَفَأْتُمَا	أَنْتُمَا
					يَنْكَفِئَا	يَنْكَفِئَا	يَنْكَفِئَانِ	إِنْكَفَآ	هُمَا
					تَنْكَفِئَا	تَنْكَفِئَا	تَنْكَفِئَانِ	إِنْكَفَأَتَا	هُمَا
					نَنْكَفِئْ	نَنْكَفِئَ	نَنْكَفِئُ	إِنْكَفَأْنَا	نَحْنُ
				اِنْكَفِئُوا	تَنْكَفِئُوا	تَنْكَفِئُوا	تَنْكَفِئُونَ	إِنْكَفَأْتُمْ	أَنْتُمْ
				اِنْكَفِئْنَ	تَنْكَفِئْنَ	تَنْكَفِئْنَ	تَنْكَفِئْنَ	إِنْكَفَأْتُنَّ	أَنْتُنَّ
					يَنْكَفِئُوا	يَنْكَفِئُوا	يَنْكَفِئُونَ	إِنْكَفَؤُوا	هُمْ
					يَنْكَفِئْنَ	يَنْكَفِئْنَ	يَنْكَفِئْنَ	إِنْكَفَأْنَ	هُنَّ

152	كَادَ kāda to be about to	Form I

AP: كَائِدٌ	PP:	VN:	Rt: كود

Passive				Active					
Imperfect Jussive	Imperfect Subjunctive	Imperfect Indicative	Perfect	Imperative	Imperfect Jussive	Imperfect Subjunctive	Imperfect Indicative	Perfect	
					أَكَدْ	أَكَادَ	أَكَادُ	كِدْتُ	أَنَا
				كَدْ	تَكَدْ	تَكَادَ	تَكَادُ	كِدْتَ	أَنْتَ
				كَادِي	تَكَادِي	تَكَادِي	تَكَادِينَ	كِدْتِ	أَنْتِ
					يَكَدْ	يَكَادَ	يَكَادُ	كَادَ	هُوَ
					تَكَدْ	تَكَادَ	تَكَادُ	كَادَتْ	هِيَ
				كَادَا	تَكَادَا	تَكَادَا	تَكَادَانِ	كِدْتُمَا	أَنْتُمَا
					يَكَادَا	يَكَادَا	يَكَادَانِ	كَادَا	هُمَا
					تَكَادَا	تَكَادَا	تَكَادَانِ	كَادَتَا	هُمَا
					نَكَدْ	نَكَادَ	نَكَادُ	كِدْنَا	نَحْنُ
				كَادُوا	تَكَادُوا	تَكَادُوا	تَكَادُونَ	كِدْتُمْ	أَنْتُمْ
				كَدْنَ	تَكَدْنَ	تَكَدْنَ	تَكَدْنَ	كِدْتُنَّ	أَنْتُنَّ
					يَكَادُوا	يَكَادُوا	يَكَادُونَ	كَادُوا	هُمْ
					يَكَدْنَ	يَكَدْنَ	يَكَدْنَ	كِدْنَ	هُنَّ

153	كَانَ kãna to be								Form I
AP: كَائِنٌ		PP:			VN: كَوْنٌ		Rt: كون		
Passive				Active					
Imperfect Jussive	Imperfect Subjunctive	Imperfect Indicative	Perfect	Imperative	Imperfect Jussive	Imperfect Subjunctive	Imperfect Indicative	Perfect	
					أَكُنْ	أَكُونَ	أَكُونُ	كُنْتُ	أنا
				كُنْ	تَكُنْ	تَكُونَ	تَكُونُ	كُنْتَ	أَنْتَ
				كُونِي	تَكُونِي	تَكُونِي	تَكُونِينَ	كُنْتِ	أَنْتِ
					يَكُنْ	يَكُونَ	يَكُونُ	كَانَ	هُوَ
					تَكُنْ	تَكُونَ	تَكُونُ	كَانَتْ	هِيَ
				كُونَا	تَكُونَا	تَكُونَا	تَكُونَانِ	كُنْتُمَا	أَنْتُمَا
					يَكُونَا	يَكُونَا	يَكُونَانِ	كَانَا	هُمَا
					تَكُونَا	تَكُونَا	تَكُونَانِ	كَانَتَا	هُمَا
					نَكُنْ	نَكُونَ	نَكُونُ	كُنَّا	نَحْنُ
				كُونُوا	تَكُونُوا	تَكُونُوا	تَكُونُونَ	كُنْتُمْ	أَنْتُمْ
				كُنَّ	تَكُنَّ	تَكُنَّ	تَكُنَّ	كُنْتُنَّ	أَنْتُنَّ
					يَكُونُوا	يَكُونُوا	يَكُونُونَ	كَانُوا	هُمْ
					يَكُنَّ	يَكُنَّ	يَكُنَّ	كُنَّ	هُنَّ

154	تَكَوَّنَ takawwana to be formed			Form V
AP: مُتَكَوِّنٌ	PP: مُتَكَوَّنٌ	VN: تَكَوُّنٌ	Rt: كون	

Passive				Active					
Imperfect Jussive	Imperfect Subjunctive	Imperfect Indicative	Perfect	Imperative	Imperfect Jussive	Imperfect Subjunctive	Imperfect Indicative	Perfect	
أُتَكَوَّنْ	أُتَكَوَّنَ	أُتَكَوَّنُ	تُكُوِّنْتُ		أَتَكَوَّنْ	أَتَكَوَّنَ	أَتَكَوَّنُ	تَكَوَّنْتُ	أَنَا
تُتَكَوَّنْ	تُتَكَوَّنَ	تُتَكَوَّنُ	تُكُوِّنْتَ	تَكَوَّنْ	تَتَكَوَّنْ	تَتَكَوَّنَ	تَتَكَوَّنُ	تَكَوَّنْتَ	أَنْتَ
تُتَكَوَّنِي	تُتَكَوَّنِي	تُتَكَوَّنِينَ	تُكُوِّنْتِ	تَكَوَّنِي	تَتَكَوَّنِي	تَتَكَوَّنِي	تَتَكَوَّنِينَ	تَكَوَّنْتِ	أَنْتِ
يُتَكَوَّنْ	يُتَكَوَّنَ	يُتَكَوَّنُ	تُكُوِّنَ		يَتَكَوَّنْ	يَتَكَوَّنَ	يَتَكَوَّنُ	تَكَوَّنَ	هُوَ
تُتَكَوَّنْ	تُتَكَوَّنَ	تُتَكَوَّنُ	تُكُوِّنَتْ		تَتَكَوَّنْ	تَتَكَوَّنَ	تَتَكَوَّنُ	تَكَوَّنَتْ	هِيَ
تُتَكَوَّنَا	تُتَكَوَّنَا	تُتَكَوَّنَانِ	تُكُوِّنْتُمَا	تَكَوَّنَا	تَتَكَوَّنَا	تَتَكَوَّنَا	تَتَكَوَّنَانِ	تَكَوَّنْتُمَا	أَنْتُمَا
يُتَكَوَّنَا	يُتَكَوَّنَا	يُتَكَوَّنَانِ	تُكُوِّنَا		يَتَكَوَّنَا	يَتَكَوَّنَا	يَتَكَوَّنَانِ	تَكَوَّنَا	هُمَا
تُتَكَوَّنَا	تُتَكَوَّنَا	تُتَكَوَّنَانِ	تُكُوِّنَتَا		تَتَكَوَّنَا	تَتَكَوَّنَا	تَتَكَوَّنَانِ	تَكَوَّنَتَا	هُمَا
نُتَكَوَّنْ	نُتَكَوَّنَ	نُتَكَوَّنُ	تُكُوِّنَّا		نَتَكَوَّنْ	نَتَكَوَّنَ	نَتَكَوَّنُ	تَكَوَّنَّا	نَحْنُ
تُتَكَوَّنُوا	تُتَكَوَّنُوا	تُتَكَوَّنُونَ	تُكُوِّنْتُمْ	تَكَوَّنُوا	تَتَكَوَّنُوا	تَتَكَوَّنُوا	تَتَكَوَّنُونَ	تَكَوَّنْتُمْ	أَنْتُمْ
تُتَكَوَّنَّ	تُتَكَوَّنَّ	تُتَكَوَّنَّ	تُكُوِّنْتُنَّ	تَكَوَّنَّ	تَتَكَوَّنَّ	تَتَكَوَّنَّ	تَتَكَوَّنَّ	تَكَوَّنْتُنَّ	أَنْتُنَّ
يُتَكَوَّنُوا	يُتَكَوَّنُوا	يُتَكَوَّنُونَ	تُكُوِّنُوا		يَتَكَوَّنُوا	يَتَكَوَّنُوا	يَتَكَوَّنُونَ	تَكَوَّنُوا	هُمْ
يُتَكَوَّنَّ	يُتَكَوَّنَّ	يُتَكَوَّنَّ	تُكُوِّنَّ		يَتَكَوَّنَّ	يَتَكَوَّنَّ	يَتَكَوَّنَّ	تَكَوَّنَّ	هُنَّ

155	كَوَى kawā to iron									Form I
AP: كَاوٍ			PP: مَكْوِيٌّ			VN: كَيٌّ			Rt: كوى	
	Passive				Active					
Imperfect Jussive	Imperfect Subjunctive	Imperfect Indicative	Perfect	Imperative	Imperfect Jussive	Imperfect Subjunctive	Imperfect Indicative	Perfect	
أُكْوَ	أُكْوَى	أُكْوَى	كُوِيتُ		أَكْوِ	أَكْوِيَ	أَكْوِي	كَوَيْتُ	أَنا
تُكْوَ	تُكْوَى	تُكْوَى	كُوِيتَ	اِكْوِ	تَكْوِ	تَكْوِيَ	تَكْوِي	كَوَيْتَ	أَنْتَ
تُكْوَيْ	تُكْوَيْ	تُكْوَيْنَ	كُوِيتِ	اِكْوِي	تَكْوِي	تَكْوِي	تَكْوِينَ	كَوَيْتِ	أَنْتِ
يُكْوَ	يُكْوَى	يُكْوَى	كُوِيَ		يَكْوِ	يَكْوِيَ	يَكْوِي	كَوَى	هُوَ
تُكْوَ	تُكْوَى	تُكْوَى	كُوِيَتْ		تَكْوِ	تَكْوِيَ	تَكْوِي	كَوَتْ	هِيَ
تُكْوَيَا	تُكْوَيَا	تُكْوَيَانِ	كُوِيتُمَا	اِكْوِيَا	تَكْوِيَا	تَكْوِيَا	تَكْوِيَانِ	كَوَيْتُمَا	أَنْتُمَا
يُكْوَيَا	يُكْوَيَا	يُكْوَيَانِ	كُوِيَا		يَكْوِيَا	يَكْوِيَا	يَكْوِيَانِ	كَوَيَا	هُمَا
تُكْوَيَا	تُكْوَيَا	تُكْوَيَانِ	كُوِيَتَا		تَكْوِيَا	تَكْوِيَا	تَكْوِيَانِ	كَوَتَا	هُمَا
نُكْوَ	نُكْوَى	نُكْوَى	كُوِينَا		نَكْوِ	نَكْوِيَ	نَكْوِي	كَوَيْنَا	نَحْنُ
تُكْوَوْا	تُكْوَوْا	تُكْوَوْنَ	كُوِيتُمْ	اِكْوُوا	تَكْوُوا	تَكْوُوا	تَكْوُونَ	كَوَيْتُمْ	أَنْتُمْ
تُكْوَيْنَ	تُكْوَيْنَ	تُكْوَيْنَ	كُوِيتُنَّ	اِكْوِينَ	تَكْوِينَ	تَكْوِينَ	تَكْوِينَ	كَوَيْتُنَّ	أَنْتُنَّ
يُكْوَوْا	يُكْوَوْا	يُكْوَوْنَ	كُوُوا		يَكْوُوا	يَكْوُوا	يَكْوُونَ	كَوَوْا	هُمْ
يُكْوَيْنَ	يُكْوَيْنَ	يُكْوَيْنَ	كُوِينَ		يَكْوِينَ	يَكْوِينَ	يَكْوِينَ	كَوَيْنَ	هُنَّ

156	لَؤُمَ la'uma to be mean								Form I
AP: لائِمٌ		PP:			VN: لُؤْمٌ		Rt: لأم		
Passive				Active					
Imperfect Jussive	Imperfect Subjunctive	Imperfect Indicative	Perfect	Imperative	Imperfect Jussive	Imperfect Subjunctive	Imperfect Indicative	Perfect	
					أَلْؤُمْ	أَلْؤُمَ	أَلْؤُمُ	لَؤُمْتُ	أَنا
				اُلْؤُمْ	تَلْؤُمْ	تَلْؤُمَ	تَلْؤُمُ	لَؤُمْتَ	أَنْتَ
				اُلْؤُمِي	تَلْؤُمِي	تَلْؤُمِي	تَلْؤُمِينَ	لَؤُمْتِ	أَنْتِ
					يَلْؤُمْ	يَلْؤُمَ	يَلْؤُمُ	لَؤُمَ	هُوَ
					تَلْؤُمْ	تَلْؤُمَ	تَلْؤُمُ	لَؤُمَتْ	هِيَ
				اُلْؤُمَا	تَلْؤُمَا	تَلْؤُمَا	تَلْؤُمَانِ	لَؤُمْتُمَا	أَنْتُمَا
					يَلْؤُمَا	يَلْؤُمَا	يَلْؤُمَانِ	لَؤُمَا	هُمَا
					تَلْؤُمَا	تَلْؤُمَا	تَلْؤُمَانِ	لَؤُمَتَا	هُمَا
					نَلْؤُمْ	نَلْؤُمَ	نَلْؤُمُ	لَؤُمْنَا	نَحْنُ
				اُلْؤُمُوا	تَلْؤُمُوا	تَلْؤُمُوا	تَلْؤُمُونَ	لَؤُمْتُمْ	أَنْتُمْ
				اُلْؤُمْنَ	تَلْؤُمْنَ	تَلْؤُمْنَ	تَلْؤُمْنَ	لَؤُمْتُنَّ	أَنْتُنَّ
					يَلْؤُمُوا	يَلْؤُمُوا	يَلْؤُمُونَ	لَؤُمُوا	هُمْ
					يَلْؤُمْنَ	يَلْؤُمْنَ	يَلْؤُمْنَ	لَؤُمْنَ	هُنَّ

157	لَوَّى lawwā̃ to complicate								Form II
AP: مُلَوٍّ			PP: مُلَوًّى			VN: تَلْوِيَةٌ		Rt: لوى	
Passive				Active					
Imperfect Jussive	Imperfect Subjunctive	Imperfect Indicative	Perfect	Imperative	Imperfect Jussive	Imperfect Subjunctive	Imperfect Indicative	Perfect	
أُلَوَّ	أُلَوَّى	أُلَوَّى	لُوِّيتُ		أُلَوِّ	أُلَوِّيَ	أُلَوِّي	لَوَّيْتُ	أنا
تُلَوَّ	تُلَوَّى	تُلَوَّى	لُوِّيتَ	لَوِّ	تُلَوِّ	تُلَوِّيَ	تُلَوِّي	لَوَّيْتَ	أَنْتَ
تُلَوَّيْ	تُلَوَّيْ	تُلَوَّيْنَ	لُوِّيتِ	لَوِّي	تُلَوِّي	تُلَوِّي	تُلَوِّينَ	لَوَّيْتِ	أَنْتِ
يُلَوَّ	يُلَوَّى	يُلَوَّى	لُوِّيَ		يُلَوِّ	يُلَوِّيَ	يُلَوِّي	لَوَّى	هُوَ
تُلَوَّ	تُلَوَّى	تُلَوَّى	لُوِّيَتْ		تُلَوِّ	تُلَوِّيَ	تُلَوِّي	لَوَّتْ	هِيَ
تُلَوَّيَا	تُلَوَّيَا	تُلَوَّيَانِ	لُوِّيتُمَا	لَوِّيَا	تُلَوِّيَا	تُلَوِّيَا	تُلَوِّيَانِ	لَوَّيْتُمَا	أَنْتُمَا
يُلَوَّيَا	يُلَوَّيَا	يُلَوَّيَانِ	لُوِّيَا		يُلَوِّيَا	يُلَوِّيَا	يُلَوِّيَانِ	لَوَّيَا	هُمَا
تُلَوَّيَا	تُلَوَّيَا	تُلَوَّيَانِ	لُوِّيَتَا		تُلَوِّيَا	تُلَوِّيَا	تُلَوِّيَانِ	لَوَّتَا	هُمَا
نُلَوَّ	نُلَوَّى	نُلَوَّى	لُوِّينَا		نُلَوِّ	نُلَوِّيَ	نُلَوِّي	لَوَّيْنَا	نَحْنُ
تُلَوَّوْا	تُلَوَّوْا	تُلَوَّوْنَ	لُوِّيتُمْ	لَوُّوا	تُلَوُّوا	تُلَوُّوا	تُلَوُّونَ	لَوَّيْتُمْ	أَنْتُمْ
تُلَوَّيْنَ	تُلَوَّيْنَ	تُلَوَّيْنَ	لُوِّيتُنَّ	لَوِّينَ	تُلَوِّينَ	تُلَوِّينَ	تُلَوِّينَ	لَوَّيْتُنَّ	أَنْتُنَّ
يُلَوَّوْا	يُلَوَّوْا	يُلَوَّوْنَ	لُوُّوا		يُلَوُّوا	يُلَوُّوا	يُلَوُّونَ	لَوَّوْا	هُمْ
يُلَوَّيْنَ	يُلَوَّيْنَ	يُلَوَّيْنَ	لُوِّينَ		يُلَوِّينَ	يُلَوِّينَ	يُلَوِّينَ	لَوَّيْنَ	هُنَّ

158 لَيْسَ laysa to not to be									Form I
AP:		PP:		VN:			Rt: ليس		
Passive				Active					
Imperfect Jussive	Imperfect Subjunctive	Imperfect Indicative	Perfect	Imperative	Imperfect Jussive	Imperfect Subjunctive	Imperfect Indicative	Perfect	
								لَسْتُ	أَنَا
								لَسْتَ	أَنْتَ
								لَسْتِ	أَنْتِ
								لَيْسَ	هُوَ
								لَيْسَتْ	هِيَ
								لَسْتُمَا	أَنْتُمَا
								لَيْسَا	هُمَا
								لَيْسَتَا	هُمَا
								لَسْنَا	نَحْنُ
								لَسْتُمْ	أَنْتُمْ
								لَسْتُنَّ	أَنْتُنَّ
								لَيْسُوا	هُمْ
								لَسْنَ	هُنَّ

159	مَدَّ madda to extend	Form I

AP: مَادٌّ	PP: مَمْدُودٌ	VN: مَدٌّ	Rt: مدد

Passive				Active					
Imperfect Jussive	Imperfect Subjunctive	Imperfect Indicative	Perfect	Imperative	Imperfect Jussive	Imperfect Subjunctive	Imperfect Indicative	Perfect	
أُمْدَدْ	أُمَدَّ	أُمَدُّ	مُدِدْتُ		أَمْدُدْ	أَمُدَّ	أَمُدُّ	مَدَدْتُ	أنا
تُمْدَدْ	تُمَدَّ	تُمَدُّ	مُدِدْتَ	مُدَّ	تَمْدُدْ	تَمُدَّ	تَمُدُّ	مَدَدْتَ	أَنْتَ
تُمَدِّي	تُمَدِّي	تُمَدِّينَ	مُدِدْتِ	مُدِّي	تَمُدِّي	تَمُدِّي	تَمُدِّينَ	مَدَدْتِ	أَنْتِ
يُمْدَدْ	يُمَدَّ	يُمَدُّ	مُدَّ		يَمْدُدْ	يَمُدَّ	يَمُدُّ	مَدَّ	هُوَ
تُمْدَدْ	تُمَدَّ	تُمَدُّ	مُدَّتْ		تَمْدُدْ	تَمُدَّ	تَمُدُّ	مَدَّتْ	هِيَ
تُمَدَّا	تُمَدَّا	تُمَدَّانِ	مُدِدْتُمَا	مُدَّا	تَمُدَّا	تَمُدَّا	تَمُدَّانِ	مَدَدْتُمَا	أَنْتُمَا
يُمَدَّا	يُمَدَّا	يُمَدَّانِ	مُدَّا		يَمُدَّا	يَمُدَّا	يَمُدَّانِ	مَدَّا	هُمَا
تُمَدَّا	تُمَدَّا	تُمَدَّانِ	مُدَّتَا		تَمُدَّا	تَمُدَّا	تَمُدَّانِ	مَدَّتَا	هُمَا
نُمْدَدْ	نُمَدَّ	نُمَدُّ	مُدِدْنَا		نَمْدُدْ	نَمُدَّ	نَمُدُّ	مَدَدْنَا	نَحْنُ
تُمَدُّوا	تُمَدُّوا	تُمَدُّونَ	مُدِدْتُمْ	مُدُّوا	تَمُدُّوا	تَمُدُّوا	تَمُدُّونَ	مَدَدْتُمْ	أَنْتُمْ
تُمْدَدْنَ	تُمْدَدْنَ	تُمْدَدْنَ	مُدِدْتُنَّ	أُمْدُدْنَ	تَمْدُدْنَ	تَمْدُدْنَ	تَمْدُدْنَ	مَدَدْتُنَّ	أَنْتُنَّ
يُمَدُّوا	يُمَدُّوا	يُمَدُّونَ	مُدُّوا		يَمُدُّوا	يَمُدُّوا	يَمُدُّونَ	مَدُّوا	هُمْ
يُمْدَدْنَ	يُمْدَدْنَ	يُمْدَدْنَ	مُدِدْنَ		يَمْدُدْنَ	يَمْدُدْنَ	يَمْدُدْنَ	مَدَدْنَ	هُنَّ

| 160 | إِسْتَمَرَّ istamarra to persevere | | | | | | | | Form X |

AP: مُسْتَمِرٌّ   PP: مُسْتَمَرٌّ   VN: إِسْتِمْرَارٌ   Rt: مرر

	Passive				Active				
Imperfect Jussive	Imperfect Subjunctive	Imperfect Indicative	Perfect	Imperative	Imperfect Jussive	Imperfect Subjunctive	Imperfect Indicative	Perfect	
أُسْتَمْرَرْ	أُسْتَمَرَّ	أُسْتَمَرُّ	أُسْتُمْرِرْتُ		أَسْتَمْرِرْ	أَسْتَمِرَّ	أَسْتَمِرُّ	إِسْتَمْرَرْتُ	أَنَا
تُسْتَمْرَرْ	تُسْتَمَرَّ	تُسْتَمَرُّ	أُسْتُمْرِرْتَ	إِسْتَمْرِرْ	تَسْتَمْرِرْ	تَسْتَمِرَّ	تَسْتَمِرُّ	إِسْتَمْرَرْتَ	أَنْتَ
تُسْتَمَرِّي	تُسْتَمَرِّي	تُسْتَمَرِّينَ	أُسْتُمْرِرْتِ	إِسْتَمِرِّي	تَسْتَمِرِّي	تَسْتَمِرِّي	تَسْتَمِرِّينَ	إِسْتَمْرَرْتِ	أَنْتِ
يُسْتَمْرَرْ	يُسْتَمَرَّ	يُسْتَمَرُّ	أُسْتُمِرَّ		يَسْتَمْرِرْ	يَسْتَمِرَّ	يَسْتَمِرُّ	إِسْتَمَرَّ	هُوَ
تُسْتَمْرَرْ	تُسْتَمَرَّ	تُسْتَمَرُّ	أُسْتُمِرَّتْ		تَسْتَمْرِرْ	تَسْتَمِرَّ	تَسْتَمِرُّ	إِسْتَمَرَّتْ	هِيَ
تُسْتَمَرَّا	تُسْتَمَرَّا	تُسْتَمَرَّانِ	أُسْتُمْرِرْتُمَا	إِسْتَمِرَّا	تَسْتَمِرَّا	تَسْتَمِرَّا	تَسْتَمِرَّانِ	إِسْتَمْرَرْتُمَا	أَنْتُمَا
يُسْتَمَرَّا	يُسْتَمَرَّا	يُسْتَمَرَّانِ	أُسْتُمِرَّا		يَسْتَمِرَّا	يَسْتَمِرَّا	يَسْتَمِرَّانِ	إِسْتَمَرَّا	هُمَا
تُسْتَمَرَّا	تُسْتَمَرَّا	تُسْتَمَرَّانِ	أُسْتُمِرَّتَا		تَسْتَمِرَّا	تَسْتَمِرَّا	تَسْتَمِرَّانِ	إِسْتَمَرَّتَا	هُمَا
نُسْتَمْرَرْ	نُسْتَمَرَّ	نُسْتَمَرُّ	أُسْتُمْرِرْنَا		نَسْتَمْرِرْ	نَسْتَمِرَّ	نَسْتَمِرُّ	إِسْتَمْرَرْنَا	نَحْنُ
تُسْتَمَرُّوا	تُسْتَمَرُّوا	تُسْتَمَرُّونَ	أُسْتُمْرِرْتُمْ	إِسْتَمِرُّوا	تَسْتَمِرُّوا	تَسْتَمِرُّوا	تَسْتَمِرُّونَ	إِسْتَمْرَرْتُمْ	أَنْتُمْ
تُسْتَمْرَرْنَ	تُسْتَمْرَرْنَ	تُسْتَمْرَرْنَ	أُسْتُمْرِرْتُنَّ	إِسْتَمْرِرْنَ	تَسْتَمْرِرْنَ	تَسْتَمْرِرْنَ	تَسْتَمْرِرْنَ	إِسْتَمْرَرْتُنَّ	أَنْتُنَّ
يُسْتَمَرُّوا	يُسْتَمَرُّوا	يُسْتَمَرُّونَ	أُسْتُمِرُّوا		يَسْتَمِرُّوا	يَسْتَمِرُّوا	يَسْتَمِرُّونَ	إِسْتَمَرُّوا	هُمْ
يُسْتَمْرَرْنَ	يُسْتَمْرَرْنَ	يُسْتَمْرَرْنَ	أُسْتُمْرِرْنَ		يَسْتَمْرِرْنَ	يَسْتَمْرِرْنَ	يَسْتَمْرِرْنَ	إِسْتَمْرَرْنَ	هُنَّ

161	تَمَيَّزَ tamyyaza to be distinguished								Form V
AP: مُتَمَيِّزٌ		PP: مُتَمَيَّزٌ			VN: تَمَيُّزٌ		Rt: ميز		
Passive				Active					
Imperfect Jussive	Imperfect Subjunctive	Imperfect Indicative	Perfect	Imperative	Imperfect Jussive	Imperfect Subjunctive	Imperfect Indicative	Perfect	
أُتَمَيَّزْ	أُتَمَيَّزَ	أُتَمَيَّزُ	تُمُيِّزْتُ		أَتَمَيَّزْ	أَتَمَيَّزَ	أَتَمَيَّزُ	تَمَيَّزْتُ	أنا
تُتَمَيَّزْ	تُتَمَيَّزَ	تُتَمَيَّزُ	تُمُيِّزْتَ	تَمَيَّزْ	تَتَمَيَّزْ	تَتَمَيَّزَ	تَتَمَيَّزُ	تَمَيَّزْتَ	أَنْتَ
تُتَمَيَّزِي	تُتَمَيَّزِي	تُتَمَيَّزِينَ	تُمُيِّزْتِ	تَمَيَّزِي	تَتَمَيَّزِي	تَتَمَيَّزِي	تَتَمَيَّزِينَ	تَمَيَّزْتِ	أَنْتِ
يُتَمَيَّزْ	يُتَمَيَّزَ	يُتَمَيَّزُ	تُمُيِّزَ		يَتَمَيَّزْ	يَتَمَيَّزَ	يَتَمَيَّزُ	تَمَيَّزَ	هُوَ
تُتَمَيَّزْ	تُتَمَيَّزَ	تُتَمَيَّزُ	تُمُيِّزَتْ		تَتَمَيَّزْ	تَتَمَيَّزَ	تَتَمَيَّزُ	تَمَيَّزَتْ	هِيَ
تُتَمَيَّزَا	تُتَمَيَّزَا	تُتَمَيَّزَانِ	تُمُيِّزْتُمَا	تَمَيَّزَا	تَتَمَيَّزَا	تَتَمَيَّزَا	تَتَمَيَّزَانِ	تَمَيَّزْتُمَا	أَنْتُمَا
يُتَمَيَّزَا	يُتَمَيَّزَا	يُتَمَيَّزَانِ	تُمُيِّزَا		يَتَمَيَّزَا	يَتَمَيَّزَا	يَتَمَيَّزَانِ	تَمَيَّزَا	هُمَا
تُتَمَيَّزَا	تُتَمَيَّزَا	تُتَمَيَّزَانِ	تُمُيِّزَتَا		تَتَمَيَّزَا	تَتَمَيَّزَا	تَتَمَيَّزَانِ	تَمَيَّزَتَا	هُمَا
نُتَمَيَّزْ	نُتَمَيَّزَ	نُتَمَيَّزُ	تُمُيِّزْنَا		نَتَمَيَّزْ	نَتَمَيَّزَ	نَتَمَيَّزُ	تَمَيَّزْنَا	نَحْنُ
تُتَمَيَّزُوا	تُتَمَيَّزُوا	تُتَمَيَّزُونَ	تُمُيِّزْتُمْ	تَمَيَّزُوا	تَتَمَيَّزُوا	تَتَمَيَّزُوا	تَتَمَيَّزُونَ	تَمَيَّزْتُمْ	أَنْتُمْ
تُتَمَيَّزْنَ	تُتَمَيَّزْنَ	تُتَمَيَّزْنَ	تُمُيِّزْتُنَّ	تَمَيَّزْنَ	تَتَمَيَّزْنَ	تَتَمَيَّزْنَ	تَتَمَيَّزْنَ	تَمَيَّزْتُنَّ	أَنْتُنَّ
يُتَمَيَّزُوا	يُتَمَيَّزُوا	يُتَمَيَّزُونَ	تُمُيِّزُوا		يَتَمَيَّزُوا	يَتَمَيَّزُوا	يَتَمَيَّزُونَ	تَمَيَّزُوا	هُمْ
يُتَمَيَّزْنَ	يُتَمَيَّزْنَ	يُتَمَيَّزْنَ	تُمُيِّزْنَ		يَتَمَيَّزْنَ	يَتَمَيَّزْنَ	يَتَمَيَّزْنَ	تَمَيَّزْنَ	هُنَّ

162	إِمْتَازَ imtãza to be distinguished							Form VIII	
AP: مُمْتَازٌ		PP:			VN: إِمْتِيَازٌ		Rt: ميز		
Passive				Active					
Imperfect Jussive	Imperfect Subjunctive	Imperfect Indicative	Perfect	Imperative	Imperfect Jussive	Imperfect Subjunctive	Imperfect Indicative	Perfect	
					أَمْتَزْ	أَمْتَازَ	أَمْتَازُ	إِمْتَزْتُ	أَنَا
				اِمْتَزْ	تَمْتَزْ	تَمْتَازَ	تَمْتَازُ	إِمْتَزْتَ	أَنْتَ
				اِمْتَازِي	تَمْتَازِي	تَمْتَازِي	تَمْتَازِينَ	إِمْتَزْتِ	أَنْتِ
					يَمْتَزْ	يَمْتَازَ	يَمْتَازُ	إِمْتَازَ	هُوَ
					تَمْتَزْ	تَمْتَازَ	تَمْتَازُ	إِمْتَازَتْ	هِيَ
				اِمْتَازَا	تَمْتَازَا	تَمْتَازَا	تَمْتَازَانِ	إِمْتَزْتُمَا	أَنْتُمَا
					يَمْتَازَا	يَمْتَازَا	يَمْتَازَانِ	إِمْتَازَا	هُمَا
					تَمْتَازَا	تَمْتَازَا	تَمْتَازَانِ	إِمْتَازَتَا	هُمَا
					نَمْتَزْ	نَمْتَازَ	نَمْتَازُ	إِمْتَزْنَا	نَحْنُ
				اِمْتَازُوا	تَمْتَازُوا	تَمْتَازُوا	تَمْتَازُونَ	إِمْتَزْتُمْ	أَنْتُمْ
				اِمْتَزْنَ	تَمْتَزْنَ	تَمْتَزْنَ	تَمْتَزْنَ	إِمْتَزْتُنَّ	أَنْتُنَّ
					يَمْتَازُوا	يَمْتَازُوا	يَمْتَازُونَ	إِمْتَازُوا	هُمْ
					يَمْتَزْنَ	يَمْتَزْنَ	يَمْتَزْنَ	إِمْتَزْنَ	هُنَّ

163	تَنَاءَى tanā'ā to stay aloof from	Form VI

AP: مُتَنَاءٍ | PP: | VN: تَنَاءٍ | Rt: نأى

Passive				Active					
Imperfect Jussive	Imperfect Subjunctive	Imperfect Indicative	Perfect	Imperative	Imperfect Jussive	Imperfect Subjunctive	Imperfect Indicative	Perfect	
					أَتَنَاءَ	أَتَنَاءَى	أَتَنَاءَى	تَنَاءَيْتُ	أَنَا
				تَنَاءَ	تَتَنَاءَ	تَتَنَاءَى	تَتَنَاءَى	تَنَاءَيْتَ	أَنْتَ
				تَنَائِي	تَتَنَاءَيْ	تَتَنَاءَيْ	تَتَنَاءَيْنَ	تَنَاءَيْتِ	أَنْتِ
					يَتَنَاءَ	يَتَنَاءَى	يَتَنَاءَى	تَنَاءَى	هُوَ
					تَتَنَاءَ	تَتَنَاءَى	تَتَنَاءَى	تَنَاءَتْ	هِيَ
				تَنَاءَيَا	تَتَنَاءَيَا	تَتَنَاءَيَا	تَتَنَاءَيَانِ	تَنَاءَيْتُمَا	أَنْتُمَا
					يَتَنَاءَيَا	يَتَنَاءَيَا	يَتَنَاءَيَانِ	تَنَاءَيَا	هُمَا
					تَتَنَاءَيَا	تَتَنَاءَيَا	تَتَنَاءَيَانِ	تَنَاءَتَا	هُمَا
					نَتَنَاءَ	نَتَنَاءَى	نَتَنَاءَى	تَنَاءَيْنَا	نَحْنُ
				تَنَاؤُوا	تَتَنَاءَوْا	تَتَنَاءَوْا	تَتَنَاءَوْنَ	تَنَاءَيْتُمْ	أَنْتُمْ
				تَنَائَيْنَ	تَتَنَاءَيْنَ	تَتَنَاءَيْنَ	تَتَنَاءَيْنَ	تَنَاءَيْتُنَّ	أَنْتُنَّ
					يَتَنَاءَوْا	يَتَنَاءَوْا	يَتَنَاءَوْنَ	تَنَاءَوْا	هُمْ
					يَتَنَاءَيْنَ	يَتَنَاءَيْنَ	يَتَنَاءَيْنَ	تَنَاءَيْنَ	هُنَّ

164	نَادَى to call out to							Form III	
AP: مُنَادٍ / الْمُنادَى			PP: مُنَادًى / الْمُنادَى		VN: مُنَادَاةٌ / نِدَاءٌ			Rt: ندو	
Passive				Active					
Imperfect Jussive	Imperfect Subjunctive	Imperfect Indicative	Perfect	Imperative	Imperfect Jussive	Imperfect Subjunctive	Imperfect Indicative	Perfect	
أُنَادَ	أُنَادَى	أُنَادَى	نُودِيتُ		أُنَادِ	أُنَادِيَ	أُنَادِي	نَادَيْتُ	أَنَا
تُنَادَ	تُنَادَى	تُنَادَى	نُودِيتَ	نَادِ	تُنَادِ	تُنَادِيَ	تُنَادِي	نَادَيْتَ	أَنْتَ
تُنَادَيْ	تُنَادَيْ	تُنَادَيْنَ	نُودِيتِ	نَادِي	تُنَادِي	تُنَادِي	تُنَادِينَ	نَادَيْتِ	أَنْتِ
يُنَادَ	يُنَادَى	يُنَادَى	نُودِيَ		يُنَادِ	يُنَادِيَ	يُنَادِي	نَادَى	هُوَ
تُنَادَ	تُنَادَى	تُنَادَى	نُودِيَتْ		تُنَادِ	تُنَادِيَ	تُنَادِي	نَادَتْ	هِيَ
تُنَادَيَا	تُنَادَيَا	تُنَادَيَانِ	نُودِيتُمَا	نَادِيَا	تُنَادِيَا	تُنَادِيَا	تُنَادِيَانِ	نَادَيْتُمَا	أَنْتُمَا
يُنَادَيَا	يُنَادَيَا	يُنَادَيَانِ	نُودِيَا		يُنَادِيَا	يُنَادِيَا	يُنَادِيَانِ	نَادَيَا	هُمَا
تُنَادَيَا	تُنَادَيَا	تُنَادَيَانِ	نُودِيَتَا		تُنَادِيَا	تُنَادِيَا	تُنَادِيَانِ	نَادَتَا	هُمَا
نُنَادَ	نُنَادَى	نُنَادَى	نُودِينَا		نُنَادِ	نُنَادِيَ	نُنَادِي	نَادَيْنَا	نَحْنُ
تُنَادَوْا	تُنَادَوْا	تُنَادَوْنَ	نُودِيتُمْ	نَادُوا	تُنَادُوا	تُنَادُوا	تُنَادُونَ	نَادَيْتُمْ	أَنْتُمْ
تُنَادَيْنَ	تُنَادَيْنَ	تُنَادَيْنَ	نُودِيتُنَّ	نَادِينَ	تُنَادِينَ	تُنَادِينَ	تُنَادِينَ	نَادَيْتُنَّ	أَنْتُنَّ
يُنَادَوْ	يُنَادَوْ	يُنَادَوْنَ	نُودُوا		يُنَادُوا	يُنَادُوا	يُنَادُونَ	نَادَوْا	هُمْ
يُنَادَيْنَ	يُنَادَيْنَ	يُنَادَيْنَ	نُودِينَ		يُنَادِينَ	يُنَادِينَ	يُنَادِينَ	نَادَيْنَ	هُنَّ

165	نَسِيَ nasiya to forget								Form I
AP: نَاسٍ / النَّاسِي		PP: مَنْسِيٌّ			VN: نَسِيَ		Rt: نسي		
Passive				Active					
Imperfect Jussive	Imperfect Subjunctive	Imperfect Indicative	Perfect	Imperative	Imperfect Jussive	Imperfect Subjunctive	Imperfect Indicative	Perfect	
أُنْسَ	أُنْسَى	أُنْسَى	نُسِيتُ		أَنْسَ	أَنْسَى	أَنْسَى	نَسِيتُ	أنا
تُنْسَ	تُنْسَى	تُنْسَى	نُسِيتَ	اِنْسَ	تَنْسَ	تَنْسَى	تَنْسَى	نَسِيتَ	أَنْتَ
تُنْسَيْ	تُنْسَيْ	تُنْسَيْنَ	نُسِيتِ	اِنْسَيْ	تَنْسَيْ	تَنْسَيْ	تَنْسَيْنَ	نَسِيتِ	أَنْتِ
يُنْسَ	يُنْسَى	يُنْسَى	نُسِيَ		يَنْسَ	يَنْسَى	يَنْسَى	نَسِيَ	هُوَ
تُنْسَ	تُنْسَى	تُنْسَى	نُسِيَتْ		تَنْسَ	تَنْسَى	تَنْسَى	نَسِيَتْ	هِيَ
تُنْسَيَا	تُنْسَيَا	تُنْسَيَانِ	نُسِيتُمَا	اِنْسَيَا	تَنْسَيَا	تَنْسَيَا	تَنْسَيَانِ	نَسِيتُمَا	أَنْتُمَا
يُنْسَيَا	يُنْسَيَا	يُنْسَيَانِ	نُسِيَا		يَنْسَيَا	يَنْسَيَا	يَنْسَيَانِ	نَسِيَا	هُمَا
تُنْسَيَا	تُنْسَيَا	تُنْسَيَانِ	نُسِيَتَا		تَنْسَيَا	تَنْسَيَا	تَنْسَيَانِ	نَسِيَتَا	هُمَا
نُنْسَ	نُنْسَى	نُنْسَى	نُسِينَا		نَنْسَ	نَنْسَى	نَنْسَى	نَسِينَا	نَحْنُ
تُنْسَوْا	تُنْسَوْا	تُنْسَوْنَ	نُسِيتُمْ	اِنْسَوْا	تَنْسَوْا	تَنْسَوْا	تَنْسَوْنَ	نَسِيتُمْ	أَنْتُمْ
تُنْسَيْنَ	تُنْسَيْنَ	تُنْسَيْنَ	نُسِيتُنَّ	اِنْسَيْنَ	تَنْسَيْنَ	تَنْسَيْنَ	تَنْسَيْنَ	نَسِيتُنَّ	أَنْتُنَّ
يُنْسَوْا	يُنْسَوْا	يُنْسَوْنَ	نُسُوا		يَنْسَوْا	يَنْسَوْا	يَنْسَوْنَ	نَسُوا	هُمْ
يُنْسَيْنَ	يُنْسَيْنَ	يُنْسَيْنَ	نُسِينَ		يَنْسَيْنَ	يَنْسَيْنَ	يَنْسَيْنَ	نَسِينَ	هُنَّ

166	نَمْنَمَ namnama to embellish							Form QI	
AP: مُنَمْنِمٌ		PP: مُنَمْنَمٌ			VN: نَمْنَمَةٌ		Rt: نمنم		
Passive				Active					
Imperfect Jussive	Imperfect Subjunctive	Imperfect Indicative	Perfect	Imperative	Imperfect Jussive	Imperfect Subjunctive	Imperfect Indicative	Perfect	
أُنَمْنَمْ	أُنَمْنَمَ	أُنَمْنَمُ	نُمْنِمْتُ		أُنَمْنِمْ	أُنَمْنِمَ	أُنَمْنِمُ	نَمْنَمْتُ	أَنَا
تُنَمْنَمْ	تُنَمْنَمَ	تُنَمْنَمُ	نُمْنِمْتَ	نَمْنِمْ	تُنَمْنِمْ	تُنَمْنِمَ	تُنَمْنِمُ	نَمْنَمْتَ	أَنْتَ
تُنَمْنَمِي	تُنَمْنَمِي	تُنَمْنَمِينَ	نُمْنِمْتِ	نَمْنِمِي	تُنَمْنِمِي	تُنَمْنِمِي	تُنَمْنِمِينَ	نَمْنَمْتِ	أَنْتِ
يُنَمْنَمْ	يُنَمْنَمَ	يُنَمْنَمُ	نُمْنِمَ		يُنَمْنِمْ	يُنَمْنِمَ	يُنَمْنِمُ	نَمْنَمَ	هُوَ
تُنَمْنَمْ	تُنَمْنَمَ	تُنَمْنَمُ	نُمْنِمَتْ		تُنَمْنِمْ	تُنَمْنِمَ	تُنَمْنِمُ	نَمْنَمَتْ	هِيَ
تُنَمْنَمَا	تُنَمْنَمَا	تُنَمْنَمَانِ	نُمْنِمْتُمَا	نَمْنِمَا	تُنَمْنِمَا	تُنَمْنِمَا	تُنَمْنِمَانِ	نَمْنَمْتُمَا	أَنْتُمَا
يُنَمْنَمَا	يُنَمْنَمَا	يُنَمْنَمَانِ	نُمْنِمَا		يُنَمْنِمَا	يُنَمْنِمَا	يُنَمْنِمَانِ	نَمْنَمَا	هُمَا
تُنَمْنَمَا	تُنَمْنَمَا	تُنَمْنَمَانِ	نُمْنِمَتَا		تُنَمْنِمَا	تُنَمْنِمَا	تُنَمْنِمَانِ	نَمْنَمَتَا	هُمَا
نُنَمْنَمْ	نُنَمْنَمَ	نُنَمْنَمُ	نُمْنِمْنَا		نُنَمْنِمْ	نُنَمْنِمَ	نُنَمْنِمُ	نَمْنَمْنَا	نَحْنُ
تُنَمْنَمُوا	تُنَمْنَمُوا	تُنَمْنَمُونَ	نُمْنِمْتُمْ	نَمْنِمُوا	تُنَمْنِمُوا	تُنَمْنِمُوا	تُنَمْنِمُونَ	نَمْنَمْتُمْ	أَنْتُمْ
تُنَمْنَمْنَ	تُنَمْنَمْنَ	تُنَمْنَمْنَ	نُمْنِمْتُنَّ	نَمْنِمْنَ	تُنَمْنِمْنَ	تُنَمْنِمْنَ	تُنَمْنِمْنَ	نَمْنَمْتُنَّ	أَنْتُنَّ
يُنَمْنَمُوا	يُنَمْنَمُوا	يُنَمْنَمُونَ	نُمْنِمُوا		يُنَمْنِمُوا	يُنَمْنِمُوا	يُنَمْنِمُونَ	نَمْنَمُوا	هُمْ
يُنَمْنَمْنَ	يُنَمْنَمْنَ	يُنَمْنَمْنَ	نُمْنِمْنَ		يُنَمْنِمْنَ	يُنَمْنِمْنَ	يُنَمْنِمْنَ	نَمْنَمْنَ	هُنَّ

167	إِنْتَوَى intawā to intend		Form VIII
AP: مُنْتَوٍ / الْمُنْتَوِي	PP: مُنْتَوًى / الْمُنْتَوَى	VN: إِنْتِوَاءٌ	Rt: نوى

Passive				Active					
Imperfect Jussive	Imperfect Subjunctive	Imperfect Indicative	Perfect	Imperative	Imperfect Jussive	Imperfect Subjunctive	Imperfect Indicative	Perfect	
أُنْتَوَ	أُنْتَوَى	أُنْتَوَى	أُنْتُوِيتُ		أَنْتَوِ	أَنْتَوِيَ	أَنْتَوِي	إِنْتَوَيْتُ	أَنَا
تُنْتَوَ	تُنْتَوَى	تُنْتَوَى	أُنْتُوِيتَ	اِنْتَوِ	تَنْتَوِ	تَنْتَوِيَ	تَنْتَوِي	إِنْتَوَيْتَ	أَنْتَ
تُنْتَوِي	تُنْتَوِي	تُنْتَوِينَ	أُنْتُوِيتِ	اِنْتَوِي	تَنْتَوِي	تَنْتَوِي	تَنْتَوِينَ	إِنْتَوَيْتِ	أَنْتِ
يُنْتَوَ	يُنْتَوَى	يُنْتَوَى	أُنْتُوِيَ		يَنْتَوِ	يَنْتَوِيَ	يَنْتَوِي	إِنْتَوَى	هُوَ
تُنْتَوَ	تُنْتَوَى	تُنْتَوَى	أُنْتُوِيَتْ		تَنْتَوِ	تَنْتَوِيَ	تَنْتَوِي	إِنْتَوَتْ	هِيَ
تُنْتَوَيَا	تُنْتَوَيَا	تُنْتَوَيَانِ	أُنْتُوِيتُمَا	اِنْتَوِيَا	تَنْتَوِيَا	تَنْتَوِيَا	تَنْتَوِيَانِ	إِنْتَوَيْتُمَا	أَنْتُمَا
يُنْتَوَيَا	يُنْتَوَيَا	يُنْتَوَيَانِ	أُنْتُوِيَا		يَنْتَوِيَا	يَنْتَوِيَا	يَنْتَوِيَانِ	إِنْتَوَيَا	هُمَا
تُنْتَوَيَا	تُنْتَوَيَا	تُنْتَوَيَانِ	أُنْتُوِيَتَا		تَنْتَوِيَا	تَنْتَوِيَا	تَنْتَوِيَانِ	إِنْتَوَتَا	هُمَا
نُنْتَوَ	نُنْتَوَى	نُنْتَوَى	أُنْتُوِينَا		نَنْتَوِ	نَنْتَوِيَ	نَنْتَوِي	إِنْتَوَيْنَا	نَحْنُ
تُنْتَوَوْا	تُنْتَوَوْا	تُنْتَوَوْنَ	أُنْتُوِيتُمْ	اِنْتَوُوا	تَنْتَوُوا	تَنْتَوُوا	تَنْتَوُونَ	إِنْتَوَيْتُمْ	أَنْتُمْ
تُنْتَوَيْنَ	تُنْتَوَيْنَ	تُنْتَوَيْنَ	أُنْتُوِيتُنَّ	اِنْتَوِينَ	تَنْتَوِينَ	تَنْتَوِينَ	تَنْتَوِينَ	إِنْتَوَيْتُنَّ	أَنْتُنَّ
يُنْتَوَوْا	يُنْتَوَوْا	يُنْتَوَوْنَ	أُنْتُوُوا		يَنْتَوُوا	يَنْتَوُوا	يَنْتَوُونَ	إِنْتَوَوْا	هُمْ
يُنْتَوَيْنَ	يُنْتَوَيْنَ	يُنْتَوَيْنَ	أُنْتُوِينَ		يَنْتَوِينَ	يَنْتَوِينَ	يَنْتَوِينَ	إِنْتَوَيْنَ	هُنَّ

168	هَرْوَلَ harwala to walk fast								Form QI
AP: مُهَرْوِلٌ		PP: مُهَرْوَلٌ		VN: هَرْوَلَةٌ				Rt: هرول	

	Passive				Active				
Imperfect Jussive	Imperfect Subjunctive	Imperfect Indicative	Perfect	Imperative	Imperfect Jussive	Imperfect Subjunctive	Imperfect Indicative	Perfect	
أُهَرْوَلْ	أُهَرْوَلَ	أُهَرْوَلُ	هُرْوِلْتُ		أُهَرْوِلْ	أُهَرْوِلَ	أُهَرْوِلُ	هَرْوَلْتُ	أَنَا
تُهَرْوَلْ	تُهَرْوَلَ	تُهَرْوَلُ	هُرْوِلْتَ	هَرْوِلْ	تُهَرْوِلْ	تُهَرْوِلَ	تُهَرْوِلُ	هَرْوَلْتَ	أَنْتَ
تُهَرْوَلِي	تُهَرْوَلِي	تُهَرْوَلِينَ	هُرْوِلْتِ	هَرْوِلِي	تُهَرْوِلِي	تُهَرْوِلِي	تُهَرْوِلِينَ	هَرْوَلْتِ	أَنْتِ
يُهَرْوَلْ	يُهَرْوَلَ	يُهَرْوَلُ	هُرْوِلَ		يُهَرْوِلْ	يُهَرْوِلَ	يُهَرْوِلُ	هَرْوَلَ	هُوَ
تُهَرْوَلْ	تُهَرْوَلَ	تُهَرْوَلُ	هُرْوِلَتْ		تُهَرْوِلْ	تُهَرْوِلَ	تُهَرْوِلُ	هَرْوَلَتْ	هِيَ
تُهَرْوَلاَ	تُهَرْوَلاَ	تُهَرْوَلاَنِ	هُرْوِلْتُمَا	هَرْوِلاَ	تُهَرْوِلاَ	تُهَرْوِلاَ	تُهَرْوِلاَنِ	هَرْوَلْتُمَا	أَنْتُمَا
يُهَرْوَلاَ	يُهَرْوَلاَ	يُهَرْوَلاَنِ	هُرْوِلاَ		يُهَرْوِلاَ	يُهَرْوِلاَ	يُهَرْوِلاَنِ	هَرْوَلاَ	هُمَا
تُهَرْوَلاَ	تُهَرْوَلاَ	تُهَرْوَلاَنِ	هُرْوِلَتَا		تُهَرْوِلاَ	تُهَرْوِلاَ	تُهَرْوِلاَنِ	هَرْوَلَتَا	هُمَا
نُهَرْوَلْ	نُهَرْوَلَ	نُهَرْوَلُ	هُرْوِلْنَا		نُهَرْوِلْ	نُهَرْوِلَ	نُهَرْوِلُ	هَرْوَلْنَا	نَحْنُ
تُهَرْوَلُوا	تُهَرْوَلُوا	تُهَرْوَلُونَ	هُرْوِلْتُمْ	هَرْوِلُوا	تُهَرْوِلُوا	تُهَرْوِلُوا	تُهَرْوِلُونَ	هَرْوَلْتُمْ	أَنْتُمْ
تُهَرْوَلْنَ	تُهَرْوَلْنَ	تُهَرْوَلْنَ	هُرْوِلْتُنَّ	هَرْوِلْنَ	تُهَرْوِلْنَ	تُهَرْوِلْنَ	تُهَرْوِلْنَ	هَرْوَلْتُنَّ	أَنْتُنَّ
يُهَرْوَلُوا	يُهَرْوَلُوا	يُهَرْوَلُونَ	هُرْوِلُوا		يُهَرْوِلُوا	يُهَرْوِلُوا	يُهَرْوِلُونَ	هَرْوَلُوا	هُمْ
يُهَرْوَلْنَ	يُهَرْوَلْنَ	يُهَرْوَلْنَ	هُرْوِلْنَ		يُهَرْوِلْنَ	يُهَرْوِلْنَ	يُهَرْوِلْنَ	هَرْوَلْنَ	هُنَّ

169	إِسْتَهْزَأَ istahza'a to mock	Form X

AP: مُسْتَهْزِئٌ	PP: مُسْتَهْزَأٌ	VN: إِسْتِهْزَاءٌ	Rt: هزأ

Passive				Active					
Imperfect Jussive	Imperfect Subjunctive	Imperfect Indicative	Perfect	Imperative	Imperfect Jussive	Imperfect Subjunctive	Imperfect Indicative	Perfect	
أُسْتَهْزَأْ	أُسْتَهْزَأَ	أُسْتَهْزَأُ	أُسْتُهْزِئْتُ		أَسْتَهْزِئْ	أَسْتَهْزِئَ	أَسْتَهْزِئُ	إِسْتَهْزَأْتُ	أنا
تُسْتَهْزَأْ	تُسْتَهْزَأَ	تُسْتَهْزَأُ	أُسْتُهْزِئْتَ	اِسْتَهْزِئْ	تَسْتَهْزِئْ	تَسْتَهْزِئَ	تَسْتَهْزِئُ	إِسْتَهْزَأْتَ	أَنْتَ
تُسْتَهْزَئِي	تُسْتَهْزَئِي	تُسْتَهْزَئِينَ	أُسْتُهْزِئْتِ	اِسْتَهْزِئِي	تَسْتَهْزِئِي	تَسْتَهْزِئِي	تَسْتَهْزِئِينَ	إِسْتَهْزَأْتِ	أَنْتِ
يُسْتَهْزَأْ	يُسْتَهْزَأَ	يُسْتَهْزَأُ	أُسْتُهْزِئَ		يَسْتَهْزِئْ	يَسْتَهْزِئَ	يَسْتَهْزِئُ	إِسْتَهْزَأَ	هُوَ
تُسْتَهْزَأْ	تُسْتَهْزَأَ	تُسْتَهْزَأُ	أُسْتُهْزِئَتْ		تَسْتَهْزِئْ	تَسْتَهْزِئَ	تَسْتَهْزِئُ	إِسْتَهْزَأَتْ	هِيَ
تُسْتَهْزَآ	تُسْتَهْزَآ	تُسْتَهْزَآنِ	أُسْتُهْزِئْتُمَا	اِسْتَهْزِئَا	تَسْتَهْزِئَا	تَسْتَهْزِئَا	تَسْتَهْزِئَانِ	إِسْتَهْزَأْتُمَا	أَنْتُمَا
يُسْتَهْزَآ	يُسْتَهْزَآ	يُسْتَهْزَآنِ	أُسْتُهْزِئَا		يَسْتَهْزِئَا	يَسْتَهْزِئَا	يَسْتَهْزِئَانِ	إِسْتَهْزَآ	هُمَا
تُسْتَهْزَآ	تُسْتَهْزَآ	تُسْتَهْزَآنِ	أُسْتُهْزِئَتَا		تَسْتَهْزِئَا	تَسْتَهْزِئَا	تَسْتَهْزِئَانِ	إِسْتَهْزَأَتَا	هُمَا
نُسْتَهْزَأْ	نُسْتَهْزَأَ	نُسْتَهْزَأُ	أُسْتُهْزِئْنَا		نَسْتَهْزِئْ	نَسْتَهْزِئَ	نَسْتَهْزِئُ	إِسْتَهْزَأْنَا	نَحْنُ
تُسْتَهْزَؤُوا	تُسْتَهْزَؤُوا	تُسْتَهْزَؤُونَ	أُسْتُهْزِئْتُمْ	اِسْتَهْزِئُوا	تَسْتَهْزِئُوا	تَسْتَهْزِئُوا	تَسْتَهْزِئُونَ	إِسْتَهْزَأْتُمْ	أَنْتُمْ
تُسْتَهْزَأْنَ	تُسْتَهْزَأْنَ	تُسْتَهْزَأْنَ	أُسْتُهْزِئْتُنَّ	اِسْتَهْزِئْنَ	تَسْتَهْزِئْنَ	تَسْتَهْزِئْنَ	تَسْتَهْزِئْنَ	إِسْتَهْزَأْتُنَّ	أَنْتُنَّ
يُسْتَهْزَؤُوا	يُسْتَهْزَؤُوا	يُسْتَهْزَؤُونَ	أُسْتُهْزِئُوا		يَسْتَهْزِئُوا	يَسْتَهْزِئُوا	يَسْتَهْزِئُونَ	إِسْتَهْزَؤُوا	هُمْ
يُسْتَهْزَأْنَ	يُسْتَهْزَأْنَ	يُسْتَهْزَأْنَ	أُسْتُهْزِئْنَ		يَسْتَهْزِئْنَ	يَسْتَهْزِئْنَ	يَسْتَهْزِئْنَ	إِسْتَهْزَأْنَ	هُنَّ

170	هَمَّ hamma to disquiet		Form I
AP: هَامٌّ	PP:	VN: هُمُومَةٌ/هَمَامَةٌ	Rt: همم

Passive				Active					
Imperfect Jussive	Imperfect Subjunctive	Imperfect Indicative	Perfect	Imperative	Imperfect Jussive	Imperfect Subjunctive	Imperfect Indicative	Perfect	
					أَهْمُمْ	أَهُمَّ	أَهُمُّ	هَمُمْتُ	أَنَا
				هُمَّ	تَهْمُمْ	تَهُمَّ	تَهُمُّ	هَمُمْتَ	أَنْتَ
				هُمِّي	تَهُمِّي	تَهُمِّي	تَهُمِّينَ	هَمُمْتِ	أَنْتِ
					يَهْمُمْ	يَهُمَّ	يَهُمُّ	هَمَّ	هُوَ
					تَهْمُمْ	تَهُمَّ	تَهُمُّ	هَمَّتْ	هِيَ
				هُمَّا	تَهُمَّا	تَهُمَّا	تَهُمَّانِ	هَمُمْتُمَا	أَنْتُمَا
					يَهُمَّا	يَهُمَّا	يَهُمَّانِ	هَمَّا	هُمَا
					تَهُمَّا	تَهُمَّا	تَهُمَّانِ	هَمَّتَا	هُمَا
					نَهْمُمْ	نَهُمَّ	نَهُمُّ	هَمُمْنَا	نَحْنُ
				هُمُّوا	تَهُمُّوا	تَهُمُّوا	تَهُمُّونَ	هَمُمْتُمْ	أَنْتُمْ
				اُهْمُمْنَ	تَهْمُمْنَ	تَهْمُمْنَ	تَهْمُمْنَ	هَمُمْتُنَّ	أَنْتُنَّ
					يَهُمُّوا	يَهُمُّوا	يَهُمُّونَ	هَمُّوا	هُمْ
					يَهْمُمْنَ	يَهْمُمْنَ	يَهْمُمْنَ	هَمُمْنَ	هُنَّ

	171	هَنَأَ hana'a to be salutary							Form I
	AP: هَانِئٌ		PP: مَهْنُوءٌ		VN: هَنْءٌ / هِنْءٌ / هَنَاءٌ			Rt: هنأ	
		Passive				Active			
Imperfect Jussive	Imperfect Subjunctive	Imperfect Indicative	Perfect	Imperative	Imperfect Jussive	Imperfect Subjunctive	Imperfect Indicative	Perfect	
أُهْنَأْ	أُهْنَأَ	أُهْنَأُ	هُنِئْتُ		أَهْنُؤْ	أَهْنُؤَ	أَهْنُؤُ	هَنَأْتُ	أَنَا
تُهْنَأْ	تُهْنَأَ	تُهْنَأُ	هُنِئْتَ	اُهْنُؤْ	تَهْنُؤْ	تَهْنُؤَ	تَهْنُؤُ	هَنَأْتَ	أَنْتَ
تُهْنَئِي	تُهْنَئِي	تُهْنَئِينَ	هُنِئْتِ	اُهْنُئِي	تَهْنُئِي	تَهْنُئِي	تَهْنُئِينَ	هَنَأْتِ	أَنْتِ
يُهْنَأْ	يُهْنَأَ	يُهْنَأُ	هُنِئَ		يَهْنُؤْ	يَهْنُؤَ	يَهْنُؤُ	هَنَأَ	هُوَ
تُهْنَأْ	تُهْنَأَ	تُهْنَأُ	هُنِئَتْ		تَهْنُؤْ	تَهْنُؤَ	تَهْنُؤُ	هَنَأَتْ	هِيَ
تُهْنَآ	تُهْنَآ	تُهْنَآنِ	هُنِئْتُمَا	اُهْنُؤَا	تَهْنُؤَا	تَهْنُؤَا	تَهْنُؤَانِ	هَنَأْتُمَا	أَنْتُمَا
يُهْنَآ	يُهْنَآ	يُهْنَآنِ	هُنِئَا		يَهْنُؤَا	يَهْنُؤَا	يَهْنُؤَانِ	هَنَآ	هُمَا
تُهْنَآ	تُهْنَآ	تُهْنَآنِ	هُنِئَتَا		تَهْنُؤَا	تَهْنُؤَا	تَهْنُؤَانِ	هَنَأَتَا	هُمَا
نُهْنَأْ	نُهْنَأَ	نُهْنَأُ	هُنِئْنَا		نَهْنُؤْ	نَهْنُؤَ	نَهْنُؤُ	هَنَأْنَا	نَحْنُ
تُهْنَؤُوا	تُهْنَؤُوا	تُهْنَؤُونَ	هُنِئْتُمْ	اُهْنُؤُوا	تَهْنُؤُوا	تَهْنُؤُوا	تَهْنُؤُونَ	هَنَأْتُمْ	أَنْتُمْ
تُهْنَأْنَ	تُهْنَأْنَ	تُهْنَأْنَ	هُنِئْتُنَّ	اُهْنُؤْنَ	تَهْنُؤْنَ	تَهْنُؤْنَ	تَهْنُؤْنَ	هَنَأْتُنَّ	أَنْتُنَّ
يُهْنَؤُوا	يُهْنَؤُوا	يُهْنَؤُونَ	هُنِئُوا		يَهْنُؤُوا	يَهْنُؤُوا	يَهْنُؤُونَ	هَنَؤُوا	هُمْ
يُهْنَأْنَ	يُهْنَأْنَ	يُهْنَأْنَ	هُنِئْنَ		يَهْنُؤْنَ	يَهْنُؤْنَ	يَهْنُؤْنَ	هَنَأْنَ	هُنَّ

172	هَيُؤَ hayu’a to be handsome								Form I
AP: هَايِئٌ		PP:			VN: هَيْأَةٌ / هَيَاءَةٌ			Rt: هيء	
Passive				Active					
Imperfect Jussive	Imperfect Subjunctive	Imperfect Indicative	Perfect	Imperative	Imperfect Jussive	Imperfect Subjunctive	Imperfect Indicative	Perfect	
					أَهْيُؤْ	أَهْيُؤَ	أَهْيُؤُ	هَيُؤْتُ	أَنا
				اُهْيُؤْ	تَهْيُؤْ	تَهْيُؤَ	تَهْيُؤُ	هَيُؤْتَ	أَنْتَ
				اُهْيُئِي	تَهْيُئِي	تَهْيُئِي	تَهْيُئِينَ	هَيُؤْتِ	أَنْتِ
					يَهْيُؤْ	يَهْيُؤَ	يَهْيُؤُ	هَيُؤَ	هُوَ
					تَهْيُؤْ	تَهْيُؤَ	تَهْيُؤُ	هَيُؤَتْ	هِيَ
				اُهْيُؤَا	تَهْيُؤَا	تَهْيُؤَا	تَهْيُؤَانِ	هَيُؤْتُمَا	أَنْتُمَا
					يَهْيُؤَا	يَهْيُؤَا	يَهْيُؤَانِ	هَيُؤَا	هُمَا
					تَهْيُؤَا	تَهْيُؤَا	تَهْيُؤَانِ	هَيُؤَتَا	هُمَا
					نَهْيُؤْ	نَهْيُؤَ	نَهْيُؤُ	هَيُؤْنَا	نَحْنُ
				اُهْيُؤُوا	تَهْيُؤُوا	تَهْيُؤُوا	تَهْيُؤُونَ	هَيُؤْتُمْ	أَنْتُمْ
				اُهْيُؤْنَ	تَهْيُؤْنَ	تَهْيُؤْنَ	تَهْيُؤْنَ	هَيُؤْتُنَّ	أَنْتُنَّ
					يَهْيُؤُوا	يَهْيُؤُوا	يَهْيُؤُونَ	هَيُؤُوا	هُمْ
					يَهْيُؤْنَ	يَهْيُؤْنَ	يَهْيُؤْنَ	هَيُؤْنَ	هُنَّ

173	تَهَيَّأَ tahayya'a to be prepared	Form V

AP: مُتَهَيِّئٌ	PP: مُتَهَيَّأٌ	VN: تَهَيُّؤٌ	Rt: هيء

Passive				Active					
Imperfect Jussive	Imperfect Subjunctive	Imperfect Indicative	Perfect	Imperative	Imperfect Jussive	Imperfect Subjunctive	Imperfect Indicative	Perfect	
أُتَهَيَّأْ	أُتَهَيَّأَ	أُتَهَيَّأُ	تُهُيِّئْتُ		أَتَهَيَّأْ	أَتَهَيَّأَ	أَتَهَيَّأُ	تَهَيَّأْتُ	أنا
تُتَهَيَّأْ	تُتَهَيَّأَ	تُتَهَيَّأُ	تُهُيِّئْتَ	تَهَيَّأْ	تَتَهَيَّأْ	تَتَهَيَّأَ	تَتَهَيَّأُ	تَهَيَّأْتَ	أَنْتَ
تُتَهَيَّئِي	تُتَهَيَّئِي	تُتَهَيَّئِينَ	تُهُيِّئْتِ	تَهَيَّئِي	تَتَهَيَّئِي	تَتَهَيَّئِي	تَتَهَيَّئِينَ	تَهَيَّأْتِ	أَنْتِ
يُتَهَيَّأْ	يُتَهَيَّأَ	يُتَهَيَّأُ	تُهُيِّئَ		يَتَهَيَّأْ	يَتَهَيَّأَ	يَتَهَيَّأُ	تَهَيَّأَ	هُوَ
تُتَهَيَّأْ	تُتَهَيَّأَ	تُتَهَيَّأُ	تُهُيِّئَتْ		تَتَهَيَّأْ	تَتَهَيَّأَ	تَتَهَيَّأُ	تَهَيَّأَتْ	هِيَ
تُتَهَيَّآ	تُتَهَيَّآ	تُتَهَيَّآنِ	تُهُيِّئْتُمَا	تَهَيَّآ	تَتَهَيَّآ	تَتَهَيَّآ	تَتَهَيَّآنِ	تَهَيَّأْتُمَا	أَنْتُمَا
يُتَهَيَّآ	يُتَهَيَّآ	يُتَهَيَّآنِ	تُهُيِّئَا		يَتَهَيَّآ	يَتَهَيَّآ	يَتَهَيَّآنِ	تَهَيَّآ	هُمَا
تُتَهَيَّآ	تُتَهَيَّآ	تُتَهَيَّآنِ	تُهُيِّئَتَا		تَتَهَيَّآ	تَتَهَيَّآ	تَتَهَيَّآنِ	تَهَيَّأَتَا	هُمَا
نُتَهَيَّأْ	نُتَهَيَّأَ	نُتَهَيَّأُ	تُهُيِّئْنَا		نَتَهَيَّأْ	نَتَهَيَّأَ	نَتَهَيَّأُ	تَهَيَّأْنَا	نَحْنُ
تُتَهَيَّؤُوا	تُتَهَيَّؤُوا	تُتَهَيَّؤُونَ	تُهُيِّئْتُمْ	تَهَيَّؤُوا	تَتَهَيَّؤُوا	تَتَهَيَّؤُوا	تَتَهَيَّؤُونَ	تَهَيَّأْتُمْ	أَنْتُمْ
تُتَهَيَّأْنَ	تُتَهَيَّأْنَ	تُتَهَيَّأْنَ	تُهُيِّئْتُنَّ	تَهَيَّأْنَ	تَتَهَيَّأْنَ	تَتَهَيَّأْنَ	تَتَهَيَّأْنَ	تَهَيَّأْتُنَّ	أَنْتُنَّ
يُتَهَيَّؤُوا	يُتَهَيَّؤُوا	يُتَهَيَّؤُونَ	تُهُيِّئُوا		يَتَهَيَّؤُوا	يَتَهَيَّؤُوا	يَتَهَيَّؤُونَ	تَهَيَّؤُوا	هُمْ
يُتَهَيَّأْنَ	يُتَهَيَّأْنَ	يُتَهَيَّأْنَ	تُهُيِّئْنَ		يَتَهَيَّأْنَ	يَتَهَيَّأْنَ	يَتَهَيَّأْنَ	تَهَيَّأْنَ	هُنَّ

174	تَهَايَأَ tahāya'a to adapt (o.s.)							Form VI	
AP: مُتَهَايِئٌ		PP:		VN: تَهَايُؤٌ			Rt: هيء		
Passive				Active					
Imperfect Jussive	Imperfect Subjunctive	Imperfect Indicative	Perfect	Imperative	Imperfect Jussive	Imperfect Subjunctive	Imperfect Indicative	Perfect	
					أَتَهَايَأْ	أَتَهَايَأَ	أَتَهَايَأُ	تَهَايَأْتُ	أَنَا
				تَهَايَأْ	تَتَهَايَأْ	تَتَهَايَأَ	تَتَهَايَأُ	تَهَايَأْتَ	أَنْتَ
				تَهَايَئِي	تَتَهَايَئِي	تَتَهَايَئِي	تَتَهَايَئِينَ	تَهَايَأْتِ	أَنْتِ
					يَتَهَايَأْ	يَتَهَايَأَ	يَتَهَايَأُ	تَهَايَأَ	هُوَ
					تَتَهَايَأْ	تَتَهَايَأَ	تَتَهَايَأُ	تَهَايَأَتْ	هِيَ
				تَهَايَآ	تَتَهَايَآ	تَتَهَايَآ	تَتَهَايَآنِ	تَهَايَأْتُمَا	أَنْتُمَا
					يَتَهَايَآ	يَتَهَايَآ	يَتَهَايَآنِ	تَهَايَآ	هُمَا
					تَتَهَايَآ	تَتَهَايَآ	تَتَهَايَآنِ	تَهَايَأَتَا	هُمَا
					نَتَهَايَأْ	نَتَهَايَأَ	نَتَهَايَأُ	تَهَايَأْنَا	نَحْنُ
				تَهَايَؤُوا	تَتَهَايَؤُوا	تَتَهَايَؤُوا	تَتَهَايَؤُونَ	تَهَايَأْتُمْ	أَنْتُمْ
				تَهَايَأْنَ	تَتَهَايَأْنَ	تَتَهَايَأْنَ	تَتَهَايَأْنَ	تَهَايَأْتُنَّ	أَنْتُنَّ
					يَتَهَايَؤُوا	يَتَهَايَؤُوا	يَتَهَايَؤُونَ	تَهَايَؤُوا	هُمْ
					يَتَهَايَأْنَ	يَتَهَايَأْنَ	يَتَهَايَأْنَ	تَهَايَأْنَ	هُنَّ

175	وَاءَمَ wã'ama to agree with								Form III
AP: مُوَاءِمٌ		PP: مُوَاءَمٌ		VN: مُوَاءَمَةٌ			Rt: وأم		
Passive				Active					
Imperfect Jussive	Imperfect Subjunctive	Imperfect Indicative	Perfect	Imperative	Imperfect Jussive	Imperfect Subjunctive	Imperfect Indicative	Perfect	
أُوَائَمْ	أُوَائَمَ	أُوَائَمُ	وُوئِمْتُ		أُوَائِمْ	أُوَائِمَ	أُوَائِمُ	وَاءَمْتُ	أنا
تُوَائَمْ	تُوَائَمَ	تُوَائَمُ	وُوئِمْتَ	وَائِمْ	تُوَائِمْ	تُوَائِمَ	تُوَائِمُ	وَاءَمْتَ	أَنْتَ
تُوَائَمِي	تُوَائَمِي	تُوَائَمِينَ	وُوئِمْتِ	وَائِمِي	تُوَائِمِي	تُوَائِمِي	تُوَائِمِينَ	وَاءَمْتِ	أَنْتِ
يُوَائَمْ	يُوَائَمَ	يُوَائَمُ	وُوئِمَ		يُوَائِمْ	يُوَائِمَ	يُوَائِمُ	وَاءَمَ	هُوَ
تُوَائَمْ	تُوَائَمَ	تُوَائَمُ	وُوئِمَتْ		تُوَائِمْ	تُوَائِمَ	تُوَائِمُ	وَاءَمَتْ	هِيَ
تُوَائَمَا	تُوَائَمَا	تُوَائَمَانِ	وُوئِمْتُمَا	وَائِمَا	تُوَائِمَا	تُوَائِمَا	تُوَائِمَانِ	وَاءَمْتُمَا	أَنْتُمَا
يُوَائَمَا	يُوَائَمَا	يُوَائَمَانِ	وُوئِمَا		يُوَائِمَا	يُوَائِمَا	يُوَائِمَانِ	وَاءَمَا	هُمَا
تُوَائَمَا	تُوَائَمَا	تُوَائَمَانِ	وُوئِمَتَا		تُوَائِمَا	تُوَائِمَا	تُوَائِمَانِ	وَاءَمَتَا	هُمَا
نُوَائَمْ	نُوَائَمَ	نُوَائَمُ	وُوئِمْنَا		نُوَائِمْ	نُوَائِمَ	نُوَائِمُ	وَاءَمْنَا	نَحْنُ
تُوَائَمُوا	تُوَائَمُوا	تُوَائَمُونَ	وُوئِمْتُمْ	وَائِمُوا	تُوَائِمُوا	تُوَائِمُوا	تُوَائِمُونَ	وَاءَمْتُمْ	أَنْتُمْ
تُوَائَمْنَ	تُوَائَمْنَ	تُوَائَمْنَ	وُوئِمْتُنَّ	وَائِمْنَ	تُوَائِمْنَ	تُوَائِمْنَ	تُوَائِمْنَ	وَاءَمْتُنَّ	أَنْتُنَّ
يُوَائَمُوا	يُوَائَمُوا	يُوَائَمُونَ	وُوئِمُوا		يُوَائِمُوا	يُوَائِمُوا	يُوَائِمُونَ	وَاءَمُوا	هُمْ
يُوَائَمْنَ	يُوَائَمْنَ	يُوَائَمْنَ	وُوئِمْنَ		يُوَائِمْنَ	يُوَائِمْنَ	يُوَائِمْنَ	وَاءَمْنَ	هُنَّ

176	وَأَى wa'ã to make a promise	Form I

AP: وَاءٍ	PP: مَوْئِيٌّ	VN: وَأْيٌ	Rt: وأى

Passive				Active					
Imperfect Jussive	Imperfect Subjunctive	Imperfect Indicative	Perfect	Imperative	Imperfect Jussive	Imperfect Subjunctive	Imperfect Indicative	Perfect	
أُوأَ	أُوأَى	أُوأَى	وُئِيتُ		أَءِ	أَئِيَ	أَئِي	وَأَيْتُ	أَنا
تُوأَ	تُوأَى	تُوأَى	وُئِيتَ	إِ	تَءِ	تَئِيَ	تَئِي	وَأَيْتَ	أَنْتَ
تُوأَيْ	تُوأَيْ	تُوأَيْنَ	وُئِيتِ	إِي	تَءِ	تَئِي	تَئِينَ	وَأَيْتِ	أَنْتِ
يُوأَ	يُوأَى	يُوأَى	وُئِيَ		يَءِ	يَئِيَ	يَئِي	وَأَى	هُوَ
تُوأَ	تُوأَى	تُوأَى	وُئِيَتْ		تَءِ	تَئِيَ	تَئِي	وَأَتْ	هِيَ
تُوأَيَا	تُوأَيَا	تُوأَيَانِ	وُئِيتُمَا	إِيَا	تَئِيَا	تَئِيَا	تَئِيَانِ	وَأَيْتُمَا	أَنْتُمَا
يُوأَيَا	يُوأَيَا	يُوأَيَانِ	وُئِيَا		يَئِيَا	يَئِيَا	يَئِيَانِ	وَأَيَا	هُمَا
تُوأَيَا	تُوأَيَا	تُوأَيَانِ	وُئِيَتَا		تَئِيَا	تَئِيَا	تَئِيَانِ	وَأَتَا	هُمَا
نُوأَ	نُوأَى	نُوأَى	وُئِينَا		نَءِ	نَئِيَ	نَئِي	وَأَيْنَا	نَحْنُ
تُوأَوْا	تُوأَوْا	تُوأَوْنَ	وُئِيتُمْ	أُوَا	تَؤُوا	تَؤُوا	تَؤُونَ	وَأَيْتُمْ	أَنْتُمْ
تُوأَيْنَ	تُوأَيْنَ	تُوأَيْنَ	وُئِيتُنَّ	إِينَ	تَئِينَ	تَئِينَ	تَئِينَ	وَأَيْتُنَّ	أَنْتُنَّ
يُوأَوْا	يُوأَوْا	يُوأَوْنَ	وُؤُوا		يَؤُوا	يَؤُوا	يَؤُونَ	وَأَوْا	هُمْ
يُوأَيْنَ	يُوأَيْنَ	يُوأَيْنَ	وُئِينَ		يَئِينَ	يَئِينَ	يَئِينَ	وَأَيْنَ	هُنَّ

177	وَثِقَ wathiqa to trust	Form I
AP: وَاثِقٌ	PP: مَوْثُوقٌ	VN: مَوْثِقٌ/ثِقَةٌ	Rt: وثق

Passive				Active					
Imperfect Jussive	Imperfect Subjunctive	Imperfect Indicative	Perfect	Imperative	Imperfect Jussive	Imperfect Subjunctive	Imperfect Indicative	Perfect	
أُوثَقْ	أُوثَقَ	أُوثَقُ	وُثِقْتُ		أَثِقْ	أَثِقَ	أَثِقُ	وَثِقْتُ	أنا
تُوثَقْ	تُوثَقَ	تُوثَقُ	وُثِقْتَ	ثِقْ	تَثِقْ	تَثِقَ	تَثِقُ	وَثِقْتَ	أَنْتَ
تُوثَقِي	تُوثَقِي	تُوثَقِينَ	وُثِقْتِ	ثِقِي	تَثِقِي	تَثِقِي	تَثِقِينَ	وَثِقْتِ	أَنْتِ
يُوثَقْ	يُوثَقَ	يُوثَقُ	وُثِقَ		يَثِقْ	يَثِقَ	يَثِقُ	وَثِقَ	هُوَ
تُوثَقْ	تُوثَقَ	تُوثَقُ	وُثِقَتْ		تَثِقْ	تَثِقَ	تَثِقُ	وَثِقَتْ	هِيَ
تُوثَقَا	تُوثَقَا	تُوثَقَانِ	وُثِقْتُمَا	ثِقَا	تَثِقَا	تَثِقَا	تَثِقَانِ	وَثِقْتُمَا	أَنْتُمَا
يُوثَقَا	يُوثَقَا	يُوثَقَانِ	وُثِقَا		يَثِقَا	يَثِقَا	يَثِقَانِ	وَثِقَا	هُمَا
تُوثَقَا	تُوثَقَا	تُوثَقَانِ	وُثِقَتَا		تَثِقَا	تَثِقَا	تَثِقَانِ	وَثِقَتَا	هُمَا
نُوثَقْ	نُوثَقَ	نُوثَقُ	وُثِقْنَا		نَثِقْ	نَثِقَ	نَثِقُ	وَثِقْنَا	نَحْنُ
تُوثَقُوا	تُوثَقُوا	تُوثَقُونَ	وُثِقْتُمْ	ثِقُوا	تَثِقُوا	تَثِقُوا	تَثِقُونَ	وَثِقْتُمْ	أَنْتُمْ
تُوثَقْنَ	تُوثَقْنَ	تُوثَقْنَ	وُثِقْتُنَّ	ثِقْنَ	تَثِقْنَ	تَثِقْنَ	تَثِقْنَ	وَثِقْتُنَّ	أَنْتُنَّ
يُوثَقُوا	يُوثَقُوا	يُوثَقُونَ	وُثِقُوا		يَثِقُوا	يَثِقُوا	يَثِقُونَ	وَثِقُوا	هُمْ
يُوثَقْنَ	يُوثَقْنَ	يُوثَقْنَ	وُثِقْنَ		يَثِقْنَ	يَثِقْنَ	يَثِقْنَ	وَثِقْنَ	هُنَّ

178	وَجِلَ wajila to be afraid								Form I
AP: وَاجِلٌ		PP:			VN: وَجَلٌ		Rt: وجل		
Passive				Active					
Imperfect Jussive	Imperfect Subjunctive	Imperfect Indicative	Perfect	Imperative	Imperfect Jussive	Imperfect Subjunctive	Imperfect Indicative	Perfect	
					أَوْجَلْ	أَوْجَلَ	أَوْجَلُ	وَجِلْتُ	أَنا
				ايجَلْ	تَوْجَلْ	تَوْجَلَ	تَوْجَلُ	وَجِلْتَ	أَنْتَ
				ايجَلِي	تَوْجَلِي	تَوْجَلِي	تَوْجَلِينَ	وَجِلْتِ	أَنْتِ
					يَوْجَلْ	يَوْجَلَ	يَوْجَلُ	وَجِلَ	هُوَ
					تَوْجَلْ	تَوْجَلَ	تَوْجَلُ	وَجِلَتْ	هِيَ
				ايجَلاَ	تَوْجَلاَ	تَوْجَلاَ	تَوْجَلاَنِ	وَجِلْتُمَا	أَنْتُمَا
					يَوْجَلاَ	يَوْجَلاَ	يَوْجَلاَنِ	وَجِلاَ	هُمَا
					تَوْجَلاَ	تَوْجَلاَ	تَوْجَلاَنِ	وَجِلَتَا	هُمَا
					نَوْجَلْ	نَوْجَلَ	نَوْجَلُ	وَجِلْنَا	نَحْنُ
				ايجَلُوا	تَوْجَلُوا	تَوْجَلُوا	تَوْجَلُونَ	وَجِلْتُمْ	أَنْتُمْ
				ايجَلْنَ	تَوْجَلْنَ	تَوْجَلْنَ	تَوْجَلْنَ	وَجِلْتُنَّ	أَنْتُنَّ
					يَوْجَلُوا	يَوْجَلُوا	يَوْجَلُونَ	وَجِلُوا	هُمْ
					يَوْجَلْنَ	يَوْجَلْنَ	يَوْجَلْنَ	وَجِلْنَ	هُنَّ

179	تَوَخَّى tawakhkhã to aspire to	Form V
AP: مُتَوَخٍّ / الْمُتَوَخِّي	PP: مُتَوَخًّى / الْمُتَوَخَّى	VN: تَوَخٍّ	Rt:وخى

Passive				Active					
Imperfect Jussive	Imperfect Subjunctive	Imperfect Indicative	Perfect	Imperative	Imperfect Jussive	Imperfect Subjunctive	Imperfect Indicative	Perfect	
أُتَوَخَّ	أُتَوَخَّى	أُتَوَخَّى	تُوُخِّيتُ		أَتَوَخَّ	أَتَوَخَّى	أَتَوَخَّى	تَوَخَّيْتُ	أَنا
تُتَوَخَّ	تُتَوَخَّى	تُتَوَخَّى	تُوُخِّيتَ	تَوَخَّ	تَتَوَخَّى	تَتَوَخَّى	تَتَوَخَّى	تَوَخَّيْتَ	أَنْتَ
تُتَوَخَّيْ	تُتَوَخَّيْ	تُتَوَخَّيْنَ	تُوُخِّيتِ	تَوَخَّيْ	تَتَوَخَّيْ	تَتَوَخَّيْ	تَتَوَخَّيْنَ	تَوَخَّيْتِ	أَنْتِ
يُتَوَخَّ	يُتَوَخَّى	يُتَوَخَّى	تُوُخِّيَ		يَتَوَخَّ	يَتَوَخَّى	يَتَوَخَّى	تَوَخَّى	هُوَ
تُتَوَخَّ	تُتَوَخَّى	تُتَوَخَّى	تُوُخِّيَتْ		تَتَوَخَّ	تَتَوَخَّى	تَتَوَخَّى	تَوَخَّتْ	هِيَ
تُتَوَخَّيَا	تُتَوَخَّيَا	تُتَوَخَّيَانِ	تُوُخِّيتُمَا	تَوَخَّيَا	تَتَوَخَّيَا	تَتَوَخَّيَا	تَتَوَخَّيَانِ	تَوَخَّيْتُمَا	أَنْتُمَا
يُتَوَخَّيَا	يُتَوَخَّيَا	يُتَوَخَّيَانِ	تُوُخِّيَا		يَتَوَخَّيَا	يَتَوَخَّيَا	يَتَوَخَّيَانِ	تَوَخَّيَا	هُمَا
تُتَوَخَّيَا	تُتَوَخَّيَا	تُتَوَخَّيَانِ	تُوُخِّيَتَا		تَتَوَخَّيَا	تَتَوَخَّيَا	تَتَوَخَّيَانِ	تَوَخَّتَا	هُمَا
نُتَوَخَّ	نُتَوَخَّى	نُتَوَخَّى	تُوُخِّينَا		نَتَوَخَّ	نَتَوَخَّى	نَتَوَخَّى	تَوَخَّيْنَا	نَحْنُ
تُتَوَخَّوْا	تُتَوَخَّوْا	تُتَوَخَّوْنَ	تُوُخِّيتُمْ	تَوَخَّوْا	تَتَوَخَّوْا	تَتَوَخَّوْا	تَتَوَخَّوْنَ	تَوَخَّيْتُمْ	أَنْتُمْ
تُتَوَخَّيْنَ	تُتَوَخَّيْنَ	تُتَوَخَّيْنَ	تُوُخِّيتُنَّ	تَوَخَّيْنَ	تَتَوَخَّيْنَ	تَتَوَخَّيْنَ	تَتَوَخَّيْنَ	تَوَخَّيْتُنَّ	أَنْتُنَّ
يُتَوَخَّوْا	يُتَوَخَّوْا	يُتَوَخَّوْنَ	تُوُخُّوا		يَتَوَخَّوْا	يَتَوَخَّوْا	يَتَوَخَّوْنَ	تَوَخَّوْا	هُمْ
يُتَوَخَّيْنَ	يُتَوَخَّيْنَ	يُتَوَخَّيْنَ	تُوُخِّينَ		يَتَوَخَّيْنَ	يَتَوَخَّيْنَ	يَتَوَخَّيْنَ	تَوَخَّيْنَ	هُنَّ

180	وَدَّ wadda to like								Form I
AP: وَادٌّ		PP: مَوْدُودٌ		VN: وَدٌّ			Rt: ودد		
	Passive				Active				
Imperfect Jussive	Imperfect Subjunctive	Imperfect Indicative	Perfect	Imperative	Imperfect Jussive	Imperfect Subjunctive	Imperfect Indicative	Perfect	
أُوْدَدْ	أُوَدَّ	أُوَدُّ	وُدِدْتُ		أَوْدَدْ	أَوَدَّ	أَوَدُّ	وَدِدْتُ	أَنَا
تُوْدَدْ	تُوَدَّ	تُوَدُّ	وُدِدْتَ	وَدَّ	تَوْدَدْ	تَوَدَّ	تَوَدُّ	وَدِدْتَ	أَنْتَ
تُوَدِّي	تُوَدِّي	تُوَدِّينَ	وُدِدْتِ	وَدِّي	تَوَدِّي	تَوَدِّي	تَوَدِّينَ	وَدِدْتِ	أَنْتِ
يُوْدَدْ	يُوَدَّ	يُوَدُّ	وُدَّ		يَوْدَدْ	يَوَدَّ	يَوَدُّ	وَدَّ	هُوَ
تُوْدَدْ	تُوَدَّ	تُوَدُّ	وُدَّتْ		تَوْدَدْ	تَوَدَّ	تَوَدُّ	وَدَّتْ	هِيَ
تُوَدَّا	تُوَدَّا	تُوَدَّانِ	وُدِدْتُمَا	وَدَّا	تَوَدَّا	تَوَدَّا	تَوَدَّانِ	وَدِدْتُمَا	أَنْتُمَا
يُوَدَّا	يُوَدَّا	يُوَدَّانِ	وُدَّا		يَوَدَّا	يَوَدَّا	يَوَدَّانِ	وَدَّا	هُمَا
تُوَدَّا	تُوَدَّا	تُوَدَّانِ	وُدَّتَا		تَوَدَّا	تَوَدَّا	تَوَدَّانِ	وَدَّتَا	هُمَا
نُوْدَدْ	نُوَدَّ	نُوَدُّ	وُدِدْنَا		نَوْدَدْ	نَوَدَّ	نَوَدُّ	وَدِدْنَا	نَحْنُ
تُوَدُّوا	تُوَدُّوا	تُوَدُّونَ	وُدِدْتُمْ	وَدُّوا	تَوَدُّوا	تَوَدُّوا	تَوَدُّونَ	وَدِدْتُمْ	أَنْتُمْ
تُوْدَدْنَ	تُوْدَدْنَ	تُوْدَدْنَ	وُدِدْتُنَّ	اِيدَدْنَ	تَوْدَدْنَ	تَوْدَدْنَ	تَوْدَدْنَ	وَدِدْتُنَّ	أَنْتُنَّ
يُوَدُّوا	يُوَدُّوا	يُوَدُّونَ	وُدُّوا		يَوَدُّوا	يَوَدُّوا	يَوَدُّونَ	وَدُّوا	هُمْ
يُوْدَدْنَ	يُوْدَدْنَ	يُوْدَدْنَ	وُدِدْنَ		يَوْدَدْنَ	يَوْدَدْنَ	يَوْدَدْنَ	وَدِدْنَ	هُنَّ

181	وَارَبَ wãraba to deceive	Form III

AP: مُوَارِبٌ	PP: مُوَارَبٌ	VN: مُوَارَبَةٌ	Rt: ورب

Passive				Active					
Imperfect Jussive	Imperfect Subjunctive	Imperfect Indicative	Perfect	Imperative	Imperfect Jussive	Imperfect Subjunctive	Imperfect Indicative	Perfect	
أُوَارَبْ	أُوَارَبَ	أُوَارَبُ	وُورِبْتُ		أُوَارِبْ	أُوَارِبَ	أُوَارِبُ	وَارَبْتُ	أنا
تُوَارَبْ	تُوَارَبَ	تُوَارَبُ	وُورِبْتَ	وَارِبْ	تُوَارِبْ	تُوَارِبَ	تُوَارِبُ	وَارَبْتَ	أَنْتَ
تُوَارَبِي	تُوَارَبِي	تُوَارَبِينَ	وُورِبْتِ	وَارِبِي	تُوَارِبِي	تُوَارِبِي	تُوَارِبِينَ	وَارَبْتِ	أَنْتِ
يُوَارَبْ	يُوَارَبَ	يُوَارَبُ	وُورِبَ		يُوَارِبْ	يُوَارِبَ	يُوَارِبُ	وَارَبَ	هُوَ
تُوَارَبْ	تُوَارَبَ	تُوَارَبُ	وُورِبَتْ		تُوَارِبْ	تُوَارِبَ	تُوَارِبُ	وَارَبَتْ	هِيَ
تُوَارَبَا	تُوَارَبَا	تُوَارَبَانِ	وُورِبْتُمَا	وَارِبَا	تُوَارِبَا	تُوَارِبَا	تُوَارِبَانِ	وَارَبْتُمَا	أَنْتُمَا
يُوَارَبَا	يُوَارَبَا	يُوَارَبَانِ	وُورِبَا		يُوَارِبَا	يُوَارِبَا	يُوَارِبَانِ	وَارَبَا	هُمَا
تُوَارَبَا	تُوَارَبَا	تُوَارَبَانِ	وُورِبَتَا		تُوَارِبَا	تُوَارِبَا	تُوَارِبَانِ	وَارَبَتَا	هُمَا
نُوَارَبْ	نُوَارَبَ	نُوَارَبُ	وُورِبْنَا		نُوَارِبْ	نُوَارِبَ	نُوَارِبُ	وَارَبْنَا	نَحْنُ
تُوَارَبُوا	تُوَارَبُوا	تُوَارَبُونَ	وُورِبْتُمْ	وَارِبُوا	تُوَارِبُوا	تُوَارِبُوا	تُوَارِبُونَ	وَارَبْتُمْ	أَنْتُمْ
تُوَارَبْنَ	تُوَارَبْنَ	تُوَارَبْنَ	وُورِبْتُنَّ	وَارِبْنَ	تُوَارِبْنَ	تُوَارِبْنَ	تُوَارِبْنَ	وَارَبْتُنَّ	أَنْتُنَّ
يُوَارَبُوا	يُوَارَبُوا	يُوَارَبُونَ	وُورِبُوا		يُوَارِبُوا	يُوَارِبُوا	يُوَارِبُونَ	وَارَبُوا	هُمْ
يُوَارَبْنَ	يُوَارَبْنَ	يُوَارَبْنَ	وُورِبْنَ		يُوَارِبْنَ	يُوَارِبْنَ	يُوَارِبْنَ	وَارَبْنَ	هُنَّ

182	إِسْتَوْرَدَ istawrada to import							Form X	
AP: مُسْتَوْرِدٌ		PP: مُسْتَوْرَدٌ		VN: إِسْتِيرَادٌ			Rt: ورد		
Passive				Active					
Imperfect Jussive	Imperfect Subjunctive	Imperfect Indicative	Perfect	Imperative	Imperfect Jussive	Imperfect Subjunctive	Imperfect Indicative	Perfect	
أُسْتَوْرَدْ	أُسْتَوْرَدَ	أُسْتَوْرَدُ	أُسْتُورِدْتُ		أَسْتَوْرِدْ	أَسْتَوْرِدَ	أَسْتَوْرِدُ	إِسْتَوْرَدْتُ	أَنَا
تُسْتَوْرَدْ	تُسْتَوْرَدَ	تُسْتَوْرَدُ	أُسْتُورِدْتَ	اِسْتَوْرِدْ	تَسْتَوْرِدْ	تَسْتَوْرِدَ	تَسْتَوْرِدُ	إِسْتَوْرَدْتَ	أَنْتَ
تُسْتَوْرَدِي	تُسْتَوْرَدِي	تُسْتَوْرَدِينَ	أُسْتُورِدْتِ	اِسْتَوْرِدِي	تَسْتَوْرِدِي	تَسْتَوْرِدِي	تَسْتَوْرِدِينَ	إِسْتَوْرَدْتِ	أَنْتِ
يُسْتَوْرَدْ	يُسْتَوْرَدَ	يُسْتَوْرَدُ	أُسْتُورِدَ		يَسْتَوْرِدْ	يَسْتَوْرِدَ	يَسْتَوْرِدُ	إِسْتَوْرَدَ	هُوَ
تُسْتَوْرَدْ	تُسْتَوْرَدَ	تُسْتَوْرَدُ	أُسْتُورِدَتْ		تَسْتَوْرِدْ	تَسْتَوْرِدَ	تَسْتَوْرِدُ	إِسْتَوْرَدَتْ	هِيَ
تُسْتَوْرَدَا	تُسْتَوْرَدَا	تُسْتَوْرَدَانِ	أُسْتُورِدْتُمَا	اِسْتَوْرِدَا	تَسْتَوْرِدَا	تَسْتَوْرِدَا	تَسْتَوْرِدَانِ	إِسْتَوْرَدْتُمَا	أَنْتُمَا
يُسْتَوْرَدَا	يُسْتَوْرَدَا	يُسْتَوْرَدَانِ	أُسْتُورِدَا		يَسْتَوْرِدَا	يَسْتَوْرِدَا	يَسْتَوْرِدَانِ	إِسْتَوْرَدَا	هُمَا
تُسْتَوْرَدَا	تُسْتَوْرَدَا	تُسْتَوْرَدَانِ	أُسْتُورِدَتَا		تَسْتَوْرِدَا	تَسْتَوْرِدَا	تَسْتَوْرِدَانِ	إِسْتَوْرَدَتَا	هُمَا
نُسْتَوْرَدْ	نُسْتَوْرَدَ	نُسْتَوْرَدُ	أُسْتُورِدْنَا		نَسْتَوْرِدْ	نَسْتَوْرِدَ	نَسْتَوْرِدُ	إِسْتَوْرَدْنَا	نَحْنُ
تُسْتَوْرَدُوا	تُسْتَوْرَدُوا	تُسْتَوْرَدُونَ	أُسْتُورِدْتُمْ	اِسْتَوْرِدُوا	تَسْتَوْرِدُوا	تَسْتَوْرِدُوا	تَسْتَوْرِدُونَ	إِسْتَوْرَدْتُمْ	أَنْتُمْ
تُسْتَوْرَدْنَ	تُسْتَوْرَدْنَ	تُسْتَوْرَدْنَ	أُسْتُورِدْتُنَّ	اِسْتَوْرِدْنَ	تَسْتَوْرِدْنَ	تَسْتَوْرِدْنَ	تَسْتَوْرِدْنَ	إِسْتَوْرَدْتُنَّ	أَنْتُنَّ
يُسْتَوْرَدُوا	يُسْتَوْرَدُوا	يُسْتَوْرَدُونَ	أُسْتُورِدُوا		يَسْتَوْرِدُوا	يَسْتَوْرِدُوا	يَسْتَوْرِدُونَ	إِسْتَوْرَدُوا	هُمْ
يُسْتَوْرَدْنَ	يُسْتَوْرَدْنَ	يُسْتَوْرَدْنَ	أُسْتُورِدْنَ		يَسْتَوْرِدْنَ	يَسْتَوْرِدْنَ	يَسْتَوْرِدْنَ	إِسْتَوْرَدْنَ	هُنَّ

183	وَزَّعَ wazza'a to distribute								Form II
AP: مُوَزِّعٌ		PP: مُوَزَّعٌ			VN: تَوْزِيعٌ			Rt: وزع	
Passive				Active					
Imperfect Jussive	Imperfect Subjunctive	Imperfect Indicative	Perfect	Imperative	Imperfect Jussive	Imperfect Subjunctive	Imperfect Indicative	Perfect	
أُوَزَّعْ	أُوَزَّعَ	أُوَزَّعُ	وُزِّعْتُ		أُوَزِّعْ	أُوَزِّعَ	أُوَزِّعُ	وَزَّعْتُ	أَنا
تُوَزَّعْ	تُوَزَّعَ	تُوَزَّعُ	وُزِّعْتَ	وَزِّعْ	تُوَزِّعْ	تُوَزِّعَ	تُوَزِّعُ	وَزَّعْتَ	أَنْتَ
تُوَزَّعِي	تُوَزَّعِي	تُوَزَّعِينَ	وُزِّعْتِ	وَزِّعِي	تُوَزِّعِي	تُوَزِّعِي	تُوَزِّعِينَ	وَزَّعْتِ	أَنْتِ
يُوَزَّعْ	يُوَزَّعَ	يُوَزَّعُ	وُزِّعَ		يُوَزِّعْ	يُوَزِّعَ	يُوَزِّعُ	وَزَّعَ	هُوَ
تُوَزَّعْ	تُوَزَّعَ	تُوَزَّعُ	وُزِّعَتْ		تُوَزِّعْ	تُوَزِّعَ	تُوَزِّعُ	وَزَّعَتْ	هِيَ
تُوَزَّعَا	تُوَزَّعَا	تُوَزَّعَانِ	وُزِّعْتُمَا	وَزِّعَا	تُوَزِّعَا	تُوَزِّعَا	تُوَزِّعَانِ	وَزَّعْتُمَا	أَنْتُمَا
يُوَزَّعَا	يُوَزَّعَا	يُوَزَّعَانِ	وُزِّعَا		يُوَزِّعَا	يُوَزِّعَا	يُوَزِّعَانِ	وَزَّعَا	هُمَا
تُوَزَّعَا	تُوَزَّعَا	تُوَزَّعَانِ	وُزِّعَتَا		تُوَزِّعَا	تُوَزِّعَا	تُوَزِّعَانِ	وَزَّعَتَا	هُمَا
نُوَزَّعْ	نُوَزَّعَ	نُوَزَّعُ	وُزِّعْنَا		نُوَزِّعْ	نُوَزِّعَ	نُوَزِّعُ	وَزَّعْنَا	نَحْنُ
تُوَزَّعُوا	تُوَزَّعُوا	تُوَزَّعُونَ	وُزِّعْتُمْ	وَزِّعُوا	تُوَزِّعُوا	تُوَزِّعُوا	تُوَزِّعُونَ	وَزَّعْتُمْ	أَنْتُمْ
تُوَزَّعْنَ	تُوَزَّعْنَ	تُوَزَّعْنَ	وُزِّعْتُنَّ	وَزِّعْنَ	تُوَزِّعْنَ	تُوَزِّعْنَ	تُوَزِّعْنَ	وَزَّعْتُنَّ	أَنْتُنَّ
يُوَزَّعُوا	يُوَزَّعُوا	يُوَزَّعُونَ	وُزِّعُوا		يُوَزِّعُوا	يُوَزِّعُوا	يُوَزِّعُونَ	وَزَّعُوا	هُمْ
يُوَزَّعْنَ	يُوَزَّعْنَ	يُوَزَّعْنَ	وُزِّعْنَ		يُوَزِّعْنَ	يُوَزِّعْنَ	يُوَزِّعْنَ	وَزَّعْنَ	هُنَّ

| | 184 | وَسُمَ wasuma to be handsome | | | | | | Form I |

| AP: وَاسِمٌ | PP: | VN: وَسَامَةٌ | Rt: وسم |

		Passive				Active			
Imperfect Jussive	Imperfect Subjunctive	Imperfect Indicative	Perfect	Imperative	Imperfect Jussive	Imperfect Subjunctive	Imperfect Indicative	Perfect	
					أَوْسُمْ	أَوْسُمَ	أَوْسُمُ	وَسُمْتُ	أَنَا
				أُوسُمْ	تَوْسُمْ	تَوْسُمَ	تَوْسُمُ	وَسُمْتَ	أَنْتَ
				أُوسُمِي	تَوْسُمِي	تَوْسُمِي	تَوْسُمِينَ	وَسُمْتِ	أَنْتِ
					يَوْسُمْ	يَوْسُمَ	يَوْسُمُ	وَسُمَ	هُوَ
					تَوْسُمْ	تَوْسُمَ	تَوْسُمُ	وَسُمَتْ	هِيَ
				أُوسُمَا	تَوْسُمَا	تَوْسُمَا	تَوْسُمَانِ	وَسُمْتُمَا	أَنْتُمَا
					يَوْسُمَا	يَوْسُمَا	يَوْسُمَانِ	وَسُمَا	هُمَا
					تَوْسُمَا	تَوْسُمَا	تَوْسُمَانِ	وَسُمَتَا	هُمَا
					نَوْسُمْ	نَوْسُمَ	نَوْسُمُ	وَسُمْنَا	نَحْنُ
				أُوسُمُوا	تَوْسُمُوا	تَوْسُمُوا	تَوْسُمُونَ	وَسُمْتُمْ	أَنْتُمْ
				أُوسُمْنَ	تَوْسُمْنَ	تَوْسُمْنَ	تَوْسُمْنَ	وَسُمْتُنَّ	أَنْتُنَّ
					يَوْسُمُوا	يَوْسُمُوا	يَوْسُمُونَ	وَسُمُوا	هُمْ
					يَوْسُمْنَ	يَوْسُمْنَ	يَوْسُمْنَ	وَسُمْنَ	هُنَّ

185	وَصَلَ wasala to arrive									Form I
AP: وَاصِلٌ			PP: مَوْصُولٌ			VN: وُصُولٌ			Rt: وصل	
	Passive				Active					
Imperfect Jussive	Imperfect Subjunctive	Imperfect Indicative	Perfect	Imperative	Imperfect Jussive	Imperfect Subjunctive	Imperfect Indicative	Perfect	
أُوصَلْ	أُوصَلَ	أُوصَلُ	وُصِلْتُ		أَصِلْ	أَصِلَ	أَصِلُ	وَصَلْتُ	أَنا
تُوصَلْ	تُوصَلَ	تُوصَلُ	وُصِلْتَ	صِلْ	تَصِلْ	تَصِلَ	تَصِلُ	وَصَلْتَ	أَنْتَ
تُوصَلِي	تُوصَلِي	تُوصَلِينَ	وُصِلْتِ	صِلِي	تَصِلِي	تَصِلِي	تَصِلِينَ	وَصَلْتِ	أَنْتِ
يُوصَلْ	يُوصَلَ	يُوصَلُ	وُصِلَ		يَصِلْ	يَصِلَ	يَصِلُ	وَصَلَ	هُوَ
تُوصَلْ	تُوصَلَ	تُوصَلُ	وُصِلَتْ		تَصِلْ	تَصِلَ	تَصِلُ	وَصَلَتْ	هِيَ
تُوصَلاَ	تُوصَلاَ	تُوصَلاَنِ	وُصِلْتُمَا	صِلاَ	تَصِلاَ	تَصِلاَ	تَصِلاَنِ	وَصَلْتُمَا	أَنْتُمَا
يُوصَلاَ	يُوصَلاَ	يُوصَلاَنِ	وُصِلاَ		يَصِلاَ	يَصِلاَ	يَصِلاَنِ	وَصَلاَ	هُمَا
تُوصَلاَ	تُوصَلاَ	تُوصَلاَنِ	وُصِلَتَا		تَصِلاَ	تَصِلاَ	تَصِلاَنِ	وَصَلَتَا	هُمَا
نُوصَلْ	نُوصَلَ	نُوصَلُ	وُصِلْنَا		نَصِلْ	نَصِلَ	نَصِلُ	وَصَلْنَا	نَحْنُ
تُوصَلُوا	تُوصَلُوا	تُوصَلُونَ	وُصِلْتُمْ	صِلُوا	تَصِلُوا	تَصِلُوا	تَصِلُونَ	وَصَلْتُمْ	أَنْتُمْ
تُوصَلْنَ	تُوصَلْنَ	تُوصَلْنَ	وُصِلْتُنَّ	صِلْنَ	تَصِلْنَ	تَصِلْنَ	تَصِلْنَ	وَصَلْتُنَّ	أَنْتُنَّ
يُوصَلُوا	يُوصَلُوا	يُوصَلُونَ	وُصِلُوا		يَصِلُوا	يَصِلُوا	يَصِلُونَ	وَصَلُوا	هُمْ
يُوصَلْنَ	يُوصَلْنَ	يُوصَلْنَ	وُصِلْنَ		يَصِلْنَ	يَصِلْنَ	يَصِلْنَ	وَصَلْنَ	هُنَّ

186	تَوَضَّأَ tawadda'a to perform ablution	Form V

AP: مُتَوَضِّئٌ	PP: مُتَوَضَّئٌ	VN: تَوَضُّؤٌ	Rt: وضأ

Passive				Active					
Imperfect Jussive	Imperfect Subjunctive	Imperfect Indicative	Perfect	Imperative	Imperfect Jussive	Imperfect Subjunctive	Imperfect Indicative	Perfect	
أُتَوَضَّأْ	أُتَوَضَّأَ	أُتَوَضَّأُ	تُوُضِّئْتُ		أَتَوَضَّأْ	أَتَوَضَّأَ	أَتَوَضَّأُ	تَوَضَّأْتُ	أَنا
تُتَوَضَّأْ	تُتَوَضَّأَ	تُتَوَضَّأُ	تُوُضِّئْتَ	تَوَضَّأْ	تَتَوَضَّأْ	تَتَوَضَّأَ	تَتَوَضَّأُ	تَوَضَّأْتَ	أَنْتَ
تُتَوَضَّئِي	تُتَوَضَّئِي	تُتَوَضَّئِينَ	تُوُضِّئْتِ	تَوَضَّئِي	تَتَوَضَّئِي	تَتَوَضَّئِي	تَتَوَضَّئِينَ	تَوَضَّأْتِ	أَنْتِ
يُتَوَضَّأْ	يُتَوَضَّأَ	يُتَوَضَّأُ	تُوُضِّئَ		يَتَوَضَّأْ	يَتَوَضَّأَ	يَتَوَضَّأُ	تَوَضَّأَ	هُوَ
تُتَوَضَّأْ	تُتَوَضَّأَ	تُتَوَضَّأُ	تُوُضِّئَتْ		تَتَوَضَّأْ	تَتَوَضَّأَ	تَتَوَضَّأُ	تَوَضَّأَتْ	هِيَ
تُتَوَضَّآ	تُتَوَضَّآ	تُتَوَضَّآنِ	تُوُضِّئْتُمَا	تَوَضَّآ	تَتَوَضَّآ	تَتَوَضَّآ	تَتَوَضَّآنِ	تَوَضَّأْتُمَا	أَنْتُمَا
يُتَوَضَّآ	يُتَوَضَّآ	يُتَوَضَّآنِ	تُوُضِّآ		يَتَوَضَّآ	يَتَوَضَّآ	يَتَوَضَّآنِ	تَوَضَّآ	هُمَا
تُتَوَضَّآ	تُتَوَضَّآ	تُتَوَضَّآنِ	تُوُضِّأَتَا		تَتَوَضَّآ	تَتَوَضَّآ	تَتَوَضَّآنِ	تَوَضَّأَتَا	هُمَا
نُتَوَضَّأْ	نُتَوَضَّأَ	نُتَوَضَّأُ	تُوُضِّئْنَا		نَتَوَضَّأْ	نَتَوَضَّأَ	نَتَوَضَّأُ	تَوَضَّأْنَا	نَحْنُ
تُتَوَضَّؤُوا	تُتَوَضَّؤُوا	تُتَوَضَّؤُونَ	تُوُضِّئْتُمْ	تَوَضَّؤُوا	تَتَوَضَّؤُوا	تَتَوَضَّؤُوا	تَتَوَضَّؤُونَ	تَوَضَّأْتُمْ	أَنْتُمْ
تُتَوَضَّأْنَ	تُتَوَضَّأْنَ	تُتَوَضَّأْنَ	تُوُضِّئْتُنَّ	تَوَضَّأْنَ	تَتَوَضَّأْنَ	تَتَوَضَّأْنَ	تَتَوَضَّأْنَ	تَوَضَّأْتُنَّ	أَنْتُنَّ
يُتَوَضَّؤُوا	يُتَوَضَّؤُوا	يُتَوَضَّؤُونَ	تُوُضِّؤُوا		يَتَوَضَّؤُوا	يَتَوَضَّؤُوا	يَتَوَضَّؤُونَ	تَوَضَّؤُوا	هُمْ
يُتَوَضَّأْنَ	يُتَوَضَّأْنَ	يُتَوَضَّأْنَ	تُوُضِّئْنَ		يَتَوَضَّأْنَ	يَتَوَضَّأْنَ	يَتَوَضَّأْنَ	تَوَضَّأْنَ	هُنَّ

187	وَضَعَ wada'a to put									Form I
AP: وَاضِعٌ		PP: مَوْضُوعٌ			VN: وَضْعٌ			Rt: وضع		
	Passive				Active					
Imperfect Jussive	Imperfect Subjunctive	Imperfect Indicative	Perfect	Imperative	Imperfect Jussive	Imperfect Subjunctive	Imperfect Indicative	Perfect	
أُوضَعْ	أُوضَعَ	أُوضَعُ	وُضِعْتُ		أَضَعْ	أَضَعَ	أَضَعُ	وَضَعْتُ	أَنَا
تُوضَعْ	تُوضَعَ	تُوضَعُ	وُضِعْتَ	ضَعْ	تَضَعْ	تَضَعَ	تَضَعُ	وَضَعْتَ	أَنْتَ
تُوضَعِي	تُوضَعِي	تُوضَعِينَ	وُضِعْتِ	ضَعِي	تَضَعِي	تَضَعِي	تَضَعِينَ	وَضَعْتِ	أَنْتِ
يُوضَعْ	يُوضَعَ	يُوضَعُ	وُضِعَ		يَضَعْ	يَضَعَ	يَضَعُ	وَضَعَ	هُوَ
تُوضَعْ	تُوضَعَ	تُوضَعُ	وُضِعَتْ		تَضَعْ	تَضَعَ	تَضَعُ	وَضَعَتْ	هِيَ
تُوضَعَا	تُوضَعَا	تُوضَعَانِ	وُضِعْتُمَا	ضَعَا	تَضَعَا	تَضَعَا	تَضَعَانِ	وَضَعْتُمَا	أَنْتُمَا
يُوضَعَا	يُوضَعَا	يُوضَعَانِ	وُضِعَا		يَضَعَا	يَضَعَا	يَضَعَانِ	وَضَعَا	هُمَا
تُوضَعَا	تُوضَعَا	تُوضَعَانِ	وُضِعَتَا		تَضَعَا	تَضَعَا	تَضَعَانِ	وَضَعَتَا	هُمَا
نُوضَعْ	نُوضَعَ	نُوضَعُ	وُضِعْنَا		نَضَعْ	نَضَعَ	نَضَعُ	وَضَعْنَا	نَحْنُ
تُوضَعُوا	تُوضَعُوا	تُوضَعُونَ	وُضِعْتُمْ	ضَعُوا	تَضَعُوا	تَضَعُوا	تَضَعُونَ	وَضَعْتُمْ	أَنْتُمْ
تُوضَعْنَ	تُوضَعْنَ	تُوضَعْنَ	وُضِعْتُنَّ	ضَعْنَ	تَضَعْنَ	تَضَعْنَ	تَضَعْنَ	وَضَعْتُنَّ	أَنْتُنَّ
يُوضَعُوا	يُوضَعُوا	يُوضَعُونَ	وُضِعُوا		يَضَعُوا	يَضَعُوا	يَضَعُونَ	وَضَعُوا	هُمْ
يُوضَعْنَ	يُوضَعْنَ	يُوضَعْنَ	وُضِعْنَ		يَضَعْنَ	يَضَعْنَ	يَضَعْنَ	وَضَعْنَ	هُنَّ

188	وَطِئَ wati'a to tread on			Form I
AP: وَاطِئٌ	PP: مَوْطُوءٌ	VN: وَطْءٌ	Rt: وطئ	

Passive				Active					
Imperfect Jussive	Imperfect Subjunctive	Imperfect Indicative	Perfect	Imperative	Imperfect Jussive	Imperfect Subjunctive	Imperfect Indicative	Perfect	
أُطَأْ	أُطَأَ	أُطَأُ	وُطِئْتُ		أَطَأْ	أَطَأَ	أَطَأُ	وَطِئْتُ	أَنا
تُطَأْ	تُطَأَ	تُطَأُ	وُطِئْتَ	طَأْ	تَطَأْ	تَطَأَ	تَطَأُ	وَطِئْتَ	أَنْتَ
تُطَئِي	تُطَئِي	تُطَئِينَ	وُطِئْتِ	طَئِي	تَطَئِي	تَطَئِي	تَطَئِينَ	وَطِئْتِ	أَنْتِ
يُطَأْ	يُطَأَ	يُطَأُ	وُطِئَ		يَطَأْ	يَطَأَ	يَطَأُ	وَطِئَ	هُوَ
تُطَأْ	تُطَأَ	تُطَأُ	وُطِئَتْ		تَطَأْ	تَطَأَ	تَطَأُ	وَطِئَتْ	هِيَ
تُطَآ	تُطَآ	تُطَآنِ	وُطِئْتُمَا	طَآ	تَطَآ	تَطَآ	تَطَآنِ	وَطِئْتُمَا	أَنْتُمَا
يُطَآ	يُطَآ	يُطَآنِ	وُطِئَا		يَطَآ	يَطَآ	يَطَآنِ	وَطِئَا	هُمَا
تُطَآ	تُطَآ	تُطَآنِ	وُطِئَتَا		تَطَآ	تَطَآ	تَطَآنِ	وَطِئَتَا	هُمَا
نُطَأْ	نُطَأَ	نُطَأُ	وُطِئْنَا		نَطَأْ	نَطَأَ	نَطَأُ	وَطِئْنَا	نَحْنُ
تُطَؤُوا	تُطَؤُوا	تُطَؤُونَ	وُطِئْتُمْ	طَؤُوا	تَطَؤُوا	تَطَؤُوا	تَطَؤُونَ	وَطِئْتُمْ	أَنْتُمْ
تُطَأْنَ	تُطَأْنَ	تُطَأْنَ	وُطِئْتُنَّ	طَأْنَ	تَطَأْنَ	تَطَأْنَ	تَطَأْنَ	وَطِئْتُنَّ	أَنْتُنَّ
يُطَؤُوا	يُطَؤُوا	يُطَؤُونَ	وُطِئُوا		يَطَؤُوا	يَطَؤُوا	يَطَؤُونَ	وَطِئُوا	هُمْ
يُطَأْنَ	يُطَأْنَ	يُطَأْنَ	وُطِئْنَ		يَطَأْنَ	يَطَأْنَ	يَطَأْنَ	وَطِئْنَ	هُنَّ

189	تَوَاطَأَ tawāta'a to collude								Form VI
AP: مُتَوَاطِئٌ		PP: مُتَوَاطَأٌ			VN: تَوَاطُؤٌ		Rt: وطى		
Passive				Active					
Imperfect Jussive	Imperfect Subjunctive	Imperfect Indicative	Perfect	Imperative	Imperfect Jussive	Imperfect Subjunctive	Imperfect Indicative	Perfect	
أُتَوَاطَأْ	أُتَوَاطَأَ	أُتَوَاطَأُ	تُوُوطِئْتُ		أَتَوَاطَأْ	أَتَوَاطَأَ	أَتَوَاطَأُ	تَوَاطَأْتُ	أنا
تُتَوَاطَأْ	تُتَوَاطَأَ	تُتَوَاطَأُ	تُوُوطِئْتَ	تَوَاطَأْ	تَتَوَاطَأْ	تَتَوَاطَأَ	تَتَوَاطَأُ	تَوَاطَأْتَ	أَنْتَ
تُتَوَاطَئِي	تُتَوَاطَئِي	تُتَوَاطَئِينَ	تُوُوطِئْتِ	تَوَاطَئِي	تَتَوَاطَئِي	تَتَوَاطَئِي	تَتَوَاطَئِينَ	تَوَاطَأْتِ	أَنْتِ
يُتَوَاطَأْ	يُتَوَاطَأَ	يُتَوَاطَأُ	تُوُوطِئَ		يَتَوَاطَأْ	يَتَوَاطَأَ	يَتَوَاطَأُ	تَوَاطَأَ	هُوَ
تُتَوَاطَأْ	تُتَوَاطَأَ	تُتَوَاطَأُ	تُوُوطِئَتْ		تَتَوَاطَأْ	تَتَوَاطَأَ	تَتَوَاطَأُ	تَوَاطَأَتْ	هِيَ
تُتَوَاطَآ	تُتَوَاطَآ	تُتَوَاطَآنِ	تُوُوطِئْتُمَا	تَوَاطَآ	تَتَوَاطَآ	تَتَوَاطَآ	تَتَوَاطَآنِ	تَوَاطَأْتُمَا	أَنْتُمَا
يُتَوَاطَآ	يُتَوَاطَآ	يُتَوَاطَآنِ	تُوُوطِئَا		يَتَوَاطَآ	يَتَوَاطَآ	يَتَوَاطَآنِ	تَوَاطَآ	هُمَا
تُتَوَاطَآ	تُتَوَاطَآ	تُتَوَاطَآنِ	تُوُوطِئَتَا		تَتَوَاطَآ	تَتَوَاطَآ	تَتَوَاطَآنِ	تَوَاطَأَتَا	هُمَا
نُتَوَاطَأْ	نُتَوَاطَأَ	نُتَوَاطَأُ	تُوُوطِئْنَا		نَتَوَاطَأْ	نَتَوَاطَأَ	نَتَوَاطَأُ	تَوَاطَأْنَا	نَحْنُ
تُتَوَاطَؤُوا	تُتَوَاطَؤُوا	تُتَوَاطَؤُونَ	تُوُوطِئْتُمْ	تَوَاطَؤُوا	تَتَوَاطَؤُوا	تَتَوَاطَؤُوا	تَتَوَاطَؤُونَ	تَوَاطَأْتُمْ	أَنْتُمْ
تُتَوَاطَأْنَ	تُتَوَاطَأْنَ	تُتَوَاطَأْنَ	تُوُوطِئْتُنَّ	تَوَاطَأْنَ	تَتَوَاطَأْنَ	تَتَوَاطَأْنَ	تَتَوَاطَأْنَ	تَوَاطَأْتُنَّ	أَنْتُنَّ
يُتَوَاطَؤُوا	يُتَوَاطَؤُوا	يُتَوَاطَؤُونَ	تُوُوطِؤُوا		يَتَوَاطَؤُوا	يَتَوَاطَؤُوا	يَتَوَاطَؤُونَ	تَوَاطَؤُوا	هُمْ
يُتَوَاطَأْنَ	يُتَوَاطَأْنَ	يُتَوَاطَأْنَ	تُوُوطِئْنَ		يَتَوَاطَأْنَ	يَتَوَاطَأْنَ	يَتَوَاطَأْنَ	تَوَاطَأْنَ	هُنَّ

190	أَوْعَبَ awa'ba to take the whole (of)			Form IV
AP: مُوعِبٌ	PP: مُوعَبٌ	VN: إِيعَابٌ	Rt: وعب	

Passive				Active					
Imperfect Jussive	Imperfect Subjunctive	Imperfect Indicative	Perfect	Imperative	Imperfect Jussive	Imperfect Subjunctive	Imperfect Indicative	Perfect	
أُوعَبْ	أُوعَبَ	أُوعَبُ	أُوعِبْتُ		أُوعِبْ	أُوعِبَ	أُوعِبُ	أَوْعَبْتُ	أَنا
تُوعَبْ	تُوعَبَ	تُوعَبُ	أُوعِبْتَ	أَوْعِبْ	تُوعِبْ	تُوعِبَ	تُوعِبُ	أَوْعَبْتَ	أَنْتَ
تُوعَبِي	تُوعَبِي	تُوعَبِينَ	أُوعِبْتِ	أَوْعِبِي	تُوعِبِي	تُوعِبِي	تُوعِبِينَ	أَوْعَبْتِ	أَنْتِ
يُوعَبْ	يُوعَبَ	يُوعَبُ	أُوعِبَ		يُوعِبْ	يُوعِبَ	يُوعِبُ	أَوْعَبَ	هُوَ
تُوعَبْ	تُوعَبَ	تُوعَبُ	أُوعِبَتْ		تُوعِبْ	تُوعِبَ	تُوعِبُ	أَوْعَبَتْ	هِيَ
تُوعَبَا	تُوعَبَا	تُوعَبَانِ	أُوعِبْتُمَا	أَوْعِبَا	تُوعِبَا	تُوعِبَا	تُوعِبَانِ	أَوْعَبْتُمَا	أَنْتُمَا
يُوعَبَا	يُوعَبَا	يُوعَبَانِ	أُوعِبَا		يُوعِبَا	يُوعِبَا	يُوعِبَانِ	أَوْعَبَا	هُمَا
تُوعَبَا	تُوعَبَا	تُوعَبَانِ	أُوعِبَتَا		تُوعِبَا	تُوعِبَا	تُوعِبَانِ	أَوْعَبَتَا	هُمَا
نُوعَبْ	نُوعَبَ	نُوعَبُ	أُوعِبْنَا		نُوعِبْ	نُوعِبَ	نُوعِبُ	أَوْعَبْنَا	نَحْنُ
تُوعَبُوا	تُوعَبُوا	تُوعَبُونَ	أُوعِبْتُمْ	أَوْعِبُوا	تُوعِبُوا	تُوعِبُوا	تُوعِبُونَ	أَوْعَبْتُمْ	أَنْتُمْ
تُوعَبْنَ	تُوعَبْنَ	تُوعَبْنَ	أُوعِبْتُنَّ	أَوْعِبْنَ	تُوعِبْنَ	تُوعِبْنَ	تُوعِبْنَ	أَوْعَبْتُنَّ	أَنْتُنَّ
يُوعَبُوا	يُوعَبُوا	يُوعَبُونَ	أُوعِبُوا		يُوعِبُوا	يُوعِبُوا	يُوعِبُونَ	أَوْعَبُوا	هُمْ
يُوعَبْنَ	يُوعَبْنَ	يُوعَبْنَ	أُوعِبْنَ		يُوعِبْنَ	يُوعِبْنَ	يُوعِبْنَ	أَوْعَبْنَ	هُنَّ

191	وَعَّى waa'ã to warn								Form II
AP: مُوَعٍّ		PP: مُوَعًّى			VN: تَوْعِيَةٌ		Rt: وعى		
Passive				Active					
Imperfect Jussive	Imperfect Subjunctive	Imperfect Indicative	Perfect	Imperative	Imperfect Jussive	Imperfect Subjunctive	Imperfect Indicative	Perfect	
أُوَعَّ	أُوَعَّى	أُوَعَّى	وُعِّيْتُ		أُوَعِّ	أُوَعِّيَ	أُوَعِّي	وَعَّيْتُ	أنا
تُوَعَّ	تُوَعَّى	تُوَعَّى	وُعِّيْتَ	وَعِّ	تُوَعِّ	تُوَعِّيَ	تُوَعِّي	وَعَّيْتَ	أَنْتَ
تُوَعَّيْ	تُوَعَّيْ	تُوَعَّيْنَ	وُعِّيْتِ	وَعِّي	تُوَعِّي	تُوَعِّي	تُوَعِّينَ	وَعَّيْتِ	أَنْتِ
يُوَعَّ	يُوَعَّى	يُوَعَّى	وُعِّيَ		يُوَعِّ	يُوَعِّيَ	يُوَعِّي	وَعَّي	هُوَ
تُوَعَّ	تُوَعَّى	تُوَعَّى	وُعِّيَتْ		تُوَعِّ	تُوَعِّيَ	تُوَعِّي	وَعَّتْ	هِيَ
تُوَعَّيَا	تُوَعَّيَا	تُوَعَّيَانِ	وُعِّيْتُمَا	وَعِّيَا	تُوَعِّيَا	تُوَعِّيَا	تُوَعِّيَانِ	وَعَّيْتُمَا	أَنْتُمَا
يُوَعَّيَا	يُوَعَّيَا	يُوَعَّيَانِ	وُعِّيَا		يُوَعِّيَا	يُوَعِّيَا	يُوَعِّيَانِ	وَعَّيَا	هُمَا
تُوَعَّيَا	تُوَعَّيَا	تُوَعَّيَانِ	وُعِّيَتَا		تُوَعِّيَا	تُوَعِّيَا	تُوَعِّيَانِ	وَعَّتَا	هُمَا
نُوَعَّ	نُوَعَّى	نُوَعَّى	وُعِّيْنَا		نُوَعِّ	نُوَعِّيَ	نُوَعِّي	وَعَّيْنَا	نَحْنُ
تُوَعَّوْا	تُوَعَّوْا	تُوَعَّوْنَ	وُعِّيْتُمْ	وَعُّوا	تُوَعُّوا	تُوَعُّوا	تُوَعُّونَ	وَعَّيْتُمْ	أَنْتُمْ
تُوَعَّيْنَ	تُوَعَّيْنَ	تُوَعَّيْنَ	وُعِّيْتُنَّ	وَعِّينَ	تُوَعِّينَ	تُوَعِّينَ	تُوَعِّينَ	وَعَّيْتُنَّ	أَنْتُنَّ
يُوَعَّوْا	يُوَعَّوْا	يُوَعَّوْنَ	وُعُّوا		يُوَعُّوا	يُوَعُّوا	يُوَعُّونَ	وَعَّوْا	هُمْ
يُوَعَّيْنَ	يُوَعَّيْنَ	يُوَعَّيْنَ	وُعِّيْنَ		يُوَعِّينَ	يُوَعِّينَ	يُوَعِّينَ	وَعَّيْنَ	هُنَّ

192	إِتَّفَقَ ittafaqa to agree	Form VIII

AP: مُتَّفِقٌ	PP: مُتَّفَقٌ	VN: إِتِّفَاقٌ	Rt: وفق

Passive				Active					
Imperfect Jussive	Imperfect Subjunctive	Imperfect Indicative	Perfect	Imperative	Imperfect Jussive	Imperfect Subjunctive	Imperfect Indicative	Perfect	
أُتَّفَقْ	أُتَّفَقَ	أُتَّفَقُ	أُتُّفِقْتُ		أَتَّفِقْ	أَتَّفِقَ	أَتَّفِقُ	إِتَّفَقْتُ	أَنَا
تُتَّفَقْ	تُتَّفَقَ	تُتَّفَقُ	أُتُّفِقْتَ	اِتَّفِقْ	تَتَّفِقْ	تَتَّفِقَ	تَتَّفِقُ	إِتَّفَقْتَ	أَنْتَ
تُتَّفَقِي	تُتَّفَقِي	تُتَّفَقِينَ	أُتُّفِقْتِ	اِتَّفِقِي	تَتَّفِقِي	تَتَّفِقِي	تَتَّفِقِينَ	إِتَّفَقْتِ	أَنْتِ
يُتَّفَقْ	يُتَّفَقَ	يُتَّفَقُ	أُتُّفِقَ		يَتَّفِقْ	يَتَّفِقَ	يَتَّفِقُ	إِتَّفَقَ	هُوَ
تُتَّفَقْ	تُتَّفَقَ	تُتَّفَقُ	أُتُّفِقَتْ		تَتَّفِقْ	تَتَّفِقَ	تَتَّفِقُ	إِتَّفَقَتْ	هِيَ
تُتَّفَقَا	تُتَّفَقَا	تُتَّفَقَانِ	أُتُّفِقْتُمَا	اِتَّفِقَا	تَتَّفِقَا	تَتَّفِقَا	تَتَّفِقَانِ	إِتَّفَقْتُمَا	أَنْتُمَا
يُتَّفَقَا	يُتَّفَقَا	يُتَّفَقَانِ	أُتُّفِقَا		يَتَّفِقَا	يَتَّفِقَا	يَتَّفِقَانِ	إِتَّفَقَا	هُمَا
تُتَّفَقَا	تُتَّفَقَا	تُتَّفَقَانِ	أُتُّفِقَتَا		تَتَّفِقَا	تَتَّفِقَا	تَتَّفِقَانِ	إِتَّفَقَتَا	هُمَا
نُتَّفَقْ	نُتَّفَقَ	نُتَّفَقُ	أُتُّفِقْنَا		نَتَّفِقْ	نَتَّفِقَ	نَتَّفِقُ	إِتَّفَقْنَا	نَحْنُ
تُتَّفَقُوا	تُتَّفَقُوا	تُتَّفَقُونَ	أُتُّفِقْتُمْ	اِتَّفِقُوا	تَتَّفِقُوا	تَتَّفِقُوا	تَتَّفِقُونَ	إِتَّفَقْتُمْ	أَنْتُمْ
تُتَّفَقْنَ	تُتَّفَقْنَ	تُتَّفَقْنَ	أُتُّفِقْتُنَّ	اِتَّفِقْنَ	تَتَّفِقْنَ	تَتَّفِقْنَ	تَتَّفِقْنَ	إِتَّفَقْتُنَّ	أَنْتُنَّ
يُتَّفَقُوا	يُتَّفَقُوا	يُتَّفَقُونَ	أُتُّفِقُوا		يَتَّفِقُوا	يَتَّفِقُوا	يَتَّفِقُونَ	إِتَّفَقُوا	هُمْ
يُتَّفَقْنَ	يُتَّفَقْنَ	يُتَّفَقْنَ	أُتُّفِقْنَ		يَتَّفِقْنَ	يَتَّفِقْنَ	يَتَّفِقْنَ	إِتَّفَقْنَ	هُنَّ

193	وَفَى wafā to fulfil			Form I
AP: وَافٍ	PP: مَوْفِيٌّ	VN: وَفَاءٌ	Rt: وفى	

Passive				Active					
Imperfect Jussive	Imperfect Subjunctive	Imperfect Indicative	Perfect	Imperative	Imperfect Jussive	Imperfect Subjunctive	Imperfect Indicative	Perfect	
أُوفَ	أُوفَى	أُوفَى	وُفِيتُ		أَفِ	أَفِيَ	أَفِي	وَفَيْتُ	أَنا
تُوفَ	تُوفَى	تُوفَى	وُفِيتَ	فِ	تَفِ	تَفِيَ	تَفِي	وَفَيْتَ	أَنْتَ
تُوفَيْ	تُوفَيْ	تُوفَيْنَ	وُفِيتِ	فِي	تَفِي	تَفِي	تَفِينَ	وَفَيْتِ	أَنْتِ
يُوفَ	يُوفَى	يُوفَى	وُفِيَ		يَفِ	يَفِيَ	يَفِي	وَفَى	هُوَ
تُوفَ	تُوفَى	تُوفَى	وُفِيَتْ		تَفِ	تَفِيَ	تَفِي	وَفَتْ	هِيَ
تُوفَيَا	تُوفَيَا	تُوفَيَانِ	وُفِيتُمَا	فِيَا	تَفِيَا	تَفِيَا	تَفِيَانِ	وَفَيْتُمَا	أَنْتُمَا
يُوفَيَا	يُوفَيَا	يُوفَيَانِ	وُفِيَا		يَفِيَا	يَفِيَا	يَفِيَانِ	وَفَيَا	هُمَا
تُوفَيَا	تُوفَيَا	تُوفَيَانِ	وُفِيَتَا		تَفِيَا	تَفِيَا	تَفِيَانِ	وَفَتَا	هُمَا
نُوفَ	نُوفَى	نُوفَى	وُفِينَا		نَفِ	نَفِيَ	نَفِي	وَفَيْنَا	نَحْنُ
تُوفَوْا	تُوفَوْا	تُوفَوْنَ	وُفِيتُمْ	فُوا	تَفُوا	تَفُوا	تَفُونَ	وَفَيْتُمْ	أَنْتُمْ
تُوفَيْنَ	تُوفَيْنَ	تُوفَيْنَ	وُفِيتُنَّ	فِينَ	تَفِينَ	تَفِينَ	تَفِينَ	وَفَيْتُنَّ	أَنْتُنَّ
يُوفَوْا	يُوفَوْا	يُوفَوْنَ	وُفُوا		يَفُوا	يَفُوا	يَفُونَ	وَفَوْا	هُمْ
يُوفَيْنَ	يُوفَيْنَ	يُوفَيْنَ	وُفِينَ		يَفِينَ	يَفِينَ	يَفِينَ	وَفَيْنَ	هُنَّ

194	إِسْتَوْفَى istawfā to receive in full	Form X

AP: مُسْتَوْفٍ /الْمُسْتَوْفِي	PP: مُسْتَوْفًى / الْمُسْتَوْفَى	VN: إِسْتِيفَاءٌ	Rt: وفى

Passive				Active					
Imperfect Jussive	Imperfect Subjunctive	Imperfect Indicative	Perfect	Imperative	Imperfect Jussive	Imperfect Subjunctive	Imperfect Indicative	Perfect	
أُسْتَوْفَ	أُسْتَوْفَى	أُسْتَوْفَى	أُسْتُوفِيتُ		أَسْتَوْفِ	أَسْتَوْفِيَ	أَسْتَوْفِي	إِسْتَوْفَيْتُ	أَنَا
تُسْتَوْفَ	تُسْتَوْفَى	تُسْتَوْفَى	أُسْتُوفِيتَ	اِسْتَوْفِ	تَسْتَوْفِ	تَسْتَوْفِيَ	تَسْتَوْفِي	إِسْتَوْفَيْتَ	أَنْتَ
تُسْتَوْفَيْ	تُسْتَوْفَيْ	تُسْتَوْفَيْنَ	أُسْتُوفِيتِ	اِسْتَوْفِي	تَسْتَوْفِي	تَسْتَوْفِي	تَسْتَوْفِينَ	إِسْتَوْفَيْتِ	أَنْتِ
يُسْتَوْفَ	يُسْتَوْفَى	يُسْتَوْفَى	أُسْتُوفِيَ		يَسْتَوْفِ	يَسْتَوْفِيَ	يَسْتَوْفِي	إِسْتَوْفَى	هُوَ
تُسْتَوْفَ	تُسْتَوْفَى	تُسْتَوْفَى	أُسْتُوفِيَتْ		تَسْتَوْفِ	تَسْتَوْفِيَ	تَسْتَوْفِي	إِسْتَوْفَتْ	هِيَ
تُسْتَوْفَيَا	تُسْتَوْفَيَا	تُسْتَوْفَيَانِ	أُسْتُوفِيتُمَا	اِسْتَوْفِيَا	تَسْتَوْفِيَا	تَسْتَوْفِيَا	تَسْتَوْفِيَانِ	إِسْتَوْفَيْتُمَا	أَنْتُمَا
يُسْتَوْفَيَا	يُسْتَوْفَيَا	يُسْتَوْفَيَانِ	أُسْتُوفِيَا		يَسْتَوْفِيَا	يَسْتَوْفِيَا	يَسْتَوْفِيَانِ	إِسْتَوْفَيَا	هُمَا
تُسْتَوْفَيَا	تُسْتَوْفَيَا	تُسْتَوْفَيَانِ	أُسْتُوفِيَتَا		تَسْتَوْفِيَا	تَسْتَوْفِيَا	تَسْتَوْفِيَانِ	إِسْتَوْفَتَا	هُمَا
نُسْتَوْفَ	نُسْتَوْفَى	نُسْتَوْفَى	أُسْتُوفِينَا		نَسْتَوْفِ	نَسْتَوْفِيَ	نَسْتَوْفِي	إِسْتَوْفَيْنَا	نَحْنُ
تُسْتَوْفَوْا	تُسْتَوْفَوْا	تُسْتَوْفَوْنَ	أُسْتُوفِيتُمْ	اِسْتَوْفُوا	تَسْتَوْفُوا	تَسْتَوْفُوا	تَسْتَوْفُونَ	إِسْتَوْفَيْتُمْ	أَنْتُمْ
تُسْتَوْفَيْنَ	تُسْتَوْفَيْنَ	تُسْتَوْفَيْنَ	أُسْتُوفِيتُنَّ	اِسْتَوْفِينَ	تَسْتَوْفِينَ	تَسْتَوْفِينَ	تَسْتَوْفِينَ	إِسْتَوْفَيْنَ	أَنْتُنَّ
يُسْتَوْفَوْا	يُسْتَوْفَوْا	يُسْتَوْفَوْنَ	أُسْتُوفُوا		يَسْتَوْفُوا	يَسْتَوْفُوا	يَسْتَوْفُونَ	إِسْتَوْفَوْا	هُمْ
يُسْتَوْفَيْنَ	يُسْتَوْفَيْنَ	يُسْتَوْفَيْنَ	أُسْتُوفِينَ		يَسْتَوْفِينَ	يَسْتَوْفِينَ	يَسْتَوْفِينَ	إِسْتَوْفَيْنَ	هُنَّ

195	إِتَّقَى ittaqā to beware of			Form VIII
AP: مُتَّقٍ / الْمُتَّقِي		PP: مُتَّقًى / الْمُتَّقَى	VN: إِتِّقَاءٌ	Rt: وقى

Passive				Active					
Imperfect Jussive	Imperfect Subjunctive	Imperfect Indicative	Perfect	Imperative	Imperfect Jussive	Imperfect Subjunctive	Imperfect Indicative	Perfect	
أُتَّقَ	أُتَّقَى	أُتَّقَى	أُتُّقِيتُ		أَتَّقِ	أَتَّقِيَ	أَتَّقِي	إِتَّقَيْتُ	أَنَا
تُتَّقَ	تُتَّقَى	تُتَّقَى	أُتُّقِيتَ	اِتَّقِ	تَتَّقِ	تَتَّقِيَ	تَتَّقِي	إِتَّقَيْتَ	أَنْتَ
تُتَّقَيْ	تُتَّقَيْ	تُتَّقَيْنَ	أُتُّقِيتِ	اِتَّقِي	تَتَّقِي	تَتَّقِي	تَتَّقِينَ	إِتَّقَيْتِ	أَنْتِ
يُتَّقَ	يُتَّقَى	يُتَّقَى	أُتُّقِيَ		يَتَّقِ	يَتَّقِيَ	يَتَّقِي	إِتَّقَى	هُوَ
تُتَّقَ	تُتَّقَى	تُتَّقَى	أُتُّقِيَتْ		تَتَّقِ	تَتَّقِيَ	تَتَّقِي	إِتَّقَتْ	هِيَ
تُتَّقَيَا	تُتَّقَيَا	تُتَّقَيَانِ	أُتُّقِيتُمَا	اِتَّقِيَا	تَتَّقِيَا	تَتَّقِيَا	تَتَّقِيَانِ	إِتَّقَيْتُمَا	أَنْتُمَا
يُتَّقَيَا	يُتَّقَيَا	يُتَّقَيَانِ	أُتُّقِيَا		يَتَّقِيَا	يَتَّقِيَا	يَتَّقِيَانِ	إِتَّقَيَا	هُمَا
تُتَّقَيَا	تُتَّقَيَا	تُتَّقَيَانِ	أُتُّقِيَتَا		تَتَّقِيَا	تَتَّقِيَا	تَتَّقِيَانِ	إِتَّقَتَا	هُمَا
نُتَّقَ	نُتَّقَى	نُتَّقَى	أُتُّقِينَا		نَتَّقِ	نَتَّقِيَ	نَتَّقِي	إِتَّقَيْنَا	نَحْنُ
تُتَّقَوْا	تُتَّقَوْا	تُتَّقَوْنَ	أُتُّقِيتُمْ	اِتَّقُوا	تَتَّقُوا	تَتَّقُوا	تَتَّقُونَ	إِتَّقَيْتُمْ	أَنْتُمْ
تُتَّقَيْنَ	تُتَّقَيْنَ	تُتَّقَيْنَ	أُتُّقِيتُنَّ	اِتَّقِينَ	تَتَّقِينَ	تَتَّقِينَ	تَتَّقِينَ	إِتَّقَيْتُنَّ	أَنْتُنَّ
يُتَّقَوْا	يُتَّقَوْا	يُتَّقَوْنَ	أُتُّقُوا		يَتَّقُوا	يَتَّقُوا	يَتَّقُونَ	إِتَّقَوْا	هُمْ
يُتَّقَيْنَ	يُتَّقَيْنَ	يُتَّقَيْنَ	أُتُّقِينَ		يَتَّقِينَ	يَتَّقِينَ	يَتَّقِينَ	إِتَّقَيْنَ	هُنَّ

| 196 | تَوَكَّلَ tawakkala to act as agent | | | | | | | | Form V |

| AP: مُتَوَكِّلٌ | | | PP: مُتَوَكَّلٌ | | VN: تَوَكُّلٌ | | | Rt: وكل | |

Passive				Active					
Imperfect Jussive	Imperfect Subjunctive	Imperfect Indicative	Perfect	Imperative	Imperfect Jussive	Imperfect Subjunctive	Imperfect Indicative	Perfect	
أُتَوَكَّلْ	أُتَوَكَّلَ	أُتَوَكَّلُ	تُوُكِّلْتُ		أَتَوَكَّلْ	أَتَوَكَّلَ	أَتَوَكَّلُ	تَوَكَّلْتُ	أَنَا
تُتَوَكَّلْ	تُتَوَكَّلَ	تُتَوَكَّلُ	تُوُكِّلْتَ	تَوَكَّلْ	تَتَوَكَّلْ	تَتَوَكَّلَ	تَتَوَكَّلُ	تَوَكَّلْتَ	أَنْتَ
تُتَوَكَّلِي	تُتَوَكَّلِي	تُتَوَكَّلِينَ	تُوُكِّلْتِ	تَوَكَّلِي	تَتَوَكَّلِي	تَتَوَكَّلِي	تَتَوَكَّلِينَ	تَوَكَّلْتِ	أَنْتِ
يُتَوَكَّلْ	يُتَوَكَّلَ	يُتَوَكَّلُ	تُوُكِّلَ		يَتَوَكَّلْ	يَتَوَكَّلَ	يَتَوَكَّلُ	تَوَكَّلَ	هُوَ
تُتَوَكَّلْ	تُتَوَكَّلَ	تُتَوَكَّلُ	تُوُكِّلَتْ		تَتَوَكَّلْ	تَتَوَكَّلَ	تَتَوَكَّلُ	تَوَكَّلَتْ	هِيَ
تُتَوَكَّلَا	تُتَوَكَّلَا	تُتَوَكَّلَانِ	تُوُكِّلْتُمَا	تَوَكَّلَا	تَتَوَكَّلَا	تَتَوَكَّلَا	تَتَوَكَّلَانِ	تَوَكَّلْتُمَا	أَنْتُمَا
يُتَوَكَّلَا	يُتَوَكَّلَا	يُتَوَكَّلَانِ	تُوُكِّلَا		يَتَوَكَّلَا	يَتَوَكَّلَا	يَتَوَكَّلَانِ	تَوَكَّلَا	هُمَا
تُتَوَكَّلَا	تُتَوَكَّلَا	تُتَوَكَّلَانِ	تُوُكِّلَتَا		تَتَوَكَّلَا	تَتَوَكَّلَا	تَتَوَكَّلَانِ	تَوَكَّلَتَا	هُمَا
نُتَوَكَّلْ	نُتَوَكَّلَ	نُتَوَكَّلُ	تُوُكِّلْنَا		نَتَوَكَّلْ	نَتَوَكَّلَ	نَتَوَكَّلُ	تَوَكَّلْنَا	نَحْنُ
تُتَوَكَّلُوا	تُتَوَكَّلُوا	تُتَوَكَّلُونَ	تُوُكِّلْتُمْ	تَوَكَّلُوا	تَتَوَكَّلُوا	تَتَوَكَّلُوا	تَتَوَكَّلُونَ	تَوَكَّلْتُمْ	أَنْتُمْ
تُتَوَكَّلْنَ	تُتَوَكَّلْنَ	تُتَوَكَّلْنَ	تُوُكِّلْتُنَّ	تَوَكَّلْنَ	تَتَوَكَّلْنَ	تَتَوَكَّلْنَ	تَتَوَكَّلْنَ	تَوَكَّلْتُنَّ	أَنْتُنَّ
يُتَوَكَّلُوا	يُتَوَكَّلُوا	يُتَوَكَّلُونَ	تُوُكِّلُوا		يَتَوَكَّلُوا	يَتَوَكَّلُوا	يَتَوَكَّلُونَ	تَوَكَّلُوا	هُمْ
يُتَوَكَّلْنَ	يُتَوَكَّلْنَ	يُتَوَكَّلْنَ	تُوُكِّلْنَ		يَتَوَكَّلْنَ	يَتَوَكَّلْنَ	يَتَوَكَّلْنَ	تَوَكَّلْنَ	هُنَّ

197	تَوَاكَلَ tawãkala to rely on each other							Form VI	
AP: مُتَوَاكِلٌ		PP: مُتَوَاكَلٌ		VN: تَوَاكُلٌ			Rt: وكل		
Passive				Active					
Imperfect Jussive	Imperfect Subjunctive	Imperfect Indicative	Perfect	Imperative	Imperfect Jussive	Imperfect Subjunctive	Imperfect Indicative	Perfect	
أُتَوَاكَلْ	أُتَوَاكَلَ	أُتَوَاكَلُ	تُوُوكِلْتُ		أَتَوَاكَلْ	أَتَوَاكَلَ	أَتَوَاكَلُ	تَوَاكَلْتُ	أَنَا
تُتَوَاكَلْ	تُتَوَاكَلَ	تُتَوَاكَلُ	تُوُوكِلْتَ	تَوَاكَلْ	تَتَوَاكَلْ	تَتَوَاكَلَ	تَتَوَاكَلُ	تَوَاكَلْتَ	أَنْتَ
تُتَوَاكَلِي	تُتَوَاكَلِي	تُتَوَاكَلِينَ	تُوُوكِلْتِ	تَوَاكَلِي	تَتَوَاكَلِي	تَتَوَاكَلِي	تَتَوَاكَلِينَ	تَوَاكَلْتِ	أَنْتِ
يُتَوَاكَلْ	يُتَوَاكَلَ	يُتَوَاكَلُ	تُوُوكِلَ		يَتَوَاكَلْ	يَتَوَاكَلَ	يَتَوَاكَلُ	تَوَاكَلَ	هُوَ
تُتَوَاكَلْ	تُتَوَاكَلَ	تُتَوَاكَلُ	تُوُوكِلَتْ		تَتَوَاكَلْ	تَتَوَاكَلَ	تَتَوَاكَلُ	تَوَاكَلَتْ	هِيَ
تُتَوَاكَلَا	تُتَوَاكَلَا	تُتَوَاكَلَانِ	تُوُوكِلْتُمَا	تَوَاكَلَا	تَتَوَاكَلَا	تَتَوَاكَلَا	تَتَوَاكَلَانِ	تَوَاكَلْتُمَا	أَنْتُمَا
يُتَوَاكَلَا	يُتَوَاكَلَا	يُتَوَاكَلَانِ	تُوُوكِلَا		يَتَوَاكَلَا	يَتَوَاكَلَا	يَتَوَاكَلَانِ	تَوَاكَلَا	هُمَا
تُتَوَاكَلَا	تُتَوَاكَلَا	تُتَوَاكَلَانِ	تُوُوكِلَتَا		تَتَوَاكَلَا	تَتَوَاكَلَا	تَتَوَاكَلَانِ	تَوَاكَلَتَا	هُمَا
نُتَوَاكَلْ	نُتَوَاكَلَ	نُتَوَاكَلُ	تُوُوكِلْنَا		نَتَوَاكَلْ	نَتَوَاكَلَ	نَتَوَاكَلُ	تَوَاكَلْنَا	نَحْنُ
تُتَوَاكَلُوا	تُتَوَاكَلُوا	تُتَوَاكَلُونَ	تُوُوكِلْتُمْ	تَوَاكَلُوا	تَتَوَاكَلُوا	تَتَوَاكَلُوا	تَتَوَاكَلُونَ	تَوَاكَلْتُمْ	أَنْتُمْ
تُتَوَاكَلْنَ	تُتَوَاكَلْنَ	تُتَوَاكَلْنَ	تُوُوكِلْتُنَّ	تَوَاكَلْنَ	تَتَوَاكَلْنَ	تَتَوَاكَلْنَ	تَتَوَاكَلْنَ	تَوَاكَلْتُنَّ	أَنْتُنَّ
يُتَوَاكَلُوا	يُتَوَاكَلُوا	يُتَوَاكَلُونَ	تُوُوكِلُوا		يَتَوَاكَلُوا	يَتَوَاكَلُوا	يَتَوَاكَلُونَ	تَوَاكَلُوا	هُمْ
يُتَوَاكَلْنَ	يُتَوَاكَلْنَ	يُتَوَاكَلْنَ	تُوُوكِلْنَ		يَتَوَاكَلْنَ	يَتَوَاكَلْنَ	يَتَوَاكَلْنَ	تَوَاكَلْنَ	هُنَّ

198	وَلْوَلَ walwala to wail								Form QI
AP: مُوَلْوِلٌ		PP: مُوَلْوَلٌ			VN: وَلْوَلَةٌ		Rt: ولول		
Passive				Active					
Imperfect Jussive	Imperfect Subjunctive	Imperfect Indicative	Perfect	Imperative	Imperfect Jussive	Imperfect Subjunctive	Imperfect Indicative	Perfect	
أُوَلْوَلْ	أُوَلْوَلَ	أُوَلْوَلُ	وُلْوِلْتُ		أُوَلْوِلْ	أُوَلْوِلَ	أُوَلْوِلُ	وَلْوَلْتُ	أَنا
تُوَلْوَلْ	تُوَلْوَلَ	تُوَلْوَلُ	وُلْوِلْتَ	وَلْوِلْ	تُوَلْوِلْ	تُوَلْوِلَ	تُوَلْوِلُ	وَلْوَلْتَ	أَنْتَ
تُوَلْوَلِي	تُوَلْوَلِي	تُوَلْوَلِينَ	وُلْوِلْتِ	وَلْوِلِي	تُوَلْوِلِي	تُوَلْوِلِي	تُوَلْوِلِينَ	وَلْوَلْتِ	أَنْتِ
يُوَلْوَلْ	يُوَلْوَلَ	يُوَلْوَلُ	وُلْوِلَ		يُوَلْوِلْ	يُوَلْوِلَ	يُوَلْوِلُ	وَلْوَلَ	هُوَ
تُوَلْوَلْ	تُوَلْوَلَ	تُوَلْوَلُ	وُلْوِلَتْ		تُوَلْوِلْ	تُوَلْوِلَ	تُوَلْوِلُ	وَلْوَلَتْ	هِيَ
تُوَلْوَلاَ	تُوَلْوَلاَ	تُوَلْوَلاَنِ	وُلْوِلْتُمَا	وَلْوِلاَ	تُوَلْوِلاَ	تُوَلْوِلاَ	تُوَلْوِلاَنِ	وَلْوَلْتُمَا	أَنْتُمَا
يُوَلْوَلاَ	يُوَلْوَلاَ	يُوَلْوَلاَنِ	وُلْوِلاَ		يُوَلْوِلاَ	يُوَلْوِلاَ	يُوَلْوِلاَنِ	وَلْوَلاَ	هُمَا
تُوَلْوَلاَ	تُوَلْوَلاَ	تُوَلْوَلاَنِ	وُلْوِلَتَا		تُوَلْوِلاَ	تُوَلْوِلاَ	تُوَلْوِلاَنِ	وَلْوَلَتَا	هُمَا
نُوَلْوَلْ	نُوَلْوَلَ	نُوَلْوَلُ	وُلْوِلْنَا		نُوَلْوِلْ	نُوَلْوِلَ	نُوَلْوِلُ	وَلْوَلْنَا	نَحْنُ
تُوَلْوَلُوا	تُوَلْوَلُوا	تُوَلْوَلُونَ	وُلْوِلْتُمْ	وَلْوِلُوا	تُوَلْوِلُوا	تُوَلْوِلُوا	تُوَلْوِلُونَ	وَلْوَلْتُمْ	أَنْتُمْ
تُوَلْوَلْنَ	تُوَلْوَلْنَ	تُوَلْوَلْنَ	وُلْوِلْتُنَّ	وَلْوِلْنَ	تُوَلْوِلْنَ	تُوَلْوِلْنَ	تُوَلْوِلْنَ	وَلْوَلْتُنَّ	أَنْتُنَّ
يُوَلْوَلُوا	يُوَلْوَلُوا	يُوَلْوَلُونَ	وُلْوِلُوا		يُوَلْوِلُوا	يُوَلْوِلُوا	يُوَلْوِلُونَ	وَلْوَلُوا	هُمْ
يُوَلْوَلْنَ	يُوَلْوَلْنَ	يُوَلْوَلْنَ	وُلْوِلْنَ		يُوَلْوِلْنَ	يُوَلْوِلْنَ	يُوَلْوِلْنَ	وَلْوَلْنَ	هُنَّ

199	وَلِيَ waliya to be near to								Form I
AP: وَالٍ / الْوَالِي			PP: مَوْلِيٌّ		VN: وَلايَةٌ		Rt: ولي		
Passive				Active					
Imperfect Jussive	Imperfect Subjunctive	Imperfect Indicative	Perfect	Imperative	Imperfect Jussive	Imperfect Subjunctive	Imperfect Indicative	Perfect	
أُولَ	أُولَى	أُولَى	وُلِيتُ		أَلِ	أَلِيَ	أَلِي	وَلِيتُ	أَنا
تُولَ	تُولَى	تُولَى	وُلِيتَ	لِ	تَلِ	تَلِيَ	تَلِي	وَلِيتَ	أَنْتَ
تُولَيْ	تُولَيْ	تُولَيْنَ	وُلِيتِ	لِي	تَلِي	تَلِي	تَلِينَ	وَلِيتِ	أَنْتِ
يُولَ	يُولَى	يُولَى	وُلِيَ		يَلِ	يَلِيَ	يَلِي	وَلِيَ	هُوَ
تُولَ	تُولَى	تُولَى	وُلِيَتْ		تَلِ	تَلِيَ	تَلِي	وَلِيَتْ	هِيَ
تُولَيَا	تُولَيَا	تُولَيَانِ	وُلِيتُمَا	لِيَا	تَلِيَا	تَلِيَا	تَلِيَانِ	وَلِيتُمَا	أَنْتُمَا
يُولَيَا	يُولَيَا	يُولَيَانِ	وُلِيَا		يَلِيَا	يَلِيَا	يَلِيَانِ	وَلِيَا	هُمَا
تُولَيَا	تُولَيَا	تُولَيَانِ	وُلِيَتَا		تَلِيَا	تَلِيَا	تَلِيَانِ	وَلِيَتَا	هُمَا
نُولَ	نُولَى	نُولَى	وُلِينَا		نَلِ	نَلِيَ	نَلِي	وَلِينَا	نَحْنُ
تُولَوْا	تُولَوْا	تُولَوْنَ	وُلِيتُمْ	لُوا	تَلُوا	تَلُوا	تَلُونَ	وَلِيتُمْ	أَنْتُمْ
تُولَيْنَ	تُولَيْنَ	تُولَيْنَ	وُلِيتُنَّ	لِينَ	تَلِينَ	تَلِينَ	تَلِينَ	وَلِيتُنَّ	أَنْتُنَّ
يُولَوْا	يُولَوْا	يُولَوْنَ	وُلُوا		يَلُوا	يَلُوا	يَلُونَ	وَلُوا	هُمْ
يُولَيْنَ	يُولَيْنَ	يُولَيْنَ	وُلِينَ		يَلِينَ	يَلِينَ	يَلِينَ	وَلِينَ	هُنَّ

200	وَالَى wãlã to sponsor							Form III	
AP: مُوَالٍ / الْمُوَالِي		PP: مُوَالًى / الْمُوَالَى		VN: مُوَالَاةٌ			Rt: ولي		
Passive				Active					
Imperfect Jussive	Imperfect Subjunctive	Imperfect Indicative	Perfect	Imperative	Imperfect Jussive	Imperfect Subjunctive	Imperfect Indicative	Perfect	
أُوَالَ	أُوَالَى	أُوَالَى	وُولِيتُ		أُوَالِ	أُوَالِيَ	أُوَالِي	وَالَيْتُ	أنا
تُوَالَ	تُوَالَى	تُوَالَى	وُولِيتَ	وَالِ	تُوَالِ	تُوَالِيَ	تُوَالِي	وَالَيْتَ	أَنْتَ
تُوَالَيْ	تُوَالَيْ	تُوَالَيْنَ	وُولِيتِ	وَالِي	تُوَالِي	تُوَالِي	تُوَالِينَ	وَالَيْتِ	أَنْتِ
يُوَالَ	يُوَالَى	يُوَالَى	وُولِيَ		يُوَالِ	يُوَالِيَ	يُوَالِي	وَالَى	هُوَ
تُوَالَ	تُوَالَى	تُوَالَى	وُولِيَتْ		تُوَالِ	تُوَالِيَ	تُوَالِي	وَالَتْ	هِيَ
تُوَالَيَا	تُوَالَيَا	تُوَالَيَانِ	وُولِيتُمَا	وَالِيَا	تُوَالِيَا	تُوَالِيَا	تُوَالِيَانِ	وَالَيْتُمَا	أَنْتُمَا
يُوَالَيَا	يُوَالَيَا	يُوَالَيَانِ	وُولِيَا		يُوَالِيَا	يُوَالِيَا	يُوَالِيَانِ	وَالَيَا	هُمَا
تُوَالَيَا	تُوَالَيَا	تُوَالَيَانِ	وُولِيَتَا		تُوَالِيَا	تُوَالِيَا	تُوَالِيَانِ	وَالَتَا	هُمَا
نُوَالَ	نُوَالَى	نُوَالَى	وُولِينَا		نُوَالِ	نُوَالِيَ	نُوَالِي	وَالَيْنَا	نَحْنُ
تُوَالَوْا	تُوَالَوْا	تُوَالَوْنَ	وُولِيتُمْ	وَالُوا	تُوَالُوا	تُوَالُوا	تُوَالُونَ	وَالَيْتُمْ	أَنْتُمْ
تُوَالَيْنَ	تُوَالَيْنَ	تُوَالَيْنَ	وُولِيتُنَّ	وَالِينَ	تُوَالِينَ	تُوَالِينَ	تُوَالِينَ	وَالَيْتُنَّ	أَنْتُنَّ
يُوَالَوْا	يُوَالَوْا	يُوَالَوْنَ	وُولُوا		يُوَالُوا	يُوَالُوا	يُوَالُونَ	وَالَوْا	هُمْ
يُوَالَيْنَ	يُوَالَيْنَ	يُوَالَيْنَ	وُولِينَ		يُوَالِينَ	يُوَالِينَ	يُوَالِينَ	وَالَيْنَ	هُنَّ

201	أَوْلَى awlā to entrust								Form IV
AP: مُولٍ / الْمُولِي		PP: مُولًى / الْمُولَى			VN: إِيلَاءَةٌ		Rt: ولي		
Passive				Active					
Imperfect Jussive	Imperfect Subjunctive	Imperfect Indicative	Perfect	Imperative	Imperfect Jussive	Imperfect Subjunctive	Imperfect Indicative	Perfect	
أُولَ	أُولَى	أُولَى	أُولِيتُ		أُولِ	أُولِيَ	أُولِي	أَوْلَيْتُ	أَنَا
تُولَ	تُولَى	تُولَى	أُولِيتَ	أَوْلِ	تُولِ	تُولِيَ	تُولِي	أَوْلَيْتَ	أَنْتَ
تُولَيْ	تُولَيْ	تُولَيْنَ	أُولِيتِ	أَوْلِي	تُولِي	تُولِي	تُولِينَ	أَوْلَيْتِ	أَنْتِ
يُولَ	يُولَى	يُولَى	أُولِيَ		يُولِ	يُولِيَ	يُولِي	أَوْلَى	هُوَ
تُولَ	تُولَى	تُولَى	أُولِيَتْ		تُولِ	تُولِيَ	تُولِي	أَوْلَتْ	هِيَ
تُولَيَا	تُولَيَا	تُولَيَانِ	أُولِيتُمَا	أَوْلِيَا	تُولِيَا	تُولِيَا	تُولِيَانِ	أَوْلَيْتُمَا	أَنْتُمَا
يُولَيَا	يُولَيَا	يُولَيَانِ	أُولِيَا		يُولِيَا	يُولِيَا	يُولِيَانِ	أَوْلَيَا	هُمَا
تُولَيَا	تُولَيَا	تُولَيَانِ	أُولِيَتَا		تُولِيَا	تُولِيَا	تُولِيَانِ	أَوْلَتَا	هُمَا
نُولَ	نُولَى	نُولَى	أُولِينَا		نُولِ	نُولِيَ	نُولِي	أَوْلَيْنَا	نَحْنُ
تُولَوْا	تُولَوْا	تُولَوْنَ	أُولِيتُمْ	أَوْلُوا	تُولُوا	تُولُوا	تُولُونَ	أَوْلَيْتُمْ	أَنْتُمْ
تُولَيْنَ	تُولَيْنَ	تُولَيْنَ	أُولِيتُنَّ	أَوْلِينَ	تُولِينَ	تُولِينَ	تُولِينَ	أَوْلَيْتُنَّ	أَنْتُنَّ
يُولَوْا	يُولَوْا	يُولَوْنَ	أُولُوا		يُولُوا	يُولُوا	يُولُونَ	أَوْلَوْا	هُمْ
يُولَيْنَ	يُولَيْنَ	يُولَيْنَ	أُولِينَ		يُولِينَ	يُولِينَ	يُولِينَ	أَوْلَيْنَ	هُنَّ

202	تَوَالَى tawālā to follow in succession			Form VI
AP: مُتَوَالٍ / الْمُتَوَالِي	PP:	VN: تَوَالٍ	Rt: ولي	

Passive				Active					
Imperfect Jussive	Imperfect Subjunctive	Imperfect Indicative	Perfect	Imperative	Imperfect Jussive	Imperfect Subjunctive	Imperfect Indicative	Perfect	
					أَتَوَالَ	أَتَوَالَى	أَتَوَالَى	تَوَالَيْتُ	أَنا
				تَوَالَ	تَتَوَالَ	تَتَوَالَى	تَتَوَالَى	تَوَالَيْتَ	أَنْتَ
				تَوَالَيْ	تَتَوَالَيْ	تَتَوَالَيْ	تَتَوَالَيْنَ	تَوَالَيْتِ	أَنْتِ
					يَتَوَالَ	يَتَوَالَى	يَتَوَالَى	تَوَالَى	هُوَ
					تَتَوَالَ	تَتَوَالَى	تَتَوَالَى	تَوَالَتْ	هِيَ
				تَوَالَيَا	تَتَوَالَيَا	تَتَوَالَيَا	تَتَوَالَيَانِ	تَوَالَيْتُمَا	أَنْتُمَا
					يَتَوَالَيَا	يَتَوَالَيَا	يَتَوَالَيَانِ	تَوَالَيَا	هُمَا
					تَتَوَالَيَا	تَتَوَالَيَا	تَتَوَالَيَانِ	تَوَالَتَا	هُمَا
					نَتَوَالَ	نَتَوَالَى	نَتَوَالَى	تَوَالَيْنَا	نَحْنُ
				تَوَالَوْا	تَتَوَالَوْا	تَتَوَالَوْا	تَتَوَالَوْنَ	تَوَالَيْتُمْ	أَنْتُمْ
				تَوَالَيْنَ	تَتَوَالَيْنَ	تَتَوَالَيْنَ	تَتَوَالَيْنَ	تَوَالَيْتُنَّ	أَنْتُنَّ
					يَتَوَالَوْا	يَتَوَالَوْا	يَتَوَالَوْنَ	تَوَالَوْا	هُمْ
					يَتَوَالَيْنَ	يَتَوَالَيْنَ	يَتَوَالَيْنَ	تَوَالَيْنَ	هُنَّ

203	أَوْمَأَ awma'a to gesticulate							Form IV	
AP: مُوْمِئٌ		PP: مُوْمَأٌ			VN: إِيْمَاءٌ		Rt: ومأ		
Passive				Active					
Imperfect Jussive	Imperfect Subjunctive	Imperfect Indicative	Perfect	Imperative	Imperfect Jussive	Imperfect Subjunctive	Imperfect Indicative	Perfect	
أُومَأْ	أُومَأَ	أُومَأُ	أُومِئْتُ		أُومِئْ	أُومِئَ	أُومِئُ	أَوْمَأْتُ	أنا
تُومَأْ	تُومَأَ	تُومَأُ	أُومِئْتَ	أَوْمِئْ	تُومِئْ	تُومِئَ	تُومِئُ	أَوْمَأْتَ	أَنْتَ
تُومَئِي	تُومَئِي	تُومَئِينَ	أُومِئْتِ	أَوْمِئِي	تُومِئِي	تُومِئِي	تُومِئِينَ	أَوْمَأْتِ	أَنْتِ
يُومَأْ	يُومَأَ	يُومَأُ	أُومِئَ		يُومِئْ	يُومِئَ	يُومِئُ	أَوْمَأَ	هُوَ
تُومَأْ	تُومَأَ	تُومَأُ	أُومِئَتْ		تُومِئْ	تُومِئَ	تُومِئُ	أَوْمَأَتْ	هِيَ
تُومَآ	تُومَآ	تُومَآنِ	أُومِئْتُمَا	أَوْمِئَا	تُومِئَا	تُومِئَا	تُومِئَانِ	أَوْمَأْتُمَا	أَنْتُمَا
يُومَآ	يُومَآ	يُومَآنِ	أُومِئَا		يُومِئَا	يُومِئَا	يُومِئَانِ	أَوْمَآ	هُمَا
تُومَآ	تُومَآ	تُومَآنِ	أُومِئَتَا		تُومِئَا	تُومِئَا	تُومِئَانِ	أَوْمَأَتَا	هُمَا
نُومَأْ	نُومَأَ	نُومَأُ	أُومِئْنَا		نُومِئْ	نُومِئَ	نُومِئُ	أَوْمَأْنَا	نَحْنُ
تُومَؤُوا	تُومَؤُوا	تُومَؤُونَ	أُومِئْتُمْ	أَوْمِئُوا	تُومِئُوا	تُومِئُوا	تُومِئُونَ	أَوْمَأْتُمْ	أَنْتُمْ
تُومَأْنَ	تُومَأْنَ	تُومَأْنَ	أُومِئْتُنَّ	أَوْمِئْنَ	تُومِئْنَ	تُومِئْنَ	تُومِئْنَ	أَوْمَأْتُنَّ	أَنْتُنَّ
يُومَؤُوا	يُومَؤُوا	يُومَؤُونَ	أُومِئُوا		يُومِئُوا	يُومِئُوا	يُومِئُونَ	أَوْمَؤُوا	هُمْ
يُومَأْنَ	يُومَأْنَ	يُومَأْنَ	أُومِئْنَ		يُومِئْنَ	يُومِئْنَ	يُومِئْنَ	أَوْمَأْنَ	هُنَّ

204	وَنِيَ waniya to be weary	Form I

AP: وَانٍ	PP: مَوْنِيٌّ	VN: وَنْيٌ	Rt: وني

Passive				Active					
Imperfect Jussive	Imperfect Subjunctive	Imperfect Indicative	Perfect	Imperative	Imperfect Jussive	Imperfect Subjunctive	Imperfect Indicative	Perfect	
أُوْنَ	أُوْنَى	أُوْنَى	وُنِيتُ		أَوْنَ	أَوْنَى	أَوْنَى	وَنِيتُ	أنا
تُوْنَ	تُوْنَى	تُوْنَى	وُنِيتَ	اِوْنَ	تَوْنَ	تَوْنَى	تَوْنَى	وَنِيتَ	أَنْتَ
تُوْنَيْ	تُوْنَيْ	تُوْنَيْنَ	وُنِيتِ	اِوْنِي	تَوْنَيْ	تَوْنَيْ	تَوْنَيْنَ	وَنِيتِ	أَنْتِ
يُوْنَ	يُوْنَى	يُوْنَى	وُنِيَ		يَوْنَ	يَوْنَى	يَوْنَى	وَنِيَ	هُوَ
تُوْنَ	تُوْنَى	تُوْنَى	وُنِيَتْ		تَوْنَ	تَوْنَى	تَوْنَى	وَنِيَتْ	هِيَ
تُوْنَيَا	تُوْنَيَا	تُوْنَيَانِ	وُنِيتُمَا	اِوْنَيَا	تَوْنَيَا	تَوْنَيَا	تَوْنَيَانِ	وَنِيتُمَا	أَنْتُمَا
يُوْنَيَا	يُوْنَيَا	يُوْنَيَانِ	وُنِيَا		يَوْنَيَا	يَوْنَيَا	يَوْنَيَانِ	وَنِيَا	هُمَا
تُوْنَيَا	تُوْنَيَا	تُوْنَيَانِ	وُنِيَتَا		تَوْنَيَا	تَوْنَيَا	تَوْنَيَانِ	وَنِيَتَا	هُمَا
نُوْنَ	نُوْنَى	نُوْنَى	وُنِينَا		نَوْنَ	نَوْنَى	نَوْنَى	وَنِينَا	نَحْنُ
تُوْنَوْا	تُوْنَوْا	تُوْنَوْنَ	وُنِيتُمْ	اِوْنَوْا	تَوْنَوْا	تَوْنَوْا	تَوْنَوْنَ	وَنِيتُمْ	أَنْتُمْ
تُوْنَيْنَ	تُوْنَيْنَ	تُوْنَيْنَ	وُنِيتُنَّ	اِوْنَيْنَ	تَوْنَيْنَ	تَوْنَيْنَ	تَوْنَيْنَ	وَنِيتُنَّ	أَنْتُنَّ
يُوْنَوْا	يُوْنَوْا	يُوْنَوْنَ	وُنُوا		يَوْنَوْا	يَوْنَوْا	يَوْنَوْنَ	وَنُوا	هُمْ
يُوْنَيْنَ	يُوْنَيْنَ	يُوْنَيْنَ	وُنِينَ		يَوْنَيْنَ	يَوْنَيْنَ	يَوْنَيْنَ	وَنِينَ	هُنَّ

| 205 | يَئِسَ ya'isa to despair (of) | | | | | | | | Form I |

AP: يَائِسٌ PP: VN: يَأْسٌ Rt: يئس

	Passive				Active				
Imperfect Jussive	Imperfect Subjunctive	Imperfect Indicative	Perfect	Imperative	Imperfect Jussive	Imperfect Subjunctive	Imperfect Indicative	Perfect	
					أَيْأَسْ	أَيْأَسَ	أَيْأَسُ	يَئِسْتُ	أَنَا
				اِيأَسْ	تَيْأَسْ	تَيْأَسَ	تَيْأَسُ	يَئِسْتَ	أَنْتَ
				اِيأَسِي	تَيْأَسِي	تَيْأَسِي	تَيْأَسِينَ	يَئِسْتِ	أَنْتِ
					يَيْأَسْ	يَيْأَسَ	يَيْأَسُ	يَئِسَ	هُوَ
					تَيْأَسْ	تَيْأَسَ	تَيْأَسُ	يَئِسَتْ	هِيَ
				اِيأَسَا	تَيْأَسَا	تَيْأَسَا	تَيْأَسَانِ	يَئِسْتُمَا	أَنْتُمَا
					يَيْأَسَا	يَيْأَسَا	يَيْأَسَانِ	يَئِسَا	هُمَا
					تَيْأَسَا	تَيْأَسَا	تَيْأَسَانِ	يَئِسَتَا	هُمَا
					نَيْأَسْ	نَيْأَسَ	نَيْأَسُ	يَئِسْنَا	نَحْنُ
				اِيأَسُوا	تَيْأَسُوا	تَيْأَسُوا	تَيْأَسُونَ	يَئِسْتُمْ	أَنْتُمْ
				اِيأَسْنَ	تَيْأَسْنَ	تَيْأَسْنَ	تَيْأَسْنَ	يَئِسْتُنَّ	أَنْتُنَّ
					يَيْأَسُوا	يَيْأَسُوا	يَيْأَسُونَ	يَئِسُوا	هُمْ
					يَيْأَسْنَ	يَيْأَسْنَ	يَيْأَسْنَ	يَئِسْنَ	هُنَّ

206	أَيْأَسَ ay'asa to drive to despair	Form IV

AP: مُوئِسٌ	PP: مُوْئَسٌ	VN: أَيْآسٌ	Rt: يئس

Passive				Active					
Imperfect Jussive	Imperfect Subjunctive	Imperfect Indicative	Perfect	Imperative	Imperfect Jussive	Imperfect Subjunctive	Imperfect Indicative	Perfect	
أُوئَسْ	أُوئَسَ	أُوئَسُ	أُوئِسْتُ		أُوئِسْ	أُوئِسَ	أُوئِسُ	أَيْأَسْتُ	أَنا
تُوئَسْ	تُوئَسَ	تُوئَسُ	أُوئِسْتَ	أَيْئِسْ	تُوئِسْ	تُوئِسَ	تُوئِسُ	أَيْأَسْتَ	أَنْتَ
تُوئَسِي	تُوئَسِي	تُوئَسِينَ	أُوئِسْتِ	أَيْئِسِي	تُوئِسِي	تُوئِسِي	تُوئِسِينَ	أَيْأَسْتِ	أَنْتِ
يُوئَسْ	يُوئَسَ	يُوئَسُ	أُوئِسَ		يُوئِسْ	يُوئِسَ	يُوئِسُ	أَيْأَسَ	هُوَ
تُوئَسْ	تُوئَسَ	تُوئَسُ	أُوئِسَتْ		تُوئِسْ	تُوئِسَ	تُوئِسُ	أَيْأَسَتْ	هِيَ
تُوئَسَا	تُوئَسَا	تُوئَسَانِ	أُوئِسْتُمَا	أَيْئِسَا	تُوئِسَا	تُوئِسَا	تُوئِسَانِ	أَيْأَسْتُمَا	أَنْتُمَا
يُوئَسَا	يُوئَسَا	يُوئَسَانِ	أُوئِسَا		يُوئِسَا	يُوئِسَا	يُوئِسَانِ	أَيْأَسَا	هُمَا
تُوئَسَا	تُوئَسَا	تُوئَسَانِ	أُوئِسَتَا		تُوئِسَا	تُوئِسَا	تُوئِسَانِ	أَيْأَسَتَا	هُمَا
نُوئَسْ	نُوئَسَ	نُوئَسُ	أُوئِسْنَا		نُوئِسْ	نُوئِسَ	نُوئِسُ	أَيْأَسْنَا	نَحْنُ
تُوئَسُوا	تُوئَسُوا	تُوئَسُونَ	أُوئِسْتُمْ	أَيْئِسُوا	تُوئِسُوا	تُوئِسُوا	تُوئِسُونَ	أَيْأَسْتُمْ	أَنْتُمْ
تُوئَسْنَ	تُوئَسْنَ	تُوئَسْنَ	أُوئِسْتُنَّ	أَيْئِسْنَ	تُوئِسْنَ	تُوئِسْنَ	تُوئِسْنَ	أَيْأَسْتُنَّ	أَنْتُنَّ
يُوئَسُوا	يُوئَسُوا	يُوئَسُونَ	أُوئِسُوا		يُوئِسُوا	يُوئِسُوا	يُوئِسُونَ	أَيْأَسُوا	هُمْ
يُوئَسْنَ	يُوئَسْنَ	يُوئَسْنَ	أُوئِسْنَ		يُوئِسْنَ	يُوئِسْنَ	يُوئِسْنَ	أَيْأَسْنَ	هُنَّ

207	يَتَمَ yatama to be an orphan	Form I

AP: يَاتِمٌ	PP:	VN: يُتْمٌ / يَتْمٌ	Rt: يتم

Passive				Active					
Imperfect Jussive	Imperfect Subjunctive	Imperfect Indicative	Perfect	Imperative	Imperfect Jussive	Imperfect Subjunctive	Imperfect Indicative	Perfect	
					أَيْتِمْ	أَيْتِمَ	أَيْتِمُ	يَتَمْتُ	أنا
				اِيْتِمْ	تَيْتِمْ	تَيْتِمَ	تَيْتِمُ	يَتَمْتَ	أَنْتَ
				اِيْتِمِي	تَيْتِمِي	تَيْتِمِي	تَيْتِمِينَ	يَتَمْتِ	أَنْتِ
					يَيْتِمْ	يَيْتِمَ	يَيْتِمُ	يَتَمَ	هُوَ
					تَيْتِمْ	تَيْتِمَ	تَيْتِمُ	يَتَمَتْ	هِيَ
				اِيْتِمَا	تَيْتِمَا	تَيْتِمَا	تَيْتِمَانِ	يَتَمْتُمَا	أَنْتُمَا
					يَيْتِمَا	يَيْتِمَا	يَيْتِمَانِ	يَتَمَا	هُمَا
					تَيْتِمَا	تَيْتِمَا	تَيْتِمَانِ	يَتَمَتَا	هُمَا
					نَيْتِمْ	نَيْتِمَ	نَيْتِمُ	يَتَمْنَا	نَحْنُ
				اِيْتِمُوا	تَيْتِمُوا	تَيْتِمُوا	تَيْتِمُونَ	يَتَمْتُمْ	أَنْتُمْ
				اِيْتِمْنَ	تَيْتِمْنَ	تَيْتِمْنَ	تَيْتِمْنَ	يَتَمْتُنَّ	أَنْتُنَّ
					يَيْتِمُوا	يَيْتِمُوا	يَيْتِمُونَ	يَتَمُوا	هُمْ
					يَيْتِمْنَ	يَيْتِمْنَ	يَيْتِمْنَ	يَتَمْنَ	هُنَّ

208	يَاسَرَ yāsara to be lenient with								Form III
AP: مُيَاسِرٌ			PP: مُيَاسَرٌ			VN: مُيَاسَرَةٌ		Rt: يسر	
Passive				Active					
Imperfect Jussive	Imperfect Subjunctive	Imperfect Indicative	Perfect	Imperative	Imperfect Jussive	Imperfect Subjunctive	Imperfect Indicative	Perfect	
أُيَاسَرْ	أُيَاسَرَ	أُيَاسَرُ	يُوسِرْتُ		أُيَاسِرْ	أُيَاسِرَ	أُيَاسِرُ	يَاسَرْتُ	أَنَا
تُيَاسَرْ	تُيَاسَرَ	تُيَاسَرُ	يُوسِرْتَ	يَاسِرْ	تُيَاسِرْ	تُيَاسِرَ	تُيَاسِرُ	يَاسَرْتَ	أَنْتَ
تُيَاسَرِي	تُيَاسَرِي	تُيَاسَرِينَ	يُوسِرْتِ	يَاسِرِي	تُيَاسِرِي	تُيَاسِرِي	تُيَاسِرِينَ	يَاسَرْتِ	أَنْتِ
يُيَاسَرْ	يُيَاسَرَ	يُيَاسَرُ	يُوسِرَ		يُيَاسِرْ	يُيَاسِرَ	يُيَاسِرُ	يَاسَرَ	هُوَ
تُيَاسَرْ	تُيَاسَرَ	تُيَاسَرُ	يُوسِرَتْ		تُيَاسِرْ	تُيَاسِرَ	تُيَاسِرُ	يَاسَرَتْ	هِيَ
تُيَاسَرَا	تُيَاسَرَا	تُيَاسَرَانِ	يُوسِرْتُمَا	يَاسِرَا	تُيَاسِرَا	تُيَاسِرَا	تُيَاسِرَانِ	يَاسَرْتُمَا	أَنْتُمَا
يُيَاسَرَا	يُيَاسَرَا	يُيَاسَرَانِ	يُوسِرَا		يُيَاسِرَا	يُيَاسِرَا	يُيَاسِرَانِ	يَاسَرَا	هُمَا
تُيَاسَرَا	تُيَاسَرَا	تُيَاسَرَانِ	يُوسِرَتَا		تُيَاسِرَا	تُيَاسِرَا	تُيَاسِرَانِ	يَاسَرَتَا	هُمَا
نُيَاسَرْ	نُيَاسَرَ	نُيَاسَرُ	يُوسِرْنَا		نُيَاسِرْ	نُيَاسِرَ	نُيَاسِرُ	يَاسَرْنَا	نَحْنُ
تُيَاسَرُوا	تُيَاسَرُوا	تُيَاسَرُونَ	يُوسِرْتُمْ	يَاسِرُوا	تُيَاسِرُوا	تُيَاسِرُوا	تُيَاسِرُونَ	يَاسَرْتُمْ	أَنْتُمْ
تُيَاسَرْنَ	تُيَاسَرْنَ	تُيَاسَرْنَ	يُوسِرْتُنَّ	يَاسِرْنَ	تُيَاسِرْنَ	تُيَاسِرْنَ	تُيَاسِرْنَ	يَاسَرْتُنَّ	أَنْتُنَّ
يُيَاسَرُوا	يُيَاسَرُوا	يُيَاسَرُونَ	يُوسِرُوا		يُيَاسِرُوا	يُيَاسِرُوا	يُيَاسِرُونَ	يَاسَرُوا	هُمْ
يُيَاسَرْنَ	يُيَاسَرْنَ	يُيَاسَرْنَ	يُوسِرْنَ		يُيَاسِرْنَ	يُيَاسِرْنَ	يُيَاسِرْنَ	يَاسَرْنَ	هُنَّ

209	تَيَقَّظَ tayaqqaza to be alert							Form V	
AP: مُتَيَقِّظٌ		PP: مُتَيَقَّظٌ		VN: تَيَقُّظٌ			Rt: يقظ		
Passive				Active					
Imperfect Jussive	Imperfect Subjunctive	Imperfect Indicative	Perfect	Imperative	Imperfect Jussive	Imperfect Subjunctive	Imperfect Indicative	Perfect	
أُتَيَقَّظْ	أُتَيَقَّظَ	أُتَيَقَّظُ	تُيُقِّظْتُ		أَتَيَقَّظْ	أَتَيَقَّظَ	أَتَيَقَّظُ	تَيَقَّظْتُ	أَنا
تُتَيَقَّظْ	تُتَيَقَّظَ	تُتَيَقَّظُ	تُيُقِّظْتَ	تَيَقَّظْ	تَتَيَقَّظْ	تَتَيَقَّظَ	تَتَيَقَّظُ	تَيَقَّظْتَ	أَنْتَ
تُتَيَقَّظِي	تُتَيَقَّظِي	تُتَيَقَّظِينَ	تُيُقِّظْتِ	تَيَقَّظِي	تَتَيَقَّظِي	تَتَيَقَّظِي	تَتَيَقَّظِينَ	تَيَقَّظْتِ	أَنْتِ
يُتَيَقَّظْ	يُتَيَقَّظَ	يُتَيَقَّظُ	تُيُقِّظَ		يَتَيَقَّظْ	يَتَيَقَّظَ	يَتَيَقَّظُ	تَيَقَّظَ	هُوَ
تُتَيَقَّظْ	تُتَيَقَّظَ	تُتَيَقَّظُ	تُيُقِّظَتْ		تَتَيَقَّظْ	تَتَيَقَّظَ	تَتَيَقَّظُ	تَيَقَّظَتْ	هِيَ
تُتَيَقَّظَا	تُتَيَقَّظَا	تُتَيَقَّظَانِ	تُيُقِّظْتُمَا	تَيَقَّظَا	تَتَيَقَّظَا	تَتَيَقَّظَا	تَتَيَقَّظَانِ	تَيَقَّظْتُمَا	أَنْتُمَا
يُتَيَقَّظَا	يُتَيَقَّظَا	يُتَيَقَّظَانِ	تُيُقِّظَا		يَتَيَقَّظَا	يَتَيَقَّظَا	يَتَيَقَّظَانِ	تَيَقَّظَا	هُمَا
تُتَيَقَّظَا	تُتَيَقَّظَا	تُتَيَقَّظَانِ	تُيُقِّظَتَا		تَتَيَقَّظَا	تَتَيَقَّظَا	تَتَيَقَّظَانِ	تَيَقَّظَتَا	هُمَا
نُتَيَقَّظْ	نُتَيَقَّظَ	نُتَيَقَّظُ	تُيُقِّظْنَا		نَتَيَقَّظْ	نَتَيَقَّظَ	نَتَيَقَّظُ	تَيَقَّظْنَا	نَحْنُ
تُتَيَقَّظُوا	تُتَيَقَّظُوا	تُتَيَقَّظُونَ	تُيُقِّظْتُمْ	تَيَقَّظُوا	تَتَيَقَّظُوا	تَتَيَقَّظُوا	تَتَيَقَّظُونَ	تَيَقَّظْتُمْ	أَنْتُمْ
تُتَيَقَّظْنَ	تُتَيَقَّظْنَ	تُتَيَقَّظْنَ	تُيُقِّظْتُنَّ	تَيَقَّظْنَ	تَتَيَقَّظْنَ	تَتَيَقَّظْنَ	تَتَيَقَّظْنَ	تَيَقَّظْتُنَّ	أَنْتُنَّ
يُتَيَقَّظُوا	يُتَيَقَّظُوا	يُتَيَقَّظُونَ	تُيُقِّظُوا		يَتَيَقَّظُوا	يَتَيَقَّظُوا	يَتَيَقَّظُونَ	تَيَقَّظُوا	هُمْ
يُتَيَقَّظْنَ	يُتَيَقَّظْنَ	يُتَيَقَّظْنَ	تُيُقِّظْنَ		يَتَيَقَّظْنَ	يَتَيَقَّظْنَ	يَتَيَقَّظْنَ	تَيَقَّظْنَ	هُنَّ

210	إِسْتَيْقَظَ istayqaza to wake up	Form X

AP: مُسْتَيْقِظٌ	PP:	VN: إِسْتِيقَاظٌ	Rt: يقظ

Passive				Active					
Imperfect Jussive	Imperfect Subjunctive	Imperfect Indicative	Perfect	Imperative	Imperfect Jussive	Imperfect Subjunctive	Imperfect Indicative	Perfect	
					أَسْتَيْقِظْ	أَسْتَيْقِظَ	أَسْتَيْقِظُ	إِسْتَيْقَظْتُ	أَنَا
				اِسْتَيْقِظْ	تَسْتَيْقِظْ	تَسْتَيْقِظَ	تَسْتَيْقِظُ	إِسْتَيْقَظْتَ	أَنْتَ
				اِسْتَيْقِظِي	تَسْتَيْقِظِي	تَسْتَيْقِظِي	تَسْتَيْقِظِينَ	إِسْتَيْقَظْتِ	أَنْتِ
					يَسْتَيْقِظْ	يَسْتَيْقِظَ	يَسْتَيْقِظُ	إِسْتَيْقَظَ	هُوَ
					تَسْتَيْقِظْ	تَسْتَيْقِظَ	تَسْتَيْقِظُ	إِسْتَيْقَظَتْ	هِيَ
				اِسْتَيْقِظَا	تَسْتَيْقِظَا	تَسْتَيْقِظَا	تَسْتَيْقِظَانِ	إِسْتَيْقَظْتُمَا	أَنْتُمَا
					يَسْتَيْقِظَا	يَسْتَيْقِظَا	يَسْتَيْقِظَانِ	إِسْتَيْقَظَا	هُمَا
					تَسْتَيْقِظَا	تَسْتَيْقِظَا	تَسْتَيْقِظَانِ	إِسْتَيْقَظَتَا	هُمَا
					نَسْتَيْقِظْ	نَسْتَيْقِظَ	نَسْتَيْقِظُ	إِسْتَيْقَظْنَا	نَحْنُ
				اِسْتَيْقِظُوا	تَسْتَيْقِظُوا	تَسْتَيْقِظُوا	تَسْتَيْقِظُونَ	إِسْتَيْقَظْتُمْ	أَنْتُمْ
				اِسْتَيْقِظْنَ	تَسْتَيْقِظْنَ	تَسْتَيْقِظْنَ	تَسْتَيْقِظْنَ	إِسْتَيْقَظْتُنَّ	أَنْتُنَّ
					يَسْتَيْقِظُوا	يَسْتَيْقِظُوا	يَسْتَيْقِظُونَ	إِسْتَيْقَظُوا	هُمْ
					يَسْتَيْقِظْنَ	يَسْتَيْقِظْنَ	يَسْتَيْقِظْنَ	إِسْتَيْقَظْنَ	هُنَّ

211	يَقِنَ yaqina to be certain								Form I
AP: يَاقِنٌ		PP:			VN: يَقْنٌ		Rt: يقن		
Passive				Active					
Imperfect Jussive	Imperfect Subjunctive	Imperfect Indicative	Perfect	Imperative	Imperfect Jussive	Imperfect Subjunctive	Imperfect Indicative	Perfect	
					أَيْقَنْ	أَيْقَنَ	أَيْقَنُ	يَقِنْتُ	أَنا
				اِيْقَنْ	تَيْقَنْ	تَيْقَنَ	تَيْقَنُ	يَقِنْتَ	أَنْتَ
				اِيْقَنِي	تَيْقَنِي	تَيْقَنِي	تَيْقَنِينَ	يَقِنْتِ	أَنْتِ
					يَيْقَنْ	يَيْقَنَ	يَيْقَنُ	يَقِنَ	هُوَ
					تَيْقَنْ	تَيْقَنَ	تَيْقَنُ	يَقِنَتْ	هِيَ
				اِيْقَنَا	تَيْقَنَا	تَيْقَنَا	تَيْقَنَانِ	يَقِنْتُمَا	أَنْتُمَا
					يَيْقَنَا	يَيْقَنَا	يَيْقَنَانِ	يَقِنَا	هُمَا
					تَيْقَنَا	تَيْقَنَا	تَيْقَنَانِ	يَقِنَتَا	هُمَا
					نَيْقَنْ	نَيْقَنَ	نَيْقَنُ	يَقِنَّا	نَحْنُ
				اِيْقَنُوا	تَيْقَنُوا	تَيْقَنُوا	تَيْقَنُونَ	يَقِنْتُمْ	أَنْتُمْ
				اِيْقَنَّ	تَيْقَنَّ	تَيْقَنَّ	تَيْقَنَّ	يَقِنْتُنَّ	أَنْتُنَّ
					يَيْقَنُوا	يَيْقَنُوا	يَيْقَنُونَ	يَقِنُوا	هُمْ
					يَيْقَنَّ	يَيْقَنَّ	يَيْقَنَّ	يَقِنَّ	هُنَّ

212	أَيْقَنَ ayqana to ascertain	Form IV

AP: مُوقِنٌ	PP: مُوقَنٌ	VN: إِيقَانٌ	Rt: يقن

Passive				Active					
Imperfect Jussive	Imperfect Subjunctive	Imperfect Indicative	Perfect	Imperative	Imperfect Jussive	Imperfect Subjunctive	Imperfect Indicative	Perfect	
أُوقَنْ	أُوقَنَ	أُوقَنُ	أُوقِنْتُ		أُوقِنْ	أُوقِنَ	أُوقِنُ	أَيْقَنْتُ	أَنَا
تُوقَنْ	تُوقَنَ	تُوقَنُ	أُوقِنْتَ	أَيْقِنْ	تُوقِنْ	تُوقِنَ	تُوقِنُ	أَيْقَنْتَ	أَنْتَ
تُوقَنِي	تُوقَنِي	تُوقَنِينَ	أُوقِنْتِ	أَيْقِنِي	تُوقِنِي	تُوقِنِي	تُوقِنِينَ	أَيْقَنْتِ	أَنْتِ
يُوقَنْ	يُوقَنَ	يُوقَنُ	أُوقِنَ		يُوقِنْ	يُوقِنَ	يُوقِنُ	أَيْقَنَ	هُوَ
تُوقَنْ	تُوقَنَ	تُوقَنُ	أُوقِنَتْ		تُوقِنْ	تُوقِنَ	تُوقِنُ	أَيْقَنَتْ	هِيَ
تُوقَنَا	تُوقَنَا	تُوقَنَانِ	أُوقِنْتُمَا	أَيْقِنَا	تُوقِنَا	تُوقِنَا	تُوقِنَانِ	أَيْقَنْتُمَا	أَنْتُمَا
يُوقَنَا	يُوقَنَا	يُوقَنَانِ	أُوقِنَا		يُوقِنَا	يُوقِنَا	يُوقِنَانِ	أَيْقَنَا	هُمَا
تُوقَنَا	تُوقَنَا	تُوقَنَانِ	أُوقِنَتَا		تُوقِنَا	تُوقِنَا	تُوقِنَانِ	أَيْقَنَتَا	هُمَا
نُوقَنْ	نُوقَنَ	نُوقَنُ	أُوقِنَّا		نُوقِنْ	نُوقِنَ	نُوقِنُ	أَيْقَنَّا	نَحْنُ
تُوقَنُوا	تُوقَنُوا	تُوقَنُونَ	أُوقِنْتُمْ	أَيْقِنُوا	تُوقِنُوا	تُوقِنُوا	تُوقِنُونَ	أَيْقَنْتُمْ	أَنْتُمْ
تُوقَنَّ	تُوقَنَّ	تُوقَنَّ	أُوقِنْتُنَّ	أَيْقِنَّ	تُوقِنَّ	تُوقِنَّ	تُوقِنَّ	أَيْقَنْتُنَّ	أَنْتُنَّ
يُوقَنُوا	يُوقَنُوا	يُوقَنُونَ	أُوقِنُوا		يُوقِنُوا	يُوقِنُوا	يُوقِنُونَ	أَيْقَنُوا	هُمْ
يُوقَنَّ	يُوقَنَّ	يُوقَنَّ	أُوقِنَّ		يُوقِنَّ	يُوقِنَّ	يُوقِنَّ	أَيْقَنَّ	هُنَّ

213	يَمُنَ yamuna to be fortunate			Form I
AP: يَامِنٌ	PP:	VN: يُمْنٌ	Rt: يمن	

Passive				Active					
Imperfect Jussive	Imperfect Subjunctive	Imperfect Indicative	Perfect	Imperative	Imperfect Jussive	Imperfect Subjunctive	Imperfect Indicative	Perfect	
					أَيْمُنْ	أَيْمُنَ	أَيْمُنُ	يَمُنْتُ	أَنَا
				أُومُنْ	تَيْمُنْ	تَيْمُنَ	تَيْمُنُ	يَمُنْتَ	أَنْتَ
				أُومُنِي	تَيْمُنِي	تَيْمُنِي	تَيْمُنِينَ	يَمُنْتِ	أَنْتِ
					يَيْمُنْ	يَيْمُنَ	يَيْمُنُ	يَمُنَ	هُوَ
					تَيْمُنْ	تَيْمُنَ	تَيْمُنُ	يَمُنَتْ	هِيَ
				أُومُنَا	تَيْمُنَا	تَيْمُنَا	تَيْمُنَانِ	يَمُنْتُمَا	أَنْتُمَا
					يَيْمُنَا	يَيْمُنَا	يَيْمُنَانِ	يَمُنَا	هُمَا
					تَيْمُنَا	تَيْمُنَا	تَيْمُنَانِ	يَمُنَتَا	هُمَا
					نَيْمُنْ	نَيْمُنَ	نَيْمُنُ	يَمُنَّا	نَحْنُ
				أُومُنُوا	تَيْمُنُوا	تَيْمُنُوا	تَيْمُنُونَ	يَمُنْتُمْ	أَنْتُمْ
				أُومُنَّ	تَيْمُنَّ	تَيْمُنَّ	تَيْمُنَّ	يَمُنْتُنَّ	أَنْتُنَّ
					يَيْمُنُوا	يَيْمُنُوا	يَيْمُنُونَ	يَمُنُوا	هُمْ
					يَيْمُنَّ	يَيْمُنَّ	يَيْمُنَّ	يَمُنَّ	هُنَّ

Verb List

1

أَبَى to refuse

2

أَتَى to come

أَسَى to nurse

أَمَى to become a slave (woman)

أَنَى to act slowly

3

آتَى to offer

آخَى to fraternize

آزَى to be opposite

آسَى to share (one's possessions with)

4

آبَى to make refuse

آتَى to bring

آدَى to equip o.s.

آذَى to harm (s.o.)

آلَى to take an oath

آنَى to put off

5

آثَرَ to prefer

آثَمَ to cause to sin

آجَرَ to reward

آرَقَ to make sleepless

آلَفَ to make to cling

آمَرَ to multiply

آمَنَ to believe in

آنَسَ to entertain

آنَقَ to please

6

تَأَبَّتَ to flare up (an ember)

تَأَبَّدَ to be eternal

تَأَبَّشَ to be united (a people)

تَأَبَّطَ to carry underarm

تَأَبَّقَ to deny (a thing)

تَأَبَّهَ to remain aloof

تَأَثَّرَ to be influenced

تَأَثَّفَ to not quit a place

تَأَثَّلَ to be deep-rooted

تَأَثَّمَ to eschew sin

تَأَجَّلَ to be postponed

تَأَجَّمَ to be furious

تَأَخَّرَ to be late

تَأَدَّبَ to be well-bred

تَأَرَّبَ to affect cleverness

تَأَرَّثَ to blaze

تَأَرَّجَ to be fragrant

تَأَرَّضَ to remain fixed in a place

تَأَرَّقَ to be sleepless

تَأَزَّحَ to remain behind

تَأَزَّرَ to wear a loincloth

تَأَزَّمَ to reach a crisis

تَأَسَّفَ to regret

تَأَسَّلَ to resemble in disposition

تَأَسَّنَ to be brackish

تَأَشَّبَ to assemble

تَأَصَّلَ to be ingrained

تَأَطَّرَ to be bent

تَأَطَّمَ to not express one's feelings

تَأَفَّلَ to be conceited

تَأَكَّدَ to be confirmed

تَأَكَّرَ to plow
تَأَكَّلَ to corrode
تَأَلَّبَ to plot against
تَأَلَّفَ to be formed
تَأَلَّقَ to shine
تَأَلَّمَ to feel pain
تَأَلَّهَ to deify o.s.
تَأَمَّدَ to know the length of time
تَأَمَّرَ to be imperious
تَأَمَّعَ to follow every opinion
تَأَمَّلَ to scrutinize
تَأَنَّثَ to be effeminate
تَأَنَّسَ to be friendly
تَأَنَّقَ to dress up
تَأَهَّبَ to get ready
تَأَهَّلَ to marry

7

إِتَّخَذَ to take
إِتَّزَرَ to wear a loincloth

8

تَأَدَّى to be performed

9

إِسْتَأْثَرَ to appropriate
إِسْتَأْجَرَ to rent
إِسْتَأْجَلَ to ask to defer
إِسْتَأْخَرَ to delay
إِسْتَأْذَنَ to ask permission
إِسْتَأْسَدَ to dare
إِسْتَأْصَلَ to eradicate
إِسْتَأْلَفَ to seek friendship
إِسْتَأْمَرَ to seek advice
إِسْتَأْمَنَ to seek protection
إِسْتَأْنَسَ to be amiable
إِسْتَأْنَفَ to resume
إِسْتَأْهَلَ to deserve

10

أَذِيَ to suffer damage

11

أَثَرَ to report
أَثَلَ to consolidate
أَجَمَ to be very hot (the day)
أَرَزَ to shrink
أَرَمَ to bite
أَزَرَ to surround
أَزَقَ to be narrow
أَزَلَ to be restricted
أَسَرَ to capture
أَسَنَ to stagnate
أَشَبَ to mix
أَفَقَ to travel to the environs (of a land)
أَفَكَ to lie
أَفَلَ to set (the stars)
أَلَبَ to join forces
أَلَقَ to shine
أَلَكَ to give a message
أَهَلَ to get married

12

آخَذَ to censure
آزَرَ to support
آكَلَ to eat (with)
آلَفَ to associate with

آمَرَ to ask advice
آنَسَ to entertain

13

تآزَرَ to collaborate
تآكَلَ to corrode
تآلَفَ to be in accord (with)
تآمَرَ to conspire

14

أَبِدَ to be wild
أَبِقَ to flee (a slave)
أَبِهَ to pay attention
أَثِرَ to apply o.s. to
أَثِمَ to sin
أَجِلَ to hesitate
أَجِنَ to hate
أَذِنَ to give permission
أَرِبَ to be skilful
أَرِجَ to be fragrant
أَرِضَ to increase (the produce)
أَرِقَ to find no sleep
أَزِجَ to be long (grass)
أَزِفَ to draw near (a time)
أَزِلَ to stop s.on.
أَسِفَ to regret
أَسِنَ to stink
أَشِبَ to become dense (a thicket)
أَشِرَ to be self-conceited
أَصِلَ to go off and smell (meat)
أَضِمَ to trouble s.on.
أَفِدَ to hurry
أَفِنَ to be of weak opinion
أَكِلَ to break or fall off (a branch or teeth)
أَلِزَ to be restless
أَلِسَ to be insane
أَلِفَ to get used to
أَلِقَ to lie
أَلِمَ to be in pain
أَلِهَ to be perplexed
أَمِدَ to be angry
أَنِسَ to be affable
أَنِفَ to disdain
أَنِقَ to be elegant

15

أَبَّبَ to shout and scream
أَثَّثَ to furnish
أَجَّجَ to kindle
أَسَّسَ to establish
أَفَّفَ to grumble
أَمَّمَ to nationalize

16

إِئْتَرَى to remain behind
إِئْتَسَى to follow someone's example
إِئْتَلَى to swear (to do s.th.)

17

أَدُبَ to be well-bred
أَسُلَ to be smooth
أَصُلَ to be firmly rooted
أَمُنَ to be loyal
أَنُثَ to be effeminate
أَنُسَ to be sociable

18

أَبَّدَ to eternize
أَبَّرَ to pollinate
أَبَّسَ to cause to feel shame
أَبَّلَ to have camels
أَبَّنَ to eulogize
أَبَّهَ to forewarn
أَثَّرَ to influence
أَثَّمَ to ascribe a sin to
أَجَّرَ to rent out
أَجَّلَ to defer
أَخَّرَ to delay
أَدَّبَ to educate
أَذَّنَ to call to prayer
أَرَّثَ to sow dissension
أَرَّجَ to light
أَرَّخَ to date (a letter)
أَرَّشَ to ignite
أَرَّضَ to earth (wiring)
أَرَّقَ to make sleepless
أَزَّرَ to wrap up
أَزَّمَ to aggravate
أَسَّلَ to sharpen
أَشَّبَ to alloy
أَشَّرَ to notch
أَصَّدَ to close
أَصَّلَ to establish the origin of
أَطَّرَ to bend
أَفَّكَ to lie
أَكَّدَ to confirm
أَكَّلَ to feed
أَلَّفَ to write a book
أَلَّمَ to cause pain to
أَلَّهَ to deify
أَمَّرَ to appoint as emir
أَمَّلَ to give hope (to)
أَمَّنَ to reassure
أَنَّبَ to reprimand
أَنَّثَ to feminize
أَنَّسَ to put at ease
أَنَّقَ to cause to wonder
أَهَّبَ to alert
أَهَّلَ to make fit

19

أَبَرَ to sting
أَبَلَ to be a monk
أَبَنَ to blame
أَثَرَ to report
أَخَذَ to take
أَرَشَ to injure
أَرَضَ to be scenic
أَشَرَ to saw
أَطَرَ to bend
أَكَلَ to eat
أَمَرَ to order
أَهَلَ to marry

20

أَرَخَ to be an expert
أَلَهَ to worship

21

إِئْتَبَرَ to dig a well
إِئْتَشَرَ to imitate
إِئْتَجَرَ to give alms

إِئْتَزَرَ to wear a loincloth
إِئْتَكَلَ to eat each other
إِئْتَلَفَ to harmonize
إِئْتَلَقَ to gleam
إِئْتَمَرَ to deliberate
إِئْتَمَنَ to trust
إِئْتَنَفَ to start

22

أَجَرَ to reward
أَمَلَ to hope

23

أَبَّ to long for
أَثَّ to grow profusely
أَجَّ to blaze
أَحَّ to cough
أَدَّ to befall
أَزَّ to simmer
أَفَّ to grouch
أَمَّ to go to

24

إِسْتَأْتَى to ask to come
إِسْتَأْدَى to ask for help
إِسْتَأْنَى to take one's time

25

آبَ to come back
آدَ to flex
آسَ to give compensation
آقَ to cause hardship (to)
آلَ to return to
آنَ to make things easy on o.s.
آهَ to moan

26

أَوَى to seek shelter

27

آوَى to accommodate

28

آدَ to become strong
آضَ to revert to
آمَ to lose one's wife
آنَ to approach

29

أَبْأَسَ to be in hardship
أَتْأَرَ to stare at
أَتْأَمَ to beget twins
أَثْأَرَ to avenge
أَزْأَرَ to roar
أَسْأَلَ to grant
أَسْأَمَ to bore
أَكْأَبَ to sadden
أَلْأَمَ to act meanly

30

تَبَاءَسَ to feign misery
تَتَاءَنَ to hunt by deception
تَثَاءَبَ to yawn
تَدَاءَمَ to be in succession
تَذَاءَبَ to blow (the wind) from every direction
تَذَاءَلَ to be ignominious
تَرَاءَدَ to have risen high (the sun)
تَرَاءَفَ to be merciful to each other
تَسَاءَلَ to ask oneself (whether)
تَشَاءَمَ to be pessimistic

تَضَاءَلَ to dwindle
تَظَاءَبَ to be dishevelled
تَظَاءَرَ to be kind
تَفَاءَلَ to be optimistic
تَلَاءَمَ to fit
تَنَاءَشَ to become delayed

31

إِبْتَأَرَ to dig
إِشْتَأَنَ to follow s.on.
إِبْتَأَسَ to be sad
إِرْتَأَسَ to be the chief
إِفْتَأَلَ to regard as a good omen
إِكْتَأَبَ to be dejected
إِلْتَأَمَ to heal
إِنْتَأَشَ to become distant

32

بَاحَثَ to discuss with
بَادَرَ to take the initiative
بَادَلَ to exchange
بَادَهَ to appear abruptly
بَارَحَ to leave
بَارَزَ to duel (with)
بَارَكَ to bless
بَاسَطَ to be nice
بَاشَرَ to undertake
بَاضَعَ to sleep with
بَاعَدَ to separate
بَاغَتَ to take by surprise
بَاغَضَ to loathe
بَاكَرَ to be ahead of
بَالَغَ to exaggerate
بَاهَتَ to astonish
تَابَعَ to follow
تَاجَرَ to trade (in)
تَاخَمَ to border on
تَارَبَ to be a comrade
تَارَكَ to leave alone
ثَابَرَ to persevere in
ثَافَنَ to associate with
ثَاقَفَ to fence with
جَابَرَ to treat kindly
جَابَهَ to confront
جَادَلَ to quarrel
جَاذَبَ to contend with
جَازَفَ to act at random
جَاعَلَ to bribe
جَافَعَ to tease
جَاكَرَ to tease (s.o.)
جَالَدَ to combat
جَالَسَ to sit with
جَالَغَ to fight with swords
جَامَعَ to copulate with
جَامَلَ to compliment
جَانَبَ to walk along side
جَانَسَ to resemble
جَاهَدَ to strive
جَاهَرَ to declare openly
حَابَكَ to knit
حَادَثَ to talk to
حَاذَرَ to be careful
حَارَبَ to fight
حَارَدَ to be a (year) of drought

حَارَفَ to treat
حَازَبَ to be a partisan
حَاسَبَ to get even with
حَاسَنَ to treat well
حَاصَرَ to besiege
حَاضَرَ to lecture
حَافَظَ to preserve
حَاكَمَ to prosecute
حَالَفَ to ally with
خَابَرَ to contact
خَادَعَ to delude
خَادَنَ to befriend
خَاذَلَ to let down
خَاشَنَ to be rude
خَاصَرَ to clasp around the waist
خَاصَمَ to quarrel with
خَاطَبَ to address
خَاطَرَ to risk
خَافَتَ to speak softly
خَالَبَ to coax
خَالَجَ to disturb
خَالَسَ to glance furtively
خَالَصَ to be sincere
خَالَطَ to mix with
خَالَعَ to divorce the wife (for her paying compensation in return)
خَالَفَ to be contradictory
خَالَقَ to treat nicely
خَامَرَ to engross
خَانَقَ to quarrel

دَاجَنَ to flatter
دَاخَلَ to preoccupy
دَارَجَ to keep up (with the time)
دَارَسَ to study with
دَارَكَ to overtake
دَاعَبَ to joke with
دَافَعَ to defend
دَالَسَ to deceive
دَاهَمَ to raid
دَاهَنَ to adulate
ذَاكَرَ to parley
رَابَطَ to be stationed
رَاجَعَ to revise
رَادَفَ to ride behind
رَازَحَ to suffer
رَاسَلَ to correspond
رَاشَقَ to walk with (s.o.)
رَافَدَ to support
رَافَعَ to plead
رَافَقَ to associate with
رَاقَبَ to watch
رَاقَصَ to dance with
رَاكَبَ to overlap
رَاكَضَ to race (with)
رَاهَقَ to be adolescent
رَاهَنَ to bet
زَاحَفَ to be near (s.o.)
زَاحَمَ to compete with
زَارَعَ to make a contract (to till the land)
زَامَلَ to be a colleague

زَامَنَ to synchronise
سَابَحَ to swim with
سَابَقَ to try to beat
سَاجَلَ to rival
سَارَعَ to hasten
سَارَقَ to eavesdrop
سَاعَدَ to help
سَاعَرَ to haggle
سَاعَفَ to succour
سَافَحَ to fornicate (with)
سَافَدَ to copulate with
سَافَرَ to travel
سَافَهَ to drink excessively
سَاكَنَ to live with
سَالَفَ to go ahead
سَالَمَ to make peace with
سَامَتَ to be opposite s.th.
سَامَحَ to pardon
سَامَرَ to chat in the evening
سَانَدَ to back (up)
سَاهَلَ to be tolerant
سَاهَمَ to draw lots
شَابَكَ to interlace
شَابَهَ to resemble
شَاتَمَ to abuse
شَاجَرَ to quarrel with
شَاحَنَ to hate
شَارَبَ to drink with
شَارَطَ to stipulate
شَارَفَ to vie in honour with
شَارَكَ to take part in
شَاطَرَ to share equally with
شَاغَبَ to make trouble
شَاغَلَ to keep occupied
شَافَهَ to speak mouth to mouth
شَاكَرَ to be grateful
شَاكَسَ to pick a quarrel with
شَاكَلَ to conform to
شَاهَدَ to see
شَاهَرَ to rent by the month
صَابَرَ to vie in patience
صَاحَبَ to be a companion
صَادَرَ to confiscate
صَادَفَ to come across
صَادَقَ to make friends with
صَادَمَ to bump (into)
صَارَحَ to speak frankly
صَارَعَ to wrestle (with)
صَاعَبَ to treat harshly
صَافَحَ to shake hands (with)
صَالَبَ to intersect
صَالَحَ to make peace with
صَامَدَ to come to blows
صَانَعَ to cooperate (with)
صَاهَرَ to be related by marriage
ضَاجَعَ to make love to
ضَاحَكَ to jest with
ضَارَبَ to speculate
ضَارَعَ to match
ضَاعَفَ to double
ضَافَرَ to assist
طَابَقَ to identify with

طَارَحَ	to exchange (with)	غَافَلَ	to take unaware
طَاعَمَ	to eat with	غَالَبَ	to try to defeat
طَالَبَ	to claim	غَالَطَ	to seek to involve in errors
طَالَعَ	to read	غَامَرَ	to venture
طَاهَرَ	to circumcise	فَاتَحَ	to speak first
ظَالَمَ	to do wrong (to)	فَاجَرَ	to do what is immoral
ظَاهَرَ	to aid	فَاخَرَ	to vie in glory (with)
عَابَثَ	to play around	فَارَقَ	to part with
عَاتَبَ	to admonish	فَاصَلَ	to dissociate
عَاجَلَ	to hasten (after)	فَاضَلَ	to compare
عَادَلَ	to be equal to	فَاعَلَ	to cause to react
عَارَضَ	to resist	فَاغَمَ	to kiss
عَارَكَ	to battle against	فَاقَمَ	to aggravate
عَاسَرَ	to treat harshly	فَاقَهَ	to outdo in understanding
عَاشَرَ	to be on intimate terms	فَاكَهَ	to joke with
عَاصَرَ	to be a contemporary of	فَالَجَ	to contend with
عَاضَدَ	to support	قَابَلَ	to confront
عَاقَبَ	to punish	قَاتَلَ	to fight
عَاقَدَ	to make a contract	قَاحَبَ	to be a harlot
عَاقَرَ	to be addicted	قَاحَلَ	to stay with (s.o.)
عَاكَسَ	to counteract	قَاذَفَ	to slander one another
عَالَجَ	to treat	قَارَبَ	to be near
عَالَنَ	to annunciate	قَارَعَ	to fight with
عَامَلَ	to do business with	قَارَفَ	to perpetrate
عَانَدَ	to oppose	قَارَنَ	to compare with
عَانَقَ	to embrace	قَاسَمَ	to share (equally with)
عَاهَدَ	to promise	قَاطَعَ	to interrupt
عَاهَرَ	to commit adultery	قَاعَدَ	to sit with
غَادَرَ	to leave	قَامَرَ	to gamble
غَازَلَ	to court	كَابَدَ	to endure
غَاضَبَ	to enrage	كَابَرَ	to stickle

كَابَلَ	to defer
كَاتَبَ	to correspond with
كَاتَمَ	to conceal
كَاثَرَ	to outnumber
كَاذَبَ	to accuse of lying
كَارَمَ	to vie in generosity
كَاشَحَ	to hate
كَاشَفَ	to disclose
كَافَحَ	to struggle (against)
كَافَلَ	to make a contract
كَالَمَ	to speak
كَامَلَ	to integrate
كَانَفَ	to shelter
لَابَسَ	to be on intimate terms
لَاثَمَ	to kiss each other
لَاحَظَ	to observe
لَاحَقَ	to pursue
لَاحَمَ	to weld
لَازَمَ	to accompany
لَاصَقَ	to adjoin
لَاطَفَ	to treat with kindness
لَاطَمَ	to slap each other
لَاعَبَ	to play with
لَاعَجَ	to oppress
لَاعَنَ	to curse
لَاكَمَ	to box (with)
لَامَحَ	to glance furtively at
لَامَسَ	to be in contact with
مَاثَلَ	to resemble
مَاجَنَ	to jeer
مَاحَكَ	to wrangle with
مَارَسَ	to practice
مَازَجَ	to mix (with)
مَازَحَ	to joke with
مَاسَحَ	to coax
مَاطَلَ	to procrastinate
مَاكَرَ	to try to deceive
مَاكَسَ	to bargain (with)
مَالَحَ	to eat (with)
مَالَقَ	to flatter
مَانَحَ	to bestow favors upon
مَانَعَ	to oppose
مَاهَرَ	to vie in skill with
مَاهَنَ	to practice (a profession)
نَابَذَ	to separate from
نَاجَدَ	to support
نَاجَزَ	to battle
نَادَمَ	to carouse with
نَازَعَ	to be dying
نَازَلَ	to encounter
نَاسَبَ	to suit
نَاسَخَ	to supersede
نَاسَقَ	to join two matters together
نَاشَدَ	to implore
نَاصَبَ	to be hostile to
نَاصَحَ	to exchange sincere advice
نَاصَرَ	to help
نَاصَفَ	to go halves with
نَاضَلَ	to strive
نَاطَحَ	to bump
نَاظَرَ	to supervise
نَاغَشَ	to tease

نَاغَمَ	to harmonize
نَافَحَ	to defend
نَافَرَ	to vie in nobility with
نَافَسَ	to rival
نَافَقَ	to dissimulate
نَاقَبَ	to vie in virtue with
نَاقَرَ	to spat with
نَاقَشَ	to debate (with)
نَاقَصَ	to invite bids (for)
نَاقَضَ	to be in disagreement
نَاقَلَ	to exchange (words with)
نَاكَبَ	to butt
نَاكَدَ	to vex
نَاكَرَ	to disapprove
نَاكَفَ	to annoy
نَامَسَ	to confide a secret to
نَاهَدَ	to counter
نَاهَزَ	to be near to
نَاهَضَ	to defy
هَاتَرَ	to insult
هَاجَرَ	to emigrate
هَاجَمَ	to attack
هَادَنَ	to make peace with
هَارَشَ	to dally
هَازَلَ	to banter with
هَانَفَ	to sneer

33

تَبَاحَثَ	to confer
تَبَاخَلَ	to give reluctantly
تَبَاخَسَ	to defraud one another
تَبَادَرَ	to occur to
تَبَادَلَ	to exchange
تَبَارَدَ	to be sluggish (in doing s.th.)
تَبَارَزَ	to duel
تَبَارَكَ	to be blessed
تَبَاعَدَ	to be separated
تَبَاغَضَ	to hate each other
تَبَالَدَ	to feign stupidity
تَبَالَغَ	to affect eloquence
تَبَالَهَ	to pretend to be stupid
تَبَاهَجَ	to be jubilant (at)
تَبَاهَلَ	to curse each other
تَتَابَعَ	to follow in succession
تَثَاقَلَ	to slacken
تَجَابَهَ	to face one another
تَجَادَلَ	to argue
تَجَاذَبَ	to attract one another
تَجَاسَرَ	to be audacious
تَجَالَدَ	to meet in a duel
تَجَالَسَ	to sit with one another
تَجَامَلَ	to be courteous
تَجَانَبَ	to be at the side of
تَجَانَسَ	to be cognate
تَجَانَفَ	to deviate from
تَجَاهَرَ	to be open in one's conduct
تَجَاهَلَ	to ignore (s.th.)
تَحَابَكَ	to be entwined
تَحَادَثَ	to discuss
تَحَارَبَ	to be engaged in war
تَحَاسَبَ	to settle a mutual account
تَحَاسَدَ	to envy each other
تَحَاشَدَ	to gather (in crowds)

تَحَاقَدَ	to hate one another
تَحَاكَمَ	to sue one another
تَحَالَفَ	to join in alliance
تَحَامَسَ	to vie in strength with
تَحَامَلَ	to be prejudiced
تَحَالَمَ	to make a show of having clemency
تَخَابَثَ	to behave maliciously
تَخَابَرَ	to notify one another
تَخَادَعَ	to deceive one another
تَخَاذَلَ	to grow slack
تَخَارَجَ	to part company
تَخَاشَعَ	to feign humility
تَخَاشَنَ	to be rough
تَخَاصَرَ	to put the hand's on the waist
تَخَاصَمَ	to dispute
تَخَاطَبَ	to converse
تَخَاطَرَ	to bet
تَخَاطَفَ	to snatch from one another
تَخَافَتَ	to whisper together
تَخَالَصَ	to become quits
تَخَالَطَ	to intermix
تَخَالَفَ	to disagree
تَخَالَعَ	to annul a covenant
تَخَامَرَ	to collude
تَخَانَقَ	to quarrel
تَدَابَرَ	to stand back to back
تَدَاثَرَ	to become effaced
تَدَاخَلَ	to interfere
تَدَارَسَ	to study together
تَدَارَكَ	to put in order
تَدَاعَبَ	to joke together
تَدَافَعَ	to push one another
تَدَامَجَ	to help each other
تَذَابَحَ	to slay one another
تَذَارَفَ	to shed tears
تَذَاكَرَ	to remind each other
تَرَابَطَ	to correlate
تَرَاتَبَ	to follow in succession
تَرَاجَعَ	to return to each other
تَرَاحَمَ	to be merciful to one another
تَرَادَفَ	to be synonymous (with)
تَرَازَنَ	to face each other (mountains)
تَرَاسَلَ	to exchange letters
تَرَاشَقَ	to pelt one another
تَرَاصَفَ	to line up
تَرَافَدَ	to collaborate
تَرَافَعَ	to plead
تَرَافَقَ	to be friends
تَرَاقَبَ	to watch one another
تَرَاكَبَ	to overlap
تَرَاكَضَ	to race
تَرَاكَلَ	to kick one another
تَرَاكَمَ	to accumulate
تَرَاهَنَ	to wager
تَزَاجَرَ	to forbid one another
تَزَاحَفَ	to draw near in a fight
تَزَاحَمَ	to rival
تَزَامَلَ	to be colleagues
تَزَامَنَ	to coincide
تَزَاهَدَ	to consider petty

تَسَابَقَ	to strive to outdo one another
تَسَاجَلَ	to compete
تَسَارَعَ	to hasten
تَسَاعَدَ	to help one another
تَسَافَحَ	to whore
تَسَافَدَ	to copulate
تَسَافَهَ	to pretend to be stupid
تَسَاقَطَ	to fall
تَسَاكَبَ	to be poured
تَسَاكَنَ	to live together
تَسَالَمَ	to be reconciled
تَسَامَحَ	to tolerate
تَسَامَرَ	to spend the night in pleasant conversation
تَسَامَعَ	to be the talk of the town
تَسَانَدَ	to give mutual support
تَسَاهَلَ	to be lenient
تَسَاهَمَ	to practise sortilege
تَشَابَكَ	to be intermeshed
تَشَابَهَ	to resemble each other
تَشَاتَمَ	to revile one another
تَشَاجَرَ	to scrimmage
تَشَاحَنَ	to hate each other
تَشَارَطَ	to stipulate
تَشَارَكَ	to participate (in)
تَشَاغَلَ	to pretend to be busy
تَشَاكَسَ	to be querulous
تَشَاكَلَ	to resemble each other
تَشَامَخَ	to be supercilious
تَصَاحَبَ	to be companions
تَصَادَفَ	to happen by chance
تَصَادَقَ	to be friends
تَصَادَمَ	to collide (with)
تَصَارَعَ	to wrestle
تَصَاعَبَ	to be hard to please
تَصَاعَدَ	to ascend
تَصَاغَرَ	to be servile
تَصَافَحَ	to shake hands
تَصَافَعَ	to slap one another
تَصَافَقَ	to conclude a deal
تَصَافَنَ	to divide water between themselves (people)
تَصَالَبَ	to intersect
تَصَالَحَ	to make peace
تَصَاهَرَ	to be related by marriage
تَضَاحَكَ	to laugh
تَضَارَبَ	to come to blows
تَضَاعَفَ	to be doubled
تَضَاغَنَ	to bear mutual rancor
تَضَافَرَ	to work together
تَضَامَنَ	to be jointly liable
تَطَابَقَ	to conform with
تَطَاحَنَ	to be antagonistic
تَطَارَحَ	to exchange (views)
تَطَارَدَ	to attack each other
تَطَارَشَ	to feign deafness
تَطَارَقَ	to come consecutively
تَطَاعَنَ	to stab one another
تَطَانَزَ	to ridicule one another
تَظَارَفَ	to affect humour
تَظَافَرَ	to ally
تَظَالَمَ	to harm each other

تَظاهَرَ to pretend (to be)
تَعاتَبَ to admonish one another
تَعاجَلَ to accelerate
تَعادَلَ to be equal
تَعاذَلَ to blame one another
تَعارَجَ to pretend to be lame
تَعارَضَ to conflict
تَعارَفَ to become acquainted
تَعارَكَ to combat
تَعاسَرَ to be difficult
تَعاشَرَ to live together
تَعاصَرَ to be contemporary
تَعاضَدَ to cooperate
تَعاطَفَ to sympathize with
تَعاظَمَ to intensify
تَعاقَبَ to succeed one another
تَعاقَدَ to make a contract
تَعاقَلَ to pay blood money jointly
تَعاكَسَ to be reversed
تَعالَجَ to be treated
تَعالَمَ to feign knowledge
تَعامَلَ to trade
تَعانَقَ to embrace each other
تَعاهَدَ to covenant
تَغابَنَ to wrong one another
تَغازَلَ to court one another
تَغاشَمَ to feign ignorance
تَغافَلَ to feign inadvertence
تَغالَبَ to wrestle
تَغامَزَ to wink at one another
تَفاتَحَ to whisper together
تَفاجَرَ to be absorbed in sins
تَفاحَشَ to be vulgar
تَفاخَرَ to vie in boasting
تَفارَقَ to separate
تَفاسَخَ to agree to revoke
تَفاصَحَ to affect eloquence
تَفاضَلَ to claim to be superior
تَفاعَلَ to interact
تَفاغَمَ to kiss each other
تَفاقَمَ to be critical
تَفاكَهَ to joke together
تَفاهَمَ to understand one another
تَقابَلَ to face each other
تَقاتَلَ to fight (one another)
تَقادَمَ to become antiquated
تَقاذَفَ to pelt one another
تَقارَبَ to be near each other
تَقاسَمَ to partake of
تَقاصَرَ to shrink
تَقاطَرَ to flock
تَقاطَعَ to intersect
تَقاعَدَ to retire
تَقاعَسَ to lag behind
تَقامَرَ to gamble (with one another)
تَكابَرَ to be proud
تَكاتَبَ to write to each other
تَكاتَفَ to support one another
تَكاتَمَ to conceal from each other
تَكاثَرَ to increase
تَكاثَفَ to condense
تَكاذَبَ to lie to one another

تَكَارَمَ	to shun	تَمَالَكَ	to restrain o.s.
تَكَارَهَ	to dislike	تَمَانَعَ	to prevent one another
تَكَاسَلَ	to be lazy	تَنَابَحَ	to bark at each other
تَكَاشَفَ	to reveal to each other	تَنَابَذَ	to be feuding
تَكَافَحَ	to combat	تَنَاتَفَ	to be pulled out (hair)
تَكَافَلَ	to vouch for each other	تَنَاثَرَ	to be scattered
تَكَالَبَ	to assail each other	تَنَاجَزَ	to battle
تَكَالَمَ	to talk to each other	تَنَاحَرَ	to kill each other
تَكَامَلَ	to be complete	تَنَادَرَ	to tell each other jokes
تَلَاءَمَ	to kiss each other	تَنَادَمَ	to drink together
تَلَاحَقَ	to succeed one another	تَنَازَحَ	to emigrate
تَلَاحَمَ	to join in battle	تَنَازَعَ	to quarrel with each other
تَلَازَمَ	to be inseparable	تَنَازَلَ	to give up
تَلَاسَنَ	to exchange insults	تَنَاسَبَ	to suit
تَلَاصَقَ	to cohere	تَنَاسَخَ	to succeed each other
تَلَاطَفَ	to be nice	تَنَاسَقَ	to be coordinated
تَلَاطَمَ	to exchange blows	تَنَاسَلَ	to procreate
تَلَاعَبَ	to act fraudulently	تَنَاشَدَ	to recite verses to each other
تَلَاعَنَ	to curse one another	تَنَاصَحَ	to be loyal toward each other
تَلَاكَمَ	to box	تَنَاصَرَ	to help one another
تَلَامَسَ	to touch each other	تَنَاضَلَ	to compete with one another
تَمَاثَلَ	to be identical	تَنَاطَحَ	to butt one another
تَمَاجَنَ	to mock at each other	تَنَاظَرَ	to debate
تَمَاحَكَ	to altercate	تَنَاظَمَ	to be well-organized
تَمَادَحَ	to praise one another	تَنَاعَسَ	to pretend to be sleepy
تَمَارَسَ	to struggle	تَنَاغَمَ	to harmonize (with)
تَمَارَضَ	to feign illness	تَنَافَرَ	to avoid each other
تَمَازَجَ	to intermix	تَنَافَسَ	to rival
تَمَازَحَ	to jest together	تَنَاقَشَ	to dispute
تَمَاسَكَ	to hold together	تَنَاقَصَ	to decrease gradually
تَمَاقَتَ	to hate each other	تَنَاقَضَ	to be contradictory

تَنَاقَلَ to carry
تَنَاكَبَ to abut on each other
تَنَاكَحَ to intermarry
تَنَاكَرَ to feign ignorance
تَنَاهَبَ to race
تَنَاهَدَ to share the expenses
تَهَاتَرَ to fling false charges at one another
تَهَاتَفَ to encourage one another
تَهَاجَرَ to desert one another
تَهَاجَمَ to attack one another
تَهَادَنَ to become reconciled
تَهَارَبَ to flee from each other
تَهَارَجَ to be the cause of attacking one another
تَهَافَتَ to pounce upon
تَهَالَكَ to exert o.s.
تَهَامَسَ to whisper together
تَهَامَلَ to be remiss
تَهَانَفَ to laugh scornfully

34

بَدَأَ to begin
بَرَأَ to create
جَزَأَ to be content
حَمَأَ to dredge (a well)
خَبَأَ to hide
خَسَأَ to chase away
خَطَأَ to commit an error
دَرَأَ to ward off (danger)
دَنَأَ to be base
رَبَأَ to hold in esteem
رَدَأَ to prop up (a wall)
رَزَأَ to deprive of
رَفَأَ to mend
رَقَأَ to cease to flow
زَنَأَ to be restricted
سَلَأَ to clarify (butter)
شَنَأَ to loathe
صَبَأَ to break through
طَرَأَ to come about
عَبَأَ to not care for
فَتَأَ to not cease to be
فَجَأَ to take by surprise
فَقَأَ to rip open
قَرَأَ to read
كَفَأَ to turn away from
كَلَأَ to guard
لَجَأَ to fall back upon
لَكَأَ to strike
مَرَأَ to be wholesome
مَلَأَ to fill
نَبَأَ to be high
نَتَأَ to protrude
نَسَأَ to put off
نَشَأَ to come into being
نَكَأَ to scrape off a scab
هَجَأَ to be appeased (hunger)
هَدَأَ to be tranquil
هَرَأَ to wear out
هَزَأَ to ridicule
هَنَأَ to be wholesome

35

إبْتَدَأَ to begin
إجْتَرَأَ to be venturesome
إجْتَزَأَ to take a little of
إجْتَشَأَ to disagree with (a country)
إجْتَفَأَ to uproot
إخْتَبَأَ to conceal o.s.
إقْتَرَأَ to read
إكْتَلأَ to find no sleep
إلْتَجَأَ to take refuge (in)
إمْتَلأَ to be full

36

تَبَرَّأَ to be acquitted
تَبَطَّأَ to be slow
تَجَرَّأَ to risk
تَجَزَّأَ to be divided
تَخَطَّأَ to make a mistake
تَدَرَّأَ to lie in wait for game
تَدَفَّأَ to warm o.s.
تَلَكَّأَ to lag
تَمَلَّأَ to fill
تَنَبَّأَ to predict
تَنَشَّأَ to grow
تَهَجَّأَ to spell
تَهَرَّأَ to be overdone
تَهَزَّأَ to mock

37

إنْبَرَى to confront
إنْبَغَى to be requisite
إنْثَنَى to fold
إنْجَلَى to be distinct
إنْحَمَى to be protected
إنْحَنَى to bend
إنْدَعَى to answer a call
إنْضَنَى to be emaciated
إنْفَدَى to be redeemed
إنْقَضَى to be bygone
إمَّحَى* to be obliterated

38

تَبَتَّلَ to live in celibacy
تَبَثَّرَ to break out in pimples
تَبَجَّحَ to vaunt
تَبَجَّسَ to flow freely
تَبَجَّلَ to be revered
تَبَحَّرَ to study thoroughly
تَبَخَّرَ to evaporate
تَبَدَّعَ to originate a heresy
تَبَدَّلَ to alter
تَبَذَّرَ to be squandered
تَبَذَّلَ to be indecorous
تَبَرَّجَ to adorn herself
تَبَرَّدَ to refresh o.s.
تَبَرَّزَ to defecate
تَبَرَّعَ to donate
تَبَرَّكَ to be blessed by
تَبَرَّمَ to be bored (with)
تَبَسَّطَ to be spread (out)
تَبَسَّمَ to smile
تَبَسَّلَ to scowl
تَبَشَّعَ to be ugly
تَبَصَّرَ to ponder (over)
تَبَضَّعَ to shop
تَبَطَّحَ to lie prostrate

تَبَطَّلَ to be inactive
تَبَطَّنَ to be lined (garment)
تَبَعَّثَ to become apparent quickly
تَبَعَّجَ to talk excessively
تَبَعَّضَ to be divided
تَبَغَّضَ to show hatred
تَبَقَّرَ to tear
تَبَقَّعَ to become stained
تَبَكَّرَ to go ahead of
تَبَكَّلَ to mix lies with ones speech
تَبَكَّمَ to be impeded (in speaking)
تَبَلَّجَ to dawn
تَبَلَّخَ to be haughty
تَبَلَّدَ to acclimatize
تَبَلَّرَ to crystallize
تَبَلَّصَ to search for secretly
تَبَلَّعَ to swallow
تَبَلَّغَ to be notified
تَبَلَّهَ to be idiotic
تَبَنَّكَ to preserve ones honor
تَبَهَّرَ to be bright
تَبَهَّلَ to curse one another
تَبَهَّمَ to be ambiguous
تَتَبَّعَ to follow
تَتَرَّبَ to be dusty
تَتَرَّحَ to grieve
تَتَرَّعَ to hasten to do evil
تَتَرَّفَ to live in opulence
تَثَبَّتَ to ascertain
تَثَبَّطَ to act slowly
تَثَفَّلَ to sediment
تَثَقَّبَ to be perforated
تَثَقَّفَ to be educated
تَثَلَّجَ to freeze
تَثَلَّمَ to be blunt
تَجَبَّرَ to be haughty
تَجَبَّسَ to walk with pride
تَجَبَّلَ to enter a mountain
تَجَبَّنَ to curdle
تَجَحَّرَ to be sunken (eye)
تَجَحَّمَ to burn with greed
تَجَدَّبَ to be renewed
تَجَدَّلَ to be braided
تَجَذَّرَ to take root
تَجَذَّفَ to hasten
تَجَذَّمَ to be cut off
تَجَرَّدَ to be divested of
تَجَرَّسَ to speak melodiously
تَجَرَّعَ to drink
تَجَزَّعَ to break apart
تَجَسَّدَ to become corporeal
تَجَسَّمَ to materialize
تَجَشَّعَ to be avaricious
تَجَشَّمَ to suffer
تَجَعَّدَ to become curly
تَجَلَّدَ to endure
تَجَلَّفَ to end the effects of an era (said of time)
تَجَمَّدَ to congeal
تَجَمَّعَ to assemble
تَجَمَّلَ to adorn o.s.
تَجَنَّبَ to eschew

تَجَنَّدَ	to be drafted
تَجَنَّسَ	to be naturalized
تَجَهَّزَ	to be equipped with
تَجَهَّمَ	to glower
تَحَتَّمَ	to be imperative
تَحَجَّبَ	to veil o.s.
تَحَجَّرَ	to petrify
تَحَدَّبَ	to be crooked
تَحَدَّثَ	to speak
تَحَدَّرَ	to descend gradually
تَحَذَّرَ	to be cautious (of)
تَحَذَّقَ	to feign proficiency
تَحَرَّجَ	to abstain from
تَحَرَّزَ	to guard against
تَحَرَّسَ	to beware of
تَحَرَّشَ	to proposition
تَحَرَّفَ	to be distorted
تَحَرَّقَ	to be aflame
تَحَرَّكَ	to be in motion
تَحَرَّمَ	to be forbidden
تَحَزَّبَ	to side with
تَحَزَّمَ	to gird o.s.
تَحَسَّبَ	to try to know
تَحَسَّرَ	to lament
تَحَسَّنَ	to become nicer
تَحَشَّدَ	to assemble
تَحَشَّرَ	to gather
تَحَصَّلَ	to result (from)
تَحَصَّنَ	to be fortified
تَحَضَّرَ	to be urbanized
تَحَطَّمَ	to be shattered
تَحَظَّرَ	to be proscribed
تَحَفَّزَ	to get ready
تَحَفَّظَ	to preserve
تَحَقَّدَ	to feel malice toward
تَحَكَّمَ	to have one's own way
تَحَلَّبَ	to leak
تَحَلَّقَ	to form a circle
تَحَمَّسَ	to be enthusiastic
تَحَمَّصَ	to be roasted
تَحَمَّضَ	to become sour
تَحَمَّلَ	to tolerate
تَحَنَّثَ	to practice piety
تَحَنَّطَ	to be embalmed
تَخَبَّثَ	to behave viciously
تَخَبَّرَ	to inquire
تَخَبَّطَ	to flounder
تَخَتَّمَ	to wear a ring
تَخَثَّرَ	to clot
تَخَدَّرَ	to be stupefied
تَخَدَّشَ	to be scratched
تَخَرَّبَ	to be ruined
تَخَرَّجَ	to graduate (from)
تَخَرَّصَ	to fabricate lies against
تَخَرَّعَ	to lag
تَخَرَّقَ	to be torn
تَخَرَّمَ	to be pierced
تَخَشَّبَ	to lignify
تَخَشَّعَ	to display humility
تَخَشَّنَ	to be rough
تَخَضَّبَ	to be dyed
تَخَطَّرَ	to strut

تَخَطَّفَ	to make off with
تَخَطَّلَ	to swagger
تَخَفَّرَ	to be timid
تَخَفَّضَ	to drop
تَخَلَّجَ	to be convulsed
تَخَلَّصَ	to dispense with
تَخَلَّعَ	to be dislocated
تَخَلَّفَ	to fall behind
تَخَلَّقَ	to be molded
تَخَمَّرَ	to ferment
تَخَنَّثَ	to be effeminate
تَدَبَّرَ	to reflect on
تَدَثَّرَ	to wrap o.s. with
تَدَجَّنَ	to be domesticated
تَدَخَّلَ	to intervene in
تَدَخَّنَ	to be smoked
تَدَرَّبَ	to exercise
تَدَرَّجَ	to progress by steps
تَدَرَّعَ	to armor o.s.
تَدَرَّنَ	to be tubercular
تَدَشَّنَ	to be inaugurated
تَدَفَّعَ	to gush forth
تَدَفَّقَ	to flow
تَدَلَّكَ	to be massaged
تَدَلَّهَ	to go out of one's mind (with love)
تَدَمَّرَ	to be ravaged
تَدَنَّسَ	to be sullied
تَدَهَّنَ	to be anointed
تَذَرَّعَ	to use as a pretext
تَذَكَّرَ	to remember
تَذَمَّرَ	to complain
تَرَبَّصَ	to ambush
تَرَبَّعَ	to sit cross-legged
تَرَتَّبَ	to be organized
تَرَجَّحَ	to preponderate
تَرَجَّعَ	to come again
تَرَجَّفَ	to tremble
تَرَجَّلَ	to disembark
تَرَحَّلَ	to lead a nomadic life
تَرَحَّمَ	to ask God to have mercy on
تَرَزَّنَ	to be staid
تَرَسَّبَ	to be deposited
تَرَسَّخَ	to take root
تَرَسَّلَ	to proceed slowly (in)
تَرَسَّمَ	to emulate
تَرَشَّحَ	to exude
تَرَشَّفَ	to sip
تَرَصَّدَ	to lie in wait for
تَرَصَّعَ	to be inlaid (with)
تَرَصَّفَ	to queue up
تَرَطَّبَ	to dampen
تَرَعَّدَ	to tremble
تَرَفَّعَ	to be far above
تَرَفَّقَ	to go gently (in)
تَرَفَّلَ	to swagger
تَرَفَّهَ	to live in luxury
تَرَقَّبَ	to anticipate
تَرَقَّشَ	to be variegated
تَرَقَّصَ	to dance
تَرَقَّطَ	to be speckled
تَرَقَّعَ	to earn

تَرَكَّبَ	to be composed of
تَرَكَّزَ	to condense
تَرَمَّدَ	to burn to ashes
تَرَمَّزَ	to make a sign
تَرَمَّقَ	to wait (for a chance)
تَرَمَّلَ	to become a widower
تَرَنَّحَ	to reel
تَرَنَّمَ	to intone
تَرَهَّبَ	to be become a monk
تَرَهَّلَ	to become flabby
تَزَبَّدَ	to froth
تَزَبَّرَ	to quake with anger
تَزَبَّعَ	to be rude
تَزَبَّقَ	to adorn o.s.
تَزَبَّنَ	to overpower
تَزَتَّنَ	to gain the upper hand
تَزَحَّرَ	to bemoan
تَزَحَّفَ	to creep on the ground
تَزَحَّلَ	to move away
تَزَخَّرَ	to swell
تَزَرَّدَ	to ingurgitate
تَزَرَّعَ	to hasten towards evil
تَزَعَّبَ	to be agile
تَزَعَّلَ	to exult
تَزَعَّمَ	to lead
تَزَغَّمَ	to speak angrily
تَزَقَّفَ	to swallow hurriedly
تَزَكَّرَ	to be full (a child's belly)
تَزَلَّجَ	to slip
تَزَلَّفَ	to curry favour with
تَزَلَّقَ	to slide
تَزَمَّتَ	to be strict
تَزَمَّخَ	to be egotistical
تَزَمَّلَ	to wrap o.s.
تَزَنَّجَ	to oppress
تَزَنَّرَ	to put on a belt
تَزَهَّدَ	to practice asceticism
تَسَبَّخَ	to abate
تَسَتَّرَ	to cover o.s.
تَسَجَّلَ	to be recorded
تَسَحَّرَ	to have a light meal
تَسَحَّقَ	to be crushed
تَسَخَّرَ	to subjugate
تَسَخَّطَ	to be annoyed
تَسَخَّمَ	to bear ill will
تَسَدَّلَ	to hang down
تَسَرَّبَ	to flow
تَسَرَّحَ	to depart
تَسَرَّدَ	to be continuous
تَسَرَّطَ	to swallow
تَسَرَّعَ	to be hasty (in)
تَسَرَّقَ	to pilfer
تَسَطَّحَ	to be spread out
تَسَعَّرَ	to blaze
تَسَفَّلَ	to abase o.s.
تَسَقَّطَ	to pick up information
تَسَقَّفَ	to be a bishop
تَسَكَّعَ	to loiter
تَسَلَّحَ	to arm o.s.
تَسَلَّطَ	to overwhelm
تَسَلَّعَ	to chap
تَسَلَّفَ	to borrow

تَسَلَّقَ to scale
تَسَلَّمَ to receive
تَسَمَّرَ to be nailed
تَسَمَّعَ to hearken to
تَسَمَّنَ to be fat
تَسَنَّمَ to ascend (the throne)
تَسَهَّدَ to be sleepless
تَسَهَّلَ to be facilitated
تَشَبَّثَ to adhere to
تَشَبَّعَ to be saturated
تَشَبَّهَ to imitate
تَشَجَّرَ to be forested
تَشَجَّعَ to take heart
تَشَخَّصَ to be revealed
تَشَدَّخَ to be broken
تَشَدَّقَ to brag
تَشَذَّرَ to be dispersed
تَشَرَّبَ to imbibe
تَشَرَّدَ to tramp (about)
تَشَرَّطَ to impose severe conditions
تَشَرَّفَ to have the honor (of)
تَشَرَّمَ to cleave
تَشَعَّبَ to ramify
تَشَعَّثَ to be dishevelled
تَشَغَّلَ to be busy
تَشَفَّعَ to intercede (for)
تَشَكَّرَ to show gratitude
تَشَكَّلَ to be formed
تَشَمَّرَ to set to work briskly
تَشَمَّسَ to sun (o.s.)
تَشَنَّجَ to suffer from a spasm

تَصَبَّحَ to meet in the morning
تَصَبَّرَ to be patient
تَصَدَّرَ to head
تَصَدَّعَ to crack
تَصَدَّفَ to avoid
تَصَدَّقَ to give alms (to)
تَصَرَّفَ to behave
تَصَرَّمَ to elapse
تَصَعَّبَ to become difficult
تَصَعَّدَ to escalate
تَصَفَّحَ to browse (through)
تَصَلَّبَ to be intransigent
تَصَلَّفَ to boast
تَصَنَّعَ to simulate
تَصَنَّفَ to be classified
تَضَجَّرَ to be exasperated
تَضَخَّمَ to distend
تَضَرَّجَ to be bloodstained
تَضَرَّعَ to supplicate
تَضَرَّمَ to burn
تَضَلَّعَ to be versed in
تَضَمَّخَ to perfume o.s.
تَضَمَّدَ to be bandaged
تَضَمَّرَ to atrophy
تَضَمَّنَ to comprise
تَطَبَّعَ to assume the character of
تَطَبَّقَ to get shut
تَطَرَّبَ to be delighted
تَطَرَّحَ to fall to the ground
تَطَرَّفَ to exceed the proper limits
تَطَرَّقَ to deal with

تَطَعَّمَ to taste
تَطَفَّلَ to intrude upon
تَطَلَّبَ to require
تَطَلَّعَ to look forward to
تَطَلَّقَ to be cheerful
تَطَهَّرَ to cleanse o.s.
تَظَرَّفَ to affect humour
تَظَلَّمَ to complain (of, about)
تَعَبَّدَ to worship
تَعَبَّسَ to knit the brows
تَعَتَّبَ to admonish one another
تَعَثَّرَ to stumble
تَعَجَّبَ to marvel at
تَعَجَّلَ to dash
تَعَدَّلَ to modify
تَعَذَّبَ to anguish
تَعَذَّرَ to be unfeasible
تَعَرَّبَ to Arabize
تَعَرَّجَ to zigzag
تَعَرَّشَ to climb up
تَعَرَّضَ to be susceptible to
تَعَرَّفَ to identify
تَعَرَّقَ to be grained
تَعَسَّرَ to be adverse
تَعَسَّفَ to deviate from
تَعَشَّقَ to be fervently in love with
تَعَصَّبَ to cling obdurately to
تَعَصَّرَ to press (out)
تَعَضَّلَ the disease has defied all medical skill
تَعَطَّبَ to be damaged
تَعَطَّرَ to perfume o.s.
تَعَطَّشَ to yearn for
تَعَطَّفَ to deign
تَعَطَّلَ to be unemployed
تَعَطَّنَ to macerate
تَعَظَّمَ to be extolled
تَعَفَّرَ to roll in the dust
تَعَفَّنَ to putrefy
تَعَقَّبَ to pursue
تَعَقَّدَ to become intricate
تَعَقَّفَ to bend sharply
تَعَقَّلَ to listen to reason
تَعَكَّرَ to become turbid
تَعَكَّزَ to lean on (a staff etc)
تَعَكَّفَ to devote o.s.
تَعَلَّقَ to be suspended
تَعَلَّمَ to learn
تَعَمَّدَ to do intentionally
تَعَمَّقَ to delve into
تَعَمَّلَ to take great pains
تَعَنَّتَ to be obstinate
تَعَهَّدَ to take care of
تَغَبَّرَ to be dusty
تَغَرَّبَ to emigrate
تَغَرَّدَ to sing
تَغَرَّزَ to penetrate deeply
تَغَرَّضَ to have a predilection for
تَغَرَّقَ to be sunk
تَغَرَّمَ to be fined
تَغَزَّلَ to dally with
تَغَضَّبَ to be furious at

تَغَضَّنَ to wrinkle
تَغَلَّبَ to surmount
تَغَلَّفَ to be enveloped
تَغَمَّدَ to cover
تَغَنَّجَ to coquet
تَفَتَّحَ to open
تَفَتَّرَ to become languid
تَفَتَّقَ to be unstitched
تَفَتَّلَ to be twisted
تَفَجَّرَ to gush out
تَفَجَّعَ to be distressed
تَفَحَّشَ to use foul language
تَفَحَّصَ to scrutinize
تَفَحَّمَ to char
تَفَخَّرَ to be proud
تَفَرَّجَ to be opened
تَفَرَّثَ to be dispersed
تَفَرَّدَ to do alone
تَفَرَّسَ to gaze at
تَفَرَّصَ to take advantage of the opportunity
تَفَرَّضَ to be notched
تَفَرَّعَ to branch out
تَفَرَّغَ to dedicate o.s. to
تَفَرَّقَ to be disunited
تَفَرَّكَ to be rubbed
تَفَزَّرَ to be torn
تَفَزَّعَ to be terrified
تَفَسَّحَ to be rescinded
تَفَسَّخَ to decompose
تَفَسَّرَ to be explained
تَفَشَّغَ to spread
تَفَشَّلَ to flow (water)
تَفَصَّحَ to affect eloquence
تَفَصَّدَ to transude
تَفَصَّعَ to stink (a man)
تَفَضَّلَ to be so kind (to do)
تَفَطَّرَ to cleave
تَفَطَّنَ to comprehend
تَفَقَّدَ to inspect
تَفَقَّهَ to study jurisprudence
تَفَكَّرَ to muse
تَفَكَّهَ to amuse o.s. with
تَفَلَّتَ to escape
تَفَلَّجَ to be split
تَفَلَّعَ to rift
تَفَلَّقَ to dehisce
تَفَلَّكَ to become rounded (a girls breast)
تَفَنَّقَ to live in ease and affluence
تَفَهَّمَ to be sympathetic
تَقَبَّضَ to shrink
تَقَبَّلَ to accept
تَقَحَّبَ to be a prostitute
تَقَحَّلَ to wear simple clothes
تَقَحَّمَ to embark boldly upon
تَقَدَّرَ to be ordained
تَقَدَّسَ to be sanctified
تَقَدَّعَ to be ready to commit sin
تَقَدَّمَ to precede
تَقَذَّرَ to deem filthy
تَقَرَّبَ to get close to

تَقَرَّحَ	to ulcerate	تَكَتَّمَ	to keep silent
تَقَرَّطَ	to wear earrings	تَكَثَّرَ	to increase
تَقَرَّفَ	to be pared	تَكَثَّفَ	to condense
تَقَرَّنَ	to keratinize	تَكَحَّلَ	to use an eyeliner
تَقَسَّمَ	to be divided	تَكَدَّرَ	to be turbid
تَقَشَّدَ	to cream	تَكَدَّسَ	to accumulate
تَقَشَّرَ	to be peeled	تَكَذَّبَ	to accuse of lying
تَقَشَّعَ	to be dispersed	تَكَرَّسَ	to be devoted
تَقَشَّفَ	to lead an ascetic life	تَكَرَّشَ	to be puckered
تَقَصَّدَ	to be bound for	تَكَرَّعَ	to wash one's feet or legs
تَقَصَّفَ	to snap	تَكَرَّمَ	to be kind
تَقَصَّلَ	to be cut	تَكَرَّهَ	to loathe
تَقَصَّمَ	to be shattered	تَكَسَّبَ	to acquire
تَقَطَّرَ	to drip	تَكَسَّرَ	to be smashed
تَقَطَّعَ	to be cut off	تَكَشَّرَ	to grin
تَقَعَّدَ	to not to desire s.th.	تَكَشَّفَ	to be exposed
تَقَعَّرَ	to be concave	تَكَفَّلَ	to vouch for
تَقَلَّبَ	to be overturned	تَكَلَّحَ	to scowl
تَقَلَّدَ	to take charge of	تَكَلَّسَ	to calcify
تَقَلَّسَ	to wear a cap	تَكَلَّفَ	to burden o.s.
تَقَلَّصَ	to be shrunk	تَكَلَّمَ	to speak to
تَقَلَّعَ	to be uprooted	تَكَمَّشَ	to cower
تَقَلَّمَ	to be clipped	تَكَمَّنَ	to ambuscade
تَقَمَّصَ	to put on a shirt	تَكَنَّزَ	to be compact
تَقَمَّطَ	to swaddle (a baby)	تَكَهَّنَ	to predict
تَقَنَّعَ	to disguise o.s.	تَلَبَّثَ	to tarry
تَكَبَّدَ	to endure	تَلَبَّخَ	to be perfumed
تَكَبَّرَ	to be proud	تَلَبَّدَ	to be entangled
تَكَبَّلَ	to be fettered	تَلَبَّسَ	to dress
تَكَتَّفَ	to cross one's arms	تَلَبَّكَ	to get confused
تَكَتَّلَ	to conglomerate	تَلَثَّمَ	to veil one's face

تَلَحَّفَ to wrap o.s. (in)
تَلَخَّصَ to be summarized
تَلَذَّعَ to cauterize
تَلَزَّجَ to be sticky
تَلَطَّخَ to be stained
تَلَطَّفَ to be mitigated
تَلَعَّبَ to act playfully
تَلَفَّتَ to turn around
تَلَفَّظَ to pronounce
تَلَفَّعَ to cover o.s. with
تَلَقَّبَ to be surnamed
تَلَقَّحَ to be inoculated
تَلَقَّطَ to glean
تَلَقَّفَ to snatch
تَلَقَّنَ to understand
تَلَمَّسَ to feel about (the hand's)
تَلَمَّظَ to smack one's lips
تَلَهَّبَ to flame
تَلَهَّفَ to be eager for
تَلَهَّمَ to devour
تَمَتَّعَ to enjoy
تَمَثَّلَ to imitate
تَمَجَّدَ to be glorified
تَمَجَّنَ to make insolent jokes
تَمَحَّصَ to be clarified
تَمَحَّضَ to be solely dedicated to
تَمَحَّقَ to be annihilated
تَمَحَّكَ to be quarrelsome
تَمَحَّلَ to seek to attain by cunning
تَمَخَّضَ to produce
تَمَخَّطَ to blow one's nose

تَمَدَّحَ to glory in
تَمَدَّنَ to be civilized
تَمَرَّخَ to rub skin with liniment
تَمَرَّدَ to revolt (against)
تَمَرَّسَ to be accustomed to
تَمَرَّضَ to be infirm
تَمَرَّطَ to fall out (hair)
تَمَرَّغَ to roll
تَمَرَّنَ to exercise
تَمَزَّقَ to be torn
تَمَسَّحَ to wipe o.s.
تَمَسَّكَ to adhere to
تَمَشَّطَ to comb one's hair
تَمَشَّقَ to be shredded
تَمَصَّرَ to become populated
تَمَطَّقَ to taste
تَمَعَّجَ to meander
تَمَعَّرَ to fall out (hair)
تَمَعَّنَ to become engrossed
تَمَغَّصَ to suffer from colic
تَمَغَّطَ to be extended
تَمَكَّنَ to have the power to do s.th.
تَمَلَّحَ to affect to be clever
تَمَلَّسَ to be smoothed
تَمَلَّصَ to evade
تَمَلَّقَ to flatter
تَمَلَّكَ to take in possession
تَمَنَّعَ to be inaccessible
تَمَهَّدَ to be paved
تَمَهَّلَ to take one's time
تَمَهَّنَ to be apprenticed

تَنَبَّلَ to be intelligent
تَنَبَّهَ to realize
تَنَتَّجَ to be in childbirth
تَنَتَّحَ to drip
تَنَتَّفَ to be plucked (hair)
تَنَثَّرَ to be scattered
تَنَجَّزَ to ask for fulfilment
تَنَجَّسَ to be impure
تَنَجَّعَ to resort to
تَنَجَّمَ to observe the stars
تَنَحَّسَ to stay hungry
تَنَحَّلَ to pass o.s. off as
تَنَخَّعَ to expectorate
تَنَخَّلَ to sift
تَنَخَّمَ to hawk and spit
تَنَدَّرَ to joke
تَنَدَّمَ to regret
تَنَزَّلَ to abase o.s.
تَنَزَّهَ to go for a walk
تَنَسَّخَ to be deleted
تَنَسَّرَ to get torn
تَنَسَّقَ to be coordinated
تَنَسَّكَ to be devout
تَنَسَّلَ to be unravelled
تَنَسَّمَ to respire
تَنَشَّرَ to become widely known
تَنَشَّطَ to be vivacious
تَنَشَّفَ to wipe o.s. dry
تَنَشَّقَ to inhale
تَنَصَّتَ to eavesdrop
تَنَصَّرَ to try to help
تَنَصَّفَ to demand justice
تَنَصَّلَ to disavow
تَنَضَّدَ to be stacked up
تَنَضَّرَ to be in blossom
تَنَطَّسَ to examine thoroughly
تَنَطَّعَ to affect eloquence
تَنَطَّقَ to gird o.s.
تَنَظَّرَ to scrutinize
تَنَظَّفَ to be cleaned
تَنَظَّمَ to be organized
تَنَعَّلَ to wear shoes
تَنَعَّمَ to live in luxury
تَنَغَّشَ to be agitated
تَنَغَّصَ to be embittered
تَنَغَّمَ to hum a tune
تَنَفَّجَ to boast
تَنَفَّخَ to be inflated
تَنَفَّذَ to be carried out
تَنَفَّسَ to breathe
تَنَفَّشَ to ruffle the feathers
تَنَفَّطَ to blister
تَنَفَّلَ to supererogate
تَنَقَّبَ to prospect for
تَنَقَّصَ to dispraise
تَنَقَّضَ to be torn down
تَنَقَّطَ to learn little by little
تَنَقَّلَ to move
تَنَكَّبَ to deviate from
تَنَكَّدَ to be made miserable
تَنَكَّرَ to be disguised
تَنَمَّرَ to lose one's temper

تَنَهَّدَ to sigh
تَهَبَّلَ to take a vapor bath
تَهَتَّكَ to throw off one's inhibitions
تَهَجَّدَ to keep a religious vigil
تَهَجَّرَ to journey at midday
تَهَجَّمَ to attack
تَهَدَّجَ to tremble (voice)
تَهَدَّلَ to dangle
تَهَدَّمَ to be torn down
تَهَذَّبَ to be well-mannered
تَهَرَّبَ to elude
تَهَزَّجَ to sing
تَهَزَّعَ to hurry
تَهَشَّمَ to be smashed
تَهَضَّمَ to do wrong (to)
تَهَطَّلَ to rain in thick raindrops
تَهَكَّمَ to deride
تَهَمَّشَ to be decayed
تَهَمَّعَ to weep

39

أَبْدَأَ to bring out s.th. new
أَبْرَأَ to absolve from
أَبْطَأَ to be slow
أَخْطَأَ to commit an error
أَدْفَأَ to warm (up)
أَرْجَأَ to adjourn
أَصْدَأَ to corrode
أَطْفَأَ to extinguish
أَظْمَأَ to make thirsty
أَقْرَأَ to make read
أَكْفَأَ to turn over
أَلْجَأَ to coerce to
أَمْلَأَ to fill s.th.
أَنْبَأَ to inform
أَنْتَأَ to protrude
أَنْسَأَ to defer
أَنْشَأَ to found s.th.
أَهْدَأَ to calm

40

إِبْيَضَّ to be white

41

بَاتَ to stay overnight
بَادَ to perish
بَاضَ to lay eggs
بَاعَ to sell
بَانَ to become plain
تَاحَ to be destined
تَامَ to infatuate
جَاضَ to rebel
حَادَ to deviate from
حَاصَ to turn away from
حَاضَ to menstruate
حَافَ to treat unjustly
حَاقَ to surround
حَانَ to draw near
خَابَ to fail
خَارَ to weaken
خَاطَ to sew
دَانَ to profess (a religion)
ذَاعَ to circulate
رَابَ to fill with misgivings

رَاثَ	to hesitate
رَاشَ	to feather
رَاعَ	to appeal to
رَاقَ	to glisten
رَالَ	to drool
رَامَ	to crave
رَانَ	to reign
زَاحَ	to increase
زَادَ	to increase
زَاغَ	to deviate from
زَافَ	to be counterfeit
زَانَ	to adorn
سَابَ	to stream
سَاحَ	to travel
سَاخَ	to sink into the mud
سَارَ	to walk
سَالَ	to flow
شَابَ	to be white-haired
شَاخَ	to age
شَادَ	to construct
شَاطَ	to burn
شَاعَ	to be divulged
شَالَ	to transport
شَامَ	to look out (for)
شَانَ	to disgrace
صَاحَ	to cry
صَادَ	to hunt
صَارَ	to become
صَافَ	to be summery
ضَارَ	to injure s.o.
ضَاعَ	to get lost
ضَافَ	to stay as a guest
ضَاقَ	to be straitened
ضَامَ	to wrong
طَابَ	to be pleasant
طَاحَ	to lose one's way
طَارَ	to fly
طَاشَ	to be reckless
طَافَ	to circumambulate
عَابَ	to find fault with
عَاثَ	to cause havoc
عَارَ	to roam
عَاشَ	to live
عَافَ	to loathe
عَالَ	to be destitute
غَابَ	to be absent
غَاثَ	to send rain upon
غَاضَ	to decrease
غَاظَ	to infuriate
غَامَ	to become cloudy
فَاضَ	to overflow
فَالَ	to be erroneous (view)
قَاحَ	to suppurate
قَاسَ	to measure
قَاضَ	to demolish
قَالَ	to take a (midday) nap
كَادَ	to plot against
كَاسَ	to be courteous
كَالَ	to measure s.th.
كَانَ	to humble o.s.
لَاقَ	to befit
لَانَ	to be tender

مَاحَ to strut
مَادَ to be moved
مَازَ to distinguish
مَاسَ to walk with a proud gait
مَاطَ to pull away
مَاعَ to melt
مَالَ to bend down
مَانَ to lie
نَاكَ to have sexual intercourse
هَاجَ to be excited
هَاشَ to be agitated
هَاضَ to break
هَاطَ to clamor
هَافَ to be parched
هَالَ to pour s.th.
هَامَ to fall in love with

42

بَايَعَ to make a contract with
بَايَنَ to leave (s.o.)
حَايَدَ to shun
خَايَرَ to compete with
دَايَنَ to lend (money)
زَايَدَ to outbid
سَايَرَ to keep up with
شَايَعَ to follow
ضَايَقَ to vex
طَايَبَ to joke
عَايَدَ to wish a merry feast (to)
عَايَرَ to gauge (weights etc)
عَايَشَ to cohabit with
عَايَنَ to view
غَايَرَ to be dissimilar to
قَايَسَ to compare (between)
قَايَضَ to exchange
كَايَدَ to dupe
كَايَسَ to vie with in intelligence
كَايَلَ to return like for like
لَايَنَ to be kind to
مَايَلَ to agree (with)

43

إِنْبَاعَ to be sold
إِنْبَاكَ to be doubtful (a matter)
إِنْحَادَ to depart (from)
إِنْحَاصَ to turn away (from)
إِنْدَاصَ to slip out of the hand
إِنْذَاعَ to be widespread (news)
إِنْزَاحَ to be displaced
إِنْسَابَ to flow (water)
إِنْسَاحَ to spread
إِنْشَامَ to be favourite
إِنْصَاحَ to bloom
إِنْصَاعَ to return swiftly
إِنْضَافَ to be added to
إِنْطَارَ to become split
إِنْغَاظَ to become angry
إِنْقَاسَ to be measured by s.th. like it
إِنْقَاصَ to fall (a wall etc)
إِنْكَافَ to be cut
إِنْمَاعَ to dissolve
إِنْهَالَ to be heaped up

44

إتَّبَعَ to follow
إتَّبَنَ to wear underwear
إتَّجَرَ to trade
إتَّحَفَ to present
إتَّخَمَ to suffer indigestion
إتَّرَسَ to protect o.s. (with)
إتَّرَعَ to be brimful
إتَّرَكَ to leave (s.th.)
إتَّزَرَ to wear a loincloth
إتَّسَخَ to be dirty
إتَّسَعَ to be expanded

45

بَحْثَرَ to squander
بَحْلَقَ to gaze at
بَخْتَرَ to strut
بَرْبَطَ to splash (in water)
بَرْدَخَ to polish s.th.
بَرْذَنَ to be sluggish
بَرْسَمَ to have pleurisy
بَرْشَمَ to stare at
بَرْطَعَ to gallop
بَرْطَلَ to bribe
بَرْطَمَ to talk irrationally
بَرْعَمَ to sprout
بَرْغَلَ to granulate
بَرْقَحَ to be smudged
بَرْقَشَ to variegate (color)
بَرْقَعَ to drape s.th.
بَرْمَجَ to program
بَرْنَقَ to lacquer
بَرْهَنَ to prove s.th.
بَسْتَرَ to pasteurize
بَسْتَنَ to garden
بَعْثَرَ to disarrange
بَعْزَقَ to waste
بَلْسَمَ to bandage
بَهْرَجَ to adorn
تَرْبَسَ to bolt
تَرْجَمَ to translate
تَرْفَلَ to strut
تَلْفَزَ to televise
تَلْفَنَ to telephone
تَلْمَذَ to have for a pupil
ثَعْلَبَ to be cowardly and guileful (like a fox)
جَحْفَلَ to throw down
جَرْدَبَ to clamor
جَلْفَطَ to calk (a ship)
جَلْفَنَ to galvanize
جَمْهَرَ to collect s.th.
جَنْدَرَ to mangle (laundry)
جَنْدَلَ to fell (s.o.)
جَنْزَرَ to be covered in verdigris
حَذْلَقَ to boast
حَرْكَثَ to stir up
حَشْرَجَ to rattle in the throat
حَصْرَمَ to string a rope strongly
حَمْدَلَ to pronounce “praise be to God”
حَمْلَقَ to stare (at)
حَنْجَلَ to prance (horse)
خَذْرَفَ to hasten

خَرْبَطَ to throw into disorder
خَرْبَقَ to perforate
خَرْفَشَ to shuffle s.th.
خَضْرَعَ to appear generous (a miser)
خَضْرَمَ to cut or clip the ear
خَطْرَفَ to be delirious
خَنْدَقَ to dig a trench
خَنْفَرَ to snuffle
دَحْرَجَ to roll s.th.
دَرْبَسَ to bolt (a door)
رَسْمَلَ to capitalize
رَنْدَحَ to scan (a verse)
زَحْلَقَ to slide
زَخْرَفَ to adorn
زَرْكَشَ to embroider
زَغْرَطَ to utter shrill
زَمْجَرَ to scold
زَمْلَحَ to desalinate
زَمْهَرَ to become flushed
زَنْجَرَ to snap (with the fingers)
سَرْبَلَ to clothe s.o.
سَفْلَتَ to asphalt
سَقْلَبَ to throw down s.o.
سَلْطَنَ to proclaim sultan
شَبْرَقَ to tear to pieces
شَخْبَطَ to scribble
شَرْبَكَ to snarl s.th.
شَرْطَنَ to ordain
شَرْمَطَ to shred
شَعْبَذَ to legerdemain
شَفْتَرَ to pout
شَقْرَقَ to be cheerful
شَقْلَبَ to turn things upside down
شَنْكَلَ to trip s.o. up
شَنْهَقَ to bray (donkey)
صَنْفَرَ to sandpaper
طَرْطَشَ to splash
طَرْقَعَ to crack (a whip)
طَصْلَقَ to do inaccurately
طَلْمَسَ to frown
عَرْبَدَ to revel
عَرْبَسَ to be upset
عَرْقَبَ to hamstring
عَرْقَلَ to encumber
عَلْمَنَ to secularize
عَنْتَرَ to display heroism
غَرْبَلَ to sieve
غَطْرَسَ to conceited
فَرْشَحَ to straddle
فَرْشَخَ to stand with legs apart
فَرْطَحَ to flatten
فَرْعَنَ to be haughty
فَرْفَشَ to revive
فَرْقَعَ to pop
فَرْكَشَ to disarrange
فَرْمَلَ to brake
فَرْنَجَ to Europeanize
فَرْنَسَ to make French
فَلْسَفَ to philosophize
فَلْطَحَ to make broad
فَنْجَرَ to stare
فَهْرَسَ to compile an index

قَرْفَصَ to squat
قَرْقَضَ to gnaw
قَرْقَعَ to be noisy
قَرْمَدَ to plaster
قَرْمَشَ to eat s.th. dry
قَسْطَرَ to test the genuineness (of coins)
قَطْرَنَ to tar
قَلْعَطَ to sully
قَلْفَطَ to do sloppy work
قَنْبَلَ to bomb
قَنْطَرَ to arch
قَهْقَرَ to retreat
كَرْتَنَ to quarantine
كَرْدَسَ to heap up
كَرْسَفَ to hock
كَرْكَبَ to throw into disorder
كَرْمَشَ to limit
كَعْبَلَ to trip s.o. up
كَلْفَنَ to galvanize
كَمْتَرَ to walk with small steps
كَهْرَبَ to electrify
لَعْثَمَ to stutter
لَغْمَطَ to soil
لَهْلَقَ to loll one's tongue due to thirst
مَخْرَقَ to bleat (sheep)
مَخْمَضَ to rinse the mouth
مَرْجَحَ to rock
مَرْحَبَ to welcome s.o.
مَرْكَزَ to centralize
مَرْمَطَ to spoil
مَسْخَرَ to ridicule
مَطْرَنَ to become an archbishop
مَغْنَطَ to magnetize
مَنْطَرَ to throw down
مَنْطَقَ to gird (s.th.)
نَخْرَبَ to eat holes into
هَذْرَمَ to babble
هَرْطَقَ to become a heretic
هَرْمَسَ to be stern (face)
هَلْقَمَ to gulp down
هَمْلَجَ to amble (horse)
هَنْدَسَ to engineer
هَنْدَمَ to fix (up)

46

أَبَثَّ to tell one's secret to
أَبَحَّ to make hoarse
أَبَدَّ to give each his right
أَبَرَّ to keep (a promise)
أَبَلَّ to convalesce
أَتَبَّ to be weak
أَتَمَّ to complete
أَجَدَّ to renew
أَجَرَّ to ruminate
أَجَلَّ to glorify
أَجَنَّ to veil
أَحَبَّ to love
أَحَثَّ to urge
أَحَدَّ to sharpen
أَحَرَّ to heat
أَحَزَّ to increase in respect

أَحَسَّ to feel
أَحَصَّ to allot s.o. his share
أَحَطَّ to have pimples (face)
أَحَظَّ to be fortunate
أَحَقَّ to tell the truth
أَحَكَّ to itch
أَحَلَّ to absolve from
أَحَمَّ to heat
أَحَنَّ to twang (a bow)
أَخَسَّ to do s.th. vile
أَخَفَّ to travel lightly
أَخَلَّ to violate
أَخَمَّ to stink
أَدَبَّ to fill (a country) with justice
أَدَرَّ to cause to flow
أَدَقَّ to make thin
أَدَلَّ to take liberties
أَذَلَّ to degrade
أَرَذَّ to drizzle (rain)
أَرَقَّ to make fine
أَرَمَّ to decay
أَزَرَّ to furnish with buttons
أَزَفَّ to send the bride to her husband
أَزَلَّ to stumble
أَسَدَّ to be apposite
أَسَرَّ to gladden
أَسَفَّ to demean o.s.
أَسَنَّ to teethe
أَشَبَّ to become a youth
أَشَتَّ to disperse
أَشَدَّ to own a strong riding beast
أَشَذَّ to speak unfamiliar words
أَشَرَّ to propagate
أَشَطَّ to deviate (from)
أَشَعَّ to emit (rays)
أَشَفَّ to give preference (over)
أَشَلَّ to paralyze
أَشَمَّ to make smell
أَشَنَّ to make a raid
أَصَحَّ to emend
أَصَدَّ to suppurate
أَصَرَّ to insist on
أَصَفَّ to line up
أَصَمَّ to become deaf
أَضَبَّ to be foggy
أَضَجَّ to be boisterous
أَضَرَّ to add a second wife to one's household
أَضَلَّ to mislead
أَضَمَّ to send to s.o.
أَطَفَّ to tower over
أَطَلَّ to command a view
أَظَلَّ to overshadow
أَظَنَّ to suspect
أَعَدَّ to prepare
أَعَزَّ to cherish
أَعَفَّ to make abstinent
أَعَلَّ to make take a draught
أَعَمَّ to have many revered paternal uncles
أَغَبَّ to visit at intervals

أَغَذَّ to hasten
أَغَزَّ to be thorny
أَغَصَّ to choke
أَغَطَّ to immerse
أَغَلَّ to yield crops (land)
أَغَمَّ to grieve
أَفَجَّ to stride
أَفَرَّ to put to flight
أَفَزَّ to alarm
أَفَضَّ to give a large gift
أَقَرَّ to instate
أَقَصَّ to allow reprisal against o.s.
أَقَضَّ to be coarse (bed)
أَقَلَّ to carry
أَكَبَّ to devote o.s. actively to
أَكَدَّ to be niggardly
أَكَلَّ to make languid
أَكَمَّ to provide with sleeves
أَكَنَّ to keep secret
أَلَبَّ to dwell in a place
أَلَثَّ to rain continuously for days
أَلَجَّ to utter a cry
أَلَحَّ to insist on
أَلَزَّ to tie to
أَلَمَّ to know
أَمَدَّ to supply with
أَمَرَّ to allow to pass
أَمَسَّ to make to touch
أَمَصَّ to suck
أَمَضَّ to cause pain to
أَمَلَّ to dictate to
أَمَنَّ to enfeeble
أَهَبَّ to wake up
أَهَلَّ to appear (new moon)
أَهَمَّ to distress

47

إِثَّأَرَ to get one's revenge

48

إِبْلَاجَّ to shine brightly
إِبْهَارَّ to reach the middle point (of the night)
إِثْبَارَّ to be sluggish
إِثْمَادَّ to become fat
إِحْمَارَّ to become red
إِخْضَالَّ to be moist
إِدْهَامَّ to become dark green
إِرْبَاثَّ to be scattered
إِرْغَادَّ to become commingled
إِزْبَارَّ to stand on end (hair)
إِزْرَاقَّ to become blue
إِزْهَارَّ to flower (a plant)
إِسْمَارَّ to become brown
إِشْعَانَّ to be dishevelled (hair)
إِشْهَابَّ to become grey
إِصْحَامَّ to be intensely green (a plant)
إِصْفَارَّ to be yellow
إِضْجَامَّ to be wry mouthed
إِغْطَاشَّ to be weak sighted
إِكْمَاتَّ to become blackish red
إِلْهَاجَّ to become mixed
إِمْلَاسَّ to become smooth
إِنْضَاخَّ to be poured

to crack (a wall)	إِنْقَاضّ

49

to recuperate	بَرُؤَ
to be slow	بَطُؤَ
to dare	جَرُؤَ
to be warm	دَفُؤَ
to be low	دَنُؤَ
to become bad	رَدُؤَ
to rust	صَدُؤَ
to be soft	طَرُؤَ
to be lowly	قَمُؤَ
to be manly	مَرُؤَ
to loom up	نَشُؤَ
to be easy	هَنُؤَ

50

to give precedence over	بَدَّأَ
to exculpate (from)	بَرَّأَ
to slow down	بَطَّأَ
to embolden	جَرَّأَ
to divide	جَزَّأَ
to belch	جَشَّأَ
to henna	حَنَّأَ
to conceal	خَبَّأَ
to accuse of an error	خَطَّأَ
to warm (up)	دَفَّأَ
to make rusty	صَدَّأَ
to make thirsty	ظَمَّأَ
to recruit	عَبَّأَ
to coerce	لَجَّأَ
to fill up	مَلَّأَ
to inform	نَبَّأَ
to bring up	نَشَّأَ
to placate	هَدَّأَ
to cook too much	هَرَّأَ
to congratulate	هَنَّأَ

51

to live in the desert	تَبَدَّى
to be in search of good	تَبَرَّى
to remain	تَبَقَّى
to adopt (a child)	تَبَنَّى
to fold	تَثَنَّى
to make clear	تَجَلَّى
to accuse falsely of	تَجَنَّى
to challenge	تَحَدَّى
to investigate	تَحَرَّى
to sip	تَحَسَّى
to keep away from	تَحَشَّى
to receive hospitably	تَحَفَّى
to bedeck o.s.	تَحَلَّى
to abstain (from)	تَحَمَّى
to apprehend	تَخَشَّى
to overstep	تَخَطَّى
to disguise o.s.	تَخَفَّى
to give up	تَخَلَّى
to darken	تَدَجَّى
to be hidden	تَدَسَّى
to hang down	تَدَلَّى
to sink	تَدَنَّى
to be cunning	تَدَهَّى
to scale	تَذَرَّى
to be brought up	تَرَبَّى
to hope for	تَرَجَّى

تَرَدَّى to tumble
تَرَضَّى to try to please
تَرَقَّى to ascend
تَشَتَّى to pass the winter
تَشَظَّى to splinter
تَشَفَّى to seek a cure
تَشَكَّى to complain
تَشَهَّى to be covetous
تَصَبَّى to behave like a child
تَصَدَّى to confront
تَصَلَّى to warm o.s.
تَضَنَّى to feign illness
تَعَتَّى to be insolent
تَعَدَّى to exceed
تَعَرَّى to undress
تَعَصَّى to be difficult
تَعَمَّى to be blind
تَعَزَّى to be consoled
تَعَشَّى to have supper
تَعَضَّى to organize
تَعَطَّى to ask for charity
تَعَلَّى to rise
تَغَبَّى to be idiotic
تَغَثَّى to nauseate
تَغَدَّى to lunch
تَغَذَّى to be alimented
تَغَرَّى to be glued
تَغَشَّى to be hazy
تَغَطَّى to be covered
تَغَنَّى to sing
تَفَشَّى to spread (a disease etc)
تَفَضَّى to have free time
تَقَرَّى to investigate
تَقَسَّى to be hard
تَقَصَّى to examine
تَقَفَّى to follow the tracks of
تَكَدَّى to beg
تَكَرَّى to sleep
تَكَسَّى to be dressed
تَكَنَّى to be known by the surname
تَلَحَّى to wind a part of the turban under the jaw
تَلَظَّى to burn brightly
تَلَقَّى to receive
تَلَهَّى to amuse o.s. with
تَمَحَّى to be effaced
تَمَرَّى to be adorned
تَمَسَّى to be in pieces
تَمَشَّى to go on foot
تَمَطَّى to stretch o.s.
تَمَلَّى to enjoy s.th.
تَمَنَّى to desire (s.th.)
تَنَحَّى to withdraw
تَنَدَّى to be wet through
تَنَزَّى to leap
تَنَشَّى to be inebriated
تَنَقَّى to choose
تَهَجَّى to spell (s.th.)
تَهَدَّى to be rightly guided

52

إِبْتَحَثَ to search for
إِبْتَدَرَ to anticipate

إِبْتَدَعَ	to innovate	إِحْتَرَمَ	to admire
إِبْتَرَدَ	to bathe with cold water	إِحْتَسَبَ	to reckon
إِبْتَرَكَ	to make an attempt	إِحْتَشَدَ	to congregate
إِبْتَسَمَ	to smile	إِحْتَشَمَ	to be modest
إِبْتَعَثَ	to delegate	إِحْتَضَنَ	to cuddle
إِبْتَعَدَ	to move away	إِحْتَطَبَ	to gather firewood
إِبْتَكَرَ	to invent	إِحْتَفَرَ	to dig
إِبْتَهَلَ	to beseech	إِحْتَفَظَ	to preserve
إِبْتَلَعَ	to gobble	إِحْتَفَلَ	to celebrate
إِبْتَهَجَ	to rejoice	إِحْتَقَرَ	to despise
إِجْتَذَبَ	to attract	إِحْتَقَنَ	to congest
إِجْتَرَحَ	to achieve	إِحْتَكَرَ	to monopolize
إِجْتَرَفَ	to sweep	إِحْتَكَمَ	to appeal
إِجْتَسَرَ	to traverse	إِحْتَلَقَ	to shave the head
إِجْتَلَبَ	to import	إِحْتَلَمَ	to attain puberty
إِجْتَلَطَ	to swoop down	إِحْتَمَلَ	to assume
إِجْتَلَفَ	to uproot	إِخْتَبَرَ	to test
إِجْتَمَعَ	to assemble	إِخْتَبَزَ	to bake
إِجْتَنَبَ	to avoid	إِخْتَبَطَ	to be in a state of turmoil
إِجْتَهَرَ	to take mud from a well	إِخْتَبَلَ	to be deranged
إِجْتَهَدَ	to strive	إِخْتَتَلَ	to overhear stealthily
إِحْتَبَسَ	to imprison	إِخْتَتَمَ	to finish
إِحْتَبَلَ	to ensnare	إِخْتَتَنَ	to be circumcised
إِحْتَجَبَ	to conceal	إِخْتَرَطَ	to unsheathe
إِحْتَجَزَ	to restrain	إِخْتَرَعَ	to originate
إِحْتَدَمَ	to glow	إِخْتَرَقَ	to penetrate
إِحْتَرَزَ	to be wary	إِخْتَرَمَ	to destroy
إِحْتَرَسَ	to beware	إِخْتَزَلَ	to write (shorthand)
إِحْتَرَصَ	to endeavour to obtain	إِخْتَزَنَ	to store
إِحْتَرَفَ	to do professionally	إِخْتَشَعَ	to express ones helplessness
إِحْتَرَقَ	to burn	إِخْتَصَبَ	to be fertile (a place)

إِخْتَصَرَ	to summarise
إِخْتَصَمَ	to quarrel
إِخْتَطَبَ	to ask for a woman's hand
إِخْتَطَفَ	to snatch
إِخْتَفَضَ	to decrease in price
إِخْتَلَجَ	to quiver
إِخْتَلَسَ	to embezzle
إِخْتَلَطَ	to mix
إِخْتَلَفَ	to differ
إِخْتَلَقَ	to fabricate
إِخْتَمَرَ	to ferment
إِخْتَنَقَ	to be strangled
إِرْتَبَطَ	to correlate
إِرْتَبَكَ	to be confounded
إِرْتَجَعَ	to turn back
إِرْتَجَفَ	to tremble
إِرْتَجَلَ	to improvise
إِرْتَحَلَ	to move away
إِرْتَدَعَ	to be deterred (from)
إِرْتَزَقَ	to make a living
إِرْتَسَغَ	to spend openly on one's family
إِرْتَسَمَ	to come out
إِرْتَشَحَ	to ooze
إِرْتَشَفَ	to sip
إِرْتَصَفَ	to align
إِرْتَضَحَ	to make an excuse
إِرْتَضَخَ	to speak Arabic with a foreign accent
إِرْتَضَمَ	to be in a pile
إِرْتَطَمَ	to collide with
إِرْتَعَبَ	to become frightened
إِرْتَعَدَ	to tremble
إِرْتَعَشَ	to quiver
إِرْتَعَصَ	to writhe
إِرْتَفَعَ	to go up
إِرْتَفَقَ	to benefit from
إِرْتَقَبَ	to expect
إِرْتَكَبَ	to perpetrate
إِرْتَكَزَ	to lean on
إِرْتَكَسَ	to suffer a setback
إِرْتَكَضَ	to quicken
إِرْتَكَمَ	to cumulate
إِرْتَمَسَ	to be immersed in water
إِرْتَهَنَ	to receive as security
إِسْتَبَعَ	to steal
إِسْتَبَقَ	to forestall
إِسْتَتَرَ	to cover o.s.
إِسْتَرَقَ	to pilfer
إِسْتَعَرَ	to burn
إِسْتَعَطَ	to snuff
إِسْتَكَنَ	to yield (to)
إِسْتَلَبَ	to rip off
إِسْتَلَفَ	to take in advance
إِسْتَلَمَ	to receive
إِسْتَمَعَ	to overhear
إِسْتَمَلَ	to gouge out (the eye of)
إِسْتَنَدَ	to lean on
إِشْتَبَكَ	to fight
إِشْتَبَهَ	to be suspicious of
إِشْتَجَرَ	to quarrel
إِشْتَرَطَ	to stipulate

إشْتَرَعَ	to legislate
إشْتَرَكَ	to participate (in)
إشْتَعَبَ	to branch out
إشْتَعَلَ	to catch fire
إشْتَغَلَ	to work
إشْتَكَلَ	to become dubious
إشْتَمَلَ	to include
إشْتَهَرَ	to become famous
إعْتَبَرَ	to deem
إعْتَجَنَ	to knead
إعْتَدَلَ	to be moderate
إعْتَذَرَ	to apologize
إعْتَرَشَ	to climb (up)
إعْتَرَضَ	to object to
إعْتَرَفَ	to confess
إعْتَرَكَ	to fight (one another)
إعْتَزَلَ	to retire (from)
إعْتَزَمَ	to resolve to
إعْتَسَفَ	to do s.th. at random
إعْتَصَبَ	to form a league
إعْتَصَرَ	to squeeze (out)
إعْتَصَمَ	to cling to
إعْتَضَدَ	to ask for the support of
إعْتَطَبَ	to be destroyed
إعْتَطَفَ	to put on a coat etc
إعْتَفَرَ	to become dusty
إعْتَقَدَ	to believe
إعْتَقَلَ	to arrest
إعْتَقَمَ	to interfere
إعْتَكَرَ	to be extremely dark
إعْتَكَسَ	to be reserved
إعْتَكَفَ	to seclude o.s. (in)
إعْتَلَجَ	to wrestle
إعْتَلَطَ	to dispute with
إعْتَلَفَ	to eat fodder
إعْتَلَنَ	to become known
إعْتَمَدَ	to rely on
إعْتَمَرَ	to visit
إعْتَمَلَ	to irritate
إعْتَنَزَ	to retire to a distance
إعْتَنَقَ	to profess
إغْتَبَطَ	to be glad
إغْتَرَبَ	to emigrate
إغْتَرَزَ	to penetrate deeply into
إغْتَرَفَ	to ladle
إغْتَسَلَ	to wash (o.s.)
إغْتَصَبَ	to seize unlawfully from
إغْتَفَرَ	to forgive
إغْتَفَلَ	to take advantage of
إغْتَلَمَ	to be excited by lust
إغْتَمَرَ	to submerge
إغْتَمَزَ	to detract (from)
إغْتَمَسَ	to be dipped
إغْتَمَضَ	to be asleep
إغْتَنَمَ	to take as booty
إفْتَتَحَ	to inaugurate
إفْتَتَنَ	to fascinate
إفْتَخَرَ	to pride o.s. on
إفْتَرَسَ	to prey upon
إفْتَرَشَ	to spread
إفْتَرَصَ	to take the opportunity
إفْتَرَضَ	to suppose

Arabic	English
إِفْتَرَعَ	to deflower (a girl)
إِفْتَرَقَ	to separate
إِفْتَصَدَ	to bleed
إِفْتَضَحَ	to be disclosed
إِفْتَضَخَ	to make wine from unripe dates
إِفْتَعَلَ	to concoct
إِفْتَقَدَ	to miss
إِفْتَقَرَ	to be destitute
إِفْتَكَرَ	to think (of)
إِفْتَهَمَ	to understand
إِقْتَبَسَ	to cite
إِقْتَبَصَ	to take a pinch (of)
إِقْتَبَلَ	to receive
إِقْتَتَلَ	to fight one another
إِقْتَحَفَ	to sweep away
إِقْتَحَمَ	to plunge (into)
إِقْتَدَحَ	to strike fire (with a flint)
إِقْتَدَرَ	to be capable (of)
إِقْتَرَبَ	to approach
إِقْتَرَحَ	to suggest
إِقْتَرَشَ	to earn money
إِقْتَرَضَ	to borrow
إِقْتَرَعَ	to vote
إِقْتَرَفَ	to commit (a crime)
إِقْتَرَنَ	to be coupled (with)
إِقْتَسَرَ	to force
إِقْتَسَمَ	to be divided
إِقْتَصَدَ	to be frugal
إِقْتَصَرَ	to be limited to
إِقْتَضَبَ	to abridge
إِقْتَطَعَ	to take a little of
إِقْتَطَفَ	to pick (fruit etc)
إِقْتَعَدَ	to use as a seat
إِقْتَفَرَ	to follow the tracks of
إِقْتَلَعَ	to pluck out
إِقْتَنَصَ	to hunt
إِقْتَنَعَ	to be satisfied with
إِكْتَتَبَ	to subscribe
إِكْتَتَمَ	to hide
إِكْتَحَلَ	to darken the eyelids with kohl
إِكْتَدَحَ	to earn a living
إِكْتَرَبَ	to be grieved
إِكْتَرَثَ	to care for
إِكْتَسَبَ	to acquire
إِكْتَسَحَ	to carry away
إِكْتَسَعَ	to put its tail between its legs
إِكْتَشَفَ	to find out
إِكْتَمَعَ	to drink from a vessel
إِكْتَمَلَ	to be perfect
إِكْتَنَزَ	to be firm
إِكْتَنَفَ	to surround
إِكْتَنَهَ	to get to the bottom of
إِكْتَهَلَ	to be middle-aged
إِلْتَبَدَ	to become felted
إِلْتَبَسَ	to be ambiguous
إِلْتَبَكَ	to jumble
إِلْتَثَمَ	to veil one's face
إِلْتَجَمَ	to be curbed
إِلْتَحَدَ	to apostatize
إِلْتَحَفَ	to wrap o.s. (in)
إِلْتَحَقَ	to affiliate with

إِلْتَحَمَ to cohere
إِلْتَزَقَ to stick (to)
إِلْتَزَمَ to observe
إِلْتَصَقَ to adhere (to)
إِلْتَطَمَ to collide
إِلْتَعَنَ to curse o.s.
إِلْتَغَمَ to amalgamate
إِلْتَفَتَ to turn one's head to
إِلْتَفَعَ to cover o.s. with
إِلْتَقَطَ to pick up
إِلْتَقَفَ to grab
إِلْتَقَمَ to ingurgitate
إِلْتَمَسَ to request
إِلْتَمَعَ to sparkle
إِلْتَهَبَ to be ablaze
إِلْتَهَثَ to pant
إِلْتَهَمَ to devour
إِمْتَثَلَ to follow
إِمْتَحَقَ to perish
إِمْتَحَنَ to examine
إِمْتَخَطَ to blow one's nose
إِمْتَدَحَ to praise
إِمْتَزَجَ to mix
إِمْتَسَحَ to draw a sword
إِمْتَسَخَ to draw a sword
إِمْتَشَطَ to comb one's hair
إِمْتَشَقَ to draw (a sword)
إِمْتَعَضَ to resent
إِمْتَغَطَ to pull
إِمْتَلَجَ to suck
إِمْتَلَخَ to extract s.th.
إِمْتَلَكَ to possess
إِمْتَنَعَ to abstain from
إِمْتَهَنَ to humble
إِنْتَبَذَ to withdraw
إِنْتَبَرَ to swell
إِنْتَبَشَ to exhume
إِنْتَبَهَ to be on one's guard
إِنْتَتَفَ to be plucked out (hair etc)
إِنْتَثَرَ to be dispersed
إِنْتَجَبَ to choose
إِنْتَجَعَ to resort to
إِنْتَحَبَ to lament
إِنْتَحَرَ to commit suicide
إِنْتَحَسَ to be upside down
إِنْتَحَلَ to pass o.s. off as
إِنْتَخَبَ to select
إِنْتَخَرَ to be eaten away
إِنْتَخَلَ to sift
إِنْتَدَبَ to delegate
إِنْتَزَحَ to emigrate
إِنْتَزَعَ to extract
إِنْتَسَبَ to be related to
إِنْتَسَجَ to be woven
إِنْتَسَخَ to abrogate
إِنْتَسَفَ to raze
إِنْتَسَقَ to be coordinated
إِنْتَسَلَ to be unravelled
إِنْتَشَبَ to stick (to)
إِنْتَشَرَ to be propagated
إِنْتَشَصَ to unravel
إِنْتَشَطَ to become loosened

إِنْتَشَقَ to breathe in
إِنْتَشَلَ to rescue
إِنْتَصَبَ to stand erect
إِنْتَصَتَ to listen to
إِنْتَصَحَ to take good advice
إِنْتَصَرَ to triumph over
إِنْتَصَفَ to reach its midst
إِنْتَطَحَ to butt one another
إِنْتَطَقَ to put on a belt
إِنْتَظَرَ to wait (for)
إِنْتَظَمَ to be organized
إِنْتَعَشَ to refresh
إِنْتَعَظَ to become erect
إِنْتَعَلَ to put on shoes
إِنْتَعَشَ to be active
إِنْتَفَجَ to spring up and run away (game)
إِنْتَفَخَ to distend
إِنْتَفَشَ to bristle the hair
إِنْتَفَضَ to shake
إِنْتَفَعَ to put to use
إِنْتَفَلَ to supererogate
إِنْتَقَبَ to put on a veil
إِنْتَقَدَ to find fault with
إِنْتَقَصَ to disparage
إِنْتَقَضَ to be revoked
إِنْتَقَلَ to move
إِنْتَقَمَ to take vengeance on
إِنْتَقَهَ to recuperate
إِنْتَكَثَ to be broken
إِنْتَكَسَ to relapse
إِنْتَكَصَ to fall back
إِنْتَهَبَ to grip (the soul)
إِنْتَهَجَ to take (a route)
إِنْتَهَرَ to chide
إِنْتَهَزَ to avail o.s. of (chance)
إِنْتَهَشَ to snap (at)
إِنْتَهَضَ to rise
إِنْتَهَكَ to desecrate
إِهْتَبَلَ to take advantage
إِهْتَتَكَ to be torn apart
إِهْتَصَرَ to wrench
إِهْتَضَمَ to wrong
إِهْتَلَكَ to rush into danger

53

إِسْتَجْوَبَ to interrogate
إِسْتَحْوَذَ to overwhelm
إِسْتَخْوَنَ to distrust
إِسْتَرْوَحَ to sniff
إِسْتَصْوَبَ to sanction s.th.
إِسْتَعْوَرَ to be alone
إِسْتَنْوَكَ to become foolish
إِسْتَنْوَمَ to have a wet dream

54

جَاءَ to come
فَاءَ to come back
قَاءَ to vomit
نَاءَ to be raw
هَاءَ to be shapely

55

إِبْرَنْشَقَ to open (a flower)
إِثْعَنْجَرَ to flow

إِحْرَنْجَمَ to be gathered together
إِحْرَنْطَمَ to be proud
إِحْلَنْقَمَ to forsake food
إِسْلَنْطَحَ to be broad
إِسْلَنْقَمَ to lie on one's back
إِفْرَنْقَعَ to separate oneself from

56

أَبْتَرَ to cut off
أَبْجَدَ to alphabetize
أَبْجَلَ to content
أَبْحَرَ to sail
أَبْخَرَ to have stinking breath
أَبْدَعَ to excel (in)
أَبْدَلَ to exchange (for)
أَبْرَدَ to mail
أَبْرَزَ to make apparent
أَبْرَصَ to beget a leprous child
أَبْرَقَ to telegram
أَبْرَكَ to make (a camel) kneel
أَبْرَمَ to ratify
أَبْسَلَ to prohibit
أَبْشَرَ to bring good news
أَبْشَكَ to mix lies (in speaking)
أَبْشَمَ to cause indigestion to
أَبْصَرَ to look at
أَبْطَرَ to make reckless
أَبْطَلَ to annul
أَبْطَنَ to hide
أَبْعَدَ to remove
أَبْغَضَ to abhor
أَبْقَرَ to cut open
أَبْكَرَ to get up early
أَبْكَمَ to silence
أَبْلَجَ to shine
أَبْلَسَ to become silent by reason of despair
أَبْلَطَ to become bankrupt
أَبْلَعَ to make swallow
أَبْلَغَ to inform
أَبْلَمَ to hold one's tongue
أَبْلَهَ to find to be stupid
أَبْهَتَ to fade
أَبْهَجَ to gladden
أَبْهَظَ to overburden
أَبْهَمَ to obscure
أَتْبَعَ to cause to follow
أَتْجَرَ to do business (in)
أَتْحَفَ to present with
أَتْخَمَ to make sick
أَتْرَبَ to cover with dust
أَتْرَحَ to grieve
أَتْرَسَ to close
أَتْرَعَ to fill to the brim
أَتْرَفَ to make ungrateful
أَتْسَعَ to be nine
أَتْعَبَ to make tired
أَتْعَسَ to make miserable
أَتْقَنَ to master
أَتْلَعَ to stretch one's neck
أَتْلَفَ to damage
أَتْمَتَ to automate
أَتْمَرَ to be dried (a date)

أَثْبَتَ	to substantiate
أَثْبَطَ	to have a persistent illness
أَثْخَنَ	to wear out
أَثْغَرَ	to shed the milk teeth
أَثْغَمَ	to have white-hair
أَثْقَبَ	to light
أَثْقَلَ	to make heavier
أَثْكَلَ	to be bereaved of her son a mother
أَثْلَثَ	to be one-third
أَثْلَجَ	to cool
أَثْمَرَ	to produce
أَثْمَلَ	to inebriate
أَثْمَنَ	to determine a price
أَجْبَرَ	to compel to
أَجْبَلَ	to enter a mountain
أَجْحَدَ	to be finished (goods etc)
أَجْحَفَ	to harm
أَجْدَبَ	to wrong
أَجْدَرَ	to be barren
أَجْذَرَ	to uproot
أَجْذَعَ	to uproot
أَجْذَلَ	to make happy
أَجْذَمَ	to gladden
أَجْرَسَ	to emit a sound
أَجْرَعَ	to alarm s.o.
أَجْرَفَ	to be affected by a strong flood
أَجْرَمَ	to commit a crime
أَجْزَعَ	to make impatient
أَجْزَلَ	to give generously
أَجْشَمَ	to impose upon
أَجْفَلَ	to jump with fright
أَجْلَبَ	to earn
أَجْلَدَ	to be frozen
أَجْلَسَ	to make sit down
أَجْمَدَ	to freeze
أَجْمَرَ	to be together
أَجْمَعَ	to agree unanimously on
أَجْمَلَ	to sum up
أَجْنَحَ	to incline to
أَجْهَدَ	to overstrain
أَجْهَرَ	to declare publicly
أَجْهَزَ	to give the coup de grâce to
أَجْهَشَ	to sob
أَجْهَضَ	to have a miscarriage
أَحْبَطَ	to frustrate
أَحْبَلَ	to make pregnant
أَحْجَمَ	to recoil
أَحْدَثَ	to originate
أَحْدَقَ	to surround
أَحْرَجَ	to embarrass
أَحْرَدَ	to separate
أَحْرَزَ	to acquire
أَحْرَقَ	to burn
أَحْرَمَ	to be in a state of ritual consecration
أَحْزَنَ	to sadden
أَحْسَدَ	to find to be jealous
أَحْسَنَ	to do well
أَحْشَبَ	to make angry
أَحْشَدَ	to gather for a purpose

أَحْشَمَ	to shame
أَحْصَدَ	to become ripe
أَحْصَنَ	to fortify
أَحْضَرَ	to bring
أَحْضَنَ	to make despicable
أَحْفَظَ	to irritate
أَحْقَدَ	to embitter
أَحْقَرَ	to despise
أَحْكَمَ	to compact
أَحْلَفَ	to put under an oath
أَحْمَشَ	to anger
أَحْمَضَ	to make sour
أَحْمَقَ	to regard as a fool
أَحْنَثَ	to make s.o. break an oath
أَحْنَطَ	to ripen
أَحْنَقَ	to infuriate
أَحْنَكَ	to sophisticate
أَخْبَتَ	to be humble (before God)
أَخْبَرَ	to inform
أَخْثَرَ	to coagulate
أَخْجَلَ	to embarrass
أَخْدَرَ	to make torpid
أَخْدَعَ	to hide (s.th.)
أَخْدَمَ	to give a servant to
أَخْرَبَ	to lay waste
أَخْرَجَ	to take out
أَخْرَسَ	to reduce to silence
أَخْرَقَ	to lurk
أَخْسَرَ	to cause to lose
أَخْسَفَ	to sink
أَخْصَبَ	to fertilize
أَخْضَعَ	to subjugate
أَخْضَلَ	to moisten
أَخْطَرَ	to notify
أَخْطَلَ	to talk nonsense
أَخْفَتَ	to silence
أَخْفَضَ	to lower the voice
أَخْفَقَ	to fail
أَخْلَدَ	to immortalize
أَخْلَصَ	to be loyal
أَخْلَفَ	to renege
أَخْلَقَ	to wear out
أَخْمَدَ	to extinguish
أَخْمَرَ	to ferment
أَخْنَسَ	to keep (s.th. from)
أَدْبَرَ	to turn one's back on
أَدْجَنَ	to be gloomy
أَدْحَضَ	to disprove (an argument)
أَدْخَلَ	to make enter
أَدْخَنَ	to give off smoke
أَدْرَجَ	to include
أَدْرَسَ	to teach
أَدْرَعَ	to armor o.s.
أَدْرَكَ	to perceive
أَدْرَنَ	to be filthy
أَدْعَسَ	to kill s.o. (the heat)
أَدْغَشَ	to enter into darkness
أَدْغَصَ	to fill with anger
أَدْغَلَ	to act treacherously
أَدْغَمَ	to incorporate
أَدْفَقَ	to pour
أَدْقَعَ	to grovel

أَدْلَجَ to set out at nightfall
أَدْلَعَ to stick out one's tongue
أَدْلَقَ to unsheathe
أَدْمَجَ to merge
أَدْمَسَ to be dark (the night)
أَدْمَعَ to brim
أَدْمَنَ to be addicted to
أَدْنَفَ to be seriously ill
أَدْهَشَ to astound
أَدْهَقَ to fill (up)
أَدْهَنَ to blandish
أَذْبَلَ to shrivel
أَذْرَقَ to drop excrement
أَذْعَرَ to frighten
أَذْعَنَ to obey (s.o.'s wishes)
أَذْكَرَ to remind (of)
أَذْنَبَ to commit a sin
أَذْهَبَ to take away
أَذْهَلَ to nonplus
أَرْبَحَ to gain
أَرْبَكَ to confound
أَرْتَجَ to bolt
أَرْتَعَ to graze
أَرْجَحَ to sway
أَرْجَعَ to give back
أَرْجَفَ to spread calumnies
أَرْحَبَ to be expansive (a place)
أَرْحَلَ to send on a journey
أَرْخَصَ to reduce the price of
أَرْدَفَ to follow with
أَرْدَمَ to cling to s.o. (a disease)

أَرْذَلَ to discard
أَرْسَبَ to sediment
أَرْسَخَ to establish s.th.
أَرْسَلَ to send
أَرْشَدَ to guide
أَرْصَدَ to balance (an account)
أَرْضَعَ to suckle
أَرْطَبَ to moisten
أَرْعَبَ to frighten
أَرْعَدَ to make tremble
أَرْعَشَ to make shiver
أَرْعَفَ to make hasten
أَرْغَبَ to make desirous of
أَرْغَثَ to feed milk to
أَرْغَدَ to be well-to-do
أَرْغَمَ to coerce
أَرْفَدَ to support
أَرْفَضَ to finish
أَرْفَقَ to enclose (with)
أَرْقَدَ to put to bed
أَرْقَصَ to make dance
أَرْكَبَ to make ride
أَرْكَعَ to make kneel down
أَرْكَنَ to trust
أَرْمَدَ to incinerate
أَرْمَسَ to bury
أَرْمَضَ to scorch
أَرْمَلَ to become a widower
أَرْهَبَ to terrorize
أَرْهَفَ to make thin
أَرْهَقَ to exhaust

أَزْهَلَ to become lazy (due to sleep)
أَرْهَنَ to pawn
أَزْبَدَ to foam
أَزْحَلَ to remove
أَزْحَفَ to fatigue
أَزْعَجَ to disturb
أَزْعَفَ to kill instantly
أَزْعَقَ to scare
أَزْعَلَ to annoy
أَزْغَلَ to bleed from a wound
أَزْقَمَ to make swallow
أَزْكَمَ to cause to catch a cold
أَزْلَجَ to bolt
أَزْلَفَ to bring near
أَزْلَقَ to cause to slip
أَزْمَعَ to determine (to)
أَزْمَنَ to be chronic (disease)
أَزْهَرَ to blossom
أَزْهَقَ to destroy
أَسْبَتَ to enter the Sabbath
أَسْبَحَ to make swim
أَسْبَغَ to bestow upon amply
أَسْبَلَ to let fall
أَسْجَدَ to bow ones head
أَسْجَفَ to darken
أَسْجَمَ to pour forth
أَسْحَقَ to be very far
أَسْحَمَ to rain
أَسْخَطَ to be discontent
أَسْخَنَ to make hot
أَسْدَفَ to become dark
أَسْدَلَ to lower
أَسْرَجَ to light (a lamp)
أَسْرَعَ to dash
أَسْرَفَ to squander
أَسْعَدَ to make happy
أَسْعَرَ to kindle
أَسْعَطَ to snuff (tobacco)
أَسْعَفَ to relieve
أَسْعَلَ to make agile
أَسْفَرَ to result in
أَسْقَطَ to let fall
أَسْقَمَ to sicken
أَسْكَتَ to silence
أَسْكَرَ to intoxicate
أَسْكَنَ to house
أَسْلَسَ to make obedient
أَسْلَفَ to make precede
أَسْلَكَ to insert in
أَسْلَمَ to embrace islam;to forsake
أَسْمَعَ to make hear
أَسْمَلَ to be worn
أَسْمَنَ to make plump
أَسْنَدَ to lean on
أَسْهَبَ to expatiate upon
أَسْهَرَ to keep awake
أَسْهَلَ to relieve constipated bowels
أَسْهَمَ to give a share in
أَشْبَعَ to satisfy
أَشْبَهَ to look like
أَشْجَبَ to afflict
أَشْجَنَ to sadden

أَشْحَذَ to whet
أَشْحَنَ to fill up with
أَشْخَصَ to send back
أَشْدَهَ to astonish
أَشْرَبَ to give to drink
أَشْرَحَ to delight
أَشْرَدَ to frighten away
أَشْرَعَ to aim at
أَشْرَفَ to supervise
أَشْرَقَ to rise (sun)
أَشْرَكَ to make a partner (in)
أَشْعَرَ to inform
أَشْعَلَ to light
أَشْغَرَ to vacate
أَشْغَلَ to busy
أَشْفَقَ to pity
أَشْقَحَ to send far away
أَشْكَلَ to be dubious
أَشْمَتَ to cause to gloat over the misfortune of
أَشْمَسَ to be sunny (day)
أَشْنَجَ to shrink
أَشْهَدَ to call to witness
أَشْهَرَ to make famous
أَصْبَحَ to enter upon morning
أَصْحَبَ to send along
أَصْحَرَ to widen
أَصْدَرَ to publish
أَصْدَفَ to turn away from
أَصْدَقَ to fix a dower for a woman
أَصْرَحَ to make clear
أَصْعَبَ to be more difficult
أَصْعَدَ to make ascend
أَصْعَرَ to turn away face in disdain
أَصْعَقَ to strike (lightening)
أَصْغَرَ to diminish
أَصْفَدَ to fetter
أَصْفَرَ to vacate
أَصْلَتَ to draw
أَصْلَحَ to repair
أَصْلَدَ to become hard
أَصْمَتَ to hush
أَصْمَغَ to exude gum
أَصْنَعَ to learn
أَصْهَرَ to be related by marriage
أَضْجَرَ to weary
أَضْجَعَ to make lie down
أَضْحَكَ to make(s.o.) laugh
أَضْرَبَ to go on strike
أَضْرَسَ to render (the teeth) dull
أَضْرَمَ to light (fire)
أَضْعَفَ to weaken
أَضْمَرَ to secrete
أَضْهَدَ to persecute
أَطْبَقَ to shut
أَطْرَبَ to delight
أَطْرَفَ to feature s.th. new
أَطْرَقَ to keep silent
أَطْعَمَ to feed
أَطْفَحَ to fill to the brim
أَطْلَعَ to apprise of
أَطْلَقَ to undo

أَطْمَحَ	to arouse s.o.'s ambition
أَطْمَرَ	to bury
أَطْمَعَ	to make covetous (of)
أَطْنَبَ	to elaborate (on)
أَظْفَرَ	to grant victory over
أَظْلَمَ	to darken
أَظْهَرَ	to bring to light
أَعْتَدَ	to prepare
أَعْتَقَ	to emancipate
أَعْتَمَ	to hesitate
أَعْثَرَ	to cause to trip
أَعْجَبَ	to appeal to
أَعْجَزَ	to incapacitate
أَعْجَلَ	to impel
أَعْجَمَ	to vowelize
أَعْدَلَ	to make straight
أَعْدَمَ	to execute
أَعْذَرَ	to excuse
أَعْرَبَ	to express
أَعْرَجَ	to cripple
أَعْرَسَ	to marry
أَعْرَضَ	to turn away from
أَعْرَقَ	to take root
أَعْزَلَ	to resign
أَعْسَرَ	to be in financial straits
أَعْسَفَ	to overburden
أَعْصَبَ	to innervate
أَعْصَمَ	to cling to
أَعْضَلَ	to be problematic
أَعْطَبَ	to wreck
أَعْطَشَ	to make thirsty
أَعْظَمَ	to glorify
أَعْقَبَ	to follow
أَعْقَدَ	to congeal
أَعْقَرَ	to stupefy
أَعْلَفَ	to fodder
أَعْلَقَ	to suspend
أَعْلَمَ	to inform of
أَعْلَنَ	to announce
أَعْمَدَ	to prop (up)
أَعْمَرَ	to populate
أَعْمَقَ	to deepen
أَعْمَلَ	to put to work
أَعْنَتَ	to distress
أَعْنَدَ	to oppose
أَعْنَسَ	to be a spinster
أَعْنَفَ	to treat harshly
أَغْبَرَ	to raise dust
أَغْدَقَ	to give generously (to)
أَغْرَبَ	to do or say s.th. strange
أَغْرَزَ	to stick into
أَغْرَسَ	to plant
أَغْرَضَ	to attain the goal
أَغْرَقَ	to submerse
أَغْرَمَ	to impose a fine on
أَغْصَنَ	to branch (tree)
أَغْضَبَ	to infuriate
أَغْفَلَ	to leave out
أَغْلَطَ	to cause to make a mistake
أَغْلَظَ	to use rude language
أَغْلَفَ	to envelop
أَغْلَقَ	to shut (off)

أَغْمَدَ to scabbard (sword)
أَغْمَضَ to shut one's eyes
أَغْنَمَ to give as booty
أَفْتَرَ to make languid
أَفْتَنَ to enrapture
أَفْجَرَ to commit adultery
أَفْجَعَ to distress
أَفْحَشَ to be ribald
أَفْحَمَ to dumbfound
أَفْدَحَ to regard as serious
أَفْرَجَ to set free
أَفْرَحَ to delight
أَفْرَخَ to have young ones
أَفْرَدَ to set aside
أَفْرَزَ to excrete
أَفْرَصَ to take advantage of the opportunity
أَفْرَطَ to go too far
أَفْرَغَ to empty
أَفْرَقَ to frighten
أَفْزَرَ to burst (open)
أَفْزَعَ to panic
أَفْسَحَ to make room for
أَفْسَدَ to spoil
أَفْشَلَ to thwart
أَفْصَحَ to speak intelligibly
أَفْضَعَ to oblige
أَفْطَرَ to break the fast
أَفْعَمَ to cram
أَفْقَدَ to deprive of
أَفْقَرَ to make poor
أَفْقَهَ to teach
أَفْكَرَ to cogitate
أَفْلَتَ to slip away
أَفْلَحَ to succeed
أَفْلَسَ to go bankrupt
أَفْلَصَ to escape
أَفْنَدَ to refute
أَفْهَمَ to make understand
أَقْبَحَ to commit
أَقْبَسَ to give fire to
أَقْبَلَ to draw near
أَقْتَرَ to be poverty-stricken
أَقْحَطَ to be rainless (a year)
أَقْحَمَ to insert
أَقْدَرَ to enable to
أَقْدَمَ to be bold enough to take on
أَقْذَعَ to malign
أَقْرَضَ to lend
أَقْرَعَ to vote
أَقْرَنَ to combine
أَقْسَطَ to act equitably
أَقْسَمَ to swear by
أَقْشَعَ to chase away
أَقْصَدَ to poetize
أَقْصَرَ to abridge
أَقْطَرَ to drip
أَقْطَعَ to let cross (river)
أَقْعَدَ to make sit (down)
اَقْعَرَ to make deeper
أَقْفَرَ to be desolate
أَقْفَلَ to padlock

أَقْلَعَ	to desist from
أَقْلَقَ	to worry
أَقْمَحَ	to put forth ears (grain)
أَقْمَرَ	to be moonlit
أَقْمَعَ	to restrain
أَقْنَتَ	to be obedient
أَقْنَطَ	to drive to despair
أَقْنَعَ	to persuade
أَكْبَحَ	to rein in
أَكْبَرَ	to consider great
أَكْتَبَ	to dictate to
أَكْثَرَ	to do much (of)
أَكْرَثَ	to cause to lie
أَكْرَجَ	to hurry
أَكْرَمَ	to honor
أَكْرَهَ	to force
أَكْسَبَ	to let gain
أَكْسَجَ	to oxygenate
أَكْسَدَ	to cause to rust
أَكْسَفَ	to eclipse
أَكْسَلَ	to make lazy
أَكْفَرَ	to make an infidel
أَكْفَلَ	to make (s.o.) guarantee
أَكْلَحَ	to scowl
أَكْمَحَ	to rein in (an animal)
أَكْمَخَ	to be haughty
أَكْمَدَ	to sadden
أَكْمَلَ	to complete
أَكْنَفَ	to help
أَكْنَهَ	to grasp fully
أَلْبَدَ	to adhere to
أَلْبَسَ	to clothe
أَلْبَنَ	to lactate
أَلْجَمَ	to bridle
أَلْحَدَ	to be an atheist
أَلْحَفَ	to insist (on)
أَلْحَقَ	to attach to
أَلْحَمَ	to weld
أَلْحَنَ	to speak incorrectly
أَلْزَقَ	to paste on
أَلْزَمَ	to obligate
أَلْصَقَ	to attach
أَلْعَبَ	to make play
أَلْعَقَ	to make lick
أَلْغَزَ	to riddle
أَلْغَطَ	to clamour
أَلْغَمَ	to amalgamate
أَلْفَتَ	to turn (towards)
أَلْقَحَ	to pollinate
أَلْقَمَ	to feed bit by bit
أَلْمَحَ	to descry
أَلْمَعَ	to insinuate
أَلْهَبَ	to inflame
أَلْهَجَ	to be very fond of
أَلْهَمَ	to inspire (with or to)
أَمْتَعَ	to make enjoy
أَمْجَدَ	to extol
أَمْحَصَ	to reappear
أَمْحَضَ	to be sincere toward
أَمْحَقَ	to wane
أَمْحَكَ	to altercate
أَمْحَلَ	to be barren

أَمْرَضَ to make ill
أَمْرَغَ to soil
أَمْسَكَ to hold
أَمْشَقَ to whip
أَمْطَرَ to rain
أَمْعَنَ to go too far
أَمْغَصَ to cause colic
أَمْكَرَ to deceive
أَمْكَنَ to be possible
أَمْلَحَ to be salty
أَمْلَقَ to be reduced to poverty
أَمْلَكَ to make the owner of
أَمْهَرَ to dower
أَمْهَلَ to grant a respite
أَنْبَتَ to germinate
أَنْبَذَ to centrifuge
أَنْبَطَ to cause to gush out
أَنْبَعَ to cause to flow out
أَنْتَنَ to be malodorous
أَنْجَبَ to beget
أَنْجَحَ to make succeed
أَنْجَدَ to aid
أَنْجَزَ to carry out
أَنْجَسَ to sully
أَنْجَعَ to be beneficial
أَنْحَفَ to make thin
أَنْحَلَ to emaciate
أَنْدَبَ to scar over
أَنْدَمَ to make repent
أَنْذَرَ to warn
أَنْزَحَ to scoop out
أَنْزَفَ to be drained (a well)
أَنْزَلَ to bring down
أَنْسَفَ to scatter (the dust)
أَنْسَلَ to beget
أَنْشَبَ to stick on
أَنْشَدَ to sing
أَنْشَرَ to resurrect
أَنْشَزَ to restore to life
أَنْشَطَ to invigorate
أَنْشَقَ to make smell
أَنْصَبَ to tire
أَنْصَتَ to hearken to
أَنْصَعَ to recognize
أَنْصَفَ to treat with justice
أَنْصَلَ to decolorize
أَنْضَجَ to ripen
أَنْطَقَ to make (s.o.) talk
أَنْظَرَ to respite
أَنْعَسَ to make sleepy
أَنْعَشَ to revive
أَنْعَظَ to be sexually excited
أَنْعَلَ to shoe
أَنْعَمَ to confer upon
أَنْغَصَ to disturb
أَنْفَدَ to use up
أَنْفَذَ to implement
أَنْفَضَ to consume
أَنْفَقَ to spend
أَنْقَحَ to revise
أَنْقَدَ to pay
أَنْقَذَ to save (from)

أَنْقَصَ to decrease
أَنْقَعَ to soak
أَنْقَهَ to restore to health
أَنْكَحَ to give in marriage (to)
أَنْكَرَ to deny
أَنْكَلَ to repel
أَنْهَبَ to surrender as booty
أَنْهَجَ to put out of breath
أَنْهَضَ to make rise
أَنْهَكَ to enervate
أَهْبَطَ to take down
أَهْتَرَ to become a dotard
أَهْجَرَ to leave
أَهْجَعَ to allay (hunger)
أَهْجَمَ to make attack
أَهْدَرَ to outlaw
أَهْدَفَ to approach
أَهْذَرَ to prate
أَهْرَبَ to help to escape
أَهْرَعَ to hurry to
أَهْرَقَ to pour out
أَهْرَمَ to make senescent
أَهْزَلَ to emaciate
أَهْطَعَ to stick out the neck (when walking)
أَهْلَسَ to snicker
أَهْلَكَ to annihilate
أَهْمَدَ to placate
أَهْمَعَ to flow
أَهْمَلَ to omit
أَهْنَفَ to sneer

57

إِبْتَدَّ to beat from both sides
إِبْتَذَّ to take one's right from
إِبْتَزَّ to extort (from)
إِبْتَلَّ to become wet
إِجْتَثَّ to pluck out
إِجْتَرَّ to ruminate
إِجْتَزَّ to cut
إِجْتَسَّ to touch
إِحْتَثَّ to impel
إِحْتَجَّ to protest (against)
إِحْتَدَّ to rage
إِحْتَرَّ to be kindled
إِحْتَزَّ to notch
إِحْتَشَّ to mow
إِحْتَطَّ to put down
إِحْتَفَّ to encompass
إِحْتَكَّ to scrape against
إِحْتَلَّ to occupy
إِخْتَبَّ to trot (a horse)
إِخْتَزَّ to transfix
إِخْتَصَّ to specialize in
إِخْتَطَّ to trace out
إِخْتَلَّ to be defective
إِرْتَجَّ to shake
إِرْتَدَّ to retreat
إِسْتَبَّ to abuse one another
إِسْتَفَّ to swallow
إِسْتَكَّ to be deaf
إِسْتَلَّ to withdraw gently
إِسْتَنَّ to clean one's teeth

إِشْتَدَّ to become severe
إِشْتَطَّ to go to extremes
إِشْتَفَّ to drink up
إِشْتَقَّ to derive a word from
إِشْتَمَّ to smell
إِعْتَدَّ to consider
إِعْتَزَّ to pride o.s. on
إِعْتَشَّ to build a nest
إِعْتَلَّ to fall ill
إِعْتَمَّ to put on a turban
إِغْتَرَّ to be deceived by
إِغْتَشَّ to be cheated
إِغْتَصَّ to be overcrowded
إِغْتَمَّ to be grieved
إِفْتَرَّ to show the teeth when smiling
إِفْتَصَّ to detach
إِفْتَضَّ to deflower (a girl)
إِفْتَكَّ to pay off
إِفْتَنَّ to be varied
إِقْتَتَّ to uproot
إِقْتَدَّ to cut lengthwise
إِقْتَصَّ to avenge o.s.
إِقْتَطَّ to sharpen
إِقْتَمَّ to darken
إِكْتَدَّ to urge s.o.
إِكْتَظَّ to be overcrowded
إِكْتَنَّ to be concealed
إِلْتَجَّ to be tumultuous
إِلْتَذَّ to relish
إِلْتَزَّ to compact
إِلْتَفَّ to wrap o.s. in
إِلْتَكَّ to be crammed
إِلْتَمَّ to pay a short visit to
إِمْتَدَّ to extend
إِمْتَزَّ to absorb
إِمْتَصَّ to soak up
إِمْتَلَّ to embrace a religion
إِمْتَنَّ to remind s.o. of a favour
إِهْتَزَّ to shake
إِهْتَلَّ to fall heavily (rain)
إِهْتَمَّ to be distressed

58

إِجْتَابَ to perambulate
إِجْتَاحَ to carry away
إِجْتَارَ to be neighbours
إِجْتَازَ to go across
إِجْتَاسَ to investigate
إِجْتَافَ to enter the midst of (belly)
إِجْتَالَ to roam
إِحْتَاجَ to need
إِحْتَازَ to possess
إِحْتَاسَ to be in a quandary
إِحْتَاصَ to be circumspect
إِحْتَاضَ to make a trough
إِحْتَاطَ to be careful
إِحْتَالَ to resort to tricks
إِخْتَاتَ to cut o.s. off (from a place)
إِخْتَاضَ to wade into
إِخْتَانَ to dupe
إِرْتَابَ to suspect
إِرْتَاحَ to be satisfied with

إرْتَادَ to frequent
إرْتَاضَ to exercise
إرْتَاعَ to be frightened
إسْتَاغَ to be pleasant (a drink)
إسْتَاقَ to drive (cattle)
إسْتَاكَ to use the tooth stick
إسْتَامَ to haggle
إشْتَارَ to take honey from a beehive
إشْتَاطَ to be furious at
إشْتَاقَ to yearn for
إشْتَالَ to be high
إعْتَادَ to get use to
إعْتَاصَ to be recondite
إعْتَاضَ to take as compensation
إعْتَاقَ to hinder
إغْتَالَ to assassinate
إفْتَاتَ to trump up
إقْتَاتَ to feed on
إقْتَادَ to lead
إقْتَارَ to hollow out
إقْتَاسَ to measure
إقْتَافَ to chase
إلْتَاثَ to be slow
إلْتَاعَ to pine away (with love or grief)
إلْتَامَ to be blamed
إنْتَابَ to afflict
إنْتَاصَ to grow dim

59

جَاوَبَ to answer
جَاوَرَ to live next door
جَاوَزَ to pass
حَاوَرَ to dialogue with
حَاوَطَ to try to outwit
حَاوَلَ to try
دَاوَرَ to evade
دَاوَلَ to alternate
دَاوَمَ to persevere
رَاوَحَ to alternate between two things
رَاوَدَ to seduce
رَاوَضَ to coax
رَاوَغَ to double-cross
زَاوَجَ to couple
زَاوَلَ to practice
سَاوَرَ to leap upon
سَاوَفَ to speak to secretly
سَاوَقَ to harmonize
سَاوَمَ to bargain with
شَاوَرَ to consult
شَاوَلَ to assail s.o.
صَاوَلَ to attack
طَاوَعَ to assent to
طَاوَلَ to keep putting off
عَاوَدَ to return to
عَاوَضَ to compensate
عَاوَنَ to help
فَاوَضَ to negotiate
قَاوَحَ to quarrel
قَاوَلَ to confer
قَاوَمَ to resist

لاوَمَ to censure one another
ناوَبَ to take turns
ناوَحَ to be opposite
ناوَرَ to manoeuvre
ناوَشَ to skirmish
ناوَلَ to hand (over)
ناوَمَ to vie in sleeping
هاوَدَ to be lenient with
هاوَنَ to be gentle

60

إسْوَادَّ to be black
إعْوَاجَّ to be crooked
إخْوَالَّ to become green
إزْوَارَّ to retire from

61

حَارَ to become confused
خَالَ to imagine
عَافَ to loathe
غَارَ to be jealous (of)
نَالَ to obtain
هَابَ to dread

62

حَيَّ/ حَيِيَ to live
عَيِيَ to fail to find the right way

63

بَيَّا to make apparent
حَيَّا to keep alive
زَيَّا to dress
عَيَّا to be unable to (in one's action or speech)
غَيَّا to manifest the utmost limit

64

إعْلَوَّدَ to be staid
إجْلَوَّذَ to last long
إخْرَوَّطَ to last long
إعْلَوَّدَ to be hard
إعْلَوَّطَ to mount a camel
إكْلَوَّحَ to grin and show the teeth

65

تَبَدَّدَ to be scattered
تَبَرَّرَ to be justified
تَبَلَّلَ to become wet
تَجَدَّدَ to be renewed
تَجَسَّسَ to spy (on)
تَجَفَّفَ to be dried
تَجَلَّلَ to be exalted
تَجَمَّمَ to grow luxuriantly (plants)
تَجَنَّنَ to be insane
تَحَبَّبَ to show affection to
تَحَجَّجَ to advance as a plea
تَحَدَّدَ to be defined
تَحَرَّرَ to become free
تَحَزَّزَ to be notched
تَحَسَّسَ to grope for
تَحَقَّقَ to become a fact
تَحَكَّكَ to pick a quarrel
تَحَلَّلَ to free o.s. (from)
تَحَمَّمَ to blacken
تَحَنَّنَ to sympathize with
تَخَبَّبَ to amble (animal)
تَخَدَّدَ to groove

تخصّص to specialize in
تخطّط to be striped
تخفّف to rush
تخلّل to intervene
تدجّج to be heavily armed
تدسّس to scheme against
تدلّل to flirt
تذلّل to humble o.s. (before)
تذمّم to be ashamed (of)
تردّد to waver
ترصّص to press close
ترقّق to have pity for
ترمّم to be repaired
تزجّج to vitrify
تسبّب to be caused by
تسدّد to be guided
تسرّر to keep a mistress
تسلّل to sneak away
تسمّم to be poisoned
تسنّن to be jagged
تشبّب to compose love sonnets
تشتّت to be scattered
تشدّد to be harsh
تشعّع to radiate
تشقّق to be cleft
تشكّك to have doubts
تشمّم to smell
تصبّب to pour forth
تصحّح to undergo emendation
تصدّد to confront
تضرّر to be damaged
تطبّب to be treated medically
تعدّد to become numerous
تعزّز to be reinforced
تعفّف to refrain from what is forbidden
تعلّل to be generalized
تعمّم to penetrate (into)
تغلّل to crumble
تفتّت to be silver-plated
تفضّض to be disassembled
تفكّك to anastomose
تفمّم to be diverse
تفنّن to dome
تقبّب to be cut lengthwise
تقدّد to be decided
تقرّر to be disgusted (by)
تقزّز to pursue (s.th.)
تقسّس to follow the tracks of
تقصّص to consider as little
تقلّل to agglomerate
تكبّب to recur
تكرّر to beg
تكفّف to be crowned
تكلّل to get ready for
تلبّب to offer as a pretext
تلدّد to turn helplessly left and right
تلذّذ to savor
تلزّز to crowd together
تلصّص to become a thief
تمدّد to extend

تَمَصَّصَ to sip
تَمَطَّطَ to stretch
تَمَلَّلَ to become weary
تَمَنَّنَ to remind of a favor
تَنَتَّتَ to become dirty having been clean
تَهَبَّبَ to be torn
تَهَدَّدَ to menace
تَهَزَّزَ to quiver
تَهَلَّلَ to gleam

66

إِحْدَوْدَبَ to be convex
إِحْدَوْدَقَ to surround
إِخْزَوْزَمَ to be compact
إِحْلَوْلَقَ to be intensely black
إِحْقَوْقَفَ to be curved
إِحْلَوْلَكَ to be pitch-black
إِخْرَوْرَقَ to be torn
إِخْشَوْشَبَ to endure hardship
إِخْشَوْشَنَ to lead a rough life
إِخْضَوْضَبَ to be green
إِخْضَوْضَرَ to be verdant
إِخْضَوْضَعَ to be helpless
إِخْضَوْضَلَ to be moist
إِخْلَوْلَقَ to be deserted
إِدْجَوْجَنَ to b a rainy day
إِعْذَوْذَبَ to be sweet (water)
إِعْزَوْزَفَ to be ready for mischief
إِعْشَوْشَبَ to be grassy
إِعْصَوْصَبَ to be united
إِغْدَوْدَنَ to be long (hair)
إِغْرَوْرَقَ to be bathed in tears
إِغْلَوْلَبَ to be dense (herbage)
إِفْعَوْعَمَ to be brimful
إِهْدَوْدَرَ to rain heavily
إِهْرَوْرَقَ to flow (rain or tears)

67

بَرِئَ to recuperate
تَكِئَ to recline on
خَطِئَ to err
دَفِئَ to be warm
صَدِئَ to become rusty
طَفِئَ to go out (fire etc)
ظَمِئَ to be thirsty
فَتِئَ to refrain from
فَجِئَ to come suddenly
مَرِئَ to be wholesome
هَرِئَ to be well cooked (meat)
هَزِئَ to deride

68

خَافَ to fear

69

إِدَّثَرَ to cover o.s.
إِدَّغَمَ to incorporate
إِدَّلَثَ to conceal (a thing)

70

بَدَا to appear
بَلاَ to test
بَهَا to be beautiful
تَلاَ to read
جَثَا to kneel
جَدَا to give (to)

جَسَا to become solid
جَفَا to be rough
جَلاَ to be manifest
حَبَا to crawl
حَثَا to strew
حَجَا to think well of
حَدَا to prompt
حَذَا to imitate s.o.
حَسَا to drink
حَشَا to stuff
حَلاَ to sweeten
حَنَا to bend
خَبَا to die (a fire)
خَطَا to step
خَلاَ to be empty
خَنَا to be vulgar
دَجَا to be dusky
دَحَا to flatten
دَعَا to invite
دَنَا to be near
ذَرَا to disperse
ذَكَا to blaze
رَبَا to grow
رَثَا to bewail
رَجَا to hope
رَسَا to be steady
رَشَا to bribe
رَعَا to desist (from sin)
رَغَا to foam
رَنَا to gaze
رَهَا to amble
زَجَا to drive
زَكَا to increase
زَهَا to blossom
سَجَا to be calm
سَخَا to be generous
سَطَا to pounce (upon)
سَلاَ to think no more (of)
سَمَا to be elevated
سَنَا to be gleam
سَهَا to be inattentive
شَتَا to pass the winter
شَجَا to trouble
شَذَا to sting
شَقَا to make unhappy
شَكَا to complain
شَهَا to desire
صَبَا to be a child
صَحَا to be bright (day)
صَغَا to incline (toward)
صَفَا to be clear
ضَحَا to become visible
ضَفَا to be abundant
طَغَا to overstep the bounds
طَفَا to float
طَمَا to flow over
طَهَا to cook
عَتَا to be insolent
عَثَا to act wickedly
عَدَا to run
عَذَا to be healthy (country)
عَرَا to befall

عَزَا to ascribe to
عَشَا to be night-blind
عَفَا to forgive
عَلَا to be high
عَنَا to be submissive
غَدَا to go (away)
غَذَا to feed
غَرَا to fix with glue
غَزَا to strive (for)
غَشَا to come (to a place)
غَطَا to cover
غَفَا to take a nap
غَلاَ to be high (price)
فَجَا to open (a door)
فَسَا to break wind
فَشَا to spread
فَضَا to be spacious
قَبَا to arch
قَدَا to be tasty (food)
قَسَا to be harsh
قَصَا to be far away
قَفَا to follow the tracks of
قَلاَ to fry
قَنَا to make one's own
كَبَا to trip
كَرَا to dig
كَسَا to clothe
كَنَا to use metonymically
لَحَا to insult
لَغَا to speak
لَهَا to amuse o.s.
مَحَا to wipe off
مَطَا to quicken one's pace
مَعَا to meow
مَلاَ to walk briskly
نَبَا to be far off
نَجَا to save o.s.
نَحَا to head for
نَخَا to be proud
نَدَا to call
نَزَا to spring
نَضَا to undress
نَغَا to speak to
نَفَا to eject
نَمَا to grow
نَهَا to prohibit
هَبَا to rise in the air (dust)
هَجَا to disparage
هَرَا to cane
هَفَا to commit a lapse
هَمَا to flow

71

إِدَّعَى to allege

72

إِسْتَبْقَى to make stay
إِسْتَبْكَى to make cry
إِسْتَتْلَى to ask to follow
إِسْتَثْنَى to exclude
إِسْتَجْدَى to beseech
إِسْتَجْلَى to seek to clarify
إِسْتَخْفَى to hide
إِسْتَحْلَى to find sweet

إِسْتَخْذَى to submit (to)
إِسْتَخْزَى to be ashamed
إِسْتَخْفَى to disguise o.s.
إِسْتَدْعَى to summon
إِسْتَدْمَى to bleed
إِسْتَدْنَى to ask to come near
إِسْتَذْرَى to seek the protection of
إِسْتَذْكَى to kindle (fire)
إِسْتَرْخَى to relax
إِسْتَرْضَى to conciliate
إِسْتَرْعَى to catch the eye
إِسْتَزْرَى to contemn
إِسْتَسْقَى to ask for a drink
إِسْتَشْرَى to be exacerbated
إِسْتَشْفَى to seek a cure
إِسْتَصْبَى to behave like a child
إِسْتَصْفَى to deem sincere
إِسْتَعْدَى to seek the help of
إِسْتَعْصَى to oppose
إِسْتَعْطَى to ask for charity
إِسْتَعْفَى to ask s.o.'s pardon
إِسْتَعْلَى to tower above
إِسْتَغْبَى to find idiotic
إِسْتَغْلَى to find expensive
إِسْتَغْنَى to dispense with
إِسْتَفْتَى to seek a legal opinion
إِسْتَقْرَى to ask to read
إِسْتَقْصَى to examine
إِسْتَقْضَى to claim
إِسْتَكْرَى to rent
إِسْتَلْقَى to lie down
إِسْتَلْهَى to wait for one's companion
إِسْتَمْنَى to practice onanism
إِسْتَنْجَى to save o.s.
إِسْتَنْشَى to smell
إِسْتَهْدَى to seed guidance

73

إِدَّرَأَ to lie in wait (for game)
إِدَّفَأَ to warm o.s.

74

دَاءَ to be ill

75

تَدَاوَى to be treated
تَسَاوَى to be equal
تَقَاوَى to spend the night hungry
تَهَاوَى to fall (down)

76

بَحَثَ to search
بَحَرَ to split (the earth)
بَخَرَ to steam
بَخَزَ to emit steam (a pot)
بَخَسَ to decrease
بَخَصَ to take out (the eye)
بَخَعَ to kill o.s. (with grief)
بَخَقَ to gouge out (eye)
بَدَحَ to hit with a stick
بَذَخَ to be high-ranking
بَدَعَ to start (s.th.)
بَدَغَ to crack (a nut)
بَدَهَ to surprise
بَذَحَ to tear
بَذَخَ to spend lavishly

بَذَعَ to scare
بَرَعَ to surpass
بَصَعَ to collect
بَضَعَ to slit open
بَطَحَ to prostrate (s.o.)
بَعَثَ to send
بَعَجَ to slash open
بَعَرَ to drop dung
بَعَطَ to exaggerate
بَعَقَ to dig a well
بَغَتَ to come upon suddenly
بَغَشَ to drizzle
بَقَعَ to go
بَكَعَ to beat fiercely and continuously
بَلَحَ to conceal one's witness
بَلَعَ to swallow
بَهَرَ to dazzle
بَهَظَ to weigh heavily on
بَهَلَ to imprecate
تَعَسَ to become miserable
جَبَهَ to confront
جَحَدَ to disavow
جَحَرَ to hide in its burrow (an animal)
جَحَظَ to protrude (eyeball)
جَحَفَ to peel off
جَدَعَ to amputate
جَرَحَ to wound
جَرَعَ to gulp (down)
جَزَعَ to give a share from one's wealth to
جَعَرَ to drop its manure
جَعَلَ to make
جَلَخَ to whet
جَمَحَ to be refractory
جَمَعَ to gather
جَنَحَ to lean toward
جَهَدَ to endeavour
جَهَرَ to come to light
جَهَزَ to deliver the coup de grace to
خَدَعَ to deceive
خَشَعَ to surrender
خَضَعَ to submit (to)
خَلَعَ to take off (a garment)
خَمَعَ to limp
خَنَعَ to humble o.s. before
دَبَغَ to tan (a hide)
دَحَرَ to drive away
دَحَضَ to refute
دَعَبَ to joke
دَعَسَ to trample down
دَعَمَ to shore up
دَغَرَ to attack
دَغَمَ to break s.o.'s nose
دَفَرَ to push back
دَفَعَ to push
دَلَعَ to loll out the tongue
دَلَهَ to go crazy (with love or grief)
دَمَعَ to shed tears
دَمَغَ to invalidate
دَهَسَ to run over
دَهَكَ to crush

دَهَمَ to take unawares
دَهَنَ to defraud
ذَبَحَ to slaughter
ذَخَرَ to keep
ذَرَعَ to measure
ذَعَرَ to scare
ذَعَقَ to frighten by screaming
ذَهَبَ to go
ذَهَلَ to forget
رَبَعَ to gallop a horse
رَتَعَ to pasture
رَجَحَ to outweigh
رَحَضَ to rinse
رَحَلَ to set out
رَدَعَ to deter (from)
رَزَحَ to succumb
رَشَحَ to sweat
رَضَخَ to smash
رَضَعَ to suckle
رَعَبَ to be alarmed
رَعَدَ to thunder
رَعَشَ to tremble
رَعَفَ to have a nosebleed
رَغَثَ to suck (at the teat)
رَفَعَ to lift
رَقَعَ to patch (a garment)
رَكَعَ to bow
رَمَحَ to pierce
رَهَطَ to gobble
رَهَفَ to make thin
رَهَنَ to pawn
زَحَرَ to groan
زَحَفَ to crawl
زَحَلَ to move
زَحَمَ to jostle
زَخَرَ to swell (e.g., river)
زَخَمَ to push forward
زَرَعَ to sow
زَعَجَ to inconvenience
زَعَطَ to drive away
زَعَفَ to kill instantly
زَعَقَ to yell
زَغَدَ to nudge (s.o.)
زَغَرَ to leer (at)
زَغَلَ to pour out
زَلَجَ to slide along
زَهَدَ to abstain from
زَهَرَ to gleam
زَهَفَ to be dishonoured
زَهَقَ to perish
سَبَحَ to swim
سَبَغَ to be long and wide
سَجَعَ to coo (a pigeon)
سَحَبَ to pull
سَحَجَ to scrape off
سَحَرَ to bewitch
سَحَقَ to crush
سَحَلَ to plane
سَحَنَ to triturate
سَرَحَ to move away
سَطَحَ to spread out
سَطَعَ to glare

سَعَرَ	to kindle	صَبَحَ	to offer a morning drink (to)
سَفَحَ	to pour out	صَبَعَ	to point with the finger
سَفَعَ	to tan	صَبَغَ	to dye
سَقَعَ	to slap	صَدَحَ	to chant
سَلَحَ	to drop excrement	صَدَعَ	to split
سَلَخَ	to skin	صَرَعَ	to throw down
سَنَحَ	to occur to	صَعَقَ	to thunder strike
شَحَبَ	to become pale	صَفَحَ	to pardon
شَحَذَ	to whet	صَفَعَ	to cuff (s.o.)
شَحَطَ	to be far away	صَقَعَ	to crow
شَحَنَ	to ship	صَلَحَ	to be good
شَخَبَ	to flow	صَنَعَ	to make
شَخَصَ	to rise	صَهَدَ	to scorch
شَخَلَ	to clean	صَهَرَ	to smelt
شَدَخَ	to break	صَهَلَ	to neigh
شَدَهَ	to astound	ضَبَحَ	to blacken
شَرَحَ	to explain	ضَجَعَ	to lie on one's side
شَرَخَ	to splinter	ضَرَعَ	to humble o.s.
شَرَعَ	to go into	ضَغَثَ	to mix up (a story)
شَطَحَ	to roam	ضَغَطَ	to press
شَعَبَ	to assemble (people)	ضَلَعَ	to side with s.o.
شَعَطَ	to sear	ضَهَدَ	to suppress
شَعَلَ	to light	طَبَخَ	to cook
شَغَبَ	to disturb the peace	طَبَعَ	to print
شَغَفَ	to enamour	طَحَنَ	to grind
شَغَلَ	to occupy	طَرَحَ	to subtract
شَفَعَ	to mediate	طَعَنَ	to stab
شَلَحَ	to take off (one's clothes)	طَفَحَ	to flow over
شَمَخَ	to tower	طَمَحَ	to aspire after
شَهَرَ	to make famous	ظَعَنَ	to move away
شَهَقَ	to bray	ظَلَعَ	to limp

ظَهَرَ to appear
عَهَرَ to commit adultery
فَتَحَ to open
فَجَعَ to afflict
فَحَصَ to examine
فَخَتَ to perforate
فَخَرَ to glory in
فَدَحَ to burden (s.o.)
فَدَخَ to break
فَدَعَ to smash
فَدَغَ to fracture
فَرَعَ to surpass
فَزَعَ to be afraid
فَسَحَ to make room
فَسَخَ to rescind
فَشَخَ to stride (over)
فَضَحَ to expose
فَطَحَ to flatten (s.th.)
فَعَلَ to do
فَغَرَ to open (the mouth) wide
فَقَعَ to be bright
فَلَحَ to plow
فَلَعَ to cleave
فَنَخَ to squeeze
قَبَعَ to stay at
قَحَطَ to be withheld (rain)
قَحَفَ to sweep away
قَحَلَ to dry up
قَدَحَ to libel
قَذَعَ to vilify
قَرَحَ to wound
قَرَعَ to knock
قَشَعَ to dispel
قَصَعَ to gulp down
قَطَعَ to cut
قَلَعَ to pluck out
قَمَعَ to curb
قَهَرَ to subdue
كَبَحَ to rein in
كَحَتَ to curette
كَحَلَ to paint with kohl
كَدَحَ to drudge
كَرَعَ to sip
كَسَحَ to sweep
كَسَعَ to chase away
كَشَحَ to break up (a crowd)
كَعَمَ to muzzle
كَفَحَ to face frankly
كَلَحَ to frown
كَمَحَ to pull up (an animal)
كَهَلَ to be middle-aged
كَهَنَ to predict the fortune
لَحَدَ to dig a grave
لَحَسَ to eat away (a moth the wool)
لَحَظَ to regard
لَحَفَ to cover
لَحَنَ to speak incorrectly
لَذَعَ to burn (s.th.)
لَسَعَ to sting
لَطَخَ to stain
لَطَعَ to lick

لَعَبَ to drool
لَعَجَ to hurt
لَعَنَ to curse
لَغَطَ to be clamorous
لَغَمَ to plant with mines
لَفَحَ to burn
لَفَعَ grey hair covered his head
لَقَحَ to impregnate
لَقَعَ to throw away
لَمَحَ to glimpse at
لَمَعَ to gleam
لَهَثَ to pant
لَهَدَ to overburden
لَهَطَ to slap
مَتَحَ to draw (water) from a well
مَتَعَ to carry away
مَحَصَ to clarify
مَحَضَ to be sincere toward
مَحَقَ to blot out
مَحَكَ to be quarrelsome
مَحَلَ to be barren
مَحَنَ to test
مَخَرَ to plow (the sea, a boat)
مَخَضَ to churn
مَخَطَ to blow one's nose
مَدَحَ to praise
مَرَخَ to anoint
مَرَعَ to rub over
مَزَحَ to joke
مَزَعَ to trot
مَسَحَ to wipe
مَسَخَ to metamorphose
مَشَحَ to administer extreme unction to (s.o.)
مَضَغَ to masticate
مَعَسَ to rub
مَعَطَ to tear out
مَعَكَ to massage
مَغَطَ to stretch
مَقَعَ to quaff
مَلَحَ to be salty
مَلَخَ to luxate (a joint)
مَنَحَ to grant (to)
مَنَعَ to forbid
مَهَرَ to be skilful
مَهَكَ to pound
مَهَلَ to tarry
مَهَنَ to serve
نَبَحَ to bark (at)
نَبَعَ to pour forth
نَبَغَ to be a genius
نَجَحَ to succeed
نَجَعَ to be beneficial
نَحَبَ to lament
نَحَسَ to jinx
نَحَلَ to present with
نَخَزَ to pierce
نَخَسَ to goad
نَدَحَ to extend
نَدَهَ to spur on
نَزَحَ to emigrate from

نَسَخَ to abrogate
نَشَعَ to tear out
نَصَحَ to advise
نَصَعَ to be clear
نَصَلَ to fade (color)
نَطَحَ to butt
نَعَبَ to caw
نَعَتَ to describe
نَعَرَ to grunt
نَعَسَ to be sleepy
نَعَشَ to refresh
نَعَظَ to be erect
نَعَقَ to croak
نَعَلَ to shoe
نَعَمَ to live in luxury
نَغَبَ to sip water (bird)
نَغَتَ to pull hair
نَغَرَ to boil (cooking pot)
نَغَزَ to titillate
نَغَشَ to be agitated
نَفَحَ to spread (fragrance)
نَفَعَ to be useful
نَقَحَ to lop (a tree)
نَقَعَ to soak
نَقَهَ to convalesce
نَكَشَ to dredge
نَكَهَ to blow (in s.o.'s face)
نَهَبَ to loot
نَهَجَ to follow (a way)
نَهَدَ to grow round and full
نَهَرَ to reprimand
نَهَزَ to shove
نَهَضَ to get up
نَهَقَ to hee-haw
نَهَكَ to wear out
هَجَعَ to sleep
هَرَعَ to hurry to
هَرَقَ to shed
هَزَعَ to hasten
هَمَعَ to shed tears

77

أَبَاتَ to put up for the night
أَبَادَ to annihilate
أَبَاضَ to ovulate
أَبَاعَ to offer for sale
أَبَانَ to elucidate
أَتَاحَ to allow to
أَتَاهَ to mislead
أَحَاقَ to surround
أَحَانَ to destroy
أَخَابَ to thwart
أَخَالَ to be dubious
أَدَانَ to convict
أَذَاعَ to broadcast
أَذَالَ to trample underfoot
أَرَابَ to disquiet
أَزَاحَ to displace
أَزَاغَ to deflect
أَزَالَ to cause to stop
أَسَاحَ to make flow
أَسَارَ to set in motion
أَسَالَ to grant

أَشَابَ to make white-haired
أَشَاحَ to turn away (from)
أَشَادَ to build
أَشَاطَ to singe
أَشَاعَ to disseminate
أَضَاعَ to lose
أَضَافَ to add
أَضَاقَ to make narrower
أَطَابَ to make pleasant
أَطَارَ to make fly
أَعَاشَ to keep alive
أَغَادَ to walk with a elegant gait
أَغَارَ to make jealous
أَغَاظَ to incense
أَغَامَ to become cloudy
أَفَاحَ to shed
أَفَادَ to be of use
أَفَاضَ to dwell on
أَقَالَ to abolish
أَكَاسَ to have clever offspring
أَلَانَ to soften
أَمَازَ to distinguish
أَمَاطَ to withdraw from
أَمَاعَ to melt
أَمَالَ to incline
أَنَالَ to let obtain
أَهَابَ to appeal to
أَهَاجَ to excite

78

بَأَّرَ to focalize
رَأَّسَ to appoint as head

79

تَبَأَّرَ to focalize
تَبَأَّسَ to feign poverty
تَبَأَّطَ to have no responsibility
تَرَأَّسَ to be the chief
تَرَأَّفَ to have mercy upon
تَسَأَّلَ to beg

80

رَأَى to see
نَأَى to be remote (from)

81

أَرَى to show

82

إِرْتَأَى to consider
إِنْتَأَى to be away (from)

83

تَبَرْبَرَ to be wild (an animal)
تَبَلْبَلَ to be confused
تَجَرْجَرَ to gargle
تَتَعْتَعَ to stutter (in speech)
تَحَلْحَلَ to move
تَخَلْخَلَ to be disjointed
تَدَلْدَلَ to dangle
تَذَبْذَبَ to pendulate
تَرَجْرَجَ to flicker
تَرَشْرَشَ to flow (water)
تَرَضْرَضَ to break (stones)
تَرَعْرَعَ to grow up
تَرَقْرَقَ to fill with tears
تَزَحْزَحَ to budge
تَزَعْزَعَ to shake

تَزَكْزَكَ to lift a weapon
تَزَلْزَلَ to quake (quake)
تَسَكْسَكَ to behave in a servile manner
تَسَلْسَلَ to flow (down)
تَضَعْضَعَ to wane
تَغَرْغَرَ to gargle
تَغَلْغَلَ to permeate
تَغَمْغَمَ to mumble
تَقَفْقَفَ to shiver with cold
تَقَلْقَلَ to be shaken
تَقَمْقَمَ to complain
تَكَلْكَلَ to become callous (skin)
تَلَجْلَجَ to stutter
تَلَحْلَحَ to remain firm in (one's) place
تَلَخْلَخَ to totter
تَلَعْلَعَ to shimmer
تَلَفْلَفَ to wrap o.s. in
تَلَقْلَقَ to be unsteady
تَلَمْلَمَ to be gathered
تَمَذْهَبَ to embrace
تَمَرْجَحَ to be in abeyance
تَمَرْكَزَ to centralize
تَمَرْمَرَ to murmur
تَمَصْمَصَ to sip and turn around in the mouth (a liquid)
تَمَضْمَضَ to rinse the mouth
تَمَلْمَلَ to fidget
تَنَحْنَحَ to clear one's throat
تَنَشْنَشَ to be dextrous
تَهَزْهَزَ to move (said of a thing)

84

إِرْعَوَى to desist from

85

إِرْفَضَّ to adjourn
إِصْعَنَّ to be thin and weak
إِغْبَرَّ to be dust-colored
إِقْتَمَّ to be blackish
إِهْتَزَّ to be happy

86

بَرَى to sharpen
بَغَى to seek
بَقَى to remain
بَكَى to cry
بَنَى to build
تَقَى to beware
ثَنَى to double up
جَبَى to collect (taxes)
جَثَى to kneel
جَرَى to flow
جَزَى to requite
جَنَى to pick
حَصَى to pebble
حَكَى to narrate
حَلَى to bedeck
حَمَى to defend
حَنَى to bend
خَصَى to castrate
خَفَى to hide
دَرَى to know
رَقَى to use incantations

رَمَى	to throw
زَرَى	to rebuke
زَنَى	to commit adultery
سَبَى	to take prisoner
سَرَى	to travel by night
سَقَى	to give to drink
شَرَى	to buy
شَفَى	to cure
طَلَى	to paint
عَصَى	to disobey
عَنَى	to disquiet
غَشَى	to confuse
غَلَى	to boil
غَمَى	to provide with a roof
فَرَى	to cut lengthwise
قَرَى	to receive hospitality
قَضَى	to carry out
قَلَى	to fry
قَنَى	to acquire
كَرَى	to dig
كَفَى	to be enough
مَشَى	to walk
مَضَى	to go away
نَعَى	to lament
نَفَى	to expel
نَكَى	to cause damage
نَمَى	to grow
هَدَى	to guide
هَذَى	to talk irrationally

87

بَوَّبَ	to classify
بَوَّخَ	to spoil
بَوَّرَ	to let lie fallow (land)
بَوَّزَ	to sulk
بَوَّشَ	to be boisterous
بَوَّغَ	to surprise
بَوَّقَ	to trumpet
بَوَّلَ	to urinate
تَوَّبَ	to make repent
تَوَّجَ	to crown
تَوَّهَ	to destroy
ثَوَّبَ	to reward
ثَوَّرَ	to excite
جَوَّدَ	to improve
جَوَّرَ	to attribute wrong to
جَوَّزَ	to permit
جَوَّعَ	to starve
جَوَّفَ	to hollow out
جَوَّلَ	to wander about
حَوَّدَ	to take a turning
حَوَّرَ	to modify
حَوَّشَ	to accumulate
حَوَّضَ	to make a reservoir
حَوَّطَ	to wall in
حَوَّقَ	to enclose
حَوَّلَ	to change
حَوَّمَ	to circle
خَوَّخَ	to rot
خَوَّدَ	to walk quickly
خَوَّرَ	to languish
خَوَّشَ	to countersink
خَوَّضَ	to wade into

خَوَّفَ to alarm
خَوَّلَ to entitle (to)
خَوَّنَ to charge with treason
دَوَّبَ to wear out
دَوَّخَ to daze
دَوَّدَ to be worm-eaten
دَوَّرَ to make round
دَوَّغَ to brand
دَوَّكَ to chatter
دَوَّلَ to internationalize
دَوَّمَ to move in a circle
دَوَّنَ to record
ذَوَّبَ to dissolve
ذَوَّدَ to defend
رَوَّبَ to curdle
رَوَّجَ to circulate (rumors)
رَوَّحَ to revive
رَوَّضَ to tame
رَوَّعَ to frighten
رَوَّقَ to clarify
رَوَّمَ to make desirous (of)
زَوَّجَ to marry (off)
زَوَّدَ to supply with
زَوَّرَ to counterfeit
زَوَّقَ to adorn
زَوَّلَ to remove
زَوَّمَ to mumble
سَوَّدَ to make chief
سَوَّرَ to enclose
سَوَّسَ to become carious
سَوَّغَ to allow
سَوَّفَ to procrastinate
سَوَّقَ to market
سَوَّكَ to clean (the teeth)
سَوَّلَ to entice
سَوَّمَ to impose upon
شَوَّبَ to defend without vigor
شَوَّرَ to beckon
شَوَّشَ to confound
شَوَّطَ to singe
شَوَّفَ to polish
شَوَّقَ to fill with desire
شَوَّكَ to be thorny
شَوَّلَ to become sparse
شَوَّهَ to deform
صَوَّبَ to point (at)
صَوَّتَ to vote
صَوَّحَ to dry (s.th.)
صَوَّرَ to draw
صَوَّلَ to wash out
صَوَّمَ to make fast
طَوَّبَ to beatify
طَوَّحَ to fling
طَوَّدَ to wander about
طَوَّرَ to develop
طَوَّسَ to deck out
طَوَّعَ to subdue
طَوَّفَ to stroll about
طَوَّقَ to enwrap
طَوَّلَ to make longer
عَوَّجَ to crook
عَوَّدَ to accustom to

عَوَّذَ to charm
عَوَّرَ to deprive of one eye
عَوَّضَ to indemnify
عَوَّقَ to hinder
عَوَّلَ to rely on
عَوَّمَ to float
عَوَّنَ to help
غَوَّرَ to fall in
غَوَّصَ to plunge
غَوَّطَ to make deeper
فَوَّتَ to cause to miss
فَوَّرَ to excite
فَوَّزَ to cross the desert
فَوَّضَ to entrust (with)
فَوَّقَ to prefer to
قَوَّبَ to be excavated
قَوَّتَ to be fed
قَوَّحَ to sweep (the house)
قَوَّرَ to gouge
قَوَّسَ to bend
قَوَّضَ to demolish
قَوَّقَ to cackle
قَوَّلَ to fabricate lies against
قَوَّمَ to set upright
كَوَّدَ to heap up
كَوَّرَ to roll up
كَوَّمَ to stack up
كَوَّنَ to shape
لَوَّثَ to pollute
لَوَّحَ to gesticulate
لَوَّزَ to stuff with almonds
لَوَّعَ to torment
لَوَّمَ to reprove
لَوَّنَ to color
مَوَّتَ to kill
مَوَّجَ to ripple
مَوَّلَ to make rich
مَوَّنَ to provision
مَوَّهَ to abound in water
نَوَّبَ to appoint as deputy
نَوَّخَ to halt for a rest
نَوَّرَ to flower
نَوَّطَ to suspend
نَوَّعَ to diversify
نَوَّلَ to let obtain
نَوَّمَ to put to sleep
نَوَّنَ to provide with nunation
هَوَّدَ to walk slowly
هَوَّرَ to imperil
هَوَّسَ to baffle
هَوَّشَ to excite
هَوَّلَ to dismay
هَوَّمَ to nod drowsily
هَوَّنَ to make easy

88

أَبَاحَ to permit
أَبَارَ to destroy
أَبَالَ to cause to urinate
أَثَابَ to reward
أَثَارَ to excite
أَجَابَ to answer
أَجَاحَ to invade

أَجَادَ to do well
أَجَارَ to protect
أَجَازَ to give permission to
أَجَاعَ to starve
أَجَالَ to circulate
أَجَافَ to pierce the abdomen
أَحَاذَ to spur on
أَحَارَ to reply
أَحَاطَ to encompass
أَحَالَ to refer to
أَخَافَ to frighten
أَدَارَ to turn
أَدَالَ to give ascendancy
أَدَامَ to cause to last
أَذَابَ to dissolve
أَذَاقَ to make taste
أَرَابَ to cause (milk) to curdle
أَرَاحَ to give rest to
أَرَادَ to want
أَرَاعَ to scare
أَرَاقَ to pour out
أَزَادَ to victual
أَزَالَ to remove
أَسَاغَ to swallow easily
أَسَامَ to let cattle graze
أَشَارَ to make a sign
أَشَاكَ to sting
أَشَالَ to lift (up)
أَصَابَ to hit (a target)
أَصَاخَ to listen to
أَصَاعَ to disperse
أَطَاحَ to overthrow
أَطَاعَ to obey
أَطَافَ to surround
أَطَاقَ to endure
أَطَالَ to lengthen
أَعَادَ to repeat
أَعَاذَ to pray that God protect s.o.
أَعَارَ to lend
أَعَاضَ to compensate
أَعَاقَ to hinder
أَعَالَ to provide for
أَعَانَ to aid
أَغَاثَ to succour
أَغَارَ to raid
أَفَاتَ to make s.o. miss s.th.
أَفَارَ to boil
أَفَاقَ to awake
أَقَاتَ to feed
أَقَاحَ to fester
أَقَادَ to cause to retaliate
أَقَاسَ to measure
أَقَامَ to straighten
أَلَاحَ to appear
أَلَاذَ to take refuge
أَلَامَ to rebuke
أَمَاتَ to make die
أَمَاهَ to add water (to)
أَنَابَ to deputize
أَنَاخَ to stay (at a place)
أَنَارَ to illumine
أَهَانَ to offend

89

إِسْتَبَاحَ	to regard as public property
إِسْتَبَالَ	to cause to urinate
إِسْتَبَانَ	to become clear
إِسْتَتَابَ	to ask s.o. to repent
إِسْتَثَابَ	to seek reward
إِسْتَثَارَ	to excite
إِسْتَجَابَ	to respond to
إِسْتَجَادَ	to consider good
إِسْتَجَارَ	to seek refuge (with)
إِسْتَجَازَ	to ask for permission
إِسْتَجَاشَ	to mobilize (an army)
إِسْتَحَالَ	to be impossible
إِسْتَخَارَ	to seek what is best
إِسْتَدَارَ	to round
إِسْتَدَامَ	to make last
إِسْتَدَانَ	to take up a loan
إِسْتَرَابَ	to be in doubt
إِسْتَرَاحَ	to rest
إِسْتَرَادَ	to be obedient
إِسْتَرَاسَ	to ask for food
إِسْتَزَادَ	to ask for more
إِسْتَزَارَ	to desire to visit
إِسْتَسَاغَ	to find pleasant
إِسْتَشَارَ	to ask for advice
إِسْتَشَاطَ	to flare up with rage
إِسْتَصَابَ	to deem to be good (an opinion or action)
إِسْتَضَافَ	to have as a guest
إِسْتَضَامَ	to wrong
إِسْتَطَابَ	to find delicious
إِسْتَطَارَ	to be dispersed
إِسْتَطَاعَ	to be able to
إِسْتَطَالَ	to be long
إِسْتَعَادَ	to recall
إِسْتَعَاذَ	to take refuge with
إِسْتَعَارَ	to borrow
إِسْتَعَاضَ	to replace (with)
إِسْتَعَانَ	to ask for the help of
إِسْتَغَابَ	to backbite
إِسْتَغَاثَ	to call for the aid of
إِسْتَفَادَ	to benefit from
إِسْتَفَاضَ	to be elaborate
إِسْتَفَاقَ	to recuperate
إِسْتَقَادَ	to retaliate
إِسْتَقَالَ	to resign
إِسْتَقَامَ	to straighten up
إِسْتَكَانَ	to submit (to)
إِسْتَلَامَ	to deserve blame
إِسْتَمَاتَ	to defy death
إِسْتَمَاحَ	to ask (a favor of)
إِسْتَمَالَ	to attract
إِسْتَنَابَ	to deputize
إِسْتَنَاخَ	to kneel down
إِسْتَنَارَ	to seek enlightenment
إِسْتَنَامَ	to trust (in)
إِسْتَهَالَ	to consider terrible
إِسْتَهَانَ	to make little of

90

تَحَوَّى	to wind
تَرَوَّى	to contemplate
تَزَوَّى	to retire

تَطَوَّى to coil
تَقَوَّى to be powerful
تَكَوَّى to obtain heat from
تَلَوَّى to writhe
تَهَوَّى to be ventilated

91

إِزْدَجَرَ to be driven away
إِزْدَحَمَ to throng with
إِزْدَرَدَ to swallow
إِزْدَرَعَ to transplant
إِزْدَقَمَ to gobble
إِزْدَلَعَ to take s.th. by trickery
إِزْدَلَفَ to flatter
إِزْدَهَرَ to thrive

92

إِزْدَرَى to disparage
إِزْدَهَى to be proud

93

إِزْدَوَجَ to pair

94

تَبَايَعَ to sell (to) one another
تَبَايَنَ to be different
تَخَايَلَ to prance
تَدَايَنَ to contract a mutual loan
تَزَايَدَ to intensify
تَزَايَلَ to separate
تَسَايَرَ to walk together
تَسَايَفَ to fight with swords
تَسَايَلَ to flow
تَشَايَعَ to agree about
تَصَايَحَ to shout at one another
تَضَايَقَ to be vexed
تَطَايَرَ to be scattered
تَعَايَرَ to revile each other
تَعَايَشَ to coexist
تَغَايَدَ to sway
تَغَايَرَ to differ
تَقَايَضَ to barter
تَمَايَحَ to totter
تَمَايَدَ to oscillate
تَمَايَزَ to distinguish o.s. in
تَمَايَلَ to reel

95

إِزْدَادَ to grow
إِزْدَانَ to be decorated

96

بَأَرَ to dig a well
ثَأَرَ to avenge
جَأَرَ to bellow
جَأَشَ to be agitated
دَأَبَ to persevere in
رَأَبَ to patch (up)
رَأَسَ to be in charge
رَأَفَ to have mercy upon
زَأَرَ to roar
زَأَطَ to be vociferous
سَأَلَ to ask
كَأَدَ to be sad
لَأَمَ to dress (a wound)
مَأَنَ to sustain (s.o.)
نَأَمَ to resound

97

تَاءَمَ to be twin born (brothers)
سَاءَلَ to question
ضَاءَلَ to dwindle
لَاءَمَ to suit

98

بَئِسَ to be miserable
تَئِقَ to yawn
ثَئِبَ to be wet with dew (plants)
ثَئِدَ to be bad (meat)
دَئِصَ to get down
ذَئِبَ to be cunning (like a wolf)
ذَئِرَ to be disobedient
رَئِسَ to be big (the head)
رَئِفَ to have mercy upon
رَئِمَ to love tenderly
زَئِرَ to roar (lion)
سَئِبَ to be irrigated
سَئِدَ to open up (a wound)
سَئِرَ to be left
سَئِمَ to be bored
شَئِسَ to be hard (a place)
صَئِمَ to drink a lot of water
كَئِبَ to be dejected
مَئِقَ to sob

99

بَادَّ to contribute equally (to) buy food etc
بَاذَّ to surpass
بَارَّ to treat kindly
حَاجَّ to argue with
حَادَّ to oppose
حَاصَّ to share s.th. with s.o.
حَاقَّ to contend for a right
خَالَّ to befriend
دَاقَّ to deal scrupulously (with)
سَابَّ to exchange insults
سَارَّ to confide a secret
شَاحَّ to stint
شَادَّ to have an argument
ضَادَّ to contradict
ضَارَّ to harm
طَابَّ to treat medically
قَاصَّ to punish
لَاجَّ to argue obstinately with
لَادَّ to quarrel with
مَادَّ to procrastinate
مَاسَّ to touch

100

رَعَى to take care of
سَعَى to strive for
نَعَى to announce the death of
نَهَى to forbid

101

بَقَّى to leave behind
بَكَّى to make cry
بَلَّى to wear out
ثَنَّى to double
جَرَّى to cause to run
جَفَّى to disaffect
جَلَّى to clarify
حَشَّى to stuff
حَلَّى to sweeten

خَنَّى to curve
خَشَّى to frighten
خَفَّى to conceal
خَلَّى to leave
دَلَّى to dangle
دَمَّى to bleed
دَنَّى to approximate (to)
دَهَّى to afflict
ذَرَّى to winnow (grain)
ذَكَّى to kindle
رَبَّى to bring up
رَجَّى to raise hopes (in)
رَخَّى to mix (things with things)
رَدَّى to bring to the ground
رَضَّى to satisfy
رَقَّى to promote
زَجَّى to shove
زَكَّى to increase
سَجَّى to shroud (the dead)
سَدَّى to confer on
سَرَّى to dispel s.o.'s worries
سَلَّى to make forget
سَمَّى to name
سَنَّى to facilitate
شَتَّى to pass the winter (at)
شَجَّى to move (s.o.)
شَرَّى to expose (s.th.) to the sun for drying
شَهَّى to whet the appetite
صَبَّى to rejuvenate
صَحَّى to wake up
صَدَّى to applaud
صَفَّى to make clear (s.th.)
صَلَّى to pray
ضَحَّى to sacrifice
ضَرَّى to set (a dog on game)
طَرَّى to make fresh
عَبَّى to fill (with)
عَدَّى to make transitive (a verb)
عَرَّى to disrobe
عَزَّى to condole
عَشَّى to give dinner to
عَضَّى to organize
عَفَّى to obliterate
عَلَّى to lift (up)
عَمَّى to blind
غَدَّى to give lunch to
غَذَّى to feed
غَرَّى to fix with glue
غَشَّى to mist
غَطَّى to cover
غَلَّى to boil
غَمَّى to roof
غَنَّى to sing
فَدَّى to sacrifice o.s. for
فَرَّى to cut lengthwise
فَضَّى to empty (s.th.)
فَلَّى to delouse
قَسَّى to indurate
قَضَّى to carry out
قَفَّى to rhyme
قَنَّى to dig a canal

كَدَّى to beg
كَنَّى to surname
لَبَّى to comply with
لَظَّى to inflame
لَقَّى to cast to
لَهَّى to divert with
مَحَّى to erase
مَسَّى to wish a good evening to
مَشَّى to make walk
مَضَّى to pass (time)
مَلَّى to make (s.o.) enjoy for a long time (said of god)
مَنَّى to awaken the desire (for)
نَجَّى to save (from)
نَحَّى to put aside
نَخَّى to incite
نَدَّى to moisten
نَشَّى to starch (clothes)
نَضَّى to undress
نَقَّى to purify
نَمَّى to develop
هَجَّى to spell

102

بَهُوَ to be beautiful
حَلُوَ to be sweet
رَخُوَ to be loose
سَخُوَ to be generous
سَهُوَ to be soft
شَهُوَ to be tasty (food)
طَرُوَ to be fresh

103

إِسْتَاءَ to be offended

104

تَجَاوَبَ to respond (to)
تَجَاوَدَ to consider who's is the best argument
تَجَاوَرَ to be neighbors
تَجَاوَزَ to go past
تَحَاوَرَ to dialogue
تَدَاوَلَ to iconfer
تَرَاوَحَ to range (from…to)
تَرَاوَضَ to haggle
تَرَاوَغَ to trick one another
تَزَاوَجَ to intermarry
تَزَاوَرَ to visit one another
تَسَاوَقَ to be consistent
تَسَاوَمَ to bargain
تَشَاوَرَ to deliberate
تَصَاوَنَ to guard against
تَطَاوَلَ to have the audacity to
تَعَاوَرَ to alternate (in)
تَعَاوَنَ to help one another
تَفَاوَتَ to be disparate
تَفَاوَضَ to negotiate
تَقَاوَلَ to have a discussion
تَلَاوَمَ to blame each other
تَمَاوَتَ to feign death
تَمَاوَجَ to be waved
تَنَاوَبَ to alternate
تَنَاوَحَ to be opposite each other (things)
تَنَاوَلَ to take

تَنَاوَمَ to pretend to be asleep
تَهَاوَنَ to neglect

105

دَاوَى to treat
سَاوَى to equal
قَاوَى to vie in strength with
نَاوَى to resist
هَاوَى to humor

106

بَيْدَرَ to heap up (wheat)
بَيْطَرَ to practice veterinary medicine
سَيْطَرَ to dominate
شَيْطَنَ to behave like the devil
هَيْمَنَ to say "amen"
هَيْنَمَ to murmur softly

107

إِسْتَثْأَرَ to seek help to avenge the blood (of)
إِسْتَذْأَبَ to be wolf like
إِسْتَرْأَفَ to ask for mercy
إِسْتَرْأَلَ to grow big (plant)
إِسْتَشْأَمَ to be pessimistic
إِسْتَلْأَكَ to take s.o.'s message
إِسْتَلْأَمَ to marry the ignoble

108

شَأَى to overtake in running

109

إِبْتَرَى to be trimmed
إِبْتَغَى to seek
إِبْتَلَى to test
إِبْتَنَى to construct
إِجْتَبَى to choose
إِجْتَدَى to beseech
إِجْتَفَى to remove from a place
إِجْتَلَى to contemplate
إِجْتَنَى to harvest
إِحْتَبَى to sit with legs drawn up and wrapped in one's garment
إِحْتَذَى to imitate
إِحْتَسَى to drink
إِحْتَشَى to be full
إِحْتَفَى to welcome
إِحْتَمَى to seek protection (in)
إِخْتَطَى to walk
إِخْتَفَى to disappear
إِخْتَلَى to be alone (with)
إِرْتَجَى to hope (for)
إِرْتَخَى to slacken
إِرْتَدَى to wear
إِرْتَشَى to take bribes
إِرْتَضَى to be satisfied
إِرْتَقَى to ascend
إِرْتَمَى to be thrown
إِسْتَبَى to take prisoner
إِسْتَحَى to be ashamed
إِسْتَدَى to stretch for a thing
إِسْتَرَى to choose
إِسْتَقَى to ask for a drink
إِشْتَرَى to buy
إِشْتَفَى to be cured
إِشْتَكَى to complain (about)

إِشْتَهَى	to be covetous
إِعْتَدَى	to trespass
إِعْتَرَى	to befall
إِعْتَلَى	to ascend
إِعْتَنَى	to take care of
إِغْتَدَى	to reach early in the morning morning
إِغْتَذَى	to be nourished
إِغْتَطَى	to be covered
إِغْتَنَى	to become rich
إِفْتَدَى	to redeem
إِفْتَرَى	to fabricate lies against
إِقْتَدَى	to imitate
إِقْتَضَى	to call for
إِقْتَفَى	to track
إِقْتَنَى	to acquire
إِكْتَرَى	to rent
إِكْتَسَى	to be garbed
إِكْتَفَى	to be satisfied with
إِكْتَنَى	to be known by the surname
إِلْتَحَى	to grow a beard
إِلْتَظَى	to flare
إِلْتَقَى	to meet
إِلْتَهَى	to amuse o.s. with
إِمْتَرَى	to suspect
إِمْتَطَى	to mount
إِنْتَجَى	to talk confidentially
إِنْتَحَى	to lean on
إِنْتَخَى	to show pride
إِنْتَدَى	to meet
إِنْتَشَى	to be drunk
إِنْتَضَى	to unsheathe
إِنْتَفَى	to be banished
إِنْتَقَى	to pick out
إِنْتَمَى	to be associated with
إِنْتَهَى	to come to an end
إِهْتَجَى	to lampoon s.o.
إِهْتَدَى	to be rightly guided
	110
شَاءَ	to want
	111
بَتَّكَ	to cut off
بَتَّلَ	to make conclusive
بَجَّسَ	to spout
بَجَّلَ	to revere
بَجَّمَ	to stare at
بَجَّنَ	to clinch (a nail)
بَحَّرَ	to travel by sea
بَخَّرَ	to vaporize
بَدَّعَ	to accuse of heresy
بَدَّلَ	to change
بَذَّرَ	to squander
بَرَّحَ	to harass
بَرَّدَ	to make cold
بَرَّزَ	to come out
بَرَّكَ	to invoke a blessing on
بَرَّمَ	to twist
بَسَّطَ	to simplify
بَشَّرَ	to bring good news to
بَشَّعَ	to disfigure
بَشَّمَ	to rivet
بَصَّرَ	to enlighten (on)

بَضَّعَ to cut up
بَطَّلَ to thwart
بَطَّنَ to line (a garment)
بَعَّدَ to remove
بَعَّضَ to divide
بَغَّضَ to make hateful to
بَقَّعَ to spot
بَكَّتَ to censure
بَكَّرَ to rise early
بَكَّلَ to buckle up
بَلَّدَ to acclimatize
بَلَّصَ to extort from
بَلَّطَ to pave
بَلَّعَ to make swallow
بَلَّغَ to inform of
بَنَّجَ to anesthetize
بَهَّتَ to flabbergast
بَهَّرَ to pepper
تَبَّلَ to spice
تَرَّبَ to cover with earth
تَرَّحَ to sadden
تَرَّسَ to provide with a shield
تَرَّفَ to spoil
تَرَّكَ to Turkify
تَلَّفَ to ruin (s.th.)
ثَبَّتَ to fix
ثَبَّرَ to destroy
ثَبَّطَ to frustrate
ثَخَّنَ to thicken
ثَرَّبَ to reproach
ثَفَّلَ to sediment
ثَقَّبَ to bore a hole
ثَقَّفَ to educate
ثَقَّلَ to make heavy
ثَلَّجَ to ice
ثَلَّمَ to blunt
ثَمَّرَ to invest
ثَمَّنَ to appraise
جَبَّرَ to set (broken bones)
جَبَّسَ to plaster
جَبَّنَ to make into cheese
جَدَّرَ to build a wall
جَدَّفَ to blaspheme
جَدَّلَ to braid
جَذَّرَ to uproot
جَذَّفَ to row (a boat)
جَرَّبَ to try
جَرَّحَ to challenge (as false)
جَرَّدَ to divest of
جَرَّسَ to make experienced
جَرَّعَ to make swallow
جَرَّفَ to sweep away
جَرَّمَ to incriminate
جَزَّعَ to vein
جَسَّدَ to embody
جَسَّرَ to embolden
جَسَّمَ to enlarge
جَشَّمَ to burden with
جَعَّبَ to corrugate
جَعَّدَ to curl (hair)
جَفَّلَ to startle
جَلَّبَ to clamor

جَلَّخ to strop
جَلَّدَ to freeze
جَلَّسَ to make straight
جَلَّفَ to annihilate
جَمَّدَ to solidify
جَمَّرَ to roast (meat)
جَمَّشَ to make love
جَمَّعَ to pile up
جَمَّلَ to beautify
جَنَّبَ to keep away from
جَنَّحَ to provide with wings
جَنَّدَ to conscript
جَنَّزَ to conduct the funeral service for
جَنَّسَ to naturalize
جَهَّزَ to make ready
جَهَّلَ to accuse ignorance to
حَبَّذَ to approve (of)
حَبَّرَ to adorn
حَبَّسَ to make a religious bequest
حَبَّكَ to twist
حَبَّلَ to make pregnant
حَتَّمَ to make inevitable
حَجَّبَ to screen
حَجَّرَ to petrify
حَجَّمَ to curtail
حَدَّبَ to make convex
حَدَّثَ to relate
حَدَّجَ to stare at
حَدَّرَ to incline
حَدَّقَ to gaze at
حَذَّرَ to warn
حَذَّفَ to trim
حَرَّجَ to make narrow
حَرَّدَ to slant (s.th.)
حَرَّشَ to provoke
حَرَّصَ to long for
حَرَّضَ to instigate
حَرَّفَ to incline
حَرَّقَ to burn
حَرَّكَ to move
حَرَّمَ to forbid
حَزَّبَ to rally
حَزَّمَ to tie
حَزَّنَ to sadden
حَسَّرَ to fatigue
حَسَّنَ to improve
حَشَّدَ to amass
حَشَّمَ to shame
حَصَّبَ to pebble
حَصَّلَ to collect
حَصَّنَ to fortify
حَضَّرَ to prepare
حَطَّمَ to break
حَظَّرَ to ban
حَفَّرَ to fossilize
حَفَّزَ to catalyze
حَفَّضَ to diaper
حَفَّظَ to have s.o. memorize
حَفَّلَ to garnish
حَقَّرَ to degrade
حَكَّمَ to appoint as ruler

حَلَّفَ to put to oath
حَلَّقَ to fly
حَلَّمَ to make forbearing
حَمَّدَ to praise highly
حَمَّرَ to redden
حَمَّسَ to enthuse
حَمَّشَ to enrage
حَمَّصَ to roast
حَمَّضَ to make sour
حَمَّقَ to consider idiotic
حَمَّلَ to make carry
حَنَّطَ to embalm
حَنَّكَ to sophisticate
خَبَّرَ to notify (of)
خَبَّصَ to mix
خَبَّلَ to derange
خَثَّرَ to coagulate
خَجَّلَ to shame (s.o.)
خَدَّرَ to anesthetize
خَدَّشَ to scarify
خَدَّمَ to employ
خَرَّبَ to ruin
خَرَّجَ to take out
خَرَّسَ to feed
خَرَّشَ to scratch
خَرَّطَ to cut into small pieces
خَرَّقَ to rend (apart)
خَرَّمَ to make a hole in
خَزَّقَ to rip apart
خَزَّنَ to store
خَسَّرَ to cause a loss to
خَشَّبَ to lignify
خَشَّعَ to humble
خَشَّمَ to intoxicate
خَشَّنَ to coarsen
خَصَّبَ to fertilize
خَضَّبَ to color
خَضَّرَ to make green
خَضَّعَ to subjugate
خَضَّلَ to moisten
خَطَّمَ to muzzle
خَفَّرَ to guard
خَفَّضَ to reduce
خَفَّقَ to roughcast
خَلَّدَ to perpetuate
خَلَّصَ to save from
خَلَّطَ to commingle
خَلَّعَ to dislocate
خَلَّفَ to leave behind
خَلَّقَ to perfume
خَمَّرَ to ferment
خَمَّسَ to quintuple
خَمَّنَ to guess
خَنَّثَ to effeminate
دَبَّجَ to embellish
دَبَّرَ to arrange
دَثَّرَ to wipe out
دَجَّلَ to lie
دَجَّنَ to domesticate
دَحَّضَ to disprove
دَخَّلَ to make enter
دَخَّنَ to smoke (a cigarette)

دَرَّبَ to train
دَرَّجَ to gradate
دَرَّسَ to teach
دَرَّعَ to arm
دَرَّكَ to continue (the rains)
دَرَّمَ to clip (nails)
دَسَّمَ to add fat or grease to
دَشَّنَ to inaugurate
دَعَّمَ to support
دَلَّسَ to swindle
دَلَّعَ to spoil
دَلَّهَ to drive crazy
دَمَّثَ to mellow
دَمَّجَ to merge
دَمَّرَ to destroy
دَمَّسَ to conceal
دَمَّكَ to bond (building)
دَنَّسَ to sully
دَهَّشَ to astonish
دَهَّمَ to blacken
دَهَّنَ to embrocate
ذَبَّحَ to slaughter
ذَرَّفَ to exceed (an age)
ذَكَّرَ to remind (of)
ذَلَّقَ to sharpen
ذَهَّبَ to gild
رَبَّتَ to pat
رَبَّحَ to allow a profit
رَبَّعَ to square
رَتَّبَ to arrange
رَتَّلَ to phrase elegantly
رَجَّحَ to make outweigh
رَجَّعَ to give back
رَجَّلَ to comb (the hair)
رَجَّمَ to augur
رَحَّبَ to welcome
رَحَّلَ to evacuate
رَحَّمَ to say may god have mercy upon you
رَخَّصَ to cheapen
رَخَّمَ to soften (the voice)
رَدَّمَ to fix
رَزَّمَ to pack
رَسَّخَ to establish
رَسَّلَ to read slowly and distinctly
رَسَّمَ to mark (s.th.)
رَشَّحَ to nominate
رَشَّدَ to guide
رَصَّدَ to balance (the account)
رَصَّعَ to inlay (gems etc)
رَضَّعَ to breast-feed
رَطَّبَ to moisten
رَعَّبَ to frighten
رَعَّشَ to make (s.o.) tremble
رَغَّبَ to make desirous (of)
رَفَّعَ to promote
رَفَّهَ to entertain
رَقَّدَ to put to bed
رَقَّشَ to mottle
رَقَّصَ to make dance
رَقَّطَ to speckle
رَقَّعَ to patch (a garment)

رَقَّمَ to number
رَقَّنَ to hachure
رَكَّبَ to make s.o. ride
رَكَّدَ to stagnate
رَكَّزَ to plant in the ground
رَكَّعَ to make s.o. kneel
رَمَّدَ to burn to ashes
رَمَّقَ to stare at
رَمَّلَ to sprinkle with sand
رَنَّحَ to sway
رَنَّقَ to cloud (water)
رَنَّمَ to intone
رَهَّبَ to terrorize
زَبَّدَ to cream
زَبَّلَ to dung
زَحَّلَ to remove
زَعَّلَ to vex
زَلَّطَ to strip
زَلَّفَ to exaggerate
زَلَّقَ to stumble
زَمَّرَ to play (a wind instrument)
زَمَّعَ to determine to
زَنَّخَ to be rancid
زَنَّرَ to glare at
زَنَّقَ to scrimp
زَهَّدَ to induce to abstain from
سَبَّحَ to praise
سَبَّخَ to sleep deeply
سَبَّعَ to septuple
سَبَّقَ to set forward (time)
سَبَّلَ to dedicate to charitable purposes
سَتَّرَ to cover
سَتَّفَ to stow (goods)
سَجَّرَ to cause to overflow
سَجَّعَ to rhyme
سَجَّلَ to register
سَحَّجَ to scrape off
سَحَّمَ to blacken
سَحَّرَ to bewitch
سَخَّرَ to exploit
سَخَّمَ to besmut
سَخَّنَ to warm (up)
سَدَّسَ to sextuple
سَدَّلَ to let hang down
سَرَّبَ to leak
سَرَّجَ to baste
سَرَّحَ to send to pasture
سَرَّدَ to perforate
سَرَّعَ to speed up
سَرَّقَ to accuse of theft
سَطَّحَ to spread out
سَطَّرَ to draw lines
سَعَّرَ to kindle (a fire, a war)
سَعَّطَ to snuff
سَفَّدَ to skewer
سَفَّرَ to send on a journey
سَفَّعَ to tan
سَفَّهَ to stultify
سَقَّفَ to roof
سَقَّمَ to make ill
سَكَّتَ to silence

سَكَّرَ	to sugar
سَكَّنَ	to pacify
سَلَّحَ	to arm
سَلَّطَ	to set up as overload
سَلَّعَ	to crack
سَلَّفَ	to lend (money)
سَلَّكَ	to clean (pipes etc)
سَلَّمَ	to hand over (to)
سَمَّجَ	to make loathsome
سَمَّحَ	to act with kindness
سَمَّدَ	to fertilize (the soil)
سَمَّرَ	to nail
سَمَّعَ	to make hear
سَمَّكَ	to thicken
سَمَّنَ	to fatten
سَنَّدَ	to support
سَهَّدَ	to make sleepless
سَهَّرَ	to keep awake
سَهَّلَ	to facilitate
شَبَّرَ	to gesticulate
شَبَّعَ	to satisfy
شَبَّكَ	to interjoin
شَبَّهَ	to liken to
شَجَّبَ	to destroy (s.o.)
شَجَّرَ	to afforest
شَجَّعَ	to encourage
شَجَّنَ	to sadden
شَحَّرَ	to soot
شَحَّطَ	to be stranded
شَحَّلَ	to prune
شَحَّمَ	to grease

شَخَّصَ	to diagnose
شَدَّخَ	to break
شَذَّبَ	to trim
شَرَّبَ	to give to drink
شَرَّجَ	to baste
شَرَّحَ	to slice
شَرَّدَ	to frighten away
شَرَّشَ	to take root
شَرَّطَ	to slash
شَرَّعَ	to legislate
شَرَّفَ	to make noble
شَرَّقَ	to go east
شَطَّبَ	to make an incision
شَطَّرَ	to halve
شَعَّبَ	to ramify
شَعَّثَ	to dishevel (hair)
شَعَّلَ	to light
شَغَّلَ	to employ
شَفَّقَ	to arouse pity in
شَكَّلَ	to shape
شَلَّحَ	to undress
شَمَّتَ	to disappoint
شَمَّرَ	to tuck up (a garment)
شَمَّسَ	to sun
شَمَّعَ	to wax
شَنَّجَ	to convulse
شَنَّرَ	to disgrace
شَنَّعَ	to calumniate
شَنَّفَ	to please the ears
شَهَّرَ	to libel
شَهَّلَ	to accelerate

صَبَّحَ to come in the morning to
صَبَّرَ to ask to be patient
صَبَّنَ to soap
صَحَّفَ to misread
صَدَّرَ to export
صَدَّعَ to split
صَدَّقَ to believe
صَرَّحَ to announce
صَرَّفَ to drain (water from)
صَرَّمَ to cut through
صَعَّبَ to make difficult
صَعَّدَ to ascend
صَعَّرَ to turn away in disdain
صَغَّرَ to diminish
صَفَّحَ to plate
صَفَّدَ to fetter
صَفَّرَ to make yellow
صَفَّقَ to applaud
صَقَّعَ to be icy
صَلَّبَ to harden
صَلَّحَ to repair
صَلَّدَ to indurate
صَلَّمَ to mutilate
صَمَّتَ to silence
صَمَّغَ to glue
صَنَّعَ to industrialize
صَنَّفَ to classify
ضَبَّرَ to gather
ضَحَّكَ to make laugh
ضَخَّمَ to inflate
ضَرَّبَ to quilt

ضَرَّجَ to stain (blood)
ضَرَّسَ to toughen
ضَرَّمَ to set on fire
ضَعَّفَ to debilitate
ضَفَّرَ to plait (hair)
ضَلَّعَ to crook
ضَمَّخَ to scent
ضَمَّدَ to bandage
ضَمَّرَ to atrophy
ضَمَّنَ to include
طَبَّعَ to normalize
طَبَّقَ to implement
طَبَّلَ to drum
طَجَّنَ to fry
طَرَّبَ to enrapture
طَرَّحَ to abort
طَرَّدَ to chase away
طَرَّزَ to embroider
طَرَّشَ to deafen (s.o.)
طَرَّفَ to put at the edge
طَرَّقَ to hammer
طَعَّمَ to graft
طَفَّحَ to brim
طَفَّلَ to intrude upon
طَقَّمَ to harness
طَلَّسَ to efface
طَلَّقَ to divorce
طَمَّرَ to run down (a horse)
طَمَّعَ to make desirous
طَمَّنَ to quiet
طَنَّبَ to abide (in a place)

طَهَّرَ to expurgate
ظَفَّرَ to grant victory to
ظَهَّرَ to endorse
عَبَّدَ to subjugate
عَبَّرَ to voice
عَبَّسَ to frown
عَتَّبَ to hesitate
عَتَّدَ to prepare
عَتَّقَ to mature
عَتَّمَ to darken
عَثَّرَ to cause to stumble
عَجَّبَ to amaze
عَجَّزَ to incapacitate
عَجَّلَ to hurry
عَجَّمَ to dot
عَدَّلَ to straighten
عَدَّنَ to mine
عَذَّبَ to torture
عَذَّلَ to blame
عَرَّبَ to translate into Arabic
عَرَّجَ to make a stop at
عَرَّسَ to marry (to)
عَرَّشَ to espalier
عَرَّضَ to broaden
عَرَّفَ to apprise of
عَرَّقَ to sweat
عَزَّرَ to upbraid
عَزَّمَ to enchant
عَسَّرَ to make difficult
عَسَّفَ to overburden
عَسَّلَ to mix with honey
عَشَّبَ to be grassy
عَشَّرَ to collect the tithe
عَشَّقَ to dovetail
عَصَّبَ to wind
عَصَّرَ to modernize
عَطَّبَ to ruin
عَطَّرَ to perfume
عَطَّسَ to cause to sneeze
عَطَّشَ to make thirsty
عَطَّفَ to incline
عَطَّلَ to break down
عَظَّمَ to glorify
عَفَّرَ to cover with dust
عَفَّنَ to rot
عَقَّبَ to follow up with
عَقَّدَ to complicate
عَقَّفَ to crook
عَقَّلَ to bring to reason
عَقَّمَ to sterilize
عَكَّرَ to make turbid
عَكَّفَ to keep from
عَلَّبَ to can (s.th.)
عَلَّفَ to feed (livestock)
عَلَّقَ to hang (down)
عَلَّمَ to teach
عَمَّرَ to live long
عَمَّقَ to deepen
عَمَّلَ to appoint as governor
عَنَّتَ to coerce
عَنَّسَ to be a spinster
عَنَّفَ to chide

عَنَّقَ to grab by the neck

غَبَّرَ to raise dust

غَبَّطَ to make envious

غَجَّرَ to scold

غَرَّبَ to soil

غَرَّدَ to sing

غَرَّزَ to thrust

غَرَّقَ to sink

غَرَّمَ to impose a fine on

غَسَّلَ to wash

غَصَّنَ to branch (tree)

غَضَّنَ to wrinkle

غَطَّسَ to dip

غَفَّرَ to guard

غَفَّلَ to make heedless

غَلَّبَ to make triumph over

غَلَّطَ to accuse of an error

غَلَّظَ to make thick

غَلَّفَ to envelop

غَلَّقَ to shut

غَمَّدَ to conceal s.o.'s offenses

غَمَّسَ to immerse

غَمَّضَ to obfuscate

غَنَّجَ to indulge

غَنَّمَ to give a gift

فَتَّحَ to open

فَتَّرَ to allay

فَتَّشَ to inspect

فَتَّلَ to twist

فَتَّنَ to fascinate

فَجَّرَ to detonate

فَجَّعَ to torment (s.o.)

فَحَّمَ to carbonize

فَخَّمَ to honor

فَدَّنَ to fatten

فَرَّجَ to open

فَرَّحَ to gladden

فَرَّشَ to brush

فَرَّصَ to make holidays

فَرَّضَ to notch

فَرَّطَ to neglect

فَرَّعَ to ramify

فَرَّغَ to empty

فَرَّقَ to separate

فَرَّكَ to rub (s.th.)

فَرَّمَ to chop (up)

فَزَّعَ to frighten

فَسَّحَ to widen

فَسَّخَ to tear to pieces

فَسَّدَ to spoil

فَسَّرَ to explicate

فَسَّقَ to declare (s.o.) to be dissolute

فَشَّلَ to thwart

فَصَّلَ to arrange in sections

فَضَّلَ to prefer (to)

فَطَّحَ to spread out

فَطَّرَ to give breakfast to

فَطَّسَ to kill

فَطَّنَ to make realize

فَعَّلَ to scan (a verse)

فَعَّمَ to fill to the brim

فَقَّرَ to perforate
فَقَّصَ to hatch
فَقَّطَ to write the word (only) after the total
فَقَّعَ to pop
فَقَّهَ to teach
فَكَّرَ to think (on)
فَكَّهَ to amuse with jokes
فَلَّسَ to declare bankrupt
فَلَّعَ to cleave
فَلَّقَ to split
فَلَّكَ to have round breasts
فَنَّدَ to confute
فَنَّطَ to itemize
فَهَّمَ to make understand
قَبَّحَ to make ugly
قَبَّصَ to take a pinch
قَبَّضَ to contract
قَبَّطَ to knit the brows
قَبَّلَ to kiss
قَبَّنَ to weigh with a steel-yard
قَتَّرَ to be parsimonious
قَتَّلَ to massacre
قَتَّمَ to darken
قَدَّرَ to estimate
قَدَّسَ to hallow
قَدَّمَ to move forward
قَذَّرَ to sully
قَذَّفَ to row
قَرَّبَ to approximate (to)
قَرَّحَ to wound
قَرَّسَ to freeze
قَرَّشَ to earn money
قَرَّصَ to make (dough) into flat loaves
قَرَّضَ to nibble at
قَرَّطَ to mince
قَرَّظَ to praise
قَرَّعَ to scold
قَرَّفَ to peel
قَزَّحَ to embellish (one's speech)
قَزَّمَ to dwarf
قَسَّطَ to pay in instalments
قَسَّمَ to divide
قَشَّبَ to crack open (skin)
قَشَّرَ to peel
قَشَّطَ to strip off
قَشَّفَ to chap
قَشَّقَ to cane
قَصَّبَ to brocade
قَصَّرَ to shorten
قَصَّفَ to break (into pieces)
قَضَّبَ to lop
قَطَّبَ to frown
قَطَّرَ to drip
قَطَّعَ to cut into pieces
قَطَّفَ to pick (fruit etc)
قَطَّلَ to cut off
قَطَّنَ to make live
قَعَّرَ to make deeper
قَفَّعَ to shrivel (the fingers; because of the cold)

قَفَّلَ to padlock
قَلَّبَ to turn
قَلَّدَ to imitate
قَلَّسَ to bow
قَلَّشَ to molt
قَلَّصَ to draw together
قَلَّعَ to pluck out
قَلَّفَ to calk (a ship)
قَلَّمَ to trim
قَمَّحَ to give a portion only
قَمَّرَ to toast (bread)
قَمَّشَ to collect
قَمَّصَ to clothe with a shirt
قَمَّطَ to swaddle (a baby)
قَمَّعَ to cut off the upper end (of an okra)
قَنَّطَ to drive to despair
قَنَّعَ to mask (the face)
كَبَّدَ to cause (losses to)
كَبَّرَ to enlarge
كَبَّسَ to massage
كَبَّلَ to put in irons
كَتَّبَ to make write
كَتَّفَ to bind
كَتَّلَ to agglomerate
كَتَّمَ to hide
كَتَّنَ to smut
كَثَّرَ to increase
كَثَّفَ to condense
كَحَّلَ to smear with kohl
كَدَّرَ to roil
كَدَّسَ to heap up
كَذَّبَ to accuse of lying
كَرَّسَ to lay the foundations (of a building)
كَرَّشَ to frown
كَرَّمَ to venerate
كَرَّهَ to make hateful to
كَسَّبَ to let gain
كَسَّحَ to cripple (s.o.)
كَسَّرَ to smash
كَسَّلَ to make lazy
كَسَّمَ to shape (s.th.)
كَشَّرَ to grin
كَشَّفَ to index
كَعَّبَ to make cubic
كَفَّتَ to plate (with)
كَفَّرَ to expiate
كَفَّلَ to feed
كَفَّنَ to shroud
كَلَّفَ to commission with
كَلَّمَ to converse with
كَمَّدَ to hot pack (a limb)
كَمَّلَ to complete
كَنَّسَ to sweep
كَنَّفَ to surround
لَبَّدَ to felt
لَبَّسَ to dress (s.o.)
لَبَّقَ to fit
لَبَّكَ to mix
لَبَّنَ to make brick
لَثَّمَ to veil (the face)

لَجَّمَ to bridle
لَحَّسَ to make lick
لَحَّمَ to weld
لَحَّنَ to compose (music)
لَخَّصَ to recapitulate
لَدَّنَ to soften
لَزَّقَ to affix
لَزَّمَ to give a franchise to
لَسَّنَ to point (s.th.)
لَصَّقَ to paste together
لَطَّخَ to stain
لَطَّفَ to mollify
لَعَّبَ to make play
لَعَّقَ to make lick
لَغَّطَ to clamor
لَفَّتَ to turn (toward)
لَفَّعَ to scarf
لَفَّقَ to fabricate
لَقَّبَ to surname
لَقَّحَ to impregnate
لَقَّطَ to pick up
لَقَّمَ to feed bit by bit
لَقَّنَ to teach
لَمَّحَ to insinuate
لَمَّعَ to burnish
لَهَّبَ to set on fire
مَتَّعَ to make enjoy
مَتَّنَ to strengthen
مَثَّلَ to represent
مَجَّدَ to glorify
مَحَّصَ to clarify
مَدَّحَ to extol
مَدَّنَ to civilise
مَذَّرَ to scatter
مَرَّخَ to anoint (the body)
مَرَّدَ to strip a branch of its leaves
مَرَّسَ to inure
مَرَّضَ to make ill
مَرَّطَ to pluck out
مَرَّغَ to roll (in the dust)
مَرَّقَ to sing
مَرَّنَ to train
مَزَّعَ to tear to pieces
مَزَّقَ to tear
مَسَّحَ to wipe off
مَسَّدَ to massage
مَسَّكَ to scent with musk
مَشَّطَ to comb
مَصَّرَ to found
مَغَّطَ to stretch
مَقَّتَ to make abominable to
مَكَّسَ to collect taxes
مَكَّنَ to consolidate
مَلَّحَ to salt
مَلَّسَ to make smooth
مَلَّقَ to even
مَلَّكَ to make the owner of
مَنَّعَ to fortify
مَهَّدَ to level (off)
مَهَّكَ to crush
مَهَّلَ to give (s.o.) time
نَبَّتَ to plant

نَبَّذَ to make wine
نَبَّزَ to nickname
نَبَّسَ to utter
نَبَّشَ to rummage (in)
نَبَّطَ to cause to gush out
نَبَّهَ to draw s.o.'s attention to
نَتَّفَ to pull out (hair etc)
نَتَّنَ to putrefy
نَثَّرَ to bestrew
نَجَّحَ to make succeed
نَجَّدَ to upholster
نَجَّزَ to carry out
نَجَّسَ to defile
نَجَّعَ to be beneficial
نَجَّمَ to observe the stars
نَدَّفَ to comb cotton
نَزَّعَ to remove
نَزَّقَ to spur on (a horse)
نَزَّلَ to make descend
نَزَّهَ to deem far above
نَسَّرَ to lacerate
نَسَّقَ to put in proper order
نَسَّلَ to ravel (out)
نَسَّمَ to commence
نَشَّبَ to stick
نَشَّرَ to spread out
نَشَّطَ to activate
نَشَّفَ to wipe (dry)
نَشَّقَ to give to smell
نَصَّبَ to install (in an office)
نَصَّرَ to Christianize
نَصَّفَ to halve
نَصَّلَ to decolorize
نَضَّدَ to typeset
نَضَّرَ to make bloom
نَطَّقَ to make talk
نَظَّرَ to speculate
نَظَّفَ to clean
نَظَّمَ to organize
نَعَّسَ to make sleepy
نَعَّشَ to revivify
نَعَّلَ to furnish with a shoe
نَعَّمَ to soften
نَغَّصَ to embitter
نَغَّمَ to hum a tune
نَفَّذَ to carry into effect
نَفَّرَ to estrange
نَفَّسَ to give vent to
نَفَّشَ to card (cotton)
نَفَّضَ to shake off
نَفَّطَ to vesicate (the skin)
نَفَّعَ to put to use
نَفَّقَ to push the sale of
نَقَّبَ to prospect for
نَقَّحَ to edit
نَقَّرَ to peck
نَقَّزَ to dandle (a child)
نَقَّشَ to dapple
نَقَّصَ to decrease
نَقَّلَ to move (much)
نَكَّبَ to put aside
نَكَّتَ to jape

to make life hard نَكَّدَ
to disguise نَكَّرَ
to half-mast (flag) نَكَّسَ
to cause to retreat نَكَّصَ
to make an example of نَكَّلَ
to flavor نَكَّهَ
to lose one's temper نَمَّرَ
to write in an elegant style نَمَّقَ
to put out of breath نَهَّجَ
to rip to pieces هَتَّكَ
to awake at night هَجَّدَ
to force to emigrate هَجَّرَ
to make attack هَجَّمَ
to fringe (a garment) هَدَّبَ
to make tremble هَدَّجَ
to raze هَدَّمَ
to calm (down) هَدَّنَ
to refine هَذَّبَ
to smuggle هَرَّبَ
to clown هَرَّجَ
to sow dissension amongst هَرَّشَ
to mince هَرَّمَ
to sing هَزَّجَ
to joke هَزَّرَ
to enervate هَزَّلَ
to smash هَشَّمَ
to become haggard هَلَّسَ
to destroy هَلَّكَ
to placate هَمَّدَ

112

to choose إِصْطَفَى
to warm o.s. إِصْطَلَى

113

to eat breakfast إِصْطَبَحَ
to retaliate (against) إِصْطَبَرَ
to be tinged إِصْطَبَغَ
to accompany إِصْطَحَبَ
to stand upright (man) إِصْطَحَمَ
to stand erect (man) إِصْطَخَمَ
to raise a din إِصْطَخَبَ
to sunbathe (chameleon) إِصْطَخَدَ
to collide (with) إِصْطَدَمَ
to shriek إِصْطَرَخَ
to wrestle with one another إِصْطَرَعَ
to try to earn a living إِصْطَرَفَ
to cut off (s.o.) إِصْطَرَمَ
to flap إِصْطَفَقَ
to make up إِصْطَلَحَ
to pluck out إِصْطَلَمَ
to order (to be made) إِصْطَنَعَ

114

to disclose أَبْدَى
to help to seek أَبْغَى
to make stay أَبْقَى
to make cry أَبْكَى
to wear out أَبْلَى
to make build a house أَبْنَى
to be wealthy أَثْرَى
to praise أَثْنَى
to be useful أَجْدَى
to carry out أَجْرَى

أَجْزَى	to replace	أَسْدَى	to confer on
أَجْلَى	to evacuate	أَسْرَى	to travel by night
أَحْصَى	to count	أَسْفَى	to raise and scatter the dust (the wind)
أَخْفَى	to importune		
أَحْلَى	to make sweet	أَسْقَى	to give to drink
أَحْمَى	to heat	أَسْلَى	to make forget
أَخْنَى	to sympathize with	أَسْمَى	to lift
أَخْزَى	to humiliate	أَسْنَى	to flash (lightning)
أَخْفَى	to hide	أَشْجَى	to grieve
أَخْلَى	to vacate	أَشْفَى	to be on the verge of
أَخْنَى	to hit hard	أَشْقَى	to make unhappy
أَدْجَى	to darken	أَشْهَى	to fulfil a wish
أَدْرَى	to inform of	أَصْحَى	to awaken
أَدْلَى	to dangle	أَصْدَى	to reverberate
أَدْمَى	to bleed	أَصْغَى	to listen to
أَدْنَى	to bring nearer (to)	أَصْفَى	to be sincere to
أَذْرَى	to winnow (grain)	أَصْلَى	to put into fire
أَذْكَى	to stoke	أَضْحَى	to turn (into)
أَرْبَى	to augment	أَضْفَى	to give (to)
أَرْخَى	to loosen	أَضْنَى	to wear out
أَرْدَى	to fell	أَطْرَى	to praise
أَرْسَى	to anchor (ship)	أَعْدَى	to infect
أَرْضَى	to satisfy	أَعْشَى	to be dim-sighted
أَرْعَى	to graze	أَعْطَى	to give
أَرْغَى	to foam	أَعْفَى	to exempt from
أَرْمَى	to throw	أَعْلَى	to raise
أَزْجَى	to urge on (s.o.)	أَعْمَى	to make blind
أَزْرَى	to disparage	أَعْنَى	to cause trouble
أَزْكَى	to grow	أَغْرَى	to seduce
أَزْنَى	to urge to fornicate	أَغْزَى	to become tenebrous
أَزْهَى	to blossom	أَغْضَى	to overlook

أَغْفَى to slumber
أَغْلَى to boil
أَغْنَى to enrich
أَفْتَى to give a legal opinion
أَفْدَى to rip
أَفْرَى to cut lengthwise (s.th.)
أَفْشَى to reveal
أَفْضَى to lead to
أَفْلَى to conclude (s.th.)
أَفْنَى to exterminate
أَقْدَى to remain firm upon (faith)
أَقْذَى to vex
أَقْرَى to harden
أَقْسَى to indurate
أَقْصَى to remove (s.o. from)
أَقْعَى to squat
أَقْنَى to give wealth to (god)
أَكْدَى to give little
أَكْرَى to rent out
أَكْسَى to clothe
أَكْنَى to surname
أَلْغَى to cancel
أَلْفَى to find (s.o. or s.th.)
أَلْقَى to throw
أَلْهَى to divert with
أَمْحَى to respite
أَمْدَى to grant respite to
أَمْسَى to enter into evening
أَمْشَى to make walk
أَمْضَى to spend (time)
أَمْطَى to ride
أَمْلَى to dictate to
أَمْنَى to ejaculate
أَنْجَى to rescue (from)
أَنْحَى to avert one's glance from
أَنْخَى to stimulate
أَنْدَى to moisten
أَنْسَى to make forget
أَنْضَى to emaciate
أَنْعَى to reproach (for)
أَنْقَى to purify
أَنْمَى to cultivate
أَنْهَى to end
أَهْدَى to give as a present

115

تَبَارَّ to treat one another kindly
تَجَالَّ to be far above
تَحَابَّ to love one another
تَحَاتَّ to abrade
تَحَاجَّ to argue
تَحَاكَّ to scrape against each other
تَخَالَّ to become friends
تَرَاصَّ to compact
تَسَابَّ to insult each other
تَسَارَّ to whisper together
تَشَادَّ to dispute
تَصَافَّ to align
تَصَامَّ to give a deaf ear to
تَضَادَّ to be contradictory
تَضَامَّ to crowd together
تَمَاسَّ to touch each other

116

بَتَلَ	to cut off
بَثَرَ	to break out with pimples
بَثَقَ	to break forth
بَجَسَ	to spout
بَجَمَ	to be speechless
بَزَرَ	to sow
بَسَمَ	to smile
بَشَرَ	to be delighted
بَطَشَ	to attack violently
بَلَفَ	to bluff
تَبَرَ	to destroy
تَبَلَ	to make sick
تَخَمَ	to demarcate
تَفَلَ	to spit
ثَرَبَ	to blame
ثَرَمَ	to knock out a tooth
ثَلَبَ	to criticize
ثَلَمَ	to blunt
جَبَذَ	to pull
جَبَلَ	to mold
جَثَمَ	to alight
جَدَبَ	to become barren
جَدَفَ	to row (a boat)
جَدَلَ	to twist tight (a rope)
جَذَبَ	to attract
جَذَمَ	to chop off
جَرَسَ	to ring
جَرَمَ	to bone
جَزَمَ	to cut off
جَفَلَ	to jump with fright
جَلَبَ	to bring
جَلَدَ	to whip
جَلَسَ	to sit down
جَلَطَ	to abrade
جَلَمَ	to shear (off)
جَمَشَ	to unhair (s.th.)
جَنَفَ	to deviate from
حَبَسَ	to imprison
حَبَطَ	to come to nothing
حَبَكَ	to weave
حَتَمَ	to make necessary
حَجَزَ	to hinder
حَجَلَ	to hop
حَجَنَ	to bend
حَدَجَ	to stare at
حَدَرَ	to descend
حَدَسَ	to surmise
حَدَقَ	to encompass
حَدَلَ	to level
حَذَفَ	to delete
حَذَقَ	to be skilled
حَرَثَ	to plow
حَرَدَ	to forbid
حَرَشَ	to scratch
حَرَصَ	to desire
حَرَضَ	to decay
حَرَفَ	to slant
حَرَقَ	to burn (s.th.)
حَرَمَ	to divest
حَزَرَ	to guess
حَزَمَ	to bundle
حَسَدَ	to be envious

حَسَرَ	to become tired
حَسَمَ	to cut off
حَشَدَ	to gather (esp troops)
حَشَرَ	to assemble (people)
حَشَكَ	to cram (into)
حَشَمَ	to shame
حَصَبَ	to pebble
حَصَدَ	to reap
حَصَرَ	to surround
حَصَنَ	to safeguard
حَطَبَ	to gather firewood
حَطَمَ	to break
حَفَرَ	to dig
حَفَزَ	to motivate
حَفَلَ	to gather
حَقَدَ	to harbor feelings of hatred
حَقَرَ	to despise
حَقَنَ	to hold back
حَلَبَ	to milk
حَلَجَ	to gin (cotton)
حَلَفَ	to take an oath
حَلَقَ	to shave
حَمَزَ	to bite
حَمَلَ	to carry
حَنَفَ	to bend turn sideways
حَنَكَ	to sophisticate
خَبَزَ	to make bread
خَبَصَ	to mix
خَبَطَ	to hit
خَتَرَ	to betray
خَتَلَ	to dupe
خَتَمَ	to seal
خَتَنَ	to circumcise
خَدَشَ	to abrade
خَدَمَ	to serve
خَذَفَ	to sling
خَرَبَ	to wreck
خَرَزَ	to perforate
خَرَطَ	to turn on a lathe
خَرَقَ	to rend
خَرَمَ	to puncture
خَزَقَ	to pierce
خَزَلَ	to cut
خَزَمَ	to thread (pearls)
خَسَفَ	to sink
خَصَبَ	to be fertile (soil)
خَصَفَ	to mend
خَصَمَ	to discount
خَضَبَ	to dye
خَضَدَ	to break
خَضَمَ	to munch
خَطَرَ	to swing
خَطَفَ	to wrench away
خَفَضَ	to drop down
خَفَقَ	to vibrate
خَلَبَ	to seize with the claws
خَلَجَ	to preoccupy
خَلَسَ	to filch
خَلَطَ	to mix
دَبَغَ	to tan (a hide)
دَبَقَ	to birdlime
دَفَقَ	to pour out

دَفَنَ	to bury	زَحَرَ	to groan
دَلَفَ	to toddle	زَرَدَ	to strangle
ذَرَفَ	to shed tears	زَفَرَ	to heave deep sighs
ذَرَقَ	to excrement (bird)	زَفَنَ	to gambol
رَبَتَ	to pat (s.o.)	زَمَرَ	to blow
رَبَضَ	to kneel down	زَنَقَ	to tighten
رَبَطَ	to bind	سَبَرَ	to probe
رَتَقَ	to repair	سَبَقَ	to precede
رَتَمَ	to pronounce (a word)	سَبَكَ	to smelt
رَجَحَ	to outweigh	سَتَرَ	to cover
رَجَعَ	to return	سَفَكَ	to shed (blood)
رَدَمَ	to fill up with earth	سَلَتَ	to extract
رَدَنَ	to spin	سَلَخَ	to flay
رَزَمَ	to bundle	شَبَرَ	to measure with the span of the hand
رَسَفَ	to be bound		
رَشَفَ	to sup	شَتَرَ	to cut off
رَضَخَ	to smash	شَتَلَ	to plant
رَضَعَ	to suckle	شَتَمَ	to abuse
رَفَتَ	to break	شَذَبَ	to prune
رَفَثَ	to be obscene	شَرَطَ	to slash
رَفَدَ	to support	صَبَرَ	to be patient
رَفَسَ	to kick	صَبَغَ	to dye
رَفَضَ	to refuse to accept	صَدَرَ	to be published
رَكَزَ	to plant in the ground	صَدَفَ	to turn away from
رَمَزَ	to symbolize	صَدَمَ	to shock
رَمَسَ	to inter	صَرَفَ	to dismiss
رَمَشَ	to take with the finger-tips	صَرَمَ	to forsake
زَبَرَ	to scold (s.o.)	صَفَدَ	to shackle
زَبَطَ	to quack (duck)	صَفَرَ	to whistle
زَبَقَ	to pluck out (hair)	صَفَقَ	to slap
زَبَلَ	to dung	صَفَنَ	to ponder

صَلَبَ to crucify

صَلَدَ to be hard

صَهَلَ to whinny

ضَرَبَ to hit

ضَرَسَ to bite firmly

ضَرَطَ to break wind

ضَفَرَ to braid

ضَمَدَ to bandage

طَرَفَ to blink

طَفَرَ to jump

طَفَشَ to run away

طَلَسَ to efface

طَلَقَ to be generous

طَمَرَ to inter

طَمَسَ to expunge

ظَلَمَ to do wrong

عَبَسَ to frown

عَتَبَ to admonish

عَتَقَ to be emancipated

عَتَكَ to attack

عَتَلَ to carry

عَتَمَ to hesitate

عَثَرَ to stumble

عَجَزَ to lack strength

عَجَنَ to knead

عَدَلَ to act justly

عَذَبَ to hinder

عَذَرَ to excuse

عَرَجَ to limp

عَرَشَ to erect a trellis (for grapevines)

عَرَضَ to become visible

عَرَفَ to know

عَزَبَ to be far

عَزَرَ to rebuke

عَزَفَ to abstain from

عَزَقَ to hoe

عَزَلَ to separate

عَزَمَ to make up one's mind to

عَسَفَ to oppress

عَصَبَ to fold

عَصَرَ to squeeze (out)

عَصَفَ to storm (wind)

عَصَمَ to hold back

عَطَسَ to sneeze

عَطَفَ to bend

عَطَنَ to macerate

عَفَرَ to cover with dust

عَفَشَ to heap up

عَقَدَ to knot

عَقَرَ to wound

عَقَصَ to braid

عَقَفَ to crook

عَقَلَ to comprehend

عَكَسَ to reverse

عَكَفَ to devote o.s. to

عَكَمَ to bundle up

عَلَفَ to fodder (livestock)

عَلَكَ to chew

عَمَدَ to prop (up)

عَمَرَ to live long

عَنَدَ to be pertinacious

غَبَطَ to envy
غَبَنَ to aggrieve
غَدَرَ to betray
غَرَزَ to stick into
غَرَسَ to plant
غَرَفَ to ladle
غَزَلَ to spin
غَسَلَ to wash
غَشَمَ to treat unjustly
غَصَبَ to take away by force
غَضَرَ to turn away (from)
غَطَسَ to dive
غَطَشَ to become dark (night)
غَفَرَ to forgive
غَلَبَ to defeat
غَلَظَ to thicken
غَلَقَ to close
غَمَدَ to sheathe
غَمَزَ to feel
غَمَسَ to dip
غَمَصَ to despise
غَمَطَ to despise
فَتَكَ to assassinate
فَتَلَ to twine
فَتَنَ to enthral
فَدَمَ to seal (the mouth of an aperture)
فَرَجَ to open
فَرَدَ to spread
فَرَزَ to separate
فَرَسَ to kill (its prey)
فَرَشَ to pave
فَرَضَ to enjoin (on)
فَرَمَ to chop (up)
فَسَدَ to decay
فَسَقَ to live in debauchery
فَصَدَ to bleed
فَصَلَ to separate
فَصَمَ to split
فَطَسَ to die
فَطَمَ to wean
فَطَنَ to be sagacious
فَقَدَ to lose
فَقَرَ to pierce
فَقَشَ to break
فَكَرَ to reflect
فَلَتَ to escape
فَلَجَ to split
فَلَقَ to split
قَبَرَ to inhume
قَبَسَ to take knowledge (from)
قَبَصَ to take a pinch
قَبَضَ to seize
قَبَلَ to guarantee
قَتَرَ to be niggardly
قَدَرَ to ordain
قَذَفَ to throw
قَرَسَ to be bitter (the cold)
قَرَشَ to gnash (teeth)
قَرَضَ to gnaw
قَرَفَ to peel
قَرَمَ to nibble at

قَرَنَ	to couple
قَسَرَ	to force (to)
قَسَمَ	to divide
قَسَطَ	to transgress
قَسَمَ	to divide
قَشَرَ	to pare
قَشَطَ	to strip off
قَصَبَ	to cut up
قَصَدَ	to go straightaway to
قَصَرَ	to curtail
قَصَفَ	to bombard
قَصَلَ	to mow
قَصَمَ	to snap
قَضَبَ	to lop (trees)
قَضَمَ	to gnaw
قَطَبَ	to collect
قَطَفَ	to pick
قَطَلَ	to cut down (trees)
قَطَمَ	to cut off
قَفَزَ	to jump
قَفَشَ	to gather
قَفَلَ	to lock
قَلَبَ	to turn
قَلَسَ	to belch
قَلَصَ	to shrink
قَلَفَ	to strip the bark from
قَلَمَ	to clip (nails etc)
قَمَرَ	to gamble
قَمَزَ	to take with the fingertips
قَمَسَ	to dip
قَمَشَ	to pick up (rubbish)
قَمَصَ	to gallop
قَمَطَ	to swaddle (a baby)
قَنَصَ	to hunt
قَنَطَ	to despair
كَبَتَ	to suppress
كَبَدَ	to afflict gravely
كَبَسَ	to compress
كَبَلَ	to put in irons
كَتَفَ	to tie (up)
كَدَسَ	to amass
كَدَشَ	to gain
كَدَمَ	to contuse
كَذَبَ	to lie
كَرَثَ	to distress (s.o.)
كَرَزَ	to seek refuge (with)
كَسَبَ	to gain
كَسَرَ	to break
كَسَفَ	to eclipse
كَسَمَ	to make a living
كَشَرَ	to grin
كَشَطَ	to scrape off
كَشَفَ	to unearth
كَظَمَ	to suppress
كَعَبَ	to swell (bosom)
كَفَتَ	to turn away from
كَفَرَ	to cover
كَفَلَ	to vouch for
كَفَنَ	to enshroud
كَلَتَ	to pour
كَلَمَ	to injure
كَنَزَ	to hoard

لَبَطَ	to kick	نَحَتَ	to carve
لَثَمَ	to kiss	نَحَمَ	to clear one's throat
لَطَمَ	to slap	نَخَرَ	to snort
لَفَتَ	to turn (toward)	نَدَفَ	to tease (cotton)
لَفَظَ	to emit	نَذَرَ	to vow
لَفَقَ	to seam	نَزَحَ	to emigrate
لَمَزَ	to find fault with	نَزَعَ	to pull out
لَمَسَ	to touch	نَزَفَ	to haemorrhage
مَخَضَ	to churn (milk)	نَزَقَ	to rush forward
مَزَقَ	to tear	نَزَلَ	to descend
مَسَكَ	to grab	نَسَبَ	to ascribe to
مَشَطَ	to comb (the hair)	نَسَجَ	to weave
مَكَسَ	to collect taxes	نَسَفَ	to blast
مَلَكَ	to possess	نَسَمَ	to blow gently
نَبَذَ	to discard	نَسَجَ	to sob
نَبَرَ	to raise	نَشَرَ	to propagate
نَبَزَ	to nickname	نَشَزَ	to protrude
نَبَسَ	to utter	نَصَتَ	to hearken
نَبَضَ	to pulsate	نَصَفَ	to reach the middle of
نَبَطَ	to well out	نَضَحَ	to sprinkle
نَبَعَ	to well up	نَضَدَ	to pile up
نَبَغَ	to be a genius	نَطَفَ	to dribble
نَتَجَ	to result from	نَظَمَ	to thread (pearls)
نَتَحَ	to exude	نَعَبَ	to croak
نَتَشَ	to pull out	نَعَرَ	to grunt
نَتَعَ	to ooze	نَعَقَ	to caw
نَتَفَ	to pluck out	نَغَرَ	to boil
نَتَنَ	to be malodorous	نَغَمَ	to hum
نَثَرَ	to scatter	نَفَثَ	to expectorate
نَجَذَ	to importune	نَقَزَ	to skip
نَحَبَ	to weep	نَقَمَ	to be full of rancor

نَكَثَ to renege (on)
نَكَحَ to marry
نَكَشَ to dredge
نَكَصَ to recoil
نَكَلَ to flinch
نَكَهَ to blow (in the face of)
نَمَسَ to keep a secret
نَهَجَ to pant
نَهَشَ to snap (at)
هَبَتَ to knock out
هَبَشَ to gather
هَبَطَ to descend
هَتَرَ to degrade
هَتَفَ to shout
هَتَكَ to tear apart
هَتَنَ to rain copiously
هَجَسَ to occur to
هَدَجَ to shuffle along
هَدَرَ to roar
هَدَلَ to coo
هَدَمَ to tear down
هَدَنَ to be quiet
هَذَبَ to prune
هَذَرَ to prate
هَرَجَ to be excited
هَرَفَ to laud excessively
هَزَرَ to laugh
هَزَلَ to waste away
هَزَمَ to vanquish
هَشَمَ to shatter
هَصَرَ to break
هَضَبَ to be verbose
هَضَمَ to digest (food)
هَطَلَ to pour down
هَفَتَ to collapse
هَلَسَ to emaciate
هَلَكَ to perish
هَمَرَ to pour out
هَمَزَ to rowel
هَمَسَ to mumble
هَمَلَ to be bathed in tears

117

إِضْطَجَعَ to lie down
إِضْطَرَبَ to clash
إِضْطَرَعَ to abase o.s.
إِضْطَرَمَ to catch fire
إِضْطَغَنَ to bear mutual rancor
إِضْطَلَعَ to undertake
إِضْطَهَدَ to persecute

118

إِضْطَرَّ to compel to

119

إِنْبَثَّ to be diffused
إِنْثَلَّ to fall down (a building)
إِنْجَرَّ to be pulled
إِنْحَتَّ to abrade
إِنْحَطَّ to sink
إِنْحَلَّ to be untied
إِنْدَسَّ to sneak into
إِنْدَقَّ to be pounded
إِنْدَكَّ to be crushed
إِنْرَضَّ to bruise

إنْسَدَّ to be blocked (up)
إنْسَلَّ to slink away
إنْشَقَّ to split (apart)
إنْشَلَّ to be paralyzed
إنْصَبَّ to be poured
إنْضَمَّ to unite
إنْغَطَّ to be immersed
إنْغَلَّ to penetrate (into)
إنْغَمَّ to be dejected
إنْفَتَّ to crumble
إنْفَضَّ to be opened
إنْفَكَّ to unravel
إنْفَلَّ to blunt
إنْقَضَّ to swoop down
إنْكَبَّ to apply o.s. eagerly
إنْكَفَّ to desist (from)
إنْهَدَّ to be demolished
إنْهَلَّ to fall heavily (rain)

120

إبْذَعَرَّ to be scattered
إبْذَقَرَّ to run
إدْلَهَمَّ to be very dark
إدْرَهَمَّ to become aged
إرْتَسَفَّ to become raised
إزْمَهَرَّ to become red
إسْبَطَرَّ to lie stretched out on one's side
إسْلَحَبَّ to be straight (the way)
إسْمَهَرَّ to be straight and erect
إشْمَخَرَّ to be very proud
إشْمَعَلَّ to be dispersed
إصْمَقَرَّ to be fiercely hot (sun)
إصْلَهَبَّ to be extended
إصْلَهَمَّ to vanish away
إصْمَخَدَّ to swell with anger
إضْمَحَلَّ to vanish away
إقْشَعَرَّ to shudder with horror
إكْمَهَدَّ to shake due to old age
إكْمَهَلَّ to sit drawn together

121

أَبَاءَ to house
أَجَاءَ to bring
أَسَاءَ to do badly
أَضَاءَ to illuminate
أَفَاءَ to give as a booty (to)
أَقَاءَ to make vomit

122

إطَّبَخَ to cook
إطَّرَحَ to throw away
إطَّرَدَ to be consecutive
إطَّلَعَ to become aware of

123

إجْثَأَلَّ to become angry
إحْتَأَمَّ to cut off
إحْزَأَلَّ to rise high
إشْرَأَبَّ to raise the head and stretch the neck (to look)
إشْمَأَزَّ to shudder
إصْمَأَكَّ to be furious
إصْمَأَلَّ to be very dark
إطْمَأَنَّ to be tranquil
إعْصَأَلَّ to grasp a staff

إِقْتَأَنَّ to be beautiful (flowers)
إِكْهَأَبَّ to change color

124

أَثْوَى to stay at
أَخْوَى to feel hunger
أَرْوَى to irrigate
أَسْوَى to straighten up
أَشْوَى to feed roasted (meat)
أَضْوَى to emaciate
أَطْوَى to be hungry
أَغْوَى to seduce
أَقْوَى to be depopulated
أَلْوَى to wave one's hand
أَنْوَى to travel a lot
أَهْوَى to swoop down

125

بَحَّ to be hoarse (voice)
بَرَّ to be reverent
بَلَّ to be successful
حَرَّ to be free (slave)
حَسَّ to feel sorry (for)
حَصَّ to fall out (hair)
حَمَّ to be black
خَبَّ to be deceitful
خَسَّ to be vile
خَصَّ to be indigent
دَرَّ to become goodly (the face) after illness
دَلَّ to be coquettish
دَمَّ to be despicable
زَرَّ to treat an adversary harshly's
زَلَّ to slip
سَدَّ to be sound
سَرَّ to have a pain in the navel
سَفَّ to eat (dry medicinal powder)
سَكَّ to be deaf
شَحَّ to be stingy
شَرَّ to be evil
شَلَّ to become crippled
شَمَّ to behave haughtily
صَبَّ to love ardently
صَمَّ to be deaf
ضَزَّ to be coarse
ضَنَّ to keep back (s.th.)
طَلَّ to release without taking revenge (for blood)
ظَلَّ to become
عَصَّ to be hard
عَضَّ to bite
غَصَّ to choke
غَضَّ to be succulent
غَنَّ to speak with a nasal twang
قَرَّ to settle down
قَضَّ to not sleep tranquilly
قَطَّ to be short and curly (hair)
كَثَّ to be dense (esp. hair)
لَجَّ to be obstinate
لَدَّ to be very querulous
لَذَّ to be sweet
لَصَّ to steal
مَصَّ to suck
مَضَّ to be in pain

مَلَّ to become weary
هَبَّ to be absent a long time
هَدَّ to be decrepit (man)
هَشَّ to be soft and loose

126

إِظَّعَنَ to ride (a camel)
إِظَّفَرَ to succeed in one's aim
إِظَّلَفَ to land on hard ground
إِظَّلَمَ to be wronged
إِظَّنَّ to accuse (of)

127

تَبَحْثَرَ to be dispersed
تَبَخْتَرَ to strut
تَبَرْطَلَ to take bribes
تَبَرْطَمَ to flame up with rage
تَبَرْعَمَ to bud
تَبَرْغَلَ to granulate
تَبَرْقَحَ to become stained
تَبَرْقَشَ to be colored
تَبَرْقَعَ to veil o.s.
تَبَرْنَطَ to wear a hat
تَبَعْثَرَ to be disarranged
تَبَلْشَفَ to Bolshevized
تَبَهْدَلَ to be contemptuous
تَبَهْرَجَ to adorn o.s.
تَتَلْمَذَ to become a pupil
تَجَصْطَنَ to lounge
تَجَلْمَدَ to be petrified
تَجَمْهَرَ to gather
تَحَذْلَقَ to feign knowledge
تَحَشْرَجَ to rattle in the throat
تَحَنْجَلَ to caper
تَخَلْبَصَ to clown
تَدَحْرَجَ to roll
تَدَهْلَزَ to stroll about (in a hall)
تَرَهْبَنَ to become a monk
تَزَرْنَقَ to clad
تَزَحْلَقَ to slide
تَزَخْرَفَ to be embellished
تَزَنْبَرَ to show proud manners
تَزَنْدَقَ to become an atheist
تَسَرْبَلَ to wear
تَسَرْطَنَ to cancerate
تَسَلْطَنَ to become sultan
تَشَرْدَقَ to swallow the wrong way
تَشَرْذَمَ to be jagged
تَشَرْطَنَ to be ordained
تَشَقْلَبَ to be upset
تَشَقْلَبَ to somersault
تَعَجْرَفَ to be arrogant
تَعَرْقَلَ to be blocked
تَعَنْفَصَ to be arrogant
تَغَطْرَسَ to be supercilious
تَغَنْدَرَ to play the dandy
تَفَرْطَحَ to flatten
تَفَرْعَنَ to be haughty
تَفَرْقَعَ to crack
تَفَرْنَجَ to adopt European customs
تَفَلْسَفَ to philosophize
تَفَلْطَحَ to broaden
تَقَرْصَنَ to pirate
تَقَرْقَفَ to chatter (the teeth)

تَقَلْنَسَ to wear a cap
تَقَهْقَرَ to retreat
تَكَثْلَكَ to become a Catholic
تَكَرْبَنَ to carbonize
تَكَرْدَسَ to be heaped up
تَكَرْمَشَ to pucker
تَكَهْرَبَ to be electrified
تَلَعْثَمَ to hesitate
تَمَسْخَرَ to make fun (of)
تَمَسْكَنَ to become poor
تَمَطْرَنَ to be instated as a metropolitan
تَمَغْنَطَ to be magnetized
تَمَفْصَلَ to articulate
تَمَكْنَنَ to be mechanized
تَمَلْغَمَ to amalgamate
تَمَنْطَقَ to gird o.s.
تَهَرْطَقَ to be a heresiarch
تَهَنْدَمَ to spruce up

128

إِثْنَوْنَى to conceal hatred
إِجْلَوْلَى to emigrate
إِحْلَوْلَى to sweeten
إِحْمَوْمَى to become black (the night and clouds)
إِخْلَوْلَى to always drink milk
إِدْجَوْجَى to be dark (night)
إِدْلَوْلَى to hasten
إِذْلَوْلَى to be disgraced
إِشْرَوْرَى to be unnerved
إِطْرَوْرَى to have indigestion
إِطْلَوْلَى to be eloquent
إِعْرَوْرَى to travel alone
إِعْلَوْلَى to ascend

129

تَبَادَى to imitate Bedouins
تَبَارَى to contend
تَبَاغَى to wrong one another
تَبَاكَى to feign crying
تَبَاهَى to boast of
تَتَالَى to follow in succession
تَجَافَى to turn away
تَحَاجَى to try one another with enigma's
تَحَاذَى to face each other
تَحَاشَى to shun
تَحَامَى to eschew
تَدَارَى to hide s.o.
تَدَاعَى to totter
تَدَانَى to come near each other
تَدَاهَى to pretend to be smart
تَرَاخَى to slacken
تَرَاضَى to come to terms
تَرَامَى to pelt one another
تَسَاخَى to display liberality
تَسَاعَى to run about in confusion
تَسَامَى to compete
تَشَاكَى to complain to one another
تَصَابَى to behave like a child
تَصَافَى to be sincere to each other
تَعَادَى to be enemies
تَعَاصَى to defy

تَعاطَى	to take	إسْتَبْرَكَ	to see a good omen in
تَعافَى	to recuperate	إسْتَبْسَلَ	to defy death boldly
تَعالَى	to rise	إسْتَبْشَرَ	to regard as auspicious
تَعامَى	to feign blindness	إسْتَبْشَعَ	to consider ugly
تَغابَى	to ignore	إسْتَبْصَرَ	to be able to see
تَغاضَى	to overlook	إسْتَبْضَعَ	to trade
تَغالَى	to overstate	إسْتَبْطَنَ	to delve into
تَفاتَى	to behave like a young man	إسْتَبْعَدَ	to set aside
تَفادَى	to ward off	إسْتَبْلَهَ	to deem stupid
تَفانَى	to dedicate o.s. entirely (to)	إسْتَبْهَمَ	to be equivocal
تَقاضَى	to litigate	إسْتَتْبَعَ	to entail
تَلاشَى	to evanesce	إسْتَتْبَتَ	to make sure of
تَلافَى	to avert	إسْتَثْقَلَ	to find burdensome
تَلاقَى	to meet	إسْتَثْمَرَ	to invest
تَلاهَى	to amuse o.s. with	إسْتَجْلَبَ	to call for
تَمادَى	to persist in	إسْتَجْلَسَ	to ask to sit
تَماشَى	to walk together	إسْتَجْمَعَ	to gather
تَماهَى	to identify	إسْتَجْنَبَ	to be sexually impure
تَناجَى	to commune	إسْتَجْهَلَ	to deem ignorant
تَنادَى	to call each other	إسْتَحْجَرَ	to petrify
تَناسَى	to pretend to have forgot	إسْتَحْدَثَ	to invent
تَناغَى	to challenge one another	إسْتَحْرَمَ	to consider unlawful
تَنافَى	to conflict	إسْتَحْسَنَ	to sanction
تَنامَى	to grow	إسْتَحْصَدَ	to be ripe
تَناهَى	to come to an end	إسْتَحْصَلَ	to acquire
تَهاجَى	to ridicule each other	إسْتَحْضَرَ	to send for
تَهادَى	to exchange presents	إسْتَحْفَرَ	to fossilize

130

إسْتَبْحَرَ	to study thoroughly	إسْتَحْفَظَ	to entrust to
إسْتَبْدَعَ	to admire	إسْتَحْقَرَ	to burn
إسْتَبْدَلَ	to replace (by)	إسْتَحْكَمَ	to be sturdy
		إسْتَحْلَبَ	to milk

إِسْتَحْلَفَ to adjure
إِسْتَحْلَكَ to be deep-black
إِسْتَحْمَقَ to consider foolish
إِسْتَحْنَكَ to uproot (a tree)
إِسْتَخْبَثَ to consider to be wicked
إِسْتَخْبَرَ to ask (about)
إِسْتَخْدَمَ to utilize
إِسْتَخْرَجَ to pull out
إِسْتَخْلَصَ to extract
إِسْتَخْلَفَ to appoint as successor
إِسْتَدْبَرَ to turn the back (on)
إِسْتَدْرَجَ to persuade
إِسْتَدْرَكَ to make right
إِسْتَذْرَفَ to let flow (tears)
إِسْتَذْكَرَ to remember
إِسْتَذْنَبَ to convict
إِسْتَرْجَعَ to reacquire
إِسْتَرْجَلَ to attain manhood
إِسْتَرْحَمَ to ask for s.o.'s mercy
إِسْتَرْخَصَ to find cheap
إِسْتَرْذَلَ to regard as vile
إِسْتَرْزَقَ to seek one's livelihood
إِسْتَرْسَلَ to be lank (hair)
إِسْتَرْشَدَ to seek guidance
إِسْتَرْفَدَ to appeal for the help
إِسْتَرْفَعَ to request raising s.th.
إِسْتَرْفَهَ to live in comfort and luxury
إِسْتَرْقَدَ to be overpowered by sleep
إِسْتَرْهَبَ to cause to fear
إِسْتَرْهَنَ to demand as security
إِسْتَزْهَدَ to deem little
إِسْتَسْلَمَ to surrender
إِسْتَسْمَحَ to ask permission
إِسْتَسْمَعَ to hear
إِسْتَسْهَلَ to deem easy
إِسْتَشْرَبَ to be deep and sharp (color)
إِسْتَشْرَفَ to look up to
إِسْتَشْرَقَ to Orientalise
إِسْتَشْعَرَ to sense
إِسْتَشْكَلَ to be dubious
إِسْتَشْهَدَ to cite
إِسْتَصْبَحَ to light a lamp
إِسْتَصْبَرَ to heap up
إِسْتَصْحَبَ to take along
إِسْتَصْرَخَ to cry for help
إِسْتَصْدَرَ to bring about
إِسْتَصْعَبَ to find difficult
إِسْتَصْغَرَ to deem small
إِسْتَصْفَحَ to ask (s.o.'s) forgiveness
إِسْتَصْلَحَ to reclaim (land)
إِسْتَصْنَعَ to have (s.o.) make (s.th.)
إِسْتَضْحَكَ to make laugh
إِسْتَضْعَفَ to deem weak
إِسْتَضْلَعَ to be versed
إِسْتَطْرَبَ to be very happy
إِسْتَطْرَدَ to digress
إِسْتَطْرَفَ to consider original
إِسْتَطْعَمَ to taste
إِسْتَطْلَعَ to explore
إِسْتَطْلَقَ to purge (bowels)
إِسْتَظْرَفَ to find witty

إِسْتَظْهَرَ to learn by heart
إِسْتَعْبَدَ to enslave
إِسْتَعْبَرَ to shed tears
إِسْتَعْجَبَ to be amazed at
إِسْتَعْجَزَ to deem incapable of
إِسْتَعْجَلَ to hurry
إِسْتَعْجَمَ to be obscure
إِسْتَعْذَبَ to find sweet
إِسْتَعْذَرَ to apologize
إِسْتَعْرَبَ to become an Arabist
إِسْتَعْرَضَ to review
إِسْتَعْرَفَ to discern
إِسْتَعْسَرَ to find tough
إِسْتَعْصَمَ to cling to
إِسْتَعْطَفَ to ask for s.o.'s sympathy
إِسْتَعْظَمَ to regard as great
إِسْتَعْلَمَ to inquire (about)
إِسْتَعْلَنَ to be evident
إِسْتَعْمَرَ to colonize
إِسْتَعْمَلَ to use
إِسْتَعْنَدَ to cling implacably (to)
إِسْتَعْهَدَ to exact a written pledge
إِسْتَغْرَبَ to find strange
إِسْتَغْرَدَ to make sing
إِسْتَغْرَقَ to engross
إِسْتَغْفَرَ to ask (s.o.'s) pardon
إِسْتَغْفَلَ to take advantage of s.o.'s negligence
إِسْتَغْلَظَ to find thick
إِسْتَغْلَقَ to be recondite
إِسْتَغْنَمَ to take the opportunity
إِسْتَفْتَحَ to commence
إِسْتَفْحَلَ to become dreadful
إِسْتَفْخَرَ to find excellent
إِسْتَفْدَحَ to regard as gross
إِسْتَفْرَدَ to find unique
إِسْتَفْرَغَ to throw up
إِسْتَفْسَرَ to seek an explanation
إِسْتَفْظَعَ to find horrid
إِسْتَفْلَحَ to thrive
إِسْتَفْهَمَ to ask (s.o. about s.th.)
إِسْتَقْبَحَ to find repugnant
إِسْتَقْبَلَ to receive
إِسْتَقْتَلَ to risk one's life
إِسْتَقْدَرَ to ask God for ability
إِسْتَقْدَمَ to ask to come
إِسْتَقْذَرَ to regard as filthy
إِسْتَقْرَبَ to find near
إِسْتَقْرَضَ to ask for a loan
إِسْتَقْرَنَ to ripen (a furuncle)
إِسْتَقْسَمَ to cast lots
إِسْتَقْصَرَ to find short
إِسْتَقْطَبَ to polarize
إِسْتَقْطَرَ to distil
إِسْتَقْطَعَ to request as a fief
إِسْتَكْبَرَ to regard as great
إِسْتَكْتَبَ to dictate (to)
إِسْتَكْتَمَ to confide a secret to
إِسْتَكْثَرَ to deem excessive
إِسْتَكْثَفَ to be dense (s.th.)
إِسْتَكْرَمَ to choose nice (things)
إِسْتَكْرَهَ to have an aversion to

إسْتَكْشَفَ to seek to discover
إسْتَكْلَبَ to be raging
إسْتَكْمَلَ to complete
إسْتَكْمَنَ to lie concealed
إسْتَلْحَقَ to annex (s.th.)
إسْتَلْزَمَ to require
إسْتَلْطَفَ to like
إسْتَلْفَتَ to catch the eye
إسْتَلْهَمَ to ask for inspiration
إسْتَمْتَعَ to enjoy
إسْتَمْزَجَ to consult
إسْتَمْسَكَ to cling to
إسْتَمْطَرَ to pray for rain
إسْتَمْكَنَ to consolidate
إسْتَمْلَحَ to find beautiful
إسْتَمْلَكَ to appropriate
إسْتَمْهَلَ to ask for a delay
إسْتَنْبَتَ to grow (bacteria)
إسْتَنْبَحَ to make (a dog) bark
إسْتَنْبَطَ to deduce
إسْتَنْتَجَ to figure out
إسْتَنْثَرَ to sniff
إسْتَنْجَبَ to choose
إسْتَنْجَحَ to urge s.o. to fulfil one's need
إسْتَنْجَدَ to ask for the help of
إسْتَنْجَزَ to ask for fulfilment
إسْتَنْجَعَ to look for
إسْتَنْحَسَ to pursue the news
إسْتَنْخَجَ to soften after being harsh
إسْتَنْزَفَ to use up
إسْتَنْزَلَ to invoke (curses on)
إسْتَنْسَبَ to find suitable
إسْتَنْسَخَ to abrogate
إسْتَنْسَرَ to become eagle-like
إسْتَنْشَدَ to ask to recite verses
إسْتَنْشَقَ to inhale
إسْتَنْصَحَ to consult
إسْتَنْصَرَ to ask for theg help of
إسْتَنْصَفَ to demand justice
إسْتَنْطَقَ to interrogate
إسْتَنْظَرَ to request a delay
إسْتَنْفَدَ to deplete
إسْتَنْفَرَ to alert
إسْتَنْفَعَ to put to use
إسْتَنْفَقَ to spend
إسْتَنْقَذَ to rescue (from)
إسْتَنْقَصَ to find decreased
إسْتَنْقَعَ to stagnate
إسْتَنْكَرَ to condemn
إسْتَنْكَفَ to scorn
إسْتَنْهَجَ to follow s.o.'s example
إسْتَنْهَضَ to awaken
إسْتَهْتَرَ to be reckless
إسْتَهْجَنَ to disapprove of
إسْتَهْدَفَ to aim at
إسْتَهْلَكَ to consume

131

إحْوَلَّ to be cross-eyed
إسْوَدَّ to become black
إعْوَجَّ to be curved

132

إِحْتَوَشَ to surround (game)
إِعْتَوَرَ to do by turns
إِعْتَوَكَ to attack
إِعْتَوَلَ to wail
إِقْتَوَرَ to hollow out

133

أَرْوَحَ to smell bad
أَزْوَجَ to unite in wedlock
أَطْوَلَ to lengthen
أَعْوَذَ to pray that God protect s.o.
أَعْوَرَ to deprive of one eye
أَعْوَزَ to be destitute
أَعْوَلَ to lament
أَقْوَلَ to put words into the s.o.'s mouth
أَنْوَرَ to come to light

134

عَايَا to speak enigmatically

135

أَحْيَا to give life to
أَعْيَا to fatigue

136

بَتِرَ to be cut off
بَثِرَ to break out in pimples
بَجِحَ to rejoice
بَحِرَ to be appalled
بَخِرَ to have bad breath
بَخَعَ to accept the truth
بَخِلَ to be niggardly
بَذِخَ to be haughty
بَرِحَ to depart from
بَرِصَ to be a leper
بَرَعَ to excel
بَرِمَ to become weary (of)
بَشِرَ to be happy
بَشِعَ to be unsightly
بَشِمَ to be fed up with
بَصِرَ to look
بَطِرَ to be wild
بَعِدَ to be distant
بَغِضَ to be hated
بَقَرَ to perform a caesarean
بَقِعَ to be spotted
بَكِمَ to be dumb
بَلِجَ to be happy
بَلِعَ to swallow
بَلِهَ to be stupid
بَهِتَ to fade
بَهِجَ to be glad
تَبِعَ to follow
تَخِذَ to take
تَخِمَ to feel satiated
تَرِبَ to be dusty
تَرِحَ to be distressed
تَرِعَ to be brimful
تَرِفَ to live in opulence
تَرِهَ to concern o.s. with trifles
تَعِبَ to work hard
تَعِسَ to be destroyed
تَفِهَ to be paltry
تَلِدَ to stay in
تَلِفَ to be annihilated

تَلِهَ	to be perplexed
ثَفِنَ	to become callous by work (the hand)
ثَقِفَ	to become skilled
ثَكِلَ	to lose a child
ثَلِجَ	to be gladdened (by)
ثَلِمَ	to be jagged
ثَمِلَ	to become drunk
جَذِلَ	to be exuberant
جَرِبَ	to be mangy
جَرِضَ	he choked on his saliva
جَرِعَ	to gulp
جَزِعَ	to be anxious
جَشِعَ	to be avaricious
جَشِمَ	to endure (hardship)
جَلِبَ	to be gathered
جَلِحَ	to be bald
جَلِدَ	to be frozen
جَلِعَ	to overturn
جَلِفَ	to be rude
جَهِدَ	to be troubled (life)
جَهِرَ	to dazzle
جَهِلَ	to be ignorant
حَبِرَ	to be glad
حَبِلَ	to be pregnant
حَتِدَ	to be of pure origin
حَدِبَ	to be cambered
حَذِرَ	to be cautious
حَذِقَ	to be well-versed
حَرِبَ	to be furious
حَرِجَ	to be narrow
حَرِدَ	to be annoyed
حَرِصَ	to desire
حَرِمَ	to be forbidden
حَزِنَ	to be sad
حَسِبَ	to think
حَسِرَ	to regret
حَصِبَ	to have the measles
حَفِظَ	to preserve
حَقِدَ	to bear malice against
حَلِبَ	to be black (the hair)
حَلِسَ	to remain (at a place)
حَلِكَ	to be pitch-black
حَمِدَ	to praise
حَمِسَ	to work with zeal
حَمِضَ	to sour
حَمِقَ	to be fatuous
حَنِثَ	to break one's oath
حَنِفَ	to be clubfooted
حَنِقَ	to be peeved
خَجِلَ	to become embarrassed
خَدِرَ	to be numb
خَدِلَ	to stiffen
خَرِبَ	to be destroyed
خَرِدَ	to be a virgin
خَرِسَ	to be dumb
خَرِفَ	to dote
خَرِقَ	to become confounded due to fear or shame
خَسِرَ	to lose
خَصِبَ	to be fertile (soil)
خَصِرَ	to become cold

خَضِبَ to become green (plant)
خَضِرَ to cut off (thorns)
خَضِلَ to be moist
خَطِفَ to snatch
خَطِلَ to talk nonsense
خَفِرَ to be timid
خَلِفَ to be squint-eyed
خَلِقَ to be old
خَمِجَ to spoil
خَمِصَ to be empty (stomach)
خَنِثَ to be effeminate
دَبِقَ to stick to
دَجِرَ to be embarrassed
دَحِسَ to be affected by a whitlow
دَخِنَ to be smoky
دَرِبَ to be accustomed
دَرِجَ to advance step by step
دَرِدَ to become toothless
دَرِمَ to fall out (teeth)
دَرِنَ to be dirty
دَسِمَ to be greasy (food)
دَعِرَ to be dissolute
دَغِصَ to be chock-full
دَقِعَ to grovel
دَكِسَ to pile up
دَكِنَ to darken
دَمِلَ to heal (wound)
دَنِسَ to be soiled
دَنِفَ to be seriously ill
دَنِقَ to die of cold
دَهِشَ to be astonished
دَهِمَ to surprise
ذَرِبَ to be sharp
ذَعِرَ to be astounded
ذَعِنَ to yield (to)
ذَهِلَ to be absent-minded
رَبِحَ to gain (from)
رَتِجَ to be speechless
رَتِلَ to be regular
رَجِبَ to be afraid
رَجِسَ to be filthy
رَجِلَ to go on foot
رَحِبَ to be spacious
رَحِمَ to have mercy upon
رَدِفَ to come next
رَذِلَ to be base
رَسِلَ to be long and flowing (hair)
رَشِفَ to sip
رَضِعَ to suckle
رَطِبَ to be moist
رَعِفَ to have a nosebleed
رَغِبَ to desire
رَغِدَ to be pleasant
رَكِبَ to ride
رَمِدَ to have sore eyes
رَهِبَ to be frightened
رَهِقَ to come over
رَهِلَ to be flabby
زَرِبَ to flow (water)
زَرِقَ to be blue
زَعِقَ to be happy
زَعِلَ to be bored

زَعِمَ to be rapacious
زَلِجَ to slip
زَمِجَ to be furious
زَمِرَ to be unkind
زَمِنَ to be chronically ill
زَنِدَ to be thirsty
زَهِدَ to abstain from
زَهِمَ to suffer from indigestion
سَحِرَ to go early in the morning
سَحِقَ to be distant
سَحِمَ to blacken
سَخِرَ to ridicule
سَخِطَ to be discontented
سَخِنَ to heat
سَدِرَ to be bewildered
سَدِلَ to be fond (of)
سَرِبَ to flow
سَرِحَ to proceed freely
سَرِطَ to swallow
سَرِعَ to be quick
سَعِدَ to be happy
سَغِبَ to be hungry
سَفِدَ to cohabit
سَفِهَ to be stupid
سَقِمَ to be sick
سَكِرَ to be drunk
سَلِبَ to be in mourning
سَلِسَ to be docile
سَلِطَ to be insolent
سَلِعَ to be chap
سَلِمَ to be safe
سَمِرَ to brown
سَمِعَ to hear
سَمِنَ to be fat
سَهِدَ to find no sleep
سَهِرَ to be sleepless
شَبِثَ to hold fast (to)
شَبِعَ to satisfy one's appetite
شَبِقَ to be lewd
شَجِعَ to be tall
شَجِنَ to be sad
شَجِزَ to be unnerved
شَحِنَ to bear enmity
شَرِبَ to drink
شَرِسَ to be vicious
شَرِقَ to swallow the wrong way
شَرِكَ to share (with)
شَرِهَ to be greedy
شَظِفَ to be hard
شَعِثَ to be unkempt (hair)
شَغِبَ to make trouble
شَقِرَ to be of fair complexion
شَكِسَ to become peevish
شَمِتَ to rejoice at the misfortune of
شَمِسَ to be sunny (day)
شَمِطَ to turn gray
شَمِلَ to comprise
شَنِجَ to shrink
شَنِعَ to consider ugly
شَهِدَ to witness
شَهِقَ to inhale deeply
صَبِحَ to be radiant

صَحِبَ to be a companion (of)
صَخِبَ to shout
صَعِدَ to go up
صَعِرَ to be awry (face)
صَغِرَ to be small
صَفِرَ to be empty
صَقِعَ to faint
صَقِلَ to be burnished
صَلِبَ to be hard
صَلِخَ to be deaf
صَلِعَ to be bald
صَلِفَ to boast
ضَجِرَ to be annoyed
ضَحِكَ to laugh
ضَرِسَ to be dull
ضَرِعَ to be humble
ضَرِمَ to catch fire
ضَغِنَ to bear a grudge
ضَمِدَ to be dry
ضَمِنَ to guarantee
طَبِعَ to be dirty
طَبِنَ to be intelligent
طَرِبَ to be delighted
طَرِحَ to be far
طَرِشَ to be deaf
طَعِمَ to taste
طَفِقَ to begin
طَلِعَ to ascend
طَلِقَ to be far
طَمِثَ to menstruate
طَمِعَ to covet

ظَفِرَ to be successful
ظَلِفَ to be hard (earth)
عَبِثَ to fool around
عَبِرَ to shed tears
عَبِقَ to cling (to)
عَثِرَ to stumble
عَجِبَ to wonder
عَجِزَ to be weak
عَجِلَ to hurry
عَدِلَ to be tyrannize
عَدِمَ to be deprived
عَرِبَ to have indigestion
عَرِجَ to be lame
عَرِصَ to be lively
عَرِقَ to perspire
عَرِكَ to be strong in battle
عَسِرَ to be difficult
عَشِبَ to be greasy
عَشِقَ to love passionately
عَصِلَ to be warped (wood)
عَضِلَ to be muscular
عَطِبَ to be ruined
عَطِرَ to perfume o.s.
عَطِشَ to be thirsty
عَطِلَ to be destitute
عَطِنَ to putrefy
عَفِنَ to rot
عَكِرَ to be turbid
عَلِقَ to get caught in
عَلِمَ to know (of)
عَلِنَ to be known

عَمِرَ to be longevous
عَمِشَ to become bleary (eye)
عَمِلَ to do
عَنِتَ to meet with hardship
عَنِدَ to be stubborn
عَهِدَ to know
غَدِرَ to betray
غَدِقَ to be copious
غَرِدَ to sing (bird)
غَرِقَ to plunge
غَرِمَ to pay a fine
غَزِلَ to court (a woman)
غَضِبَ to be angry
غَطِشَ to be dim-sighted
غَفِرَ to be ill again (a patient)
غَلِطَ to make a mistake
غَلِمَ to be excited by lust
غَمِطَ to hold in contempt
غَمِقَ to be damp
غَنِجَ to flirt
غَنِمَ to gain booty
فَخِرَ to despise
فَرِحَ to be happy (at)
فَرِغَ to be empty
فَرِقَ to be terrified
فَزِعَ to be afraid (of)
فَسِخَ to fade (color)
فَشِلَ to fail
فَضِلَ to be surplus
فَطِنَ to be clever
فَظِعَ to be scared
فَقِمَ to be critical
فَقِهَ to understand
فَكِهَ to be jocose
فَهِمَ to understand
قَبِلَ to accept
قَحِطَ to be withheld
قَحِلَ to be arid
قَدِرَ to possess strength
قَدِمَ to arrive
قَذِرَ to be unclean
قَرِبَ to be near
قَرِحَ to ulcerate
قَرِسَ to be severe (the cold)
قَرِعَ to be bald
قَرِفَ to be disgusted (of)
قَشِفَ to live in squalor and misery
قَشِلَ to be penniless
قَصِفَ to brittle
قَضِمَ to gnaw (on)
قَعِسَ to be pigeon-breasted
قَفِعَ to shrink
قَلِقَ to totter
قَمِرَ to be snow-blind
قَمِلَ to be lice-infested
قَنِطَ to despond
قَنِعَ to be content
قَنِمَ to be rancid
كَبِرَ to be old
كَدِرَ to be roily
كَرِشَ to be wrinkled
كَرِعَ to sip

كَرِهَ to dislike
كَسِحَ to be crippled
كَسِلَ to be lazy
كَشِفَ to be defeated
كَفِلَ to vouch (for)
كَلِبَ to be mad
كَلِفَ to be freckled
كَمِدَ to be sad
كَمِلَ to be whole
كَمِنَ to hide
لَبِثَ to hesitate
لَبِسَ to wear
لَبِقَ to fit (clothes)
لَبِكَ to get confused
لَثِغَ to lisp
لَجِبَ to din
لَجِنَ to cling (to)
لَحِسَ to lick
لَحِقَ to catch up with
لَحِمَ to be corpulent
لَحِنَ to be intelligent
لَخِنَ to stink
لَزِبَ to cohere
لَزِجَ to be viscid
لَزِقَ to adhere (to)
لَزِمَ to persevere in
لَسِنَ to be eloquent
لَصِقَ to stick (to)
لَعِبَ to play
لَقِفَ to seize quickly
لَقِمَ to devour

لَقِنَ to grasp
لَكِنَ to speak incorrectly
لَهِبَ to flame
لَهِجَ to be dedicated
لَهِفَ to regret
لَهِقَ to be snow-white
لَهِمَ to gobble
مَحِكَ to be quarrelsome
مَحِلَ to be barren
مَخِضَ to be parturient
مَذِرَ to be addle (egg)
مَذِلَ to disclose (secret)
مَرِحَ to be cheerful
مَرِضَ to be ill
مَرِعَ to be fertile
مَعِرَ to fall out (hair)
مَعِضَ to be annoyed (by)
مَلِدَ to be soft (branch)
مَلِسَ to be smooth
مَلِصَ to glide
مَلِقَ to flatter
نَبِهَ to heed
نَتِنَ to be malodorous
نَجِدَ to sweat
نَجِزَ to be carried out
نَجِسَ to be impure
نَحِسَ to be unlucky
نَحِلَ to be grow thin
نَخِمَ to clear one's throat
نَدِبَ to cicatrize
نَدِمَ to rue

نَذِرَ to have been warned

نَزِقَ to storm ahead

نَزِلَ to have a cold

نَزِهَ to be respectable

نَشِبَ to be fixed

نَشِطَ to be vivacious

نَشِفَ to dry

نَشِقَ to smell

نَصِبَ to be jaded

نَضِجَ to be ripe

نَضِرَ to be flourishing

نَعِمَ to lead a life of ease

نَعِلَ to wear sandals

نَغِرَ to boil

نَغِصَ to be incomplete (an issue)

نَغِلَ to fester

نَغِمَ to hum a tune

نَفِدَ to be depleted

نَفِسَ to be niggardly

نَفِطَ to vesticate

نَقِبَ to be full of holes

نَقِذَ to be saved

نَقِرَ to be miffed (at)

نَقِمَ to take vengeance

نَقِهَ to regain health

نَكِدَ to be unhappy

نَكِرَ to not know

نَكِلَ to recoil

نَمِرَ to be angry

نَمِشَ to be freckled

نَمِلَ to tingle

نَهِبَ to plunder

نَهِجَ to be out of breath

نَهِقَ to bray

نَهِكَ to debilitate

نَهِلَ to drink

نَهِمَ to be insatiable

هَبِلَ to be bereaved of her son

هَدِبَ to have long lashes (eye)

هَدِلَ to hang loosely

هَرِمَ to become senile and frail

هَزِجَ to sing

هَزِلَ to be skinny

هَلِبَ to be hairy

هَلِعَ to be impatient

137

إِنْزَوَى to retire

إِنْشَوَى to be grilled

إِنْضَوَى to join

إِنْطَوَى to fold

إِنْغَوَى to be tempted

إِنْهَوَى to fall (down)

138

بَيَّتَ to scheme

بَيَّضَ to whiten

بَيَّنَ to make clear

تَيَّمَ to enthral

تَيَّهَ to mislead

جَيَّبَ to pocket

جَيَّرَ to endorse

جَيَّشَ to levy troops

جَيَّفَ to stink

خَيَّدَ	to neutralize
حَيَّرَ	to confuse
حَيَّنَ	to set a time for
خَيَّبَ	to frustrate
خَيَّرَ	to let choose (from)
خَيَّطَ	to sew
خَيَّلَ	to give the impression (that)
خَيَّمَ	to camp
دَيَّنَ	to lend money
ذَيَّلَ	to append
رَيَّثَ	to soften
رَيَّسَ	to appoint as head
رَيَّشَ	to feather
رَيَّعَ	to increase
رَيَّلَ	to slobber
رَيَّمَ	to remain
زَيَّتَ	to oil
زَيَّدَ	to increase
زَيَّرَ	to close (a button)
زَيَّفَ	to forge
زَيَّقَ	to creak
زَيَّلَ	to separate
زَيَّنَ	to garnish
سَيَّبَ	to forsake
سَيَّجَ	to fence in
سَيَّحَ	to make flow
سَيَّرَ	to make walk
سَيَّسَ	to politicize
سَيَّلَ	to (cause to) stream
شَيَّبَ	to make white-haired
شَيَّحَ	to blot
شَيَّخَ	to age
شَيَّدَ	to build
شَيَّطَ	to burn slightly
شَيَّعَ	to see off
شَيَّفَ	to cut up (fruit)
شَيَّنَ	to disfigure
صَيَّحَ	to yell
صَيَّرَ	to make
صَيَّفَ	to aestivate (in)
ضَيَّعَ	to lose
ضَيَّفَ	to subjoin
ضَيَّقَ	to narrow
طَيَّبَ	to make good
طَيَّحَ	to lose (s.th.)
طَيَّرَ	to make fly
طَيَّنَ	to lute
عَيَّبَ	to render faulty
عَيَّثَ	to fumble
عَيَّدَ	to celebrate a feast
عَيَّرَ	to gibe
عَيَّشَ	to keep alive
عَيَّطَ	to yell
عَيَّلَ	to provide with
عَيَّنَ	to specify
غَيَّبَ	to lead away
غَيَّرَ	to change
غَيَّظَ	to infuriate
غَيَّمَ	to cloud (over)
فَيَّحَ	to scatter
فَيَّشَ	to affect cowardice
قَيَّحَ	to be purulent

قَيَّدَ to manacle
قَيَّرَ to tar
قَيَّسَ to standardize
قَيَّضَ to destine (to)
قَيَّفَ to follow the tracks of
قَيَّلَ to hold siesta
قَيَّمَ to evaluate
كَيَّسَ to make elegant
كَيَّفَ to adapt
كَيَّلَ to measure
لَيَّفَ to clean with a sponge
لَيَّنَ to soften
مَيَّزَ to distinguish
مَيَّعَ to dilute
مَيَّلَ to tilt (s.th.)
نَيَّرَ to weave (cloth)
نَيَّفَ to be more than
نَيَّلَ to dye with indigo
هَيَّبَ to cause to be dreaded
هَيَّتَ to call (s.o.)
هَيَّجَ to stir (up)
هَيَّرَ to hurl down
هَيَّلَ to pour down
هَيَّمَ to infatuate

139

بَادَأَ to take the initiative
بَاطَأَ to temporize
فَاجَأَ to take by surprise
كَافَأَ to reward
مَالأَ to help

140

بَتَّ to cut off
بَرَّ to be reverent
بَصَّ to glow
بَلَّ to convalesce
تَبَّ to perish
تَمَّ to be complete
جَدَّ to be new
جَفَّ to dry
جَلَّ to be great
جَمَّ to gather
حَبَّ to love
حَدَّ to become furious
حَرَّ to be hot
حَسَّ to feel sorry (for)
حَفَّ to rustle
حَقَّ to be true
حَلَّ to be allowed
حَنَّ to yearn (for)
خَرَّ to purl (water)
خَشَّ to enter (into)
خَفَّ to lighten
خَمَّ to exude a foul smell
خَنَّ to snuffle
دَبَّ to crawl
دَجَّ to walk slowly
دَرَّ to flow copiously
دَفَّ to flap the wings (bird)
دَقَّ to be thin
دَلَّ to flirt
ذَلَّ to be low
رَثَّ to be ragged

رَفَّ to quiver
رَقَّ to be thin
رَكَّ to be feeble
رَمَّ to decay
رَنَّ to ring
زَفَّ to hurry
زَلَّ to slip
سَحَّ to flow down
سَدَّ to be apposite
شَبَّ to become a youth
شَتَّ to be scattered
شَجَّ to fracture
شَحَّ to be stingy
شَدَّ to make firm
شَذَّ to be irregular
شَطَّ to deviate (from)
شَعَّ to disperse
شَفَّ to be diaphanous
صَحَّ to be healthy
صَدَّ to turn away (from)
صَرَّ to creak
صَلَّ to rattle
ضَبَّ to keep under lock
ضَجَّ to vociferate
ضَلَّ to go astray
ضَنَّ to (be)grudge
طَبَّ to treat medically
طَنَّ to buzz
عَجَّ to yell
عَزَّ to be powerful
عَفَّ to be abstinent
عَكَّ to be muggy (day)
عَلَّ to drink a second time
عَنَّ to suggest itself to
غَثَّ to be lean
غَذَّ to fester
غَضَّ to be tender (plant)
غَطَّ to snore
غَفَّ to grab (s.o.)
فَحَّ to hiss (snake)
فَرَّ to flee
فَزَّ to be frightened
قَرَّ to be cold
قَشَّ to gather from here and there
قَلَّ to be little
كَتَّ to hum softly
كَثَّ to be dense (esp. hair)
كَشَّ to recoil (from)
كَلَّ to be tired
لَجَّ to be stubborn
نَدَّ to run away
نَزَّ to seep
نَشَّ to sizzle
نَصَّ to stipulate
نَفَّ to blow one's nose
نَقَّ to croak (frog)
نَمَّ to betray
هَدَّ to crash down
هَرَّ to gnarl
هَسَّ to whisper
هَشَّ to be crisp (bread)

هَفَّ to pass swiftly
هَلَّ to appear
هَنَّ to weep

141

بَحَّحَ to make hoarse
بَدَّدَ to diffuse
بَرَّرَ to warrant
بَلَّلَ to moisten
تَفَّفَ to say "phew"
تَمَّمَ to finish
جَدَّدَ to renew
جَرَّرَ to drag
جَزَّزَ to cut
جَفَّفَ to dry
جَصَّصَ to stucco
جَلَّلَ to spread over
جَمَّمَ to grow luxuriantly
جَنَّنَ to madden
حَبَّبَ to evoke love or liking
حَثَّثَ to impel
حَدَّدَ to circumscribe
حَرَّرَ to liberate
حَزَّزَ to notch
حَسَّسَ to grope
حَشَّشَ to smoke hashish
حَصَّصَ to allot
حَضَّضَ to exhort
حَفَّفَ to surround
حَقَّقَ to carry out
حَلَّلَ to analyze
حَمَّمَ to heat
خَنَّنَ to blossom
خَدَّدَ to furrow
خَسَّسَ to lessen
خَصَّصَ to specialize
خَطَّطَ to draw lines
خَفَّفَ to lighten
خَلَّلَ to run the fingers through
دَبَّبَ to sharpen
دَجَّجَ to arm heavily
دَسَّسَ to foist into
دَفَّفَ to hurry
دَقَّقَ to check (out)
دَكَّكَ to mingle
دَلَّلَ to pamper
دَمَّمَ to daub
دَنَّنَ to buzz
ذَرَّرَ to powder
ذَلَّلَ to surmount
ذَمَّمَ to dispraise
رَبَّبَ to raise (a child)
رَدَّدَ to reiterate
رَذَّذَ to atomize
رَزَّزَ to burnish
رَصَّصَ to cover with lead
رَقَّقَ to dilute
رَمَّمَ to repair
زَجَّجَ to vitrify
زَرَّرَ to button
زَمَّمَ to bridle (a camel)
سَبَّبَ to cause
سَدَّدَ to settle (debts etc)

سَمَّمَ	to poison	فَنَّنَ	to diversify
سَنَّنَ	to jag	قَبَّبَ	to dome
شَبَّبَ	to rhapsodize about	قَدَّدَ	to cut lengthwise
شَتَّتَ	to disperse	قَرَّرَ	to decide
شَدَّدَ	to emphasize	قَزَّزَ	to disgust
شَقَّقَ	to cleave	قَصَّصَ	to cut off
شَكَّكَ	to suggest doubt to	قَطَّطَ	to carve (wood)
شَمَّمَ	to make smell	قَلَّلَ	to make little
صَحَّحَ	to correct	كَبَّبَ	to conglobate
صَدَّدَ	to suppurate	كَدَّدَ	to chase away
صَرَّرَ	to prick up one's ears	كَرَّرَ	to repeat
صَفَّفَ	to line up	كَزَّزَ	to tetanize
صَمَّمَ	to determine to	كَفَّفَ	to hem (a garment)
ضَبَّبَ	to take hold (of s.th.)	كَلَّلَ	to crown
ضَرَّرَ	to damage	كَمَّمَ	to muzzle
ضَلَّلَ	to mislead	كَتَّنَ	to keep secret
طَبَّبَ	to treat medically	لَبَّبَ	to kernel
طَفَّفَ	to stint	لَدَّدَ	to bewilder
طَنَّنَ	to peal	لَذَّذَ	to please
ظَلَّلَ	to shade	لَزَّزَ	to press together
عَجَّجَ	to raise (the dust)	لَفَّفَ	to wrap up tightly
عَزَّزَ	to consolidate	مَجَّجَ	to become ripe
عَضَّضَ	to bite strongly	مَدَّدَ	to extend
غَرَّرَ	to imperil	مَرَّرَ	to let pass
غَشَّشَ	to act dishonestly	مَطَّطَ	to expand
غَمَّمَ	to cover	نَدَّدَ	to criticize
فَخَّخَ	to booby trap	نَضَّضَ	to move
فَصَّصَ	to remove the outer shell of	هَبَّبَ	to tear
فَضَّضَ	to plate with silver	هَجَّجَ	to set ablaze
فَكَّكَ	to disassemble	هَدَّدَ	to threaten
فَلَّلَ	to notch	هَزَّزَ	to agitate

هَشَّشَ to cheer up
هَلَّلَ to shout with joy
هَمَّمَ to lullaby

142

إِنْبَتَرَ to be amputated
إِنْبَتَلَ to be docked
إِنْبَثَقَ to emanate (from)
إِنْبَجَسَ to gush out
إِنْبَرَمَ to be ratified
إِنْبَسَطَ to spread (out)
إِنْبَضَعَ to cut (s.th.)
إِنْبَطَحَ to lie prostrate
إِنْبَعَثَ to be given off
إِنْبَعَجَ to be dented
إِنْبَغَتَ to be taken aback
إِنْبَلَجَ to dawn
إِنْبَهَتَ to be astonished
إِنْبَهَرَ to be dazzled
إِنْثَعَبَ to siphon
إِنْثَقَبَ to be pierced
إِنْثَلَمَ to be defiled
إِنْجَبَرَ to set (broken bone)
إِنْجَحَرَ to hide in its hole
إِنْجَدَلَ to be twisted
إِنْجَذَبَ to be drawn to
إِنْجَذَرَ to be uprooted
إِنْجَذَمَ to be lopped off
إِنْجَرَدَ to disrobe
إِنْجَرَفَ to be swept away
إِنْجَزَرَ to ebb
إِنْجَزَمَ to be cut off
إِنْجَلَبَ to be brought
إِنْجَلَطَ to be old (a thing)
إِنْجَلَعَ to be revealed (a thing)
إِنْجَمَدَ to be frozen
إِنْحَبَسَ to be held back
إِنْحَتَمَ to be imperative
إِنْحَجَبَ to be veiled
إِنْحَدَرَ to descend
إِنْحَرَفَ to deviate from
إِنْحَسَرَ to abate
إِنْحَسَمَ to be severed
إِنْحَصَرَ to be limited
إِنْحَطَمَ to break
إِنْحَلَبَ to flow with sweat (body)
إِنْحَمَقَ to be foolish
إِنْحَمَلَ to be urged to do s.th.
إِنْخَبَزَ to be low (a place)
إِنْخَدَشَ to be scratched
إِنْخَدَعَ to be deceived
إِنْخَذَلَ to be left in the lurch
إِنْخَرَطَ to be lathed
إِنْخَرَعَ to languish
إِنْخَرَقَ to be torn
إِنْخَرَمَ to be pierced
إِنْخَزَقَ to be pierced
إِنْخَزَلَ to walk heavily
إِنْخَسَفَ to sink down
إِنْخَصَمَ to be deducted
إِنْخَطَفَ to be snatched away
إِنْخَفَضَ to sink
إِنْخَفَعَ to be near unconsciousness

إِنْخَلَعَ	to be luxated	إِنْسَجَمَ	to be concordant (with)
إِنْخَنَقَ	to be asphyxiated	إِنْسَحَبَ	to withdraw
إِنْدَبَغَ	to tan	إِنْسَحَقَ	to be crushed
إِنْدَثَرَ	to be effaced	إِنْسَدَلَ	to hang down
إِنْدَحَرَ	to be defeated	إِنْسَرَبَ	to leak
إِنْدَخَلَ	to enter	إِنْسَرَحَ	to be deep in thought
إِنْدَرَجَ	to be embodied in	إِنْسَرَقَ	to be stolen
إِنْدَرَسَ	to be obliterated	إِنْسَطَحَ	to be spread out
إِنْدَغَمَ	to be incorporated	إِنْسَطَلَ	to be intoxicated
إِنْدَفَعَ	to rush	إِنْسَعَرَ	to become furious
إِنْدَفَقَ	to issue forth	إِنْسَفَرَ	to rise
إِنْدَلَصَ	to fall out of the hand	إِنْسَفَكَ	to be shed (blood)
إِنْدَلَعَ	to loll (the tongue)	إِنْسَكَبَ	to pour forth
إِنْدَلَقَ	to be spilled (liquid)	إِنْسَلَتَ	to slip away
إِنْدَمَجَ	to merge	إِنْسَلَخَ	to slough
إِنْدَمَرَ	to be annihilated	إِنْسَلَعَ	to split
إِنْدَمَسَ	to enter a basement	إِنْشَدَهَ	to be astounded
إِنْدَمَلَ	to heal	إِنْشَرَحَ	to be delighted
إِنْدَهَشَ	to be perplexed	إِنْشَرَمَ	to split
إِنْدَرَعَ	to proceed	إِنْشَطَرَ	to divide
إِنْذَعَرَ	to be frightened	إِنْشَعَبَ	to divaricate
إِنْذَهَلَ	to be dismayed	إِنْشَغَفَ	to adore
إِنْزَجَرَ	to be restrained	إِنْشَغَلَ	to be occupied
إِنْزَرَبَ	to enter a pen	إِنْصَدَعَ	to get cleft
إِنْزَرَفَ	to be opposite each other	إِنْصَرَعَ	to be mad
إِنْزَرَقَ	to lie on one's back	إِنْصَرَفَ	to turn away from
إِنْزَعَجَ	to be annoyed	إِنْصَرَمَ	to elapse
إِنْزَعَقَ	to scare	إِنْصَعَقَ	to be struck by lightening
إِنْزَلَقَ	to slide	إِنْصَقَلَ	to become smooth
إِنْزَهَقَ	to move ahead	إِنْصَلَحَ	to be put in order
إِنْسَبَكَ	to be cast	إِنْصَهَرَ	to melt

إِنْضَبَطَ	to be disciplined	إِنْفَتَقَ	to be unsown
إِنْضَجَعَ	to lie on one's side	إِنْفَتَلَ	to be twisted
إِنْضَغَطَ	to be compressed	إِنْفَجَرَ	to gush out
إِنْضَفَرَ	to be braided	إِنْفَجَمَ	to be wide (valley)
إِنْضَمَرَ	to wither	إِنْفَخَتَ	to be perforated
إِنْطَبَخَ	to be cooked	إِنْفَدَغَ	to be broken
إِنْطَبَعَ	to be printed	إِنْفَرَجَ	to be opened
إِنْطَبَقَ	to apply to	إِنْفَرَدَ	to withdraw
إِنْطَرَحَ	to be thrown down	إِنْفَرَطَ	to be loosened
إِنْطَلَقَ	to dash	إِنْفَرَقَ	to part company
إِنْطَمَسَ	to be expunged	إِنْفَرَكَ	to be rubbed
إِنْظَلَمَ	to suffer injustice	إِنْفَزَرَ	to burst (open)
إِنْعَتَقَ	to be freed	إِنْفَسَحَ	to broaden
إِنْعَجَمَ	to be obscure	إِنْفَسَخَ	to be repealed
إِنْعَدَلَ	to deviate from	إِنْفَسَدَ	to be rotten
إِنْعَدَمَ	to be lacking	إِنْفَصَدَ	to be bled
إِنْعَرَجَ	to bend	إِنْفَصَلَ	to detach o.s. from
إِنْعَزَلَ	to be isolated	إِنْفَصَمَ	to have a crack
إِنْعَصَرَ	to be pressed (out)	إِنْفَضَحَ	to be exposed
إِنْعَطَفَ	to be inclined	إِنْفَطَرَ	to split
إِنْعَقَدَ	to jell	إِنْفَطَسَ	to become flattened (nose)
إِنْعَقَفَ	to be falcate	إِنْفَطَمَ	to be weaned
إِنْعَكَسَ	to be reversed	إِنْفَعَلَ	to be affected
إِنْغَرَزَ	to bore (into)	إِنْفَغَرَ	to be agape
إِنْغَرَسَ	to be planted	إِنْفَغَمَ	to clear away (a cold)
إِنْغَرَفَ	to break (a bone)	إِنْفَقَسَ	to overturn
إِنْغَسَلَ	to be washed	إِنْفَقَعَ	to pop
إِنْغَلَقَ	to be closed	إِنْفَلَتَ	to get away
إِنْغَمَرَ	to plunge	إِنْفَلَجَ	to be semi paralyzed
إِنْغَمَسَ	to be dipped	إِنْفَلَعَ	to break open
إِنْفَتَحَ	to open	إِنْفَلَقَ	to dehisce

إِنْقَبَضَ to constrict
إِنْقَدَرَ to be as estimated (a garment)
إِنْقَدَعَ to stop
إِنْقَذَفَ to be flung
إِنْقَرَضَ to become extinct
إِنْقَسَمَ to be divided
إِنْقَشَرَ to be derinded
إِنْقَشَطَ to become clear (the sky)
إِنْقَشَعَ to be driven away
إِنْقَصَدَ to be broken
إِنْقَصَفَ to snap
إِنْقَصَلَ to be mowed
إِنْقَصَمَ to break
إِنْقَضَبَ to become separated (from)
إِنْقَطَعَ to be chopped off
إِنْقَعَثَ to be pulled out
إِنْقَعَرَ to pass away
إِنْقَعَشَ to be demolished
إِنْقَعَصَ to die
إِنْقَعَضَ to turn back
إِنْقَفَعَ to keep away (from)
إِنْقَفَلَ to be shut
إِنْقَلَبَ to be overturned
إِنْقَلَعَ to be extracted
إِنْقَمَعَ to be disgraced
إِنْكَبَتَ to displease
إِنْكَبَسَ to be pressed
إِنْكَتَبَ to subscribe
إِنْكَتَلَ to pass by
إِنْكَتَمَ to hide
إِنْكَدَرَ to become muddy
إِنْكَدَمَ to bruise
إِنْكَرَبَ to anguish
إِنْكَسَرَ to be broken
إِنْكَسَفَ to be eclipsed
إِنْكَشَحَ to disperse
إِنْكَشَطَ to be scraped off
إِنْكَشَفَ to become unearthed
إِنْكَمَشَ to contract
إِنْمَحَقَ to be exterminated
إِنْمَرَطَ to fall out (hair)
إِنْمَزَقَ to get torn
إِنْمَلَسَ to slip away
إِنْمَلَصَ to dodge
إِنْهَبَصَ to laugh a lot
إِنْهَبَطَ to become degraded
إِنْهَتَكَ to be disclosed
إِنْهَجَمَ to fall down
إِنْهَدَمَ to be torn down
إِنْهَزَلَ to be lean
إِنْهَزَمَ to be routed
إِنْهَشَمَ to shatter (into pieces)
إِنْهَصَرَ to crack
إِنْهَضَمَ to be digested
إِنْهَلَكَ to imperil o.s.
إِنْهَمَرَ to be poured out
إِنْهَمَكَ to be engrossed
إِنْهَمَلَ to shed abundant tears

143

إِنْبَاجَ to fall avidly on (hardship)
إِنْبَاقَ to treat unjustly
إِنْثَالَ to be heaped up

إِنْجَابَ to scatter
إِنْجَالَ to fly (dust)
إِنْحَازَ to side with
إِنْحَاشَ to amass
إِنْدَاحَ to spread
إِنْزَالَ to be separate
إِنْسَاقَ to drift
إِنْسَامَ to be consecrated
إِنْشَالَ to ascend
إِنْصَاعَ to yield to
إِنْطَادَ to rise in the air
إِنْطَاعَ to obey
إِنْقَادَ to be led (by)
إِنْهَارَ to tumble (down)
إِنْهَاسَ to be beguiled

144

قَوْقَعَ to limit
تَوْبَلَ to spice s.th.
جَوْرَبَ to make s.o. wear a sock
خَوْزَقَ to impale
دَوْزَنَ to tune
رَوْتَشَ to retouch
سَوْكَرَ to insure
نَوْسَرَ to form a fistula

145

بَاحَ to be known
بَاخَ to abate
بَارَ to perish
بَاسَ to kiss
بَاشَ to be boisterous
بَالَ to urinate

تَابَ to repent
تَاحَ to be easy
تَاقَ to long for
ثَابَ to return
ثَارَ to be stirred up
جَابَ to travel (through)
جَاحَ to destroy
جَادَ to be good
جَارَ to deviate from
جَازَ to be permissible
جَاسَ to explore
جَاعَ to be hungry
جَالَ to roam
حَادَ to turn aside (from)
حَاذَ to urge on
حَارَ to return (to)
حَازَ to possess
حَاشَ to round up (game)
حَاطَ to guard
حَاقَ to surround
حَاكَ to weave
حَالَ to prevent
خَارَ to low (cattle)
خَاضَ to wade (into water)
خَانَ to be disloyal
دَاخَ to be dizzy
دَارَ to turn
دَاسَ to tread on
دَافَ to blend
دَالَ to alternate
دَامَ to last

ذَابَ to dissolve
ذَادَ to chase away
ذَاقَ to taste
رَابَ to curdle (milk)
رَاثَ to drop dung
رَاجَ to circulate
رَاحَ to go
رَادَ to explore
رَازَ to weigh
رَاضَ to housebreak (animal)
رَاعَ to frighten
رَاغَ to dodge
رَاقَ to be clear
رَامَ to desire
زَاحَ to depart
زَارَ to visit
زَاغَ to deviate from
زَالَ to disappear
زَامَ to growl (dog)
سَاحَ to tour
سَاخَ to become slippery
سَادَ to be master (over)
سَاسَ to govern
سَاطَ to scourge
سَاغَ to be permitted
سَاقَ to drive
سَاكَ to rub
سَامَ to offer for sale
شَابَ to admix
شَاقَ to delight
شَاكَ to sting

شَالَ to rise
صَابَ to hit (the target)
صَاتَ to ring
صَاخَ to be doughy
صَاغَ to form
صَالَ to jump on
صَامَ to fast
صَانَ to preserve
ضَارَ to starve (to death)
ضَاعَ to diffuse (fragrance)
طَاحَ to lose one's way
طَاعَ to obey
طَافَ to circuit
طَاقَ to bear
طَالَ to be long
عَادَ to return
عَاذَ to take refuge (with)
عَازَ to need
عَاضَ to indemnify
عَاقَ to impede
عَالَ to provide for
عَامَ to buoy
غَارَ to become hollow
غَاصَ to dive into
غَالَ to snatch
فَاتَ to elapse
فَاحَ to diffuse an aroma
فَارَ to boil over
فَازَ to be successful
فَاقَ to outmatch
فَاهَ to utter

قَابَ to dig
قَاتَ to feed
قَاحَ to fester
قَادَ to lead
قَاضَ to raze
قَاقَ to cackle (hen)
قَالَ to say
قَامَ to stand up
لَاثَ to tarnish
لَاحَ to loom
لَاذَ to resort to
لَاسَ to taste
لَاصَ to peep
لَاطَ to coat with clay
لَاعَ to be restive
لَافَ to eat
لَاكَ to chew
لَامَ to blame
مَاتَ to die
مَاجَ to heave (sea)
مَارَ to move to and fro
مَالَ to enrich
مَانَ to provision
مَاهَ to mix (with)
نَابَ to represent
نَاتَ to sway
نَاحَ to wail
نَادَ to swing back and forth
نَاسَ to dangle
نَاصَ to shirk
نَاطَ to hang (s.th. on)

نَافَ to be high
نَالَ to obtain
هَادَ to be a Jew
هَارَ to throw down
هَاعَ to vomit
هَالَ to appal
هَانَ to be easy (for)

146

تَوِيَ to be destroyed (goods)
ثَوِيَ to be buried
جَوِيَ to be passionately stirred by love or grief
حَوِيَ to be blackish red
خَوِيَ to be hungry
دَوِيَ to be sick
ذَوِيَ to wither
رَوِيَ to quench one's thirst
سَوِىَ to be normal
صَوِيَ to dry up
ضَوِيَ to be thin
طَوِيَ to be hungry
غَوِيَ to covet
قَوِيَ to be strong
لَوِيَ to be crooked
هَوِيَ to love

147

إِسْتَقْوَى to pluck up courage

148

بَتَرَ to cut off
بَتَلَ to sever
بَجَسَ to spout

بَجَلَ	to be happy
بَدَرَ	to come suddenly upon
بَدَلَ	to replace (with)
بَدَنَ	to be corpulent
بَذَرَ	to sow
بَذَلَ	to spend freely
بَرَجَ	to be apparent
بَرَدَ	to be cold
بَرَزَ	to appear
بَرَضَ	to germinate
بَرَقَ	to flash
بَرَكَ	to kneel down
بَرَمَ	to twine (a rope)
بَزَغَ	to rise (sun etc)
بَزَقَ	to spit
بَسَرَ	to scowl
بَسَطَ	to spread
بَسَقَ	to be high
بَشَرَ	to peel
بَصَقَ	to spit
بَصَمَ	to imprint
بَطَرَ	to tear
بَطَشَ	to assault
بَطَلَ	to be void
بَطَنَ	to be hidden
بَقَرَ	to slit open
بَقَلَ	to sprout (plant)
بَكَرَ	to get up early
بَلَجَ	to dawn
بَلَصَ	to extort (from)
بَلَغَ	to reach
تَجَرَ	to trade
تَرَكَ	to leave (s.th.)
تَفَلَ	to spit
ثَبَتَ	to be firm
ثَبَرَ	to ruin
ثَبَطَ	to impede
ثَرَدَ	to crumble and sop (bread)
ثَفَلَ	to settle
ثَقَبَ	to bore
ثَقَفَ	to surpass in skill
ثَقَلَ	to be heavy
ثَمَرَ	to bear fruit
ثَلَجَ	to snow
جَبَرَ	to set (broken bones)
جَبَلَ	to shape
جَثَمَ	to crouch
جَدَبَ	to become arid
جَدَلَ	to twine
جَذَرَ	to uproot
جَرَدَ	to peel
جَرَشَ	to grind
جَرَفَ	to sweep away
جَزَرَ	to slaughter
جَسَرَ	to cross (s.th.)
جَفَلَ	to startle
جَلَبَ	to fetch
جَلَفَ	to scrape
جَمَدَ	to freeze
جَمَلَ	to sum up
جَنَبَ	to ward off
حَبَرَ	to gladden

حَبَكَ	to knit	حَفَنَ	to scoop (up)
حَبَلَ	to ensnare	حَقَنَ	to inject
حَجَبَ	to cover (s.th. from)	حَكَمَ	to pass judgment
حَجَرَ	to interdict	حَلَبَ	to milk
حَجَزَ	to hold back	حَلَمَ	to dream of
حَجَلَ	to leap	حَمَشَ	to acerbate
حَجَمَ	to cup	حَمَضَ	to detest
حَدَثَ	to happen	خَبَرَ	to try (s.th.)
حَدَرَ	to come down	خَتَلَ	to deceive
حَذَقَ	to turn sour (milk)	خَثَرَ	to become solid
حَرَثَ	to plow	خَدَرَ	to screen o.s.
حَرَزَ	to keep	خَدَمَ	to serve
حَرَسَ	to guard	خَذَلَ	to leave in the lurch
حَرَضَ	to decay	خَرَتَ	to pierce
حَرَقَ	to rub together	خَرَجَ	to go out
حَرَنَ	to be obstinate	خَرَزَ	to bore
حَزَبَ	to befall	خَرَصَ	to conjecture
حَزَرَ	to conjecture	خَرَطَ	to lathe
حَسَبَ	to calculate	خَرَقَ	to tear
حَسَدَ	to envy	خَزَرَ	to look askance at
حَسَرَ	to uncover	خَزَنَ	to store
حَشَدَ	to mass (esp. troops)	خَطَبَ	to deliver a speech
حَشَرَ	to gather (people)	خَفَتَ	to become inaudible
حَصَبَ	to pebble	خَفَرَ	to watch (over)
حَصَدَ	to harvest	خَفَسَ	to ridicule
حَصَرَ	to confine	خَفَقَ	to beat (the heart)
حَصَلَ	to happen	خَلَبَ	to fascinate
حَصَنَ	to protect	خَلَدَ	to remain forever
حَضَرَ	to be present	خَلَصَ	to be pure
حَضَنَ	to embrace	خَلَفَ	to be the successor of
حَظَرَ	to pen (up)	خَلَقَ	to create

خَمَدَ to go out (fire)
خَمَرَ to hide
خَمَشَ to scratch
خَمَصَ to be hungry (stomach)
خَمَلَ to be unknown
خَنَقَ to choke
دَبَجَ to embellish
دَبَرَ to turn the back
دَبَغَ to tan (a hide)
دَبَكَ to stamp the feet
دَبَلَ to fertilize
دَثَرَ to become obsolete
دَجَلَ to be a charlatan
دَجَنَ to be tenebrous
دَخَلَ to enter
دَخَنَ to emit smoke
دَرَجَ to walk with short steps
دَرَزَ to sew
دَرَسَ to study
دَسَرَ to shove
دَفَقَ to pour out
دَلَجَ to lade
دَلَقَ to spill
دَلَكَ to massage
دَمَجَ to merge
دَمَرَ to perish
دَمَسَ to hide
دَمَغَ to mark with a stamp
دَمَلَ to fertilize
دَمَنَ to manure
دَهَنَ to paint
ذَبَلَ to wither
ذَرَقَ to excrement (bird)
ذَكَرَ to mention
رَبَصَ to lurk
رَبَطَ to fasten
رَبَكَ to confound
رَتَجَ to bolt
رَتَقَ to mend
رَجَحَ to preponderate
رَجَزَ to recite a marital song
رَجَفَ to tremble
رَجَمَ to stone
رَخَمَ to be soft (voice)
رَدَسَ to flatten
رَدَفَ to succeed
رَدَمَ to fill up with earth
رَذَبَ to cling (to)
رَذَلَ to reject
رَزَقَ to provide with means of subsistence
رَزَمَ to pack
رَزَنَ to weigh in the hands
رَسَبَ to precipitate
رَسَخَ to take root
رَسَفَ to go in shackles
رَسَمَ to draw
رَشَدَ to be on the right way
رَشَفَ to sup
رَشَقَ to throw
رَشَمَ to seal
رَصَدَ to observe

رَصَفَ to pave
رَطَمَ to implicate
رَطَنَ to jargonize
رَعَدَ to thunder
رَعَفَ to have a nosebleed
رَعَنَ to be sun struck
رَفَتَ to break
رَفَثَ to be obscene
رَفَسَ to kick
رَفَضَ to refuse
رَفَقَ to treat kindly
رَفَلَ to strut
رَقَبَ to observe
رَقَدَ to sleep
رَقَشَ to variegate
رَقَصَ to dance
رَقَمَ to number
رَكَدَ to be motionless
رَكَزَ to plant in the ground
رَكَسَ to respond
رَكَضَ to run
رَكَلَ to kick
رَكَمَ to amass
رَكَنَ to lean on
رَمَزَ to make a sign
رَمَسَ to bury
رَمَشَ to take with the finger-tips
رَمَقَ to glance at
زَبَدَ to churn (milk)
زَبَرَ to scold (s.o.)
زَبَقَ to pluck out (hair)

زَجَرَ to restrain
زَجَلَ to let go
زَرَقَ to inject
زَعَمَ to allege
زَقَمَ to swallow
زَكَبَ to fill up
زَلَطَ to swallow
زَلَفَ to approach
زَلَقَ to slip
زَمَرَ to blow
سَبَتَ to rest
سَبَخَ to sleep deeply
سَبَرَ to probe
سَبَغَ to be completed
سَبَقَ to precede
سَبَكَ to smelt
سَتَرَ to cover
سَجَدَ to prostrate o.s.
سَجَرَ to fire
سَجَمَ to flow
سَجَنَ to jail
سَخَنَ to heat
سَدَلَ to lower
سَرَدَ to enumerate
سَطَرَ to draw lines
سَطَلَ to intoxicate
سَعَطَ to snuff
سَعَلَ to cough
سَفَقَ to slam (the door)
سَفَكَ to shed (blood)
سَفَلَ to be low

سَقَطَ	to fall down
سَقَفَ	to roof
سَكَبَ	to pour (out)
سَكَتَ	to be silent
سَكَرَ	to shut
سَكَنَ	to live in
سَلَبَ	to take away
سَلَتَ	to extract
سَلَخَ	to flay
سَلَفَ	to be past
سَلَقَ	to lacerate the skin
سَلَكَ	to behave
سَمَدَ	to raise one's head proudly
سَمَرَ	to chat in the evening
سَمَطَ	to scald
سَمَقَ	to be lofty
سَمَلَ	to gouge out
سَنَدَ	to support
سَهَمَ	to become pale
شَبَرَ	to measure with the hand
شَتَمَ	to abuse
شَجَبَ	to condemn
شَجَرَ	to happen
شَجَنَ	to grieve (s.o.)
شَحَبَ	to be pallid
شَخَبَ	to gush forth
شَدَنَ	to be weaned
شَذَبَ	to prune
شَرَخَ	to become a youth
شَرَدَ	to bolt (a horse)
شَرَطَ	to slash
شَرَقَ	to rise (sun)
شَطَبَ	to cut into slices
شَطَرَ	to halve
شَطَفَ	to rinse
شَطَنَ	to fasten (with a rope)
شَظَفَ	to castrate
شَعَرَ	to sense
شَغَرَ	to be unoccupied
شَكَرَ	to thank
شَكَلَ	to fetter
شَكَمَ	to bridle (an animal)
شَلَقَ	to split lengthwise
شَمَسَ	to balk
شَمَلَ	to include
شَنَقَ	to hang (on the gallows)
صَبَغَ	to dye
صَدَرَ	to be published
صَدَفَ	to turn away from
صَدَقَ	to speak the truth
صَرَخَ	to yell
صَقَلَ	to polish
صَلَحَ	to be righteous
صَلَقَ	to bear hardships
صَلَمَ	to cut from the root
صَمَتَ	to be silent
صَمَدَ	to withstand
صَمَلَ	to be rigid
ضَبَرَ	to gather
ضَبَطَ	to catch
ضَرَجَ	to ensanguine
ضَمَخَ	to perfume

ضَمَدَ to bandage
ضَمَرَ to atrophy
طَبَخَ to cook
طَبَلَ to beat a drum
طَرَدَ to chase away
طَرَقَ to knock
طَعَنَ to stab
طَلَبَ to ask for
طَلَحَ to be bad
طَلَعَ to rise
طَمَثَ to menstruate
طَمَرَ to inter
طَمَسَ to expunge
طَهَرَ to be clean
عَبَدَ to worship
عَبَرَ to go across
عَتَبَ to admonish
عَتَلَ to carry
عَثَرَ to stumble
عَجَزَ to grow old (woman)
عَجَمَ to put to the test
عَجَنَ to knead
عَذَلَ to blame
عَرَجَ to ascend
عَرَشَ to erect a trellis (for grapevines)
عَرَكَ to rub
عَزَبَ to be single
عَزَفَ to abstain from
عَشَرَ to collect the tithe
عَصَلَ to bend
عَضَدَ to help
عَطَسَ to sneeze
عَطَنَ to macerate
عَقَبَ to succeed (s.o.)
عَقَمَ to be barren
عَكَفَ to devote o.s. to
عَلَكَ to chew
عَلَنَ to become evident
عَمَرَ to live long
عَنَدَ to be pertinacious
غَبَرَ to elapse
غَدَرَ to betray
غَرَبَ to depart
غَرَفَ to ladle
غَفَلَ to neglect
غَلَفَ to enwrap
غَمَدَ to sheathe
غَمَرَ to deluge
غَمَضَ to be equivocal
غَمَقَ to be moist
فَتَرَ to become tepid (water)
فَتَقَ to unstitch
فَتَكَ to assassinate
فَجَرَ to be dissolute
فَرَدَ to be single
فَرَشَ to pave
فَرَطَ to precede
فَرَغَ to be done
فَرَقَ to separate
فَرَكَ to rub
فَزَرَ to burst (open)

فَسَدَ to decay
فَسَقَ to live in debauchery
فَشَرَ to brag
فَصَلَ to go away
فَضَلَ to be surplus
فَطَرَ to have breakfast
فَغَرَ to gape
فَقَرَ to pierce
فَكَرَ to reflect
فَلَجَ to split
قَبَرَ to inhume
قَبَلَ to guarantee
قَتَرَ to be niggardly
قَتَلَ to kill
قَتَمَ to rise (dust)
قَدَرَ to decree
قَدَمَ to precede
قَذَرَ to be filthy
قَرَشَ to gnash (teeth)
قَرَصَ to nip
قَرَطَ to mince
قَسَطَ to act fairly
قَشَدَ to skim (the cream)
قَصَرَ to fail to accomplish
قَصَفَ to carouse
قَطَرَ to drip
قَطَلَ to cut down (trees)
قَطَنَ to dwell in
قَعَدَ to sit down
قَفَرَ to follow the tracks of
قَفَشَ to gather
قَفَلَ to return
قَمَزَ to take with the fingertips
قَمَسَ to dip
قَمَشَ to pick up (rubbish)
قَمَصَ to gallop
قَمَطَ to swaddle (a baby)
قَنَتَ to be obedient
قَنَطَ to despair
كَبَدَ to afflict gravely
كَبَرَ to exceed in age
كَبَشَ to take a handful of
كَتَبَ to write
كَتَلَ to agglomerate
كَتَمَ to hide
كَثَرَ to outnumber
كَحَلَ to paint with kohl
كَدَمَ to contuse
كَرَبَ to anguish
كَرَثَ to distress (s.o.)
كَسَدَ to be unsalable
كَعَبَ to swell (bosom)
كَفَلَ to vouch for
كَلَمَ to injure
كَمَتَ to suppress
كَمَشَ to seize
كَمَنَ to be latent
كَنَسَ to sweep
كَنَفَ to guard
لَبَدَ to adhere to
لَبَطَ to throw down
لَبَكَ to mix

لَجَمَ to bridle
لَحَمَ to weld
لَدَغَ to sting
لَزَبَ to be firm
لَطَسَ to strike (s.o.)
لَطَشَ to hit (s.o.)
لَطَفَ to be kind to
لَغَزَ to speak in riddles
لَقَطَ to pick up
لَقَمَ to clog (up)
لَكَزَ to punch
لَكَمَ to strike with the fist
لَمَزَ to find fault with
لَمَسَ to touch
لَمَصَ to rail (at s.o.)
لَمَظَ to smack one's lips
مَثَلَ to resemble
مَجَدَ to be glorious
مَجَرَ to be thirsty
مَجَنَ to joke
مَخَضَ to churn (milk)
مَخَطَ to blow one's nose
مَذَقَ to dilute
مَرَثَ to suck
مَرَدَ to be refractory
مَرَسَ to macerate
مَرَشَ to scratch
مَرَطَ to tear out
مَرَقَ to pierce
مَرَنَ to be flexible
مَزَجَ to mix
مَسَكَ to grab
مَشَطَ to comb (the hair)
مَشَقَ to extend
مَصَلَ to curdle
مَضَرَ to turn sour
مَضَغَ to chew
مَطَرَ to rain
مَطَلَ to hammer
مَقَتَ to detest
مَقَرَ to preserve in vinegar
مَقَلَ to look at
مَكَثَ to stay in
مَكَرَ to deceive
مَلَجَ to suck (the breast)
مَلَحَ to be salty
مَلَطَ to plaster
مَهَرَ to be dextrous
مَهَنَ to serve
نَبَتَ to grow
نَبَشَ to excavate
نَبَطَ to well out
نَبَعَ to well up
نَبَغَ to be a genius
نَبَلَ to shoot arrows at
نَبَهَ to be famous
نَتَحَ to exude
نَتَرَ to grab
نَتَعَ to ooze
نَثَرَ to scatter
نَجَدَ to succor
نَجَرَ to hew (out)

نَجَزَ to carry out
نَجَلَ to beget
نَجَمَ to appear
نَحَتَ to carve
نَحَرَ to slaughter
نَحَلَ to be emaciated
نَخَبَ to select
نَخَرَ to snort
نَخَسَ to goad
نَخَلَ to sift
نَدَبَ to mourn (for)
نَدَرَ to be rare
نَدَسَ to throw down
نَدَلَ to snatch
نَذَرَ to vow
نَزَكَ to stab
نَسَبَ to ascribe to
نَسَجَ to weave
نَسَرَ to tear
نَسَقَ to string
نَسَكَ to lead a devout life
نَسَلَ to beget
نَشَدَ to seek
نَشَرَ to propagate
نَشَزَ to protrude
نَشَطَ to knot a rope
نَشَفَ to absorb
نَشَلَ to snatch away
نَصَبَ to erect
نَصَرَ to help
نَصَفَ to reach the middle of
نَصَلَ to fade (color)
نَضَبَ to run out
نَضَرَ to be flourishing
نَضَلَ to surpass
نَطَرَ to watch over
نَطَفَ to dribble
نَطَقَ to enunciate
نَطَلَ to squeeze out
نَظَرَ to perceive
نَعَسَ to be sleepy
نَعَمَ to lead a life of ease
نَغَمَ to hum
نَفَثَ to expectorate
نَفَجَ to spring up and run away (game)
نَفَخَ to blow
نَفَذَ to penetrate
نَفَرَ to startle
نَفَشَ to card (cotton)
نَفَضَ to shake off
نَفَقَ to sell well
نَقَبَ to bore
نَقَدَ to critique
نَقَذَ to save (from)
نَقَرَ to dig
نَقَزَ to skip
نَقَشَ to engrave
نَقَصَ to decrease
نَقَضَ to revoke
نَقَطَ to punctuate
نَقَلَ to transport

نَكَبَ to distress
نَكَتَ to scratch up (the ground)
نَكَثَ to renege (on)
نَكَحَ to marry
نَكَسَ to invert
نَكَصَ to recoil
نَكَفَ to scorn
نَكَلَ to flinch
نَهَبَ to pillage
نَهَدَ to swell (breasts)
هَبَرَ to carve (meat) into large pieces
هَبَطَ to descend
هَجَدَ to spend the night in prayer
هَجَرَ to desert
هَجَسَ to occur to
هَجَلَ to cast amorous glances
هَجَمَ to attack
هَدَرَ to be in vain
هَدَفَ to aim at
هَذَرَ to prate
هَرَبَ to flee
هَرَسَ to mash
هَمَدَ to abate
هَمَرَ to pour out
هَمَزَ to rowel
هَمَشَ to bite
هَمَعَ to shed tears
هَمَكَ to urge
هَمَلَ to be bathed in tears

149

بَثُرَ to blister
بَجُلَ to be venerable
بَحُتَ to be pure (a thing)
بَخُلَ to be stingy
بَدُعَ to be marvellous
بَدُنَ to be fat
بَذُخَ to be prodigal
بَذُلَ to give generously
بَذُمَ to be sagacious
بَرُدَ to feel cold
بَرُعَ to be skilled
بَسُطَ to be simple
بَسُلَ to be intrepid
بَصُرَ to look
بَطُلَ to be brave
بَطُنَ to be paunchy
بَعُدَ to keep away
بَغُضَ to be hated
بَكُمَ to be silent
بَلُدَ to be stupid
بَلُغَ to be eloquent
بَلُقَ to be piebald
بَهُتَ to be astonished
بَهُجَ to be beautiful
ثَبُتَ to be tough
ثَخُنَ to thicken
ثَفُلَ to sediment
ثَقُفَ to be skilled
ثَقُلَ to be heavy
ثَمُنَ to be valuable
جَبُنَ to quail

جَدُبَ	to become arid
جَدُرَ	to be suitable (for)
جَزُلَ	to be considerable
جَسُمَ	to be bulky
جَعُدَ	to become curly
جَلُدَ	to be fortitudinous
جَمُدَ	to congeal
جَمُشَ	to unhair (s.th.)
جَمُلَ	to be beautiful
جَهُرَ	to be loud
جَهُمَ	to glower
حَدُثَ	to be new
حَدُرَ	to be fat
حَرُزَ	to be impervious
حَرُكَ	to move
حَرُمَ	to be forbidden
حَرُنَ	to headstrong
حَزُمَ	to be resolute
حَسُبَ	to be highborn
حَسُنَ	to be handsome
حَصُفَ	to be judicious
حَصُنَ	to be inaccessible
حَقُرَ	to be contemptible
حَكُمَ	to be wise
حَلُمَ	to be forbearing
حَمُضَ	to sour
حَمُقَ	to be stupid
حَنُفَ	to be clubfooted
خَبُثَ	to be bad
خَبُرَ	to know thoroughly
خَرُعَ	to sag
خَرُفَ	to dote
خَرُقَ	to be clumsy
خَشُنَ	to coarsen
خَفُضَ	to be easy (life)
خَلُعَ	to be profligate
خَلُقَ	to be shabby (garment)
دَمُثَ	to be gentle
ذَبُلَ	to wilt
رَجُسَ	to be filthy
رَحُبَ	to be wide
رَخُصَ	to cheapen
رَخُمَ	to be mellow (voice)
رَذُلَ	to be base
رَزُنَ	to be staid
رَسُبَ	to sediment
رَصُفَ	to be firmly joined
رَصُنَ	to be sedate
رَطُبَ	to dampen
رَعُنَ	to be lightheaded
رَغُدَ	to be pleasant
رَفُهَ	to be luxurious
رَقُعَ	to be stupid
رَهُفَ	to thin
زَهُدَ	to abstain (from)
سَبُطَ	to be lank (hair)
سَحُقَ	to be remote
سَخُفَ	to be silly
سَخُنَ	to heat
سَرُعَ	to be quick
سَقُمَ	to become sick
سَلُطَ	to be insolent

سَمُجَ to be repugnant
سَمُحَ to be magnanimous
سَمُرَ to turn brown
سَمُكَ to thicken
سَهُلَ to be easy
سَهُمَ to become pale
شَجُعَ to be courageous
شَحُبَ to be pallid
شَحُمَ to be fleshy
شَرُفَ to be honorable
شَقُرَ to be blond
شَكُسَ to be spiteful
شَنُعَ to be abominable
صَبُحَ to radiate (face)
صَرُحَ to be pure
صَرُمَ to be severe
صَعُبَ to be difficult
صَغُرَ to be small
صَلُبَ to be solid
صَلُتَ to be glossy
صَلُحَ to be good
صَلُدَ to be hard
ضَخُمَ to be huge
ضَعُفَ to weaken
ضَلُعَ to be sturdy
ضَمُرَ to be lean
ضَنُكَ to be straitened
طَرُفَ to be newly acquired
طَفُلَ to be tender
طَلُقَ to be cheerful
طَمُثَ to menstruate
طَمُعَ to be avaricious
طَهُرَ to be clean
ظَرُفَ to be witty
عَتُدَ to be ready
عَتُقَ to become old
عَجُزَ to grow old (woman)
عَدُلَ to be just
عَذُبَ to be sweet
عَرُضَ to broaden
عَسُرَ to be difficult
عَشُبَ to be grassy
عَظُمَ to be great
عَقُرَ to be sterile
عَقُمَ to be barren
عَلُنَ to become evident
عَمُرَ to thrive
عَمُقَ to become profound
عَنُدَ to be pertinacious
عَنُفَ to intensify
غَرُبَ to be a stranger
غَزُرَ to be plentiful
غَلُظَ to thicken
غَمُرَ to abound
غَمُضَ to be equivocal
غَمُقَ to be damp
فَحُشَ to be ribald
فَحُمَ to be black
فَخُمَ to be stately
فَرُدَ to be single
فَسُقَ to go astray
فَصُحَ to be eloquent

فَطُنَ to be discerning
فَظُعَ to be detestable
فَقُرَ to be poor
فَقُمَ to be critical
فَقُهَ to have comprehension
قَبُحَ to be ugly
قَدُسَ to be holy
قَدُمَ to be ancient
قَذُرَ to be filthy
قَرُبَ to come near
قَشُفَ to live in misery
قَصُرَ to be short
قَضُفَ to be slender
قَعُرَ to be concave
قَنُطَ to become disheartened
كَبُرَ to be great
كَثُرَ to be numerous
كَثُفَ to thicken
كَدُرَ to be turbid
كَرُمَ to be generous
كَرُهَ to be repugnant
كَسُدَ to be unsalable
كَفُلَ to vouch for
كَمُلَ to be complete
كَهُلَ to be middle-aged
كَهُنَ to become a priest
لَبُقَ to be diplomatic
لَحُمَ to be corpulent
لَدُنَ to be pliant
لَطُفَ to be thin
مَتُنَ to be strong
مَثُلَ to appear (before)
مَجُدَ to be illustrious
مَحُضَ to be of pure descent
مَحُلَ to be barren
مَرُدَ to be refractory
مَضُرَ to turn sour
مَقُتَ to be abominable
مَلُحَ to be handsome
مَلُسَ to smooth
مَنُعَ to be impregnable
مَهُنَ to be despicable
نَبُلَ to be noble
نَبُهَ to be famous
نَتُنَ to be malodorous
نَجُبَ to be patrician
نَجُسَ to be impure
نَحُسَ to be unlucky
نَحُفَ to be thin
نَحُلَ to be emaciated
نَدُرَ to be strange
نَذُلَ to be depraved
نَزُهَ to be impartial
نَسُكَ to lead a devout life
نَضُرَ to be flourishing
نَظُفَ to be clean
نَعُمَ to be soft
نَفُسَ to be precious
هَجُنَ to be incorrect

150

تَبَارَأَ to separate
تَبَاطَأَ to be slow

تَخاطَأَ to make a mistake
تَكافَأَ to equal each other
تَمالَأَ to help one another in

151

إِنْطَفَأَ to go out
إِنْفَثَأَ to calm down
إِنْفَقَأَ to open
إِنْكَفَأَ to retreat

152

كادَ to be about to

153

كانَ to be

154

تَبَوَّغَ to sporulate
تَبَوَّلَ to urinate
تَتَوَّجَ to be crowned
تَجَوَّزَ to tolerate
تَجَوَّفَ to hollow
تَجَوَّلَ to wander about
تَحَوَّجَ to try to obtain
تَحَوَّرَ to be modified
تَحَوَّزَ to wriggle
تَحَوَّطَ to protect
تَحَوَّلَ to change
تَخَوَّفَ to fear
تَدَوَّرَ to round
تَدَوَّنَ to be recorded
تَذَوَّقَ to taste
تَرَوَّحَ to fan o.s.
تَرَوَّضَ to be tamed
تَرَوَّعَ to be terrified
تَرَوَّقَ to become clear (beverage)
تَزَوَّجَ to get married
تَزَوَّدَ to take along provisions
تَزَوَّرَ to be forged
تَسَوَّدَ to get married
تَسَوَّرَ to scale
تَسَوَّسَ to be worm-eaten
تَسَوَّقَ to purchase
تَسَوَّكَ to use a toothstick
تَسَوَّلَ to beg
تَشَوَّشَ to be confused
تَشَوَّفَ to look forward to
تَشَوَّقَ to hanker after
تَشَوَّهَ to be deformed
تَصَوَّبَ to be lowered
تَصَوَّرَ to imagine
تَصَوَّعَ to be dispersed (people)
تَصَوَّفَ to become a mystic
تَصَوَّنَ to protect o.s.
تَضَوَّرَ to writhe (in pain)
تَضَوَّعَ to exhale fragrance
تَطَوَّحَ to tumble
تَطَوَّدَ to go about
تَطَوَّرَ to develop
تَطَوَّسَ to flaunt
تَطَوَّعَ to volunteer
تَطَوَّفَ to circumambulate
تَطَوَّقَ to wear a necklace
تَعَوَّجَ to be crooked
تَعَوَّدَ to get used to
تَعَوَّذَ to seek refuge with

تَعَوَّرَ to become erased (words of a book)
تَعَوَّضَ to take as compensation
تَعَوَّقَ to retard
تَغَوَّرَ to penetrate (into)
تَغَوَّطَ to egest
تَفَوَّقَ to surpass
تَفَوَّهَ to utter
تَقَوَّبَ to break open (egg)
تَقَوَّتَ to be feed
تَقَوَّحَ to fester
تَقَوَّرَ to coil (snake)
تَقَوَّزَ to be demolished (a house)
تَقَوَّسَ to bend
تَقَوَّضَ to collapse
تَقَوَّلَ to fabricate lies against
تَقَوَّمَ to be straight (a thing)
تَكَوَّرَ to become spherical
تَكَوَّفَ to band together
تَكَوَّمَ to stack
تَكَوَّنَ to be formed
تَلَوَّثَ to be polluted
تَلَوَّمَ to tarry
تَلَوَّنَ to be colored
تَمَوَّجَ to ripple
تَمَوَّرَ to move to and fro
تَمَوَّلَ to be financed
تَمَوَّنَ to store up provisions
تَمَوَّهَ to be gilded
تَنَوَّحَ to oscillate
تَنَوَّدَ to sway
تَنَوَّرَ to be lighted
تَنَوَّسَ to swing
تَنَوَّعَ to be diverse
تَنَوَّقَ to be fastidious (in)
تَنَوَّمَ to try to sleep
تَهَوَّدَ to become a Jew
تَهَوَّرَ to be impetuous
تَهَوَّسَ to be a maniac
تَهَوَّعَ to retch
تَهَوَّلَ to be scary
تَهَوَّمَ to doze off

155

ثَوَى to stay (at a place)
حَوَى to gather
خَوَى to be vacant
دَوَى to sound
ذَوَى to wither
رَوَى to irrigate
زَوَى to frown
شَوَى to grill
ضَوَى to join
طَوَى to fold
عَوَى to yelp
غَوَى to go astray
كَوَى to iron
لَوَى to contort
نَوَى to intend
هَوَى to fall (down)

156

بَؤُسَ to be brave
رَؤُسَ to be the chief

رَؤُفَ to show mercy
شَؤُمَ to be unfortunate
ضَؤُلَ to dwindle
لَؤُمَ to be mean

157

ثَوَّى to make stay
حَوَّى to take possession (of)
خَوَّى to be empty
دَوَّى to sound
رَوَّى to quench s.o.'s thirst
زَوَّى to go into seclusion
سَوَّى to level off
شَوَّى to feed roasted meat (to)
صَوَّى to wilt
قَوَّى to make strong
كَوَّى to make a window
لَوَّى to complicate

158

لَيْسَ to not to be

159

بَتَّ to cut off
بَثَّ to propagate
بَخَّ to snore
بَدَّ to distribute
بَذَّ to get the better of
بَزَّ to outdo
بَصَّ to look
بَقَّ to spout
بَلَّ to moisten
تَخَّ to ferment (dough)
تَكَّ to trample down
ثَلَّ to tear down
جَثَّ to uproot (a tree)
جَذَّ to cut off
جَرَّ to pull
جَزَّ to shear off
جَسَّ to touch
جَشَّ to grind
جَنَّ to cover
حَتَّ to rub of
حَثَّ to goad
حَجَّ to perform the hajj
حَدَّ to sharpen
حَرَّ to be hot
حَزَّ to notch
حَسَّ to feel
حَشَّ to mow
حَصَّ to be s.o.'s share
حَضَّ to exhort
حَطَّ to put
حَفَّ to surround
حَكَّ to rub
حَلَّ to untie
حَمَّ to heat
حَنَّ to prohibit
خَبَّ to amble (animal)
خَدَّ to furrow
خَرَّ to purl (water)
خَزَّ to pierce
خَسَّ to lessen
خَشَّ to enter (into)
خَصَّ to distinguish with

خَطَّ to write
خَلَّ to puncture
خَمَّ to sweep
درَّ to flow copiously
دَسَّ to foist into
دَعَّ to rebuff
دَقَّ to crush
دَكَّ to make level
دَلَّ to show
دَمَّ to be hideous
دَنَّ to buzz
ذَبَّ to drive away
ذَرَّ to sprinkle
ذَمَّ to dispraise
رَبَّ to be master
رَجَّ to shake
رَخَّ to dilute with water
رَدَّ to send back
رَشَّ to sprinkle
رَصَّ to fit tightly together
رَضَّ to contuse
رَفَّ to quiver
رَكَّ to thrust s.th. upon s.o.
رَمَّ to repair
زَجَّ to throw
زَرَّ to button
زَفَّ to give away (in marriage)
زَقَّ to feed its young
زَمَّ to tie up
زَنَّ to buzz
سَبَّ to abuse
سَحَّ to flow down
سَدَّ to plug up
سَرَّ to make happy
سَكَّ to mint (money)
سَلَّ to pull out
سَمَّ to poison
سَنَّ to sharpen
شَبَّ to kindle (fire)
شَجَّ to fracture
شَحَّ to be stingy
شَخَّ to urinate
شَدَّ to make firm
شَذَّ to be irregular
شَطَّ to deviate (from)
شَقَّ to split
شَكَّ to doubt
شَلَّ to paralyze
شَمَّ to smell
شَنَّ to make a raid
صَبَّ to pour
صَدَّ to away from
صَفَّ to line up
صَكَّ to beat
صَمَّ to cork (bottle)
ضَخَّ to spurt (water)
ضَرَّ to harm
ضَمَّ to bring together
طَبَّ to treat medically
طَرَّ to sharpen
طَقَّ to pop
طَلَّ to emerge

طَمَّ to overflow
ظَنَّ to think
عَبَّ to quaff
عَدَّ to count
عَرَّ to disgrace
عَسَّ to patrol by night
عَقَّ to be undutiful (toward the father)
عَمَّ to prevail in
عَنَّ to suggest itself to
غَبَّ to gulp
غَتَّ to dip
غَرَّ to mislead
غَشَّ to cheat
غَضَّ to lower (one's gaze)
غَطَّ to immerse
غَلَّ to handcuff
غَمَّ to grieve
فَتَّ to weaken
فَجَّ to straddle
فَحَّ to hiss (snake)
فَخَّ to snore
فَشَّ to subside (swelling)
فَضَّ to pry open
فَكَّ to disassemble
فَلَّ to notch
قَبَّ to build a dome
قَتَّ to render falsely
قَثَّ to pull out
قَدَّ to cut lengthwise
قَزَّ to loathe
قَسَّ to seek
قَشَّ to gather from here and there
قَصَّ to cut
قَطَّ to sharpen
قَفَّ to be withered
قَمَّ to sweep
كَبَّ to overturn
كَحَّ to cough
كَدَّ to overwork
كَرَّ to turn around and attack
كَزَّ to dry up
كَظَّ to congest
كَفَّ to desist from
كَمَّ to cover
كَنَّ to harbor
لَبَّ to stay in
لَتَّ to pulverize
لَدَّ to dispute violently with
لَزَّ to tie (to)
لَصَّ to rob
لَفَّ to wrap up
لَكَّ to pommel (s.o.)
لَمَّ to gather
مَتَّ to be related to
مَجَّ to spit out
مَدَّ to extend
مَرَّ to pass by
مَزَّ to be acidulous
مَشَّ to suck the marrow (from a bone)

مَصَّ	to suck
مَضَّ	to hurt
مَطَّ	to stretch
مَنَّ	to be kind (to)
نَصَّ	to stipulate
نَطَّ	to jump
نَمَّ	to betray
هَبَّ	to get in motion
هَجَّ	to burn
هَدَّ	to demolish
هَزَّ	to shake
هَضَّ	to move briskly
هَمَّ	to disquiet

160

إِسْتَبَثَّ	to ask to reveal (a secret)
إِسْتَبَدَّ	to be despotic
إِسْتَتَبَّ	to stabilize
إِسْتَجَدَّ	to be new
إِسْتَجَمَّ	to take recreation
إِسْتَجَنَّ	to be covered
إِسْتَحَبَّ	to like
إِسْتَحَثَّ	to urge
إِسْتَحَرَّ	to heat
إِسْتَحَقَّ	to deserve
إِسْتَحَكَّ	to itch
إِسْتَحَلَّ	to regard as lawful
إِسْتَحَمَّ	to take a bath
إِسْتَخَفَّ	to find light
إِسْتَدَرَّ	to draw forth
إِسْتَدَقَّ	to be thin
إِسْتَدَلَّ	to conclude
إِسْتَذَلَّ	to despise
إِسْتَرَدَّ	to get back
إِسْتَرَقَّ	to enslave
إِسْتَسَرَّ	to try to hide
إِسْتَشَفَّ	to look through
إِسْتَشَمَّ	to sniff
إِسْتَطَبَّ	to consult a physician
إِسْتَظَلَّ	to sit in the shadow of
إِسْتَعَدَّ	to get ready
إِسْتَعَفَّ	to be virtuous
إِسْتَغَرَّ	to take unawares
إِسْتَغَشَّ	to suspect of deception
إِسْتَغَلَّ	to exploit
إِسْتَفَزَّ	to provoke
إِسْتَقَرَّ	to settle (down) at
إِسْتَقَلَّ	to be independent
إِسْتَكَفَّ	to beg
إِسْتَكَنَّ	to be concealed
إِسْتَلَذَّ	to find delicious
إِسْتَمَدَّ	to take from
إِسْتَمَرَّ	to persevere
إِسْتَهَلَّ	to begin

161

تَبَيَّضَ	to be whitened
تَبَيَّنَ	to be patent
تَجَيَّشَ	to be agitated
تَجَيَّفَ	to stink
تَحَيَّرَ	to be perplexed
تَحَيَّزَ	to side with
تَحَيَّضَ	to menstruate
تَحَيَّنَ	to bide one's time

تخيّب to fail
تخيّر to select
تخيّل to imagine
تخيّم to camp
تديّن to be indebted
تريّب to be in doubt (about)
تريّث to linger
تريّش to feather one's nest
تريّض to practice
تزيّد to exaggerate
تزيّف to be counterfeited
تزيّن to be adorned
تسيّس to be politicized
تشيّط to burn
تشيّع to side with
تصيّد to hunt
تصيّف to aestivate (at)
تضيّع to exhale fragrance
تضيّف to stay with as a quest
تضيّق to narrow
تطيّب to perfume o.s.
تطيّر to see an evil omen (in)
تعيّب to find fault with
تعيّش to make one's living
تعيّن to see
تغيّب to absent o.s.
تغيّر to change
تغيّض to decrease
تغيّظ to furious at
تغيّم to become overcast
تقيّح to suppurate
تقيّد to observe
تقيّف to track
تقيّل to take a siesta
تكيّف to adapt o.s. (to)
تليّف to form fibres
تليّن to be supple
تميّح to totter
تميّز to be distinguished
تميّس to strut
تميّع too melt
تميّل to teeter
تنيّق to be fastidious (in)
تهيّب to fear
تهيّج to be excited
تهيّل to be heaped up
تهيّم to infatuate

162

إبْتاض to wear (by oneself)
إبْتاع to purchase
إحْتار to become confused
إخْتار to choose
إخْتال to be vainglorious
إرْتاب to suspect
إعْتاش to live together
إغْتاب to backbite
إغْتاظ to become furious
إقْتاس to measure
إمْتاز to be distinguished
إهْتاب to dread
إهْتاج to be restive

163

تَرَاءَى to appear to
تَنَاءَى to stay aloof from

164

بَادَى to show
بَارَى to compete with
بَاغَى to fornicate (a slave-girl)
بَالَى to care for
بَانَى to compete in building
تَالَى to follow
جَارَى to keep pace with
جَازَى to reward
جَافَى to avoid
جَالَى to declare publicly
جَانَى to accuse falsely of
حَاجَى to propose a riddle to
حَاذَى to be opposite (to)
حَاسَى to drink with
حَاشَى to exclude
حَافَى to squabble
حَاكَى to imitate
حَالَى to jest with
حَامَى to defend
خَاشَى to be more fearful (than)
دَاجَى to dissemble with
دَارَى to humour
دَاعَى to sue
دَالَى to treat kindly
دَانَى to approach
دَاهَى to befall
رَابَى to practice usury
رَاخَى to make distant
رَادَى to throw stones in defence of s.o.
رَاشَى to bribe
رَاضَى to seek the approval of
رَاعَى to befall
رَافَى to agree
سَاجَى to touch
سَارَى to walk with at night
سَاطَى to treat harshly
صَافَى to be sincere to
سَاقَى to give s.on. to drink
سَامَى to sublimate
سَانَى to treat hospitably
شَارَى to buy and sell
شَاقَى to fall into adversity
ضَاهَى to match
عَادَى to antagonize
عَاصَى to disobey
عَافَى to restore to health
عَالَى to raise
عَانَى to suffer
غَادَى to go early in the morning
غَالَى to exaggerate
فَادَى to sacrifice
قَاسَى to endure
قَاضَى to bring suit against
كَافَى to recompense
لَاشَى to scatter
لَاقَى to meet (with)
مَادَى to respite
مَارَى to dispute (with)

مَاشَى	to keep pace with
نَاجَى	to confide a secret to
نَادَى	to call out to
نَاغَى	to talk gently to a child
نَافَى	to contradict
هَاجَى	to satirize
هَادَى	to exchange presents (with)

165

بَهِيَ	to be beautiful
حَظِيَ	to be of high estimation
حَفِيَ	to welcome
حَلِيَ	to be adorned
حَمِيَ	to become hot
خَزِيَ	to become base
خَشِيَ	to fear
خَفِيَ	to be hidden
خَنِيَ	to be vulgar
دَمِيَ	to bleed
دَهِيَ	to be clever
ذَمِيَ	to be in the throws of death
رَخِيَ	to be loose
رَدِيَ	to perish
رَضِيَ	to be pleased (with)
رَقِيَ	to ascend
سَخِيَ	to be generous
سَلِيَ	to think no more (of)
شَجِيَ	to be worried
شَقِيَ	to be miserable
شَهِيَ	to desire
صَبِيَ	to behave like a child
صَحِيَ	to wake (up)
صَغِيَ	to incline (toward)
ضَحِيَ	to become visible
ضَنِيَ	to be gaunt
طَرِيَ	to be succulent
عَتِيَ	to be very old
عَذِيَ	to be healthy (country)
عَرِيَ	to be naked
عَزِيَ	to take patience
عَشِيَ	to be dim-sighted
عَمِيَ	to be blind
عَنِيَ	to be concerned
غَبِيَ	to not comprehend
غَشِيَ	to cover
فَتِيَ	to be youthful
غَفِيَ	to slumber
قَدِيَ	to be savory (food)
قَصِيَ	to be far away
قَلِيَ	to hate
قَنِيَ	to be aquiline (nose)
قَهِيَ	to have little appetite
كَرِيَ	to sleep
كَسِيَ	to be dressed
لَذِيَ	to stick to
لَظِيَ	to burn brightly
لَغِيَ	to talk nonsense
لَقِيَ	to encounter
لَهِيَ	to be very fond (of)
نَدِيَ	to be moist
نَسِيَ	to forget
نَشِيَ	to be intoxicated
نَقِيَ	to be pure

166

بَثْبَثَ	to spread the news
بَحْبَحَ	to be affluent
بَخْبَخَ	to snore
بَرْبَرَ	to mutter
بَصْبَصَ	to wag the tail
بَطْبَطَ	to quack (duck)
بَعْبَعَ	to prattle
بَقْبَقَ	to gurgle
بَلْبَلَ	to perplex
تَبْتَبَ	to become old
تَخْتَخَ	to decay
تَرْتَرَ	to shake vehemently
تَعْتَعَ	to stammer
تَكْتَكَ	to trample underfoot
تَلْتَلَ	to agitate
تَمْتَمَ	to mumble
ثَجْثَجَ	to spice s.th.
ثَرْثَرَ	to flow copiously
جَبْجَبَ	to prattle
جَحْجَحَ	to give birth (to a great man)
جَرْجَرَ	to vociferate
جَمْجَمَ	to speak incoherently
حَبْحَبَ	to flow scantily(water)
حَتْحَتَ	to be hasty
حَجْحَجَ	to prevent from speaking
حَسْحَسَ	to be compassionate
حَصْحَصَ	to become plain
حَلْحَلَ	to drive away
حَمْحَمَ	to whinny (horse)
حَنْحَنَ	to be afraid
خَبْخَبَ	to act perfidiously
خَرْخَرَ	to snore
خَشْخَشَ	to clank
خَضْخَضَ	to set in motion
خَلْخَلَ	to shake s.th.
خَمْخَمَ	to snuffle
خَنْخَنَ	to speak nasally
دَبْدَبَ	to tread
دَغْدَغَ	to tickle
دَكْدَكَ	to fill with earth
دَلْدَلَ	to set into a swinging motion
دَمْدَمَ	to mutter
دَنْدَنَ	to drone
ذَبْذَبَ	to dangle
رَجْرَجَ	to quiver
رَحْرَحَ	to equivocate
رَصْرَصَ	to settle (in a place)
رَضْرَضَ	to crush
رَعْرَعَ	to come into the prime of life (a youth)
رَغْرَغَ	to live in opulence
رَفْرَفَ	to flap the wings
رَقْرَقَ	to dilute
رَكْرَكَ	to be cowardly
رَمْرَمَ	to rectify ones state
زَبْزَبَ	to be angry
زَحْزَحَ	to displace
زَرْزَرَ	to chirp
زَعْزَعَ	to shake violently
زَغْزَغَ	to hide

زَقْزَقَ	to cheep
زَلْزَلَ	to convulse
زَمْزَمَ	to roll (thunder)
سَلْسَلَ	to link together
شَخْشَخَ	to rattle
شَرْشَرَ	to serrate
شَعْشَعَ	to dilute
شَفْشَفَ	to dry
شَقْشَقَ	to twitter
شَلْشَلَ	to dribble
شَمْشَمَ	to sniff
صَرْصَرَ	to let out a piercing cry
صَلْصَلَ	to clatter
صَمْصَمَ	to persist (in)
ضَحْضَحَ	to flicker (mirage)
ضَعْضَعَ	to tear down
طَبْطَبَ	to gurgle
طَحْطَحَ	to smash
طَرْطَرَ	to brag
طَقْطَقَ	to crackle
طَنْطَنَ	to ring
عَجْعَجَ	to bellow
عَسْعَسَ	to darken
عَطْعَطَ	to yell
غَطْغَطَ	to boil vehemently
غَرْغَرَ	to gargle
غَلْغَلَ	to penetrate
غَمْغَمَ	to mumble
فَتْفَتَ	to speak secretly (to)
فَخْفَخَ	to be vainglorious
فَرْفَرَ	to shake itself (a bird)
فَلْفَلَ	to pepper
قَبْقَبَ	to swell
قَرْقَرَ	to rumble (stomach)
قَزْقَزَ	to crack (nuts)
قَشْقَشَ	to cure s.o. (of scabies or smallpox)
قَصْقَصَ	to break s.th.
قَعْقَعَ	to clatter
قَفْقَفَ	to shiver with cold
قَلْقَلَ	to unsettle
قَمْقَمَ	to grumble
قَهْقَهَ	to guffaw
كَبْكَبَ	to overturn
كَحْكَحَ	to cough
كَرْكَرَ	to reiterate
كَسْكَسَ	to pulverize
كَشْكَشَ	to rustle
كَفْكَفَ	to wipe off (tears)
كَلْكَلَ	to become callous (skin)
كَنْكَنَ	to stay (at) home
لَبْلَبَ	to caress (offspring)
لَجْلَجَ	to stammer
لَخْلَخَ	to shake off
لَعْلَعَ	to reverberate
لَفْلَفَ	to cover up
لَقْلَقَ	to clatter
لَمْلَمَ	to gather up
مَرْمَرَ	to become angry
مَزْمَزَ	to sip
مَصْمَصَ	to suck
مَضْمَضَ	to rinse the mouth

مَلْمَلَ to hasten
نَحْنَحَ to clear one's throat
نَزْنَزَ to rock (a baby)
نَشْنَشَ to be adroit
نَطْنَطَ to hop up and down
نَقْنَقَ to croak (frog)
نَمْنَمَ to embellish
نَهْنَهَ to restrain
هَبْهَبَ to bark
هَدْهَدَ to dandle (a child)
هَرْهَرَ to shake s.th.
هَزْهَزَ to jolt
هَفْهَفَ to be slender
هَلْهَلَ to weave finely
هَمْهَمَ to hum
هَنْهَنَ to lull (a baby) to sleep

167

إِحْتَوَى to contain
إِرْتَوَى to quench one's thirst
إِسْتَوَى to be equal
إِعْتَوَى to drive back (a dog etc)
إِقْتَوَى to claim for o.s. (s.th.)
إِكْتَوَى to burn
إِلْتَوَى to twist
إِنْتَوَى to intend

168

بَرْوَزَ to frame
جَدْوَلَ to tabulate
دَهْوَرَ to hurl down
رَهْوَنَ to amble (a horse)
شَعْوَذَ to conjure
عَلْوَدَ to cleave to
عَنْوَنَ to furnish with an address
قَلْوَزَ to wind (the turban)
قَلْوَظَ to screw together
كَلْوَرَ to chlorinate
هَرْوَلَ to walk fast
هَلْوَسَ to hallucinate

169

إِسْتَبْرَأَ to ask to be absolved from
إِسْتَبْطَأَ to find slow
إِسْتَجْرَأَ to feign courage
إِسْتَخْذَأَ to submit (to)
إِسْتَدْفَأَ to warm o.s.
إِسْتَقْرَأَ to ask to read
إِسْتَمْرَأَ to savor
إِسْتَمْلَأَ to make honest people one's debtors
إِسْتَنْبَأَ to ask for news
إِسْتَنْشَأَ to search for (news)
إِسْتَهْزَأَ to mock

170

شَرَّ to be wicked
هَمَّ to disquiet
كَزَّ to be withered

171

هَنَأَ to be salutary

172

هَيُؤَ to be handsome

173

تَفَيَّأَ to seek shade under
تَقَيَّأَ to vomit

تَهَيَّأَ to be prepared

174

تَبَايَأَ to adjust

تَهَايَأَ to adapt (o.s.)

175

وَاءَمَ to agree with

176

وَأَى to make a promise

177

وَثَغَ to break the head

وَثِقَ to trust

وَحِمَ to crave for

وَرِثَ to inherit

وَرِعَ to be pious

وَرِمَ to swell

وَمِقَ to love tenderly

وَهِبَ to increase in generosity

وَهِنَ to be feeble

178

وَبِرَ to be hirsute

وَبِقَ to perish

وَبِهَ to heed

وَجِعَ to feel pain

وَجِلَ to be afraid

وَحِلَ to sink in mire

وَحِمَ to crave

وَخِمَ to be glutted

وَزِرَ to sin

وَسِخَ to be dirty

وَسِنَ to slumber

وَصِبَ to be (chronically) ill

وَطِفَ to have bushy eyebrows

وَعِرَ to be rugged (terrain)

وَغِرَ to bear malice against

وَقِحَ to be impudent

وَلِعَ to be (very) fond of

وَلِهَ to lose one's head

وَهِلَ to be frightened

وَهِمَ to make a mistake

179

تَوَخَّى to aspire to

تَوَرَّى to hide o.s. (from)

تَوَعَّى to act with prudence

تَوَفَّى to receive in full

تَوَقَّى to beware of

تَوَلَّى to take charge (of)

180

وَدَّ to like

181

وَاتَرَ to do intermittently

وَاثَبَ to pounce upon

وَاثَقَ to covenant

وَاجَهَ to face

وَادَعَ to make peace with

وَارَبَ to deceive

وَازَرَ to help

وَازَنَ to equal in weight

وَاصَلَ to continue

وَاضَعَ to agree with s.o. on

وَاطَنَ to resolve to do s.th. with s.o.

وَاظَبَ to persevere in

وَاعَدَ	to promise one another
وَافَدَ	to come together with
وَافَقَ	to agree to
وَاقَتَ	to synchronize
وَاقَعَ	to make love to
وَاكَبَ	to escort
وَاكَلَ	to be on a private basis
وَالَدَ	to want children
وَالَسَ	to play the hypocrite
وَالَفَ	to blend
	182
إسْتَوْثَقَ	to make sure of
إسْتَوْجَبَ	to deserve
إسْتَوْجَزَ	to synopsize
إسْتَوْجَفَ	to set (the heart) aflutter
إسْتَوْحَدَ	to be alone
إسْتَوْحَشَ	to be desolate
إسْتَوْحَلَ	to be miry
إسْتَوْدَعَ	to deposit
إسْتَوْرَدَ	to import
إسْتَوْرَطَ	to be involved
إسْتَوْزَرَ	to seek to become a minister
إسْتَوْسَعَ	to find wide
إسْتَوْصَفَ	to consult (a doctor)
إسْتَوْضَحَ	to as for an explanation (of)
إسْتَوْطَنَ	to settle (in)
إسْتَوْعَبَ	to contain
إسْتَوْفَزَ	to get ready
إسْتَوْقَدَ	to kindle
إسْتَوْقَعَ	to anticipate
إسْتَوْقَفَ	to ask to halt
إسْتَوْلَدَ	to breed
	183
وَبَّخَ	to tongue-lash
وَتَّدَ	to drive in a peg
وَتَّرَ	to draw tight
وَثَّبَ	to make jump
وَثَّقَ	to strengthen
وَجَّبَ	to enjoin (on)
وَجَّهَ	to dispatch
وَحَّدَ	to make into one
وَحَّلَ	to muddy
وَدَّرَ	to endanger
وَدَّعَ	to take leave of
وَرَّبَ	to equivocate
وَرَّثَ	to bequeath
وَرَّدَ	to blossom (out)
وَرَّشَ	to stir up trouble
وَرَّطَ	to implicate
وَرَّفَ	to be long (shadow)
وَرَّقَ	to leaf
وَرَّمَ	to cause to swell
وَزَّعَ	to distribute
وَسَّخَ	to dirty
وَسَّدَ	to pillow
وَسَّطَ	to choose as mediator
وَسَّعَ	to make wider
وَسَّمَ	to distinguish (s.o.)
وَشَّجَ	to entwine
وَشَّحَ	to dress with a sash
وَشَّعَ	to reel
وَشَّكَ	to be quick

وَشَّمَ to tattoo
وَصَّبَ to be (chronically) ill
وَصَّلَ to connect
وَضَّبَ to arrange
وَضَّحَ to make clear
وَطَّدَ to establish
وَطَّنَ to settle (in)
وَظَّفَ to employ
وَعَّزَ to insinuate to
وَغَّرَ to stir up against
وَفَّدَ to send (a delegation)
وَفَّرَ to save
وَفَّقَ to reconcile
وَقَّتَ to appoint a time (for)
وَقَّدَ to kindle
وَقَّرَ to revere
وَقَّعَ to sign
وَقَّفَ to stop
وَكَّدَ to confirm
وَكَّسَ to depreciate
وَكَّلَ to authorize
وَلَّجَ to entrust (with)
وَلَّدَ to assist in giving birth
وَلَّعَ to be fond (of)
وَلَّفَ to mix
وَلَّهَ to make crazy
وَهَّدَ to level (off)
وَهَّلَ to frighten
وَهَّمَ to instil a delusion
وَهَّنَ to debilitate

184

وَبُلَ to become unhealthy
وَثُرَ to be soft (bed)
وَثُقَ to be firm
وَجُزَ to be succinct
وَجُهَ to be a notable
وَحُدَ to be alone
وَخُمَ to be unwholesome
وَدُعَ to be meek
وَرُدَ to be rosy
وَرُعَ to be pious
وَزُنَ to be heavy
وَسُعَ to widen
وَسُمَ to be handsome
وَشُكَ to be quick
وَضُعَ to be humble
وَعُرَ to be rugged
وَفُرَ to abound
وَقُحَ to be impudent
وَقُرَ to be staid
وَهُنَ to be enervated

185

وَبَلَ to rain heavily
وَتَدَ to peg
وَتَرَ to string (a bow)
وَثَبَ to jump
وَجَدَ to find
وَجَسَ to be apprehensive
وَجَفَ to be agitated
وَجَمَ to be silent
وَحَدَ to be alone
وَخَزَ to sting

وَخَطَ	to turn gray
وَرَدَ	to come
وَرَشَ	to intrude upon
وَرَفَ	to extend (shadow)
وَرَقَ	to leaf
وَزَبَ	to flow
وَزَرَ	to bear (a burden)
وَزَنَ	to weigh
وَسَطَ	to be in the middle
وَسَقَ	to freight (with)
وَسَمَ	to brand
وَشَرَ	to saw
وَشَمَ	to tattoo
وَصَدَ	to stand firmly
وَصَفَ	to describe
وَصَلَ	to arrive
وَصَمَ	to disgrace
وَضَحَ	to be clear
وَطَدَ	to establish
وَطَشَ	to hit
وَطَنَ	to reside (in a place)
وَظَبَ	to do persistently
وَعَبَ	to take the whole (of)
وَعَدَ	to make a promise
وَعَرَ	to be rugged
وَعَظَ	to preach (to)
وَعَكَ	to be indisposed
وَغَرَ	to be furious
وَغَلَ	to delve into
وَفَدَ	to come to
وَفَرَ	to be ample
وَفَضَ	to run
وَقَبَ	to be hollow (eye)
وَقَحَ	to be insolent
وَقَدَ	to flare up
وَقَذَ	to hit fatally
وَقَرَ	to break
وَقَصَ	to break s.o.'s neck
وَقَظَ	to beat brutally
وَقَفَ	to stop
وَكَبَ	to walk slowly
وَكَزَ	to punch
وَكَسَ	to fall in value
وَكَلَ	to entrust (to)
وَلَجَ	to enter (into)
وَلَخَ	to strike (backhanded)
وَلَدَ	to bear (a child)
وَلَسَ	to deceive
وَلَفَ	to flash continuously (lightening)
وَلَهَ	to go off the deep end
وَمَسَ	to rub off
وَمَضَ	to flash
وَهَجَ	to be incandescent
وَهَمَ	to imagine
وَهَنَ	to be feeble
	186
تَوَضَّأَ	to perform ablution
تَوَكَّأَ	to abut upon
	187
وَدَعَ	to put down
وَزَعَ	to curb (s.th.)

وَضَعَ to put
وَقَعَ to fall
وَلَعَ to be fond of
وَهَبَ to donate

188

وَطِئَ to tread on

189

تَوَاطَأَ to collude

190

أَوْبَرَ to be hairy
أَوْبَقَ to destroy
أَوْبَهَ to heed
أَوْتَدَ to ram in firmly (stake)
أَوْتَرَ to string (a bow)
أَوْثَبَ to make jump
أَوْثَقَ to tie (up)
أَوْجَبَ to enjoin (on)
أَوْجَدَ to originate
أَوْجَزَ to abridge
أَوْجَسَ to misgive
أَوْجَعَ to hurt
أَوْجَفَ to agitate
أَوْجَلَ to frighten
أَوْجَهَ to distinguish
أَوْحَشَ to be desolate
أَوْحَلَ to mire
أَوْدَعَ to deposit
أَوْرَثَ to bequeath
أَوْرَدَ to bring to
أَوْرَطَ to embroil
أَوْرَفَ to stretch (shadow)
أَوْرَقَ to leaf (a tree)
أَوْسَخَ to dirty
أَوْسَدَ to walk briskly
أَوْسَعَ to widen
أَوْسَقَ to be well-ordered
أَوْشَكَ to be on the verge of
أَوْصَبَ to make sick
أَوْصَدَ to close
أَوْصَلَ to take to
أَوْضَحَ to explicate
أَوْضَعَ to hurry
أَوْعَبَ to take the whole (of)
أَوْعَدَ to give one's word
أَوْعَزَ to insinuate to
أَوْغَرَ to embitter
أَوْغَلَ to delve into
أَوْفَدَ to delegate
أَوْفَرَ to augment
أَوْقَدَ to kindle
أَوْقَرَ to overburden
أَوْقَعَ to let fall
أَوْقَفَ to make stand
أَوْكَلَ to entrust (to)
أَوْلَجَ to enter
أَوْلَدَ to make bear children
أَوْلَسَ to misrepresent
أَوْلَعَ to enamor (of)
أَوْلَمَ to give a banquet
أَوْلَهَ to make crazy
أَوْمَضَ to sparkle
أَوْهَجَ to light (a fire)

أَوْهَمَ to instil a delusion
أَوْهَنَ to enervate

191

وَخَّى to guide (s.o.)
وَرَّى to make puns
وَشَّى to embroider
وَصَّى to transfer by will
وَعَّى to warn
وَفَّى to treat exhaustively
وَقَّى to safeguard
وَلَّى to inaugurate
وَنَّى to be remiss (about work)

192

إِتَّجَهَ to be directed (to)
إِتَّحَدَ to be one
إِتَّحَلَ to swear conditionally
إِتَّخَمَ to suffer from indigestion
إِتَّزَرَ to wear a loincloth
إِتَّزَعَ to desist
إِتَّزَنَ to be judicious
إِتَّسَخَ to be dirty
إِتَّسَعَ to be expanded
إِتَّسَقَ to be in good order
إِتَّسَمَ to be branded
إِتَّشَحَ to put on
إِتَّصَفَ to be described
إِتَّصَلَ to contact
إِتَّضَحَ to be clear
إِتَّضَعَ to humble o.s.
إِتَّعَدَ to agree among each other
إِتَّعَظَ to learn a lesson from
إِتَّفَقَ to agree
إِتَّقَدَ to burn with anger
إِتَّكَلَ to rely on
إِتَّلَدَ to reproduce
إِتَّهَمَ to suspect

193

وَحَى to inspire (with)
وَخَى to intend (to do)
وَدَى to pay blood money
وَرَى to kindle
وَشَى to embellish
وَعَى to know by heart
وَفَى to fulfil
وَقَى to guard
وَكَى to tie up (a water skin)
وَلَى to be near to
وَنَى to become faint
وَهَى to be frail

194

إِسْتَوْحَى to derive from
إِسْتَوْرَى to strike fire
إِسْتَوْفَى to receive in full
إِسْتَوْلَى to seize

195

إِتَّقَى to beware of

196

تَوَتَّرَ to be strained
تَوَثَّبَ to jump up
تَوَثَّقَ to be firm
تَوَجَّبَ to be requisite
تَوَجَّدَ to adore

تَوَجَّسَ	to feel fear	تَوَغَّلَ	to go deeply into
تَوَجَّعَ	to feel pain	تَوَفَّرَ	to be plentiful
تَوَجَّهَ	to head for	تَوَفَّزَ	to be alert
تَوَحَّدَ	to be alone	تَوَفَّقَ	to be aided (by God)
تَوَحَّشَ	to be wild	تَوَقَّحَ	to be insolent
تَوَحَّلَ	to be muddy	تَوَقَّدَ	to glow
تَوَحَّمَ	to crave for	تَوَقَّعَ	to expect
تَوَدَّعَ	to say good-bye to	تَوَقَّفَ	to halt
تَوَرَّدَ	to redden	تَوَكَّدَ	to be confirmed
تَوَرَّطَ	to get involved	تَوَكَّلَ	to act as agent
تَوَرَّعَ	to refrain from	تَوَلَّجَ	to enter (into)
تَوَرَّمَ	to swell	تَوَلَّدَ	to be born
تَوَزَّرَ	to become a minister	تَوَلَّعَ	to enamor of
تَوَزَّعَ	to be distributed	تَوَلَّهَ	to be spellbound
تَوَسَّخَ	to be dirty	تَوَهَّجَ	to incandesce
تَوَسَّدَ	to recline on a pillow	تَوَهَّمَ	to imagine
تَوَسَّطَ	to mediate		

197

تَوَسَّعَ	to expand	تَوَاتَرَ	to recur
تَوَسَّلَ	to entreat	تَوَاثَبَ	to bound
تَوَسَّمَ	to scrutinize	تَوَاثَقَ	to agree
تَوَشَّجَ	to be entwined	تَوَاجَدَ	to affect passion
تَوَشَّحَ	to don (a sash etc)	تَوَاجَهَ	to face each other
تَوَصَّلَ	to gain access	تَوَادَعَ	to become reconciled
تَوَضَّحَ	to be clear	تَوَارَثَ	to inherit
تَوَطَّدَ	to be firmly established	تَوَارَدَ	to arrive successively
تَوَطَّنَ	to settle down (in)	تَوَازَنَ	to balance
تَوَظَّفَ	to be employed	تَوَاشَجَ	to be meshed
تَوَعَّدَ	to threaten	تَوَاصَلَ	to be continuous
تَوَعَّرَ	to be rough (terrain)	تَوَاضَعَ	to behave modestly
تَوَعَّكَ	to be unwell	تَوَاعَدَ	to promise one another
تَوَغَّرَ	to seethe	تَوَافَدَ	to come in crowds

تَوَافَرَ to abound
تَوَافَقَ to agree (with)
تَوَاقَتَ to coincide
تَوَاقَحَ to display impudence
تَوَاقَعَ to rush (upon) one another (enemies)
تَواقَفَ to fight each other
تَواكَلَ to rely on each other
تَوالَدَ to procreate

198

وَحْوَحَ to shudder (from)
وَسْوَسَ to whisper in s.o.'s ear
وَشْوَشَ to whisper to
وَصْوَصَ to peep through a hole
وَعْوَعَ to howl
وَلْوَلَ to wail

199

وَلِيَ to be near to

200

وَاتَى to come to s.th. pleasant
وَاخَى to fraternize with
وَارَى to hide
وَازَى to parallel
وَاسَى to console
وَافَى to come to
وَالَى to sponsor

201

أَوْحَى to inspire (with)
أَوْدَى to perish
أَوْرَى to strike fire
أَوْسَى to shave (the head)
أَوْشَى to have much wealth
أَوْصَى to entrust to s.o.'s charge
أَوْعَى to put (into a vessel)
أَوْفَى to give to the full
أَوْلَى to entrust
أَوْمَى to signal
أَوْهَى to weaken

202

تَوَارَى to hide (o.s.)
تَوَازَى to be parallel
تَوَالَى to follow in succession

203

أَوْبَأَ to be infected
أَوْثَأَ to bruise
أَوْطَأَ to make tread on
أَوْكَأَ to lean on
أَوْمَأَ to gesticulate

204

وَنِيَ to be weary

205

يَئِسَ to give up all hope

206

أَيْأَسَ to drive to despair

207

يَتَمَ to be an orphan
يَنَعَ to become ripe

208

يَاسَرَ to be lenient with
يَافَعَ to fornicate with a girl
يَامَنَ to go to the right

209

تَيَبَّسَ to be dry
تَيَتَّمَ to be an orphan
تَيَسَّرَ to be easy
تَيَفَّعَ to reach adolescent
تَيَقَّظَ to be alert
تَيَقَّنَ to ascertain
تَيَمَّنَ to regard as a good omen

210

إِسْتَيْسَرَ to be easy
إِسْتَيْقَظَ to wake up
إِسْتَيْقَنَ to ascertain
إِسْتَيْمَنَ to be fortunate

211

يَبِسَ to exsiccate
يَتِمَ to be an orphan
يَرِعَ to be a coward
يَسِرَ to be easy
يَقِظَ to be awake
يَقِنَ to be certain

212

أَيْبَسَ to make dry
أَيْتَمَ to orphan
أَيْسَرَ to be rich
أَيْفَعَ to reach adolescence
أَيْقَظَ to wake (up)
أَيْقَنَ to ascertain
أَيْمَنَ to go to the right
أَيْنَعَ to ripen

213

يَتُمَ to be an orphan
يَسُرَ to be small
يَقُظَ to be watchful
يَمُنَ to be fortunate

* إِمَّحَى originally إِنْمَحَى

www.ingramcontent.com/pod-product-compliance
Lightning Source LLC
Chambersburg PA
CBHW080723300426

44114CB00019B/2473